# Die Rechtsprechung

des

# Deutschen

# Oberhandelsgerichtes

zu Leipzig,

herausgegeben

von

**A. Stegemann,**
Anwalt am genannten Gerichtshofe,
preußischem Justizrath und Mitglied der rheinpreußischen Advokatur.

**Erster Band.**

Berlin.
Verlag von J. Guttentag (D. Collin).
1871.

# Inhalt.

**b) aus dem Jahre 1871:**

## Druckfehler.

Man lese gefälligst

Seite 31, Zeile 24: **§ 809,** statt 801;

Seite 35, Zeile 13: **von,** statt vor;

Seite 42, n., den Schlußsatz des ersten Absatzes dahin: **Letztere Praxis ist wol richtiger.**

Seite 79, Zeile 2 hinter ALR: **I. 5.**

Seite 103, Zeile 3: **mitgetheilte,** statt mitgetheilten.

Seite 151, Fall Nr. 30. Das Erk. ist am **19.** (nicht 9.) Nov. ergangen, die Sache unter Nr. 50 im Prozeß-Repertorium des OHG verzeichnet.

Seite 318, Zeile 3 der Gründe: **sein,** statt ein.

# Einführung und Vorwort.

Neben dem Genusse der Vortheile, welche das Bestehen des deutschen Zollvereins dem Handel, der Fabrikthätigkeit und dem gesammten Verkehrsleben gewährt, besitzt Deutschland seit Jahren in der Allgemeinen Wechsel-Ordnung von 1848, den Nürnberger Wechselnovellen von 1862 und dem Allgemeinen Handelsgesetzbuch von 1861 eine gemeinsame Gestaltung des Handels-, See- und Wechsel-Rechtes, welche für Norddeutschland durch Gesetz vom 5. Juni 1869 bundesrechtliche Geltung erhalten und durch Gesetz vom 11. Juni 1870 (hinsichtlich der Kommanditgesellschaften auf Aktien und der Aktiengesellschaften) eine, den Bedürfnissen und Ansichten der Gegenwart gerecht werdende, Ergänzung* erfahren hat. Hiermit waren — schon zu Zeiten des alten (1815 gegründeten) deutschen Bundes — für wichtige Zweige des nationalen Rechtslebens feste Normen gewonnen, welche in allen deutschen Landen (mit Einschluß von Oesterreich) zu gesetzlicher Einführung gelangen und gleichmäßig zur Anwendung kommen sollten. Doch bald und mannigfach zeigte

* Die 1869, zunächst für Norddeutschland, erfolgte bundesgesetzliche Regelung des Wechselstempelwesens sowie die neue Maaß- und Gewichts-Ordnung interessiren hier nicht. Dagegen kommt das Bundesgesetz v. 14. November 1867 über die vertragsmäßigen Zinsen mit in Betracht.

sich — abgesehen von der, den einzelnen Landesgesetzgebungen anheimgestellten und hier theilweise verzögerten oder unterlassenen, Anerkennung und Verkündigung des neuen Rechtes — die betrübende Erfahrung, daß zu wahrhafter Herstellung einheitlicher Rechtshandhabung noch ein wesentliches Moment fehlte: ein gleiches, in einem gemeinsamen Obersten Gerichtshofe gipfelndes, gerichtliches Verfahren für die Verwirklichung der gesetzlichen Bestimmungen, welche man für Alle getroffen und als überall in Deutschland maaßgebend vorgeschrieben zu haben meinte. So lange und so weit diese thatsächliche Garantie einheitlicher deutscher Rechtspflege nicht geboten wird, gleicht das mit dem Stempel allgemeiner Geltung versehene Gesetz im praktischen Verkehrsleben und in der Rechtsübung einem Papiergelde von zweifelhaftem Werthe, welches nur zu schwankendem Kurse — hin und wieder auch gar nicht — Annahme findet.

Wiederholt wurde deshalb von den deutschen Staatsregierungen der Anlauf zur Schaffung einer Allgemeinen Civilprozeß-Ordnung genommen, vielfach auf dem deutschen Juristentage und in der Literatur Einzelnes für die Grundlegung und die Ausführung dieses nationalen Werkes herbeigebracht. Aber von dem Anerkennen der Idee, vom Fassen des Gedankens bis zum Aussprechen des geltenden Wortes ist hier ein weiter, ein beschwerlicher Weg, auf welchem die in bunter Mannigfaltigkeit bestehenden Gerichtsverhältnisse nicht geringe Hindernisse bieten. Als Abschlagszahlungen sind indessen, zunächst für den Norddeutschen Bund, die Gesetze über die Aufhebung der Schuldhaft (vom 29. Mai 1868), über die Beschlagnahme des Arbeitslohnes (v. 21. Juni 1869) und über die Gewährung der Rechtshilfe (vom 21. Juni 1869) ergangen.

Für das Gebiet des Norddeutschen Bundes gewährten seit dem 1. Juli 1867 die Artikel 2 und 4 Nr. 13 seiner

Verfassung* die Möglichkeit, schon vor dem Zustandekommen einer allgemeinen Neugestaltung der Gerichtsorganisation und des Prozeßwesens eine einheitliche Handhabung des vorerwähnten vaterländischen Rechtes anzubahnen und gegen die im praktischen Leben sowie in der wissenschaftlichen Behandlung vielfach auseinander gehende Entwickelung desselben hemmend einzuschreiten. Die königl. Sächsische Staatsregierung erfaßte dies im nationalen Sinne sowie in Berücksichtigung der gefährdeten Interessen des allgemeinen Handelsverkehrs; sie gab die Anregung zur Errichtung eines Obersten, mit bundesgesetzlicher Autorität ausgestatteten Ge-

* Die angeführten Verfassungsbestimmungen lauten:

Art. 2. Innerhalb dieses (d. h. des im Art. 1 begrenzten) Bundesgebietes übt der Bund das Recht der Gesetzgebung nach Maaßgabe des Inhalts dieser Verfassung und mit der Wirkung aus, daß die Bundesgesetze den Landesgesetzen vorgehen.

Art. 4. Der Beaufsichtigung seitens des Bundes und der Gesetzgebung desselben unterliegen die nachstehenden Angelegenheiten:

2. die Zoll- und Handelsgesetzgebung und die für Bundeszwecke zu verwendenden Steuern,

13. die gemeinsame Gesetzgebung über das Obligationenrecht, Strafrecht, Handels- und Wechselrecht und das gerichtliche Verfahren.

Daß die Gesetzgebung über das gerichtliche Verfahren auch die Ordnung der gerichtlichen Behörden begreift, dürfte gegründetem Bedenken nicht unterliegen. Für den vorliegenden Fall hebt sich jeder Zweifel, da — nach offizieller Erklärung des königl. sächsischen Bundesbevollmächtigten, Staatsministers Freiherrn v. Friesen bei der Berathung des Gesetzentwurfs im norddeutschen Reichstage — dieser Gesetzentwurf vom Bundesrathe mit einer weit über zwei Drittheile der Stimmen hinausgehenden Stimmenmehrheit angenommen worden. Gleiches ist bezüglich des publizirten Bundesgesetzes selbst notorisch geschehen.

Uebrigens sei hier bemerkt, daß das Oberhandelsgericht zu Leipzig möglicher Weise nicht der einzige Reichsgerichtshof in Deutschland bleibt; denn durch Art. 75 der norddeutschen Verfassung vom 26. Juli 67 wird — allerdings vorbehaltlich näherer bundes- (nunmehr reichs-) gesetzlicher Bestimmung — „das gemeinschaftliche Ober-Appellationsgericht der drei freien und Hansestädte in Lübeck“ von Bundes wegen als „zuständige Spruchbehörde in erster und letzter Instanz“ berufen für alle „Unternehmungen gegen den norddeutschen Bund, welche, wenn gegen einen der einzelnen Bundesstaaten gerichtet, als Hochverrath oder Landesverrath (landesgesetzlich, bzw. v. 1. Januar 71 ab nach dem neuen Strafgesetzbuch für den norddeutschen Bund) zu qualifiziren wären“.

richtshofes, welcher innerhalb des Geltungsbereichs jener gemeinsamen Gesetzgebung in letzter Instanz das Recht zu weisen und festzustellen habe. Das Bundespräsidium Preußen nahm — auch aus politischen Gründen — den Vorschlag gern und eifrig auf; Bundesrath und Reichstag stimmten bei, und durch Bundesgesetz vom 12. Juni 1869 wurde, zunächst für Handels- und Wechselsachen, ein solcher Norddeutscher Oberhof rechtlich begründet. Demnächst ist, durch Verordnung des Bundes-Präsidiums vom 22. Juni 1870, der 5. August 1870 als der Zeitpunkt bestimmt worden, mit welchem der Bundesgerichtshof in Wirksamkeit zu treten habe.

Seitdem tagt das „Oberhandelsgericht" zu Leipzig und spricht als letzte Instanz, einstweilen nur für Norddeutschland, Recht in den bundesgesetzlich seiner Beurtheilung überwiesenen Angelegenheiten. Ihm wird vom ersten Juli 1871 ab das ganze Gebiet des neuen Deutschen Reiches gleichmäßig unterworfen sein.* Dann tritt dasselbe, obschon für einen sachlich beschränkten Rechtskreis, gleichsam an die Stelle des unterm 6. August 1806 mit dem „Heiligen Römischen Reich Deutscher Nation" dahin geschiedenen „Reichskammergerichts zu Wetzlar." Möge es als das Kleinod der Deutschen Verfassung nicht bloß nach diesem Vorgänger bezeichnet werden, sondern unter allen Verhältnissen sich bewähren!

* Die neue Verfassung für Deutschland erklärt zu Reichsgesetzen, mit verschiedenen Einführungsterminen: die Gesetze über die vertragsmäßigen Zinsen v. 14. November 1867 und über die Aufhebung der Schuldhaft v. 29. Mai 68, die neue Maaß- und Gewichts-Ordnung, die deutsche Wechselordnung und das Handelsgesetzbuch nebst der Novelle v. 11. Juni 70, die Gesetze über die Wechselstempelsteuer v. 10. Juni 69, über das Oberhandelsgericht v. 12. Juni 69, über die Gewährung der Rechtshilfe vom 21. Juni 69, über die Abgaben von der Flößerei v. 1. Juni 70 und über das Urheberrecht von Schriftwerken v. 11. Juni 70, endlich das Strafgesetzbuch nebst dem Einführungsgesetze vom 31. Mai 70.

Die Thätigkeit unseres neuen Deutschen Oberhofes widmet sich zunächst den gerade vorkommenden Einzelfällen und erledigt hierin entstandene Streitfragen oder dabei angeregte Grundsätze durch deren endgiltige Entscheidung. Hierauf aber beschränken — prinzipiell und praktisch — Beruf und Bedeutung eines Obersten Gerichtshofes sich nicht. Seine einmal ausgesprochenen und zur Geltung gebrachten Rechtsansichten sind Normen, die, wenn konsequent festgehalten und nach Bedarf weiter entwickelt, für alle künftigen Fälle gleicher — selbst ähnlicher — Art ebenso maaßgebend werden und folgeweise auf die Praxis sowie die Theorie des geltenden Rechtes einen unberechenbaren Einfluß ausüben. So geht die Rechtsauffassung der letzten Instanz unausbleiblich über die einzelnen Fälle, welche dazu Anregung gegeben, weit hinaus und wird in ihren verschiedenen Momenten erfahrungsmäßig zu Merkmalen der aus der Gesetzgebung oder sonstigen Quellen hergeleiteten, oft das bestehende Recht ausbauenden Sätze, in denen das wirklich geübte, das wahrhaft lebende Recht sich darstellt.

Demnach werden mit der Zeit Rechtsanwalte, die in einschlagenden Fällen zu Rathe gezogen oder als Sachwalter angenommen werden, ihre Klienten erfolgreich nur berathen, beziehungsweise vertreten können; es werden die Richter der im Oberhandelsgericht gipfelnden Instanzen regelmäßig über zweifelhafte Rechtsfragen bestandversprechende Urtheile nur abzugeben vermögen: wenn dieselben mit der Praxis ihrer letzten gesetzlichen Instanz genau vertraut sind und deren etwaige Konsequenzen wohl erwägen. Auch das Publikum, namentlich die in ihren Interessen vorzugsweise durch manche neuen Rechtsprüche berührte Geschäftswelt, bedarf einer gewissen Kenntniß der Grundsätze, welche das Oberhandelsgericht befolgt und, wenn solche verkannt werden, den Vorinstanzen zu weisen pflegt. Endlich dürfte eine Ueberschau und angemessene Berücksichtigung der bereits erfolgten sowie der ferner ergehenden Entscheidungen auf die Rechtswissenschaft und deren Literatur anregend und befruchtend einwirken.

Zu einer amtlichen Veröffentlichung seiner Entscheidungen will das Oberhandelsgericht, wie zuverlässig verlautet, nicht schreiten; es scheinen sogar Bedenken gegen dieselbe obzuwalten. Deshalb möchte das vorliegende Werk den angedeuteten, vielfach empfundenen und schon laut gewordenen Bedürfnissen praktischer Rechtsinteressen sowie sachgemäßer Rechtspflege entgegen kommen und, soweit dem Herausgeber möglich, genügen. Es will ein anschauliches, reichhaltiges und im Wesentlichen vollständiges Abbild von der gesammten Rechtsprechung des Gerichtshofes darbieten, indem es alle wichtigen Entscheidungen und die erkennbar gewordenen Grundsätze des Letzteren, unter Benutzung authentischer Quellen, mittheilt. Eine Privatsammlung ist in der — unumgänglichen — Auswahl nicht durch Nebenrücksichten beengt, lediglich von sachlichen Motiven bestimmt, auf das praktisch Bedeutsame von selbst hingewiesen.

Der Herausgeber — durch frühere Beschäftigung am preuß. Ober-Tribunal mit der Rechtsprechung in oberster Instanz vertraut und gegenwärtig durch seine Berufsthätigkeit als Anwalt in nächster Verbindung mit dem Oberhandelsgericht stehend — ist zu diesem Unternehmen von der J. Guttentag'schen Verlagsbuchhandlung zu Berlin angeregt worden, welche dem in ihrem Verlage erscheinenden, seit zwanzig Jahren bestehenden Striethorst'schen Archiv für die Rechtsfälle des preuß. Ober-Tribunals eine entsprechende Sammlung von Entscheidungen des neuen deutschen Gerichtshofes an die Seite zu stellen wünscht.

Das genannte Archiv und die Oppenhoff'sche Sammlung (die Rechtsprechung des königl. Ober-Tribunals in Strafsachen, Berlin bei Georg Reimer, seit 1851), beide bewährt und verbreitet, haben wir dabei zum Vorbilde genommen. Auch sollen die gebotenen Urtheile, Entscheidungen und Grundsätze geeigneten Falles durch Hindeutung auf die bisherige Praxis und die Theorie als befestigende, weiterbildende oder bessernde Bausteine des Rechtssystems erkennbar gemacht werden.

Selbstverständlich muß eine Sammlung, welche dem gesammten Deutschen Publikum, vorzugsweise dem im Rechtsleben bewanderten, nützlich sein will, sich auf das allgemein Interessante beschränken und hauptsächlich das für die gemeinsame deutsche Rechtsübung Bedeutsame oder Folgenreiche aufnehmen. Vorzugsweise wird demnach hier die Auslegung, Anwendung und etwaige Fortbildung des bundesgesetzlich normirten oder bestätigten Rechtes in Berücksichtigung kommen und regelmäßig das nur für beschränkte Gebiete Giltige, namentlich das landesgesetzliche Prozeßverfahren mit seiner Kasuistik, außer Betracht bleiben. Doch erscheint auch manche, nur aus dem bürgerlichen Rechte eines bestimmten Staates hergeleitete Entscheidung (z. B. bei persönlichen Einreden aus Art. 82 der Allgemeinen Deutschen Wechselordnung) der Aufnahme nicht unwerth, wenn dieselbe Sätze zu Tage fördert, die auch anderweitig analoge Anwendung finden könnten, oder deren Grundlegung und Herleitung ein besonderes juristisches Interesse darbietet, oder die sonst etwa (sei es auch nur aus einem praktischen Gesichtspunkte) zu allgemeiner Kenntnißnahme sich empfehlen. — Bei Fragen des gerichtlichen Verfahrens kommt weiter in Erwägung, daß das längst erkannte (bei dem Oberhandelsgericht selbst auf's tiefste empfundene) Bedürfniß einer gemeinsamen, für ganz Deutschland giltigen Prozeßordnung bereits zu mannigfachen Vorarbeiten, Entwürfen, Vorschlägen und Kritiken geführt hat (unter denen wir namentlich auf die im deutschen Juristentage gepflogenen Verhandlungen und die hiezu erstatteten gutachtlichen Aeußerungen hinweisen), daß wir auch als erste Station auf dem zum ersehnten Ziele sicher führenden Wege den 1870 gedruckten amtlichen Entwurf einer — freilich nur auf Norddeutschland berechneten — „Prozeßordnung in bürgerlichen Rechtsstreitigkeiten"*, betrachten und dankbar begrüßen dürfen. Im Hinblick hierauf wird unsere Sammlung als hoffentlich willkommen auch solche Entscheidungen bringen, die für das im Entstehen begriffene deutsche Prozeßrecht systematisch oder auch nur in einzelnen, wichtigen Beziehungen von Bedeutung erscheinen, sei es durch Hinstellen von Regeln, die voraussichtlich auch künftig Platz greifen werden, sei es durch Erörterung von Fragen, über welche noch ein lebhafter Widerstreit der Meinungen schwebt, sei es endlich durch Aufweisung beachtenswerther Konsequenzen oder Lücken der heutigen Lehre und Praxis.

Prinzipiell sollte der als Hort einheitlicher Rechtsübung ins Leben gerufene Oberste Gerichtshof — gleich dem Kassationshofe des französischen Rechtes oder dem preußischen Nichtigkeitsrichter — auf die Entscheidung von Rechtsfragen beschränkt sein, mit der sachlichen Thatfrage des zu beurtheilenden Einzelfalles nicht befaßt werden. Alles arbitraire Befinden — z. B. über Beweisergebnisse, Auslegung von Urkunden, Eideswürdigkeit einer Partei rc. — müßte seiner Kritik, soll die letzte Instanz ihrem wahren Berufe nicht entfremdet werden, durchaus entzogen sein. So will es zwar der eben erwähnte amtliche Entwurf einer norddeutschen Civilprozeß-Ordnung**; so ist es aber

* Zu Berlin im Verlage der Kgl. Geheimen Ober-Hofbuchdruckerei (R. v. Decker) 1870 erschienen.

** So schon Reinhardt, als Revisor der preußischen Prozeßordnung, und der preußische Gesetzentwurf v. 20. Mai 1860; so auch L. Volkmar, die Nichtigkeitsbeschwerde (Berlin bei J. Guttentag, 1860) und Obertribunals-Rath Waldeck, die Nichtigkeitsbeschwerde vielfach nicht nach dem heute geltenden, buntscheckigen Prozeßrechte der deutschen Einzelstaaten. Demnach kommt unser Oberhandelsgericht — leider! — häufig in die Lage, als letzter, und dabei mehr oder weniger freier, Richter einer vorliegenden konkreten Streitsache aufzutreten und nach dem aktenmäßig gebotenen (etwa noch mündlich näher erörterten) Beweismaterial reine Thatfragen dieses einzelnen Falles selbständig zu entscheiden, mithin nach seinem Ermessen über Sachverhalt und faktische Würdigungen — ungebunden durch die Ansichten und Auffassungen der Vorrichter — endgiltig abzusprechen. Eine solche Stellung als wesentlich unbeschränkter Thatrichter nimmt der Gerichtshof in allen Rechtsfällen ein, mit denen er durch Einlegung einer Revision aus Preußen oder Braunschweig (nach dem betreffenden Landesprozeßgesetze v. 14. Dezember 1833, bzw. 28. März 1861), oder durch eine aus Sachsen, Mecklenburg, den Hansestädten 2c. an ihn ergehende Berufung befaßt wird. Deshalb darf ein Werk, welches dem an der praktischen Rechtsübung theilnehmenden oder dabei erheblich interessirten Leser ein treues Gesammtbild von der Rechtsprechung des deutschen Oberhofes zu bieten unternimmt, auch diese, juristisch weniger bedeutsame, Seite der oberstrichterlichen Thätigkeit nicht ganz außer Acht lassen. Wir werden hier aber nur Fälle bringen, in denen der Hof eine wesentlich abändernde Entscheidung getroffen, also sein thatsächliches Befinden an die Stelle der vorderrichterlichen Beurtheilung gesetzt und zur Geltung gebracht hat. Solche Erkenntnisse sind selbstredend ausführlicher und eingehender motivirt, als bestätigende; sie sind auch mehr charakteristisch für die Auffassung der sprechenden Instanz und bieten außerdem, namentlich wenn vom Plenum ergangen,

als das alleinige Rechtsmittel höchster Instanz (Berlin bei J. Guttentag, 1861). Ebenso hat die vierte Abtheilung des deutschen Juristentages im Jahre 1860 sich ausgesprochen.

für die gesetzgebenden Faktoren Anhalt zu der noch offenen Entschließung, ob das Rechtsmittel der Revision (oder Oberappellation) von der künftigen deutschen Prozeßordnung angenommen oder ausgeschlossen werden soll.

Die Darlegung der Grundsätze, nach denen bei der Auswahl mitzutheilender Entscheidungen zu verfahren sei, schließen wir mit der Bemerkung, daß Plenar-Erkenntnisse, auch wenn sie auf den ersten Blick weniger interessant oder wichtig erscheinen, sofern sie rechtliche Erwägungen von allgemeiner Tragweite enthalten, nicht leicht zu übergehen sein möchten, weil für etwaige Folgerungen daraus auch das an sich minder Werthvolle später eine unerwartete Bedeutung gewinnen kann.

Nach dem Vorbilde der französisch-rechtlichen Praktiker sowie von Dr. Oppenhoff (in seiner schon erwähnten Rechtsprechung) werden wir bei jeder mitgetheilten Entscheidung vorweg andeuten, ob dieselbe — dem angegriffenen Ausspruch der Vorinstanz gegenüber — bestätigend, also das ergriffene Rechtsmittel zurückweisend, oder ob sie abändernd, bzw. vernichtend, oder endlich theils reformirend, theils bestätigend gewesen ist. Wir geben ferner überall die individuelle Bezeichnung der betreffenden Prozeß-, bzw. Beschwerdesache in der beim Oberhandelsgericht hergebrachten Weise, um jeden Rechtsfall kenntlich zu bezeichnen, auch um für ein dem Gerichtshofe gegenüber etwa erfolgendes Berufen auf die fragliche Entscheidung das Anführen und Auffinden der letzteren zu erleichtern. — Demnächst bezeichnen wir in der Ueberschrift jedes Falles das Land, aus welchem die Sache stammt, das gerade eingelegte Rechtsmittel und die Vorinstanzen, um von vorn herein dem Verständniß einschlagender landesrechtlicher Verhältnisse entgegenzukommen. Auch werden wir die Wechselsachen und die Fälle aus dem Seerechte noch besonders hervorheben.

Endlich soll jedem — mit kurzer Sach- und Prozeßgeschichte, soweit nöthig, versehenen — Rechtsfall eine deutliche Hervorhebung der darin behandelten Rechtsmaterien sowie bezüglich der in mitgetheilter Entscheidung zu findenden Rechtsgrundsätze eine erschöpfende Formulirung oder eine bezeichnende Fragestellung vorangehen nebst Anführung der bezüglichen Gesetzesvorschrift oder sonstiger Rechtsquellen.

---

Der Beurtheilung des Oberhandelsgerichts sind nur gewisse Rechtssachen unterstellt, seine sachliche Kompetenz ist eine (prinzipiell auf bürgerliche Rechtsstreitigkeiten in Handelssachen) beschränkte. Dieselbe umfaßt nach heutigem Deutschen Bundesrechte:*

1. alle Klageansprüche aus einem Wechsel [Accept, Avall, Giro ꝛc.] im Sinne der Allgemeinen Deutschen Wechselordnung,
2. alle gegen einen Kaufmann (im Sinne des Art. 4 des Allgemeinen Deutschen Handelsgesetzbuchs) aus dessen Handelsgeschäften (Art. 271—276 daselbst) erhobenen Civilklagen,

* Die Fälle Nr. 1—4 sind durch das Bundesgesetz v. 12. Juni 69 §§ 1, 12 und 13 „als Handelssachen" der Beurtheilung des OHG, in letzter Instanz, unterstellt. Der hiermit in das Rechtsleben eingeführte Begriff einer prozessualischen Handelssache stimmt mit dem, aus dem Handelsgesetzbuch zu entnehmenden, einer eigentlichen (materiellen) Handelssache nicht überein. Wechselsachen sind z. B. in letzterem Sinne nicht Handelssachen; Ansprüche eines Kaufmanns aus seinen Handelsgeschäften gegen einen Nichtkaufmann sind es, gehören aber prozessualisch nicht vor das OHG, sofern nicht etwa obige Nr. 3 zutrifft. Im Falle der obigen Nr. 2 hängt es von dem zufälligen Umstande, wen gerade die Rolle des Bekl. trifft, ab, ob der Fall schließlich beim OHG oder durch das betreffende Landesgericht letzter Instanz seine Erledigung findet. Daß dies eine einheitliche Rechtsübung in (eigentlichen) Handelssachen nicht fördern kann, liegt auf der Hand. Auch ist es schon (in Sachsen) vorgekommen, daß Jemand, um für eine befürchtete Klage die Kompetenz der handelsgerichtlichen Instanzen auszuschließen, seine Firma im Handelsregister löschen ließ und seinen Handel (zum Schein) zeitweise einstellte.

3. alle für die erste Instanz landesgesetzlich vor ein Handelsgericht gewiesenen [oder im konkreten Falle unanfechtbar an ein solches gelangten] bürgerlichen Rechtsstreitigkeiten,

4. diejenigen bürgerlichen Rechtsstreitigkeiten (Civilklagesachen), in welchen durch die erhobene Klage ein Anspruch geltend gemacht wird aus einem der nachstehend bezeichneten Rechtsverhältnisse:

   a) aus dem Rechtsverhältnisse zwischen den Mitgliedern einer Handelsgesellschaft, zwischen dem stillen Gesellschafter und dem Inhaber des Handelsgewerbes, sowie zwischen den Theilnehmern einer Vereinigung zu einzelnen Handelsgeschäften oder einer Vereinigung zum Handelsbetriebe (Art. 10 des Allgemeinen Deutschen Handelsgesetzbuchs) — sowohl während des Bestehens als nach Auflösung des geschäftlichen Verhältnisses, ingleichen
   aus dem Rechtsverhältnisse zwischen den Liquidatoren oder den Vorstehern einer Handelsgesellschaft und der Gesellschaft oder deren Mitgliedern,

   b) aus dem Rechtsverhältnisse, welches das Recht zum Gebrauche einer Handelsfirma betrifft,

   c) aus dem Rechtsverhältnisse, welches durch Veräußerung eines bestehenden Handelsgeschäfts zwischen den Kontrahenten entsteht,

   d) aus dem Rechtsverhältnisse zwischen dem Prokuristen, dem Handlungsbevollmächtigten oder dem Handlungsgehilfen und dem Eigenthümer der Handelsniederlassung, sowie
   aus dem Rechtsverhältnisse zwischen einer dritten Person und demjenigen, welcher ihr als Prokurist oder Handlungsbevollmächtigter aus einem Handelsgeschäfte haftet (Art. 55 des ADHGB),

e) aus dem Rechtsverhältnisse, welches aus den Berufsgeschäften eines Handelsmäklers (im Sinne des ADHGB) zwischen diesem und den Parteien entsteht,

f) aus den Rechtsverhältnissen des Seerechts, insbesondere aus denjenigen, welche sich beziehen auf Rhederei, Rechte und Pflichten des Rheders, des Korrespondent-Rheders und der Schiffsbesatzung, auf Bodmerei und Haverei, auf Schadensersatz im Falle des Zusammenstoßens von Schiffen, auf Bergung und Hilfeleistung in Seenoth, auf Ansprüche der Schiffsgläubiger;

5. sonstige Civilsachen, sobald solche mit einer dem Werthe nach höheren prozessualischen Handelssache zufolge
   a) einer Klagenhäufung oder
   b) einer Widerklage

   in demselben Verfahren und durch ein Erkenntniß zu erledigen sind (§ 14 des Bundesgesetzes v. 12. Juni 1869);

6. die auf Grund des Bundesgesetzes v. 1. Juni 1870 (Nr. 503) beim Bundeskanzler-Amte in Berlin erhobenen und demnächst zum Rechtswege gediehenen Entschädigungsansprüche an den Norddeutschen Bundesfiscus wegen aufgehobener Flößereiabgaben;*

7. vom 1. Januar 1871 ab für das Gebiet des Norddeutschen Bundes — für ganz Deutschland erst vom 1. Juli ab — in Nachdrucksachen sowie in

* In diesen Prozessen bildet, nach bundesgesetzlicher Bestimmung, das preußische Stadtgericht Berlin die erste und das Oberhandelsgericht die letzte gerichtliche Instanz. Alle fraglichen Entschädigungsansprüche müssen, bei Vermeidung der Präklusion, bis zum 1. Januar 1871 und zwar zunächst bei dem Bundeskanzler-Amte geltend gemacht werden.

allen übrigen Fällen einer durch das Bundesgesetz v. 11. Juni 1870 (Nr. 506) vorgesehenen unerlaubten Nachbildung, Vervielfältigung, Verbreitung, Aufführung 2c. sowohl

a) die Civilklagen auf Entschädigung wegen Nachdrucks oder sonstiger Verletzung eines Urheberrechts, einschließlich der Ansprüche wegen Bereicherung aus dem Nachdruck, und
die Ansprüche auf Einziehung von Nachdrucksexemplaren 2c., als auch

b) die Strafsachen, in denen das Vergehen des Nachdrucks, irgend welche Betheiligung daran oder ein sonstiges Zuwiderhandeln gegen das Bundesgesetz v. 11. Juni 1870 den Gegenstand der Untersuchung ausmacht, oder es sich um die Vernichtung von Nachdrucks-Exemplaren 2c. (gemäß § 21 dieses Gesetzes) handelt.*

8. Schließlich hat § 15 des Gesetzes v. 12. Juni 1869 (Nr. 304) Rechtsstreitigkeiten, welche in den zur Zuständigkeit des Oberhandelsgerichts gehörigen Civilsachen

a) aus Widersprüchen Dritter gegen einen Sicherheitsarrest oder eine Zwangsvollstreckung oder

b) durch Einwendungen seitens des Klägers oder des Bekl. im Zwangsvollstreckungsverfahren

entstehen, der Beurtheilung des Gerichtshofes dann, bzw. insoweit unterworfen, wenn oder als dieser Rechtsstreit nach § 13 desselben Gesetzes ganz oder

* Die im Bundesgesetze v. 11. Juni 1870 ausgesprochene Erstreckung der Kompetenz des OHG auf die strafrechtliche Seite der Nachdrucksfälle (diese im weitesten Sinne verstanden) ist eine Singularität, welche deshalb — wegen etwaiger subjektiver Konnexität — niemals auf andere Strafsachen ausgedehnt werden darf (§ 32, Absatz 4 des gedachten Gesetzes).

zum Theil zur Zuständigkeit des Oberhandelsgerichts gehört, (also unter die Nummern 1 bis 4 unserer Darlegung fällt).

---

Das Verfahren in den an das Oberhandelsgericht gelangenden Sachen ist bundesgesetzlich folgendermaßen geregelt worden.

Der Bundesgerichtshof tritt in diesen Sachen (nach § 12, 16, 18 des Gesetzes vom 12. Juni 1869 und § 32 des Gesetzes vom 11. Juni 1870) an die Stelle des landesgesetzlich — für das Gebiet, in welchem der betreffende Rechtsfall in I. Instanz anhängig geworden, — bestehenden obersten Gerichtshofes mit der letzterem nach denselben Landesgesetzen gebührenden Zuständigkeit. Die Urtheile des Oberhandelsgerichts ergehen aber „im Namen des Norddeutschen Bundes", künftig: „des Deutschen Reiches" und tragen das große Bundessiegel; die aufkommenden Kosten, Stempelgebühren rc. fließen zur Bundeskasse.

Das Prozeßverfahren, einschließlich des Kostenpunktes, bestimmt sich ebenfalls, auch bei dem Oberhandelsgerichte selbst, nach den landesgesetzlichen Normen, welche in gedachtem Gebiete gelten und für die Vorinstanzen des Falles maaßgebend gewesen*; es sei denn, daß

a) bundesgesetzlich in Bezug auf Einzelnheiten (z. B. Advokaturpraxis, Mitgliederzahl des erkennenden Gerichtshofes, Zustellungen seitens desselben, Vertretung

* Es versteht sich, so lange eine allgemeine deutsche Civilprozeßordnung fehlt, von selbst, daß die Gerichte der Vorinstanzen in etwaigen Handelssachen nicht anders verfahren können, wie sonst bei ihnen üblich. Das Oberhandelsgericht findet sich demnach hier als Ober-Instanz einer Mannigfaltigkeit von Normen und Gewohnheiten gegenüber, die man sich kaum buntscheckig genug vorstellen kann; und der Hof hält, in gerechter Würdigung dieses einstweiligen Uebelstandes, prinzipiell und nach Möglichkeit fest an dem, was in der betreffenden landesgesetzlichen Gerichtspraxis sonst beobachtet wird.

der Staatsanwaltschaft, Stempelverbrauch) ein Anderes ausdrücklich vorgeschrieben worden,

b) Prozeßhandlungen in einem fremden Gebiete vorzunehmen wären; hier gilt hinsichtlich der Form der alte Satz: locus regit actum, das Recht am Orte der Vornahme ist zu berücksichtigen.

Regelmäßig besteht in deutschen Landen das, durch alte Praxis begründete und in der Bundesakte von 1815 Art. 12 ausdrücklich zugesicherte, Recht eines dreifachen Instanzenzuges. Demnach spricht das Oberhandelsgericht meist in dritter, aber doch nicht immer in letzter, Instanz Recht. Seine Zuständigkeit kann freilich, wenn sachlich begründet, durch die (landesgesetzlich etwa sonst zulässige) Aktenversendung an juristische Spruchkollegien und Universitätsfacultäten nicht beseitigt werden (§ 12 Abs. 2 des Bundesgesetzes vom 12. Juni 1869). Aber, dem landesgesetzlichen Brauche folgend, hat das Oberhandelsgericht hin und wieder zu erkennen:

a. in zweiter Instanz, z.B. vermöge des Privilegiums des städtischen Obergerichts zu Rostock, daß von demselben nur an den obersten Gerichtshof des Landes appellirt werden darf; ferner wenn in (persönlich oder sachlich) eximirten Fällen ein Appellationsgericht in I. Instanz Recht gesprochen hat und landesgesetzlich die Berufung nun an den obersten Gerichtshof geht, was in Mecklenburg nicht selten geschieht;

b) in vierter Instanz nach königl. sächsischem Prozeßrechte, welches bei einem Beschwerdeobjekte von 200 Thlrn. (oder 8 Thlrn. jährlich) regelmäßig, und auch sonst ausnahmsweise, noch eine Appellation gegen die dritte Sentenz gestattet, wenn und soweit letztere — wörtlich oder dem Sinne und der Wirkung nach — mit beiden voraufgegangenen Entscheidungen nicht übereinstimmt, z. B. zwei konforme Urtel abgeändert hat.

Sobald hiernach das Oberhandelsgericht in gegebenem Falle nicht schon als letzte, rechtlich zulässige, Instanz aufgetreten ist: unterliegt sein Ausspruch möglicher Weise, nach Maaßgabe des betreffenden Landesprozeßrechtes, einer weiteren Anfechtung, über welche freilich, da dasselbe kraft seiner bundesrechtlichen Stellung keine Instanz über sich duldet, nur das Plenum des Gerichtshofes würde zu befinden haben. Hat dieses Plenum, wie mehrfach während des Jahres 1870 geschehen, bereits in der Sache, aber landesgesetzlich nicht unangreifbar, erkannt: so kann es durch Einlegung des zulässigen Rechtsmittels in die Lage gebracht werden, seine eigene frühere Beurtheilung desselben Rechtsfalles, sich selbst verbessernd, wesentlich abändern zu dürfen. Hoffentlich wird die wirkliche Reformirung eines oberhandelsgerichtlichen Urtelsspruches niemals eintreten.*

Eine Theilung des Oberhandelsgerichtes in mehrere Senate ist bundesgesetzlich vorgesehen, aber von der Zustimmung des Bundesrathes abhängig gemacht** und bisher nicht erfolgt. Der Gerichtshof selbst hat es, im Interesse einheitlicher Rechtsprechung, vorgezogen, bis auf Weiteres und so lange es praktisch durchführbar, Alles in Plenar-Versammlungen zu erledigen. Dem Publikum erwächst hieraus der, nicht gering anzuschlagende, Vortheil, daß von vorn herein in der Praxis des Hofes gewisse Ansichten und Grundsätze zu Tage getreten sind, welche eine zuverlässige Garantie der Beachtung auch für künftige gleiche

* Undenkbar wäre solche, falls eine Entscheidung von 1870 nur auf geringer Majorität beruhte, nicht, nachdem 1871 in Folge Zutritts der süddeutschen Staaten zum norddeutschen Bunde eine Vermehrung der Mitgliederzahl des Hofes von 14 auf 21 eingetreten.

** Vgl. Bundesgesetz v. 12. Juni 69 § 8, 9. 11. — Auch das im § 11 dieses Gesetzes vorgesehene Geschäftsregulativ für den Hof ist noch nicht ergangen. Die in der Tagespresse vereinzelt laut gewordene Meinung, als dürfe ohne Regulativ die richterliche Thätigkeit des Hofes gar nicht beginnen, entbehrt des rechtlichen Haltes.

oder analoge Fälle gewähren, wie solche bei Senatsaussprüchen niemals geboten erscheint.

Im Einzelnen bemerken wir noch über das Verfahren.

1. Welches Rechtsmittel im Einzelfalle zulässig ist, und ob dasselbe das Oberhandelsgericht nur mit einer Kritik der rechtlichen Auffassungen der Vorinstanz oder auch mit einer nochmaligen faktischen Würdigung des vorliegenden Falles befaßt, ferner: wann, wie und wo das Rechtsmittel einzulegen und sonst zu wahren oder weiter zu verfolgen ist, — alles dies entscheidet sich nach dem betreffenden Landesprozeßrechte. Das landesgesetzliche Rechtsmittelsystem bleibt hier unberührt. — Im Wesentlichen dasselbe gilt von den Vorschriften der gerade zutreffenden Landesgesetze über das Verfahren in dieser Instanz. Der Urtelssprechung des Oberhandelsgerichts geht daher stets eine Instruktion des ergriffenen Rechtsmittels im Wege schriftlichen Verfahrens bei einer landesgesetzlich bestimmten Instanz voraus, sowie ein Befinden eben dieser Instanz, daß der gegebene Fall zur Kompetenz jenes Bundesgerichtshofes gehöre. Erst nach solchem selbverständlich sich sehr verschieden gestaltenden, mehr oder weniger formellen Vorverfahren wird der entscheidende Richter, welcher hier von der sog. Prozeßdecretur systematisch fern gehalten ist, mit der Sache dadurch befaßt, daß er die bisher verhandelten Akten eingesendet erhält.

Dieses Vorverfahren findet z. B. in den rechtsrheinischen preußischen Landestheilen (außer dem ehemaligen Königreich Hannover) Statt:

a) wenn eine Wechsel- oder eigentliche Merkantil-Sache vorliegt, bei dem Gerichte I. Instanz mit nur 3 tägiger Frist zur Einlegung des Rechtsmittels (Nichtigkeitsbeschwerde oder Revision), und
b) in allen übrigen Sachen bezüglich der Anmeldung

des Rechtsmittels bei dem Gerichte I. Instanz und bezüglich der Einführung und Rechtfertigung desselben bei dem Ober-Tribunal, bzw. dem Ober-Appellations-Gerichte zu Berlin, mit verschiedenen Fristen.

Falls die Instruktion des Rechtsmittels landesgesetzlich bei dem Gerichte erster (oder II.) Instanz erfolgt, hat dieses, sobald die Zuständigkeit des Oberhandelsgerichts außer Zweifel ist oder beschlossen wird, die Akten (gemäß § 17 des Bundesgesetzes vom 12. Juni 1869) ohne Weiteres nach Leipzig einzusenden. Der oberste Landesgerichtshof bleibt in solchem Falle ganz unberührt von der Sache.*

Regelmäßig vollzieht sich die Instruktion bei dem Obersten Gerichtshofe des Landes, in welchem die Sache überhaupt anhängig geworden ist, und dieser hat seine etwaige Zuständigkeit zu prüfen und (ausdrücklich oder stillschweigend) zu verneinen, ehe die Akten an das Oberhandelsgericht gelangen dürfen. Für die nach Rheinischem Prozeßrechte zu verhandelnden Sachen sind (im letzten Satze des § 18 des Bundesgesetzes v. 12. Juni 1869) besondere, nicht ganz erschöpfende, Vorschriften gegeben.

Ausnahmsweise bewendet es in Hannoverschen Sachen (nach § 19 des eben erwähnten Bundesgesetzes) bei der landesgesetzlich offen gelassenen Möglichkeit, daß das zur Entscheidung des Falles rechtlich berufene Gericht (mithin ev. auch das Oberhandelsgericht) direkt von der implorirenden Partei mit der Sache befaßt wird.

2. Nach dem zutreffenden Landesprozeßrechte bestimmt es sich, ob die Entscheidung des Oberhandelsgerichts im

* Dies wird in Wechselsachen von preuß. Gerichten I. Instanz hin und wieder übersehen; manchmal erfolgt hier noch die Einsendung der Akten, wie vor dem Bundesgesetze v. 12. Juni 69, an das Obertribunal, welches dann nicht umhin kann, die Akten als es nicht angehend zu remittiren. — Beschwerden gehen, weil keine Instruktion erfordernd, unmittelbar an das Oberhandelsgericht.

Wege des geheimen, schriftlichen Verfahrens lediglich auf Grund der Akten und nach Vortrag eines (oder noch eines zweiten) Referenten zu erfolgen hat. Ueberwiegend die meisten eingehenden Sachen wurden bisher auf diese Weise abgemacht, so alle Beschwerdesachen und die Spruchsachen aus Sachsen, Thüringen, Anhalt, den Hansestädten, Hessen-Darmstadt (ohne Rheinhessen).*

3. Nach Rheinischem Prozeßrechte sowie nach den neueren in Braunschweig, Hannover, Oldenburg und Preußen geltenden Prozeß-Ordnungen muß der Urtelsfällung — auch in letzter Instanz — eine mündliche und öffentliche Verhandlung der Sache voraufgehen, mithin zum Zweck derselben ein Termin vor dem mit der Sache befaßten Oberhandelsgerichte anberaumt werden. Die Ladung zu diesem Termin erfolgt an die Parteien oder deren Bevollmächtigte (nach § 10 Abs. 2 des Bundesgesetzes vom 12. Juni 69)

a) mittelst förmlicher Zustellung (Insinuation) durch einen Gerichtsboten, wenn ein Empfangsberechtigter in Leipzig wohnt, (nach der Intention des Gesetzes soll jede auswärtige Partei sich mit einem am Gerichtssitze wohnenden Zustellungs-Bevollmächtigten versehen, vgl. Entwurf einer Norddeutschen Prozeßordnung v. 1870 §§ 226, 227),

b) nach auswärts durch die Post mittelst rekommandirten Schreibens auf Gefahr des Adressaten.

Im Termin zur mündlichen Verhandlung können die Parteien sich durch einen beliebigen Anwalt — aus der

* Wie sich nach Ausdehnung der Kompetenz des Gerichtshofes auf die süddeutschen, eines öffentlichen Gerichtsverfahrens sich erfreuenden Staaten das Verhältniß stellen wird, bleibt abzuwarten. Im Geschäftsjahre 1870, d. h. in der Zeit vom 5. August bis zum 30. November, gingen beim Oberhandelsgerichte 14 Beschwerdesachen und 92 Spruchsachen ein, die Hälfte der letzteren aus dem Königreich Sachsen. Nur etwa ein Viertel von diesen 106 Sachen erfordert eine mündliche Verhandlung.

Zahl der überhaupt in einem Bundesstaate angestellten oder sonst fest zugelassenen Rechtsanwalte (oder Advokaten) — vertreten lassen. Ob eine Partei ihre Sache selbst führen, ob und wie sie neben dem Anwalt das Wort nehmen, ob sie auch einen anderen, landesgesetzlich als Anwalt nicht rezipirten, Vertreter wählen darf — alles dies ist bundesgesetzlich nicht vorgesehen, entscheidet sich mithin aus dem zutreffenden Landesprozeßrechte. Bisher traten nur rezipirte Anwalte auf.

Regelmäßig beginnt die Verhandlung des Einzelfalles mit einem Vortrage über die aktenmäßige Sachlage, welchen nach Preußischem Verfahren (auf Grund vorheriger Niederschrift) ein Gerichtsmitglied (der vom Präsidenten ernannte Referent) zu halten hat. Die Braunschweigische Prozeßordnung vom 19. März 1850 überläßt diese Vorträge den Parteivertretern, so daß ohne das Erscheinen mindestens Eines derselben nicht verhandelt werden kann, — jedoch unter der Kontrolle eines richterlichen Referenten, welcher (nach §§ 184, 227, 339, 347 a. a. O.) das thatsächliche Vorbringen überwachen und Unrichtigkeiten darin „einbessern" soll.

An diesen Sachvortrag schließt sich das Plaidoyer der Sachwalter; Implorant (bzw. Revident, Kassationskläger) hat stets das erste Wort, der Gegner Anspruch auf das letzte. Dann tritt eine geheime Berathung des Gerichtshofes zum Zwecke der Urtelsfindung ein — bisher stets in der Weise, daß Anwalte und etwaiges Publikum zum Verlassen des Sitzungssaales veranlaßt wurden.

Als Ergebniß dieser Berathung erfolgt, regelmäßig sofort,*

* In einer am 8. November 1870 verhandelten braunschweigischen Revisionssache setzte der Hof die Entscheidung auf eine Woche aus, und am nächsten Sitzungstage erfolgte dann die Urtelspublikation nach dem vom erschienenen Vertreter des Revidenten gestellten Antrage durch den Referenten in der Weise, daß Letzterer das vollständig abgefaßte und von sämmtlichen Gerichtsmitgliedern vollzogene Erkenntniß mit den Gründen vorlas.

die öffentliche Urtelsverkündigung; die Gründe (Urtelsmotive) werden in Preußischen Sachen, wie beim Ober-Tribunal zu Berlin, mündlich nicht gegeben und den Parteien erst aus den Urtelsausfertigungen bekannt, welche der Richter I. Instanz ihnen zustellen läßt.

4. Wenn beim mündlichen Verfahren landesgesetzlich eine Mitwirkung der Staatsanwaltschaft nothwendig oder zulässig und gerade erforderlich befunden worden ist, so hat

a) in Civilsachen der Präsident des Oberhandelsgerichtes ein Mitglied desselben als Vertreter des Staatsanwaltes zu bestellen, und dieses die betreffenden Funktionen zu übernehmen (§ 20 des Bundesgesetzes vom 12. Juni 1869),

b) in Strafsachen (wegen Nachdrucks, nach dem Bundesgesetze vom 11. Juni 1870) der General-Staatsanwalt, welcher bei dem zutreffenden obersten Landesgerichtshofe angestellt ist, selbst (oder durch einen seiner ständigen Vertreter) zu fungiren, eventuell einen in Leipzig angestellten Sächsischen Staatsanwalt oder einen hier wohnenden Deutschen Advokaten sich zu substituiren.

5. Hinsichtlich der Advokaturpraxis bei dem Oberhandelsgerichte hat die jeder Monopolisirung abgeneigte Zeitrichtung sich angemessene Geltung verschafft. Nach der heutigen, bundesgesetzlich (im § 10 des Gesetzes vom 12. Juni 1869 und im neuen Norddeutschen Strafgesetzbuch §§ 31, 352, 356, 359) anerkannten Auffassung ist die Anwaltschaft, ohne eine Unterscheidung zwischen Advokaten und eigentlichen Anwalten, eine amtsähnliche Berufsstellung, zu welcher prinzipiell jeder Befähigte zugelassen werden soll; der einzelne Anwalt aber gilt im Bereiche der Bundesgesetzgebung nicht als Beamter. Die Beurtheilung und Feststellung der juristischen Befähigung zur Advokatur

ist einstweilen den Landesrechten überlassen. Demgemäß darf jeder zur Zeit im Bundesgebiet überhaupt angestellte oder sonst landesrechtlich fest* zugelassene Anwalt (Rechtsanwalt, Advokat 2c.) bei dem Oberhandelsgerichte praktisiren und in den für dasselbe bestimmten oder schon dahin gelangten Sachen Parteivertretungen führen, Schriftsätze fertigen und legalisiren, im mündlichen Verfahren Sachvorträge und Rechtsausführungen halten 2c. Nimmt solcher Anwalt, was ihm bundesgesetzlich freigestellt worden,** am Sitz des Gerichtshofes Niederlassung: so tritt er selbstredend zu letzterem in ein näheres, vorläufig rechtlicher Normirung entbehrendes, Verhältniß und kann Zustellungs-Bevollmächtigter sein. In einer Casseler Revisionssache hat der Hof, ohne Widerspruch zu finden, durch Verfügung vom 6. Dezember 1870 einen bei demselben habilitirten Anwalt — den Herausgeber — ohne Weiteres einer armen Partei als Offizialvertreter beigeordnet.

Vollmachten für die Sachwalter am Oberhandelsgerichte — sowie alle Eingaben und Gesuche — sind ohne Stempelverbrauch einzureichen; die etwa landesgesetzlich auf dem Schriftstück ruhende Stempelpflicht wird bei Liquidirung der Gerichtskosten, zum Besten der Bundeskasse, mit berücksichtigt (§ 22 des Bundesgesetzes v. 12. Juni 1869). Deshalb bleibt hier jede etwaige Verwendung

* Das auf einem Amendement des Abgeordneten und früheren preuß. Justizministers v. Bernuth beruhende Erforderniß fester Zulassung will die in einigen Kleinstaaten nur vorläufig zur Praxis verstatteten, noch im Vorbereitungsstadium des Berufs befindlichen, Juristen ausschließen.

** Bringt die amtliche Stellung des Anwaltes landesgesetzlich die Verpflichtung, an einem bestimmten Orte Domizil zu halten, mit sich, so wird ein solcher bei oder nach der Niederlassung in Leipzig freilich seine zeitweise oder dauernde Enthebung von dieser Amtspflicht bei der betreffenden Landesbehörde erwirken müssen. Das preuß. Justizministerium fordert von den Rechtsanwalten stets die Niederlegung ihres preußischen Amtes zum Zwecke der Uebersiedelung nach Leipzig: dasselbe würde bei rheinischen Advokat-Anwalten geschehen.

eines landesrechtlichen Stempels oder einer Stempelmarke nutzlos. Selbstredend sind Substitutionsvollmachten kostenfrei, wenn dieselben (wie in Preußen) landesgesetzlich nicht stempelpflichtig.

Die Gebührenforderung der Anwalte und die Erstattungspflicht des unterliegenden Gegners bestimmen sich nach dem betreffenden Landesrechte so, als wenn die Sache bei dem Obersten Landesgerichtshofe erledigt worden wäre.*

* Während des Geschäftsjahres 1870, welches beim Gerichtshofe — dem altpreußischen Justizjahr entsprechend — mit dem Monat November abschloß, hielt der etatsmäßig aus 2 Präsidenten u. 12 Räthen bestehende Gerichtshof nur an acht Tagen öffentliche Sitzungen (die erste, am 5. August, lediglich behufs formeller Eröffnung seiner amtlichen Thätigkeit und zur Vereidigung seiner Mitglieder und Beamten). In den an 7 Sitzungstagen abgemachten 19 Terminssachen plaidirten: Justizrath Stegemann (früher in Wriezen) 15 Mal, die Rechtsanwalte Illgner (früher in Labes) 12 und Hepke (früher in Wehlau) ein Mal. Von auswärtigen Sachwaltern traten persönlich auf, je ein Mal: Obergerichts-Advokat Gotthard aus Braunschweig sowie die Ober-Tribunals-Anwalte Dr. Braun und Dr. Lüntzel aus Berlin. Die Mehrkosten, welche durch Reisen eines auswärtigen Anwaltes nach Leipzig entstehen, braucht der Gegner nicht zu erstatten; § 22 des Bundesgesetzes v. 12. Juni 1869.

Das Werk, welches wir hiermit dem Deutschen Publikum übergeben, will Allen, die an der betreffenden vaterländischen Rechtspflege Antheil nehmen, nützlich sein.

Wir hoffen namentlich den Deutschen Anwalten und Advokaten eine praktisch werthvolle Sammlung zu bieten. Damit diese aber möglichst vollständig sei oder werde, können wir, für die im geheimen Verfahren entschiedenen Rechtsfälle, einer Mitwirkung der Herren Kollegen nicht entbehren. Wir ersuchen Dieselben daher im Interesse der Sache ergebenst, aus Ihrer Praxis uns durch unfrankirte Mittheilung interessanter Fälle und der darin ergangenen Entscheidungen des Oberhandelsgerichtes (ohne Auswerfung eines Rechtsgrundsatzes) gütigst unterstützen zu wollen. Wir werden die Herren Einsender gern namhaft machen, auf Wunsch uns auch sonst erkenntlich bezeigen.

Leipzig, 16. Dezember 1870.

**A. Stegemann.**

# Abkürzungen.

| | |
|---|---|
| A. oder allg. | allgemein. |
| a. a. O. | am angeführten Orte. |
| Abs. | Absatz. |
| AGO | Allgemeine Gerichts-Ordnung für die Preußischen Staaten (v. 1793). |
| ALR | Allgemeines (Preußisches) Landrecht (v. 1794). |
| App. | Appell oder Appellation. |
| Arch. | Archiv. |
| Art. | Artikel. |
| B. | Band oder Buch. |
| BdGes. | Bundesgesetz. |
| BdGesBl. | Bundesgesetzblatt. |
| Bekl. | Beklagter. |
| betr. | betreffend. |
| Bl. | Blatt. |
| bürgerl. | bürgerlich. |
| bzw. | beziehungsweise, beziehentlich. |
| Contra: | anderer Ansicht ist oder sind, bzw. in entgegengesetztem Sinne haben entschieden. |
| Cod. | Codex. |
| D. | Deutsch. |
| Dig. | Digesta. Justinian's Pandekten. |
| DWO | (Allgemeine) Deutsche Wechsel-Ordnung (mit den Ergänzungen der Nürnberger Novelle). |
| Einf. | Einführung. |
| Einl. | Einleitung. |
| Entsch. | Offizielle Sammlung von Entscheidungen des Preuß. Ober-Tribunals zu Berlin. |
| Erk. | Erkenntniß. |
| ff. | und folgende. |
| GB | Gesetzbuch. |
| Ger.* | Gericht. |
| Ges.* | Gesetz. |
| H. | Handels. |
| HGB | (Allgemeines) Deutsches Handelsgesetzbuch (in letzter Fassung, nach dem Bundesgesetze vom 11. Juni 1870). |
| i. J. | im Jahre. |
| kgl. | königlich. |

* In Zusammensetzungen auch blos G.

| | |
|---|---|
| L. | lex. |
| NktBschw. | Nichtigkeitsbeschwerde. |
| Nr | Nummer. |
| n. oder * | Note. |
| OAppGer. | Ober-Appellationsgericht. |
| OHG | (Deutsches) Ober-Handelsgericht zu Leipzig. |
| OTr. | Ober-Tribunal zu Berlin, bzw. Stuttgart. |
| Plen. | Plenar oder Plenum. |
| PO. | Prozeßordnung. |
| Präj. | Präjudiz (ein wörtlicher Abdruck der Fassung wird durch Anführungszeichen „ " angedeutet werden). |
| Prot. | Protokoll, auch Protokolle einer Konferenz oder Kommission. |
| R. | Recht. |
| Ref. | reformirende (abändernde) Entscheidung des OHG auf Revision, Berufung oder weitere Appellation. |
| S. | Seite. |
| Sen. | Senat. |
| Sic: | Derselben Meinung ist (sind) oder in demselben Sinne hat (haben) entschieden. |
| Strieth. Arch. | Archiv für (Civil-) Rechtsfälle, aus der Praxis des preuß. Ober-Tribunals, herausgegeben von Striethorst, Berlin bei J. Guttentag. |
| Th. | Theil. |
| Tit. | Titel. |
| u. a. | unter anderem oder anderen. |
| ꝛc. | und so weiter. |
| v. | von, vom. |
| V. | Vernichtende Entscheidung des OHG auf Nichtigkeitsbeschwerde oder Kassationsrekurs. |
| vgl. | vergleiche. |
| W. | Wechsel. |
| z. B. | zum Beispiel. |
| Z. | Entscheidung des OHG, durch welche ein Rechtsmittel zurückgewiesen oder der Ausspruch der Vorinstanz bestätigt worden. |
| Z. Ref. oder Z. V. | theils zurückweisende, theils abändernde Entscheidung des OHG. |
| Ztschr. | Zeitschrift. |

---

Bei Anführung von Jahreszahlen, die dem 19. Jahrhundert angehören, werden wir regelmäßig die Ziffer 18 vor den beiden folgenden Jahreszahlen weglassen.

Wir citiren:

Borchardt's Allgemeine Deutsche Wechsel-Ordnung, Berlin bei R. v. Decker, nach der fünften Auflage von 1869;

Brauer's Allg. Deutsche Wechsel-Ordnung, Erlangen bei F. Enke, nach der zweiten Auflage von 1851;

Endemann's Deutsches Handelsrecht, Heidelberg bei Bangel und Schmitt, nach der zweiten Auflage von 1868;

Den Entwurf einer Civilprozeß-Ordnung für Norddeutschland von 1870 (vgl. oben S. 8) abgekürzt als Nordd. PO. Entw.

v. Hahn's Kommentar zum allg. deutschen Handelsgesetzbuch, Braunschweig bei Vieweg u. Sohn, nach der ersten Auflage von 1862—1867 und kurzweg als „v. Hahn Komm.“

H. Makower's Kommentar zum allg. deutschen Handelsgesetzbuch, Berlin bei J. Guttentag, nach der vierten Auflage von 1871, und kurzweg als „Makower Komm.“

## Nr. 1.

## Plenum. — Erkenntniß v. 13. September 1870 (Ref.)

**Spalteholz ./. Triest** (Nr. 4 v. 1870).

**Königreich Sachsen.** **Weitere Berufung.**

I. Instanz: Gerichtsamt Pirna,
II. Instanz: Appellationsgericht Dresden,
III. Instanz: Ober-Appellationsgericht Dresden.

**Konventionalstrafe. Auslegung der Vertragsbestimmungen.**

**1. Aufgabe der Auslegung eines Vertrages ist die Ermittelung des wirklichen Vertragswillens der Kontrahenten.**

HGB Art. **278.**

**2. Für die Vereinbarung einer Konventionalstrafe bestehen besondere gesetzliche Auslegungsregeln nicht.**

HGB Art. **284.**

Die Parteien waren rechtsgiltig übereingekommen, daß im Laufe des Jahres 66 Kläger dem Bekl. Rohholz anliefern, Letzterer aber das Empfangene während gedachten Zeitraums verschneiden und sonst aufarbeiten sollte. § 6 des Vertrages verpflichtete den Kläger,

mit der Anlieferung der zum Betrieb der Schneidemühle erforderlichen Rohhölzer rechtzeitig zu beginnen und mit solcher, dafern Beklagter der von ihm übernommenen Verpflichtung nachkommen würde, dergestalt fortzufahren, daß er dem Bekl. mindestens

200000 Kubikfuß Rohholz zur Verarbeitung im Laufe jenes Jahres zu übergeben hatte.

§ 15 bestimmte weiter:

es solle für den Fall, daß trotz rechtzeitiger Ablieferung des Rohmaterials von Seiten des Klägers an den Bekl. Letzterer seiner Verpflichtung, innerhalb des Jahres 66 200000 Kubikfuß zu verschneiden, gegenüber dem Kläger nicht oder nicht vollständig nachkomme, Beklagter für jeden zur Verarbeitung übernommenen . . (aber) unverschnitten gelassenen Kubikfuß eine Konventionalstrafe von 10½ Pfenningen preuß. Währung an den Kläger bezahlen,

andererseits aber auch Kläger, falls er das zum Verschneiden der 200000 Kubikfuß erforderliche Rohholz nicht oder nicht vollständig liefere, zur Entrichtung einer gleichen Konventionalstrafe für jeden innerhalb des Jahres 66 nicht gelieferten Kubikfuß an den Bekl. verbunden sein.

Auf Grund dieses Vertrages beanspruchte Kläger die bedungene Konventionalstrafe, insoweit Beklagter das 66 von jenem wirklich (thatsächlich jedoch unter 200000 Kubikfuß) gelieferte und nicht zurückgenommene Rohholz innerhalb der Vertragszeit unverarbeitet gelassen. Nachdem die Sache zwei Instanzen durchlaufen und hier im Wesentlichen eine dem Klageanspruch günstige Beurtheilung erfahren hatte, wurde, auf eingelegte Berufung des Bekl., vom königl. sächsischen Ober-Appellgericht auf Klageabweisung erkannt. Der III. Richter ging von dem Gesichtspunkte aus, daß Pönalverträge ihrer Natur nach einer strengen Auslegung zu unterwerfen seien, und glaubte demzufolge sich an den Wortlaut der einschlagenden Kontraktsbestimmungen, namentlich des § 15, halten zu müssen. Deshalb nahm er an, daß Beklagter mit seinen, von der verabredeten Konventionalstrafe betroffenen, Leistungen nur dann habe in Verzug gerathen können, wenn Kläger selbst zuvor das bedungene Normalquantum von 200000 Kubikfuß Rohholz entweder dem Bekl. innerhalb des Jahres 66 wirklich angeliefert oder denselben sonst mit der Abnahme und Verarbeitung des vollen Quantums in Verzug gesetzt hätte.

Kläger ergriff das nach kgl. sächsischer Prozeßordnung statthafte Rechtsmittel der Berufung, und das OHG entschied, auf Grund der ihm nun zustehenden endgiltigen Beurtheilung des Falles, abändernd, daß die Klage zuzulassen und das Beweisverfahren einzuleiten sei.

**Gründe:**

Durch obige Auffassung (der vorigen Instanz) erachtet sich Kläger nicht ohne Grund verletzt.

Es kann sich bei Interpretation der auf das Ausbedingen einer Konventionalstrafe bezüglichen Vertragsstipulation — in Ermangelung spezieller, hier maaßgebender Auslegungsregeln — allgemeinen Rechtsgrundsätzen zufolge nur um die Ermittelung des wirklichen Vertragswillens der Paciscenten handeln. Diese Aufgabe ist der richterlichen Thätigkeit schon nach dem allgemeinen bürgerlichen Rechte zugewiesen,

L. 219 Dig. de verb. sign. (50, 16),

kgl. sächs. bürgerl. Gesetzbuch § 801;*

ganz besonders wird sie dem Richter aber durch das ADHGB zur Pflicht gemacht, welches im Art. 278 die ausdrückliche Anweisung für den Richter enthält, bei Beurtheilung und Auslegung der Handelsgeschäfte **nicht** an dem **buchstäblichen** Sinne des Ausdrucks zu haften, vielmehr das Augenmerk auf die Erforschung des Willens der Kontrahenten zu richten. Selbstverständlich kann hierbei nur der wirklich erklärte Wille in Betracht kommen. Auch

* Ebenso: preuß. ALR I. Tit. 4 § 70—72, Tit. 5 § 252.

ist es richtig, daß beim Vorhandensein begründeter Zweifel über die Tragweite des erklärten Vertragswillens — nach den übereinstimmenden Vorschriften des gemeinen und des sächsischen Rechtes*

L. 9, 56, 192 Dig. de regulis iuris (50, 17),
kgl. sächs. bürgerl. Ges.=B. § 813 —

die Auslegung zum Nachtheile dessen zu erfolgen hat, welcher aus dem Vertrage ein Recht auf eine ihm vortheilhaftere und größere Leistung ableitet. Allein letztere, der Natur der Sache entnommene, Auslegungsregel ist einerseits keine dem Pönalvertrage eigenthümliche; andererseits steht ihr die gleich wichtige Regel zur Seite, daß, (wenn) bei der Auslegung eines Vertrages auf die Absicht der Betheiligten zurückzugehen, diejenige Auslegung anzunehmen ist, welche der übrigen zweifellosen Vertragsbestimmung am meisten entspricht.

L. 134 § 1 Dig. de verborum obl. (45, 1)
kgl. sächs. bürgerl. Ges.=B. § 812.

Es gilt hiernach, die einzelnen Bestimmungen des vorliegenden Vertrages in ihrem inneren Zusammenhange zu erfassen. Geschieht dies, so bleibt nach dem Dafürhalten jetziger Instanz ein erheblicher Zweifel über Bestand und Richtung des von den Parteien erklärten Willens nicht übrig.

Die Parteien kamen Inhalts des gedachten Vertrages — voraussetzlich in ihrem beiderseitigen Interesse — . . . überein . . .

(wie im Eingang angegeben, ohne § 15).

Kläger übernahm (hiernach) die Anlieferung (einer gewissen) Quantität (Rohholz) nicht schlechthin, seine Anlieferungspflicht war (vielmehr) bedingt durch die gehörige Erfüllung der dem Bekl. obliegenden Vertragsverbindlich=

* Ebenso nach preuß. ALR I. 5 § 267, 268.

keiten. Blieben diese auf des Bekl. Seite unerfüllt — was (kontraktlich) namentlich dann der Fall war, wenn Beklagter die ihm vom Kläger gelieferten Holzmaterialien nicht ordnungsmäßig aufarbeitete —: so war Kläger zur Fortsetzung des Anlieferungsgeschäfts nicht verbunden. Solange demnach Beklagter, auf Grund der Anlieferungen des Klägers, im Besitze der zum ordnungsmäßigen Betriebe seiner Schneidemühle erforderlichen Holzvorräthe sich befand, durfte Kläger mit weiteren Anlieferungen, der Vertragsbestimmung zufolge, Anstand nehmen, — dies um so gewisser, als ein weitergehendes Interesse des Bekl. als das, vom Kläger während des Kontraktjahrs stets mit ausreichenden, der Betriebskraft der Schneidemühle entsprechenden Vorräthen versorgt zu sein, (nirgend) erkennbar ist. Es darf demnach zweifellos davon ausgegangen werden, daß Kläger — so lange Beklagter seiner Verbindlichkeit zum Verschneiden der ihm angelieferten Rohhölzer nicht gehörig nachgekommen, seinerseits also ein Bedürfniß nach weiteren Anlieferungen von Betriebsmaterialien nicht vorhanden war — nach dem im § 6 erklärten Vertragswillen der Kontrahenten mit der von ihm kontraktlich übernommenen rechtzeitigen Anlieferung des Rohholzes nicht in Verzug gelangen konnte.

Das hiermit gewonnene Ergebniß der Willensabsicht der Betheiligten ist im Auge zu behalten bei Beurtheilung der im § 15 . . vereinbarten . . Konventionalstrafen.

Allerdings ist anzuerkennen, daß, wie die vorige Instanz richtig hervorhebt, die Stipulation der Konventionalstrafe nach dem Wortlaute des § 15 lediglich mit zwei einander entgegengestellten Handlungen der Kontrahenten in Verbindung gebracht worden ist, bei deren Nichteintreten gegenseitig die Strafe verfallen sein solle: mit dem Liefern der bedungenen 200000 Kubikfuß Rohholz auf der einen und mit dem Verschneiden derselben auf der anderen Seite. Daraus folgt jedoch nicht die Nothwendigkeit einer Beschränkung der Stipulation in dem Sinne, daß nach dem Vertragswillen der Kontrahenten die Verwirkung der Strafe für jeden anderen Fall ausgeschlossen sich darstellte. Offenbar handelte es sich darum, die bei normalem Verlauf des Geschäfts bestehenden äußersten Grenzen der beiderseitigen Vertragspflichten zum Ausdruck zu bringen. Die Erwähnung des äußersten Maaßes der Leistungspflicht schloß jedoch die Rechtswirkung der bedungenen Konventionalstrafe für den Fall des nach den konkreten Umständen zur Geltung gelangenden geringeren Maaßes nicht aus, sie schloß dieselbe vielmehr ein, weil die Strafe nach Maaßgabe jedes an der Erfüllung fehlenden Kubikfußes festgestellt war, der Vertrag mithin der Sache nach einen Komplex einzelner selbständiger Strafverabredungen enthielt. —

Die Möglichkeit einer solchen Spaltung der fraglichen Vertragsstipulation muß nach dem, was im § 6 vereinbart worden, zweifellos zunächst nach einer Seite in der Absicht der Betheiligten gelegen haben, insofern nämlich, als es um die Voraussetzung der vom Kläger zu verwirkenden Strafe sich handelte. Obwohl es den Anschein gewinnt, als sollte nach dem Wortlaut des Vertrages in letzterer Beziehung der Strafverfall schlechthin dann eintreten, wenn Kläger — gleichviel aus welchem Grunde — das zum Verschneiden der 200000 Kubikfuß erforderliche Rohholz dem Bekl. nicht lieferte: so kann ein solcher Rechtserfolg doch unmöglich von den Kontrahenten intendirt worden sein, weil sie nach § 6 des Vertrages einig waren, daß Kläger nicht unter allen Umständen zur Lieferung des Normalquantums verpflichtet sein sollte, und Kläger dann, wenn die Lieferungspflicht in Betreff der einzelnen Theilbeträge cessirte, selbsteinleuchtend auch mit der Leistung des bedungenen Gesammtquantums nicht in Verzug gerathen, ebendeshalb also auch nicht die durch Vereinbarung der Kontrahenten auf den Verzug gesetzte Strafe ihn treffen konnte. Es darf demnach mit Sicherheit angenommen werden, daß die Kontrahenten bei Normirung der Strafverwirkung auf Seiten des Klägers die Verabredung des § 6 vor Augen gehabt und nur in dem hierdurch modifizirten Sinne die einschlagende Bestimmung des § 15 verstanden haben. Ist dies begründet, so ergiebt sich ohne Weiteres die Nothwendigkeit einer gleichmäßigen Auffassung für den kontraktlich entgegengesetzten Fall, der den Gegenstand der obschwebenden Differenz bildet. Mit anderen Worten: auf des Bekl. Seite war die Verwirkung der Konventionalstrafe nicht vor der effektiven Anlieferung des bedungenen Normalquantums von 200000 Kubikfuß Rohholz durch den Kläger, sondern nur davon abhängig, daß Letzterer der nach § 6 übernommenen bedingten Lieferungspflicht Genüge leistete; was dann geschah, wenn er, wie die II. Instanz dies richtig ausdrückt, den Bekl. stets mit ausreichenden Holzvorräthen, wie sie zum Betrieb der Schneidemühle desselben erforderlich waren, versorgte. In dieser Beziehung erscheint es — und dies dient zu wesentlicher Unterstützung der gewonnenen Anschauung — nicht ohne Belang, daß im ersten Abschnitt des § 15, nach dessen Bestimmungen es eben darauf ankommt die Voraussetzungen des Strafverfalls auf Seite des Bekl. zu normiren, der korrespondirenden Vorleistung des Klägers ohne Hinweis auf ein bestimmtes Quantum mit den nur generellen Worten: „trotz rechtzeitiger Ablieferung des Rohmaterials" gedacht wird, als wodurch im Zusammenhange der Vertragsbestimmungen mit genügender Bestimmtheit der Wille der Kontrahenten zum Ausdruck gelangt, es liege dem Kläger nur die rechtzeitige Lieferung des jeder Zeit für den Betrieb erforderlichen

Bedarfs, nicht schlechthin die vollständige Lieferung des Normalquantums ob.

Mit vollem Recht hat die vorige Instanz darauf hingewiesen, daß § 15 nothwendig eine Auslegung fordere, welche eine gleichmäßige Normirung der davon abhängigen beiderseitigen Parteirechte gestattet. Der gegenwärtig erkennende Gerichtshof geht aber in ebenmäßiger Verfolgung dieses Prinzips von der Annahme aus, daß jener Gesichtspunkt der Rechtsgleichheit in der That nur dann die gebührende Geltung erlangt, wenn der Entscheidung die im Vorstehenden dargelegte Auffassung zum Grunde gelegt wird. Denn ganz im Einklange mit dem vorauszusetzenden Vertragswillen verfiel die Strafe auf Seiten des Klägers sowohl als des Bekl. dann, wenn Einer oder der Andere mit den einzelnen Vertragsleistungen, aus denen das bedungene Gesammtquantum sich zusammensetzte, am Schlusse des Kontraktjahres im Verzuge sich befand; wobei daran, daß von den Interessenten die Konventionalstrafe allenthalben als Differenz zwischen dem geleisteten und dem zu leistenden Normalquantum von 200000 Kubikfuß bezeichnet worden ist, ein Anstoß nicht genommen werden darf, da selbstverständlich für die Betheiligten es nahe lag, die Folgen des Verzugsfalles in dem vorausgesetzten größten Umfange zu normiren, ohne dadurch die Füglichkeit verhältnißmäßiger Repartition der Strafe für Fälle der jetzt vorliegenden Art auszuschließen.

Die vorige Instanz erkennt ferner ausdrücklich an, daß § 6 für den Vertragsbestand nicht ohne Bedeutung sei. Es handele sich jedoch dabei, nimmt dieselbe an, nicht um Normirung der Voraussetzungen für den Eintritt eines Verzuges in der Vertragserfüllung, indem erwähnter § lediglich den selbstverständlichen, in der Natur der Sache gelegenen Satz ausspreche, daß beide Theile die zur Ausführung des Gesammtfactums — eines opus — erforderlichen einzelnen Handlungen vollziehen sollten; einen Satz, aus welchem zu Gunsten des Klägers blos die Folgerung sich ziehen lasse, daß derselbe die bis zum Gesammtbetrage von 200000 Kubikfuß allmälig von ihm zu bewirkende Lieferung nach dem jedesmaligen Stande des Verarbeitungsgeschäftes habe eintheilen können, ohne dabei seinerseits einem Verzuge sich auszusetzen, wenn Beklagter von dem Gelieferten noch einen solchen Vorrath besaß, daß er augenblicklich keiner neuen Lieferung zur vollständigen Beschäftigung seiner Mühle bedurfte. Dieser beschränkten Auslegung steht jedoch, wie bereits Kläger hervorgehoben hat, schon die Fassung des § 6 entgegen, der, wäre er bestimmt, nur die Modalität der allmäligen Ausführung eines unter allen Umständen zu vollziehenden Gesammtwerks zu ordnen, füglich nicht die Fortsetzung der begonnenen Lieferungen von der Bedingung („dafern ꝛc.“) eigner Kontraktserfüllung auf Seiten des Bekl. hätte abhängig machen können. Zudem lassen die Akten keinen zulänglichen Grund erkennen, welcher die Annahme rechtfertigen könnte, es seien die Vertragsberedungen der Kontrahenten nach deren Absicht darauf berechnet gewesen, für den Eintritt der bedungenen Konventionalstrafe andere thatsächliche Voraussetzungen zu statuiren, als für den Eintritt des Verzugsfalles in Betreff der einzelnen in Frage stehenden Vertragsleistungen überhaupt. Daß der Wortlaut des Vertrages, faßt man dessen einzelne Bestimmungen im Zusammenhange auf, diese Annahme nicht unterstützt, ist schon oben gezeigt worden. Auch in den sonstigen aktenkundigen Verhältnissen bietet sich für dieselbe kein Anhalt. Denn je gewisser das Ausbedingen einer Konventionalstrafe im Allgemeinen eben den Zweck verfolgt, das Interesse der Nichterfüllung — zufolge Art. 284 Abs. 3 des ADHGB nach einem Minimalbetrage — im Voraus zu quantifiziren, um der Nothwendigkeit eines besonderen Schaden=

nachweises überhoben zu sein: desto unwahrscheinlicher stellt es sich dar, daß die Parteien — wie als Konsequenz der gegentheiligen Auffassung sich ergeben würde — nur einzelne Seiten der, an sich gleichmäßiger Sicherung bedürftigen, Vertragserfüllung dem Schutze der bedungenen Konventionalstrafe unterstellt, bezüglich aller anderen Seiten aber dem Verletzten die Rechtsausführung nach den allgemeinen Grundsätzen über Schadenersatzpflicht anheimgegeben haben sollten. —

---

## Nr. 2.

## Plenum. – Bescheid v. 13. September 1870 (Z.)

**Flemming ./. Riepa** (Nr. 3 v. 1870, B).

**Königreich Sachsen. Beschwerdesache.***

* Als „Beschwerdesachen" werden wir alle Rechtsfälle bezeichnen, welche prozessualisch in oberer Instanz nicht durch förmliches Erkenntniß (Urtel) zu entscheiden, sondern im Wege gerichtlicher Verfügung (durch Bescheid, Resolution 2c.) zu erledigen sind (vgl. Entwurf einer Prozeßordnung für den norddeutschen Bund v. 1870, § 788 ff.). In der sächsischen Gerichtssprache heißt „Beschwerde" nur eine Klage über Verzögerungen, Geschäftsgang, Justizverweigerung 2c. — kurz das, was in Preußen nach den Verordnungen vom 21. Juli 46 § 37 und v. 2. Januar 49 § 35 Abs. 3 im Aufsichtswege abgemacht wird.

Das sachliche ordentliche Rechtsmittel des bürgerlichen Prozesses nach königl. sächsischem Rechte ist die Appellation; man unterscheidet:

1. Berufung gegen das gerichtliche Verfahren (um eine solche handelte es sich im mitgetheilten Falle), sie hat eine „Verordnung" der angerufenen Instanz zur Folge, und
2. Berufung gegen ein Erkenntniß, sei es ein Definitiv-Urtel oder eine interlokutorische Sentenz, einen bedingten oder endgiltigen Richterspruch.

Nach Osterloh (der ordentliche bürgerliche Prozeß nach königl. sächs. R., 4. Auflage, Band II § 314 S. 489) kann regelmäßig gegen jede Entscheidung oder Verfügung des sächsischen Richters zwei Mal ein ordentliches Rechtsmittel eingewendet werden, so daß jede Partei verlangen darf, daß über jede im Prozesse vorkommende Frage drei Mal entschieden werde. (B. Ges. v. 28. Januar 35 § 11 und 30, Gesetz v. 13. Januar 38 § 10).

I. Instanz: Gerichtsamt Eibenstock,
II. Instanz: Appellationsgericht Zwickau.

**Handelsgesellschaft. Einseitiges Verlangen der Auflösung. Gerichtliches Verfahren.**

Der Art. 125 HGB setzt im Streitfalle die Beschreitung des Klageweges (im Königreich Sachsen: des ordentlichen Rechtsweges) voraus zum Zwecke richterlicher Feststellung, daß wichtige, eine Lösung des gesellschaftlichen Verhältnisses auf einseitigen Antrag rechtfertigende Gründe vorliegen.

Kläger glaubte Anlaß zu einseitiger Auflösung der mit Niepa eingegangenen Handelsgesellschaft zu haben und wünschte die Ausschließung seines Socius aus dieser gegen dessen Willen schleunigst zu erwirken. Er verlangte deshalb, unter Darlegung wichtiger Gründe, sein Recht auf Ausschließung des Gesellschafters richterlich anerkannt zu wissen, und suchte zu diesem Behuf — nach königl. sächs. Prozeßrechte — eine summarische Abmachung des Falles bei dem örtlich zuständigen Gerichtsamte nach. In zwei Instanzen auf den ordentlichen Rechtsweg verwiesen, legte er weitere Berufung ein, wurde aber durch „Verordnung" des OHG ablehnend beschieden, u. a. dahin:

.. Appellant .. übersieht, daß bei der angeregten Differenz Parteirechte in Frage kommen, über welche allgemeinen Prozeßgrundsätzen zufolge nicht durch Resolution* definitiv abgeurtheilt werden kann.

Daß das DHGB — wenn es im Art. 125 die Beurtheilung über die Zulänglichkeit der für die Ausschließung geltend gemachten Gründe, im Falle des Widerspruchs, dem Ermessen des Richters überläßt — die

* „Resolution" heißt in der sächsichen Gerichtssprache das Befinden der I. Instanz außer dem Falle eines förmlichen Erkenntnisses.

Einleitung eines Prozeßverfahrens, welches dem von der Ausschließung betroffenen Socius das in den Rechten geordnete Gehör verstattet, das ist: die Beschreitung des Klageweges, voraussetzt*: ergiebt sich mit zweifelloser Bestimmtheit aus dem Wortlaut des mit der angezogenen Gesetzesvorschrift in wesentlicher Verbindung stehenden Art. 130, woselbst angeordnet ist, daß im Falle der Ausschließung eines Gesellschafters die Auseinandersetzung der Gesellschaft mit demselben auf Grund der Vermögenslage erfolgt, in welcher die Gesellschaft sich zur Zeit der Behändigung der Klage auf Ausschließung befindet.

---

## Nr. 3.

## Plenum. – Erkenntniß v. 16. September 1870 (Ref.)

Swars ./. Wehlus (Nr. 6 v. 1870).

**Preußen. Wechselsache. Revision.**

I. Instanz: Kreisgericht Tilsit,
II. Instanz: Appellationsgericht Insterburg.

**Datirung des Wechsels. Aenderung. Indirekter Beweis einer Unterschrift. Richterliches Ermessen.**

1. Nimmt eine, klar vorliegende, Aenderung des Ausstellungsdatums dem Wechsel die Giltigkeit?**

DWO Art. 4 Nr. 6, Art. 7.

2. Ist für den Wahrscheinlichkeits-Nachweis einer streitigen Wechselunterschrift das (gesetzlich als Zugeständniß des Klagevortrages anzusehende) Nichterscheinen eines anderweitig aus dem Wechsel Mitbeklagten von Bedeutung?

* In Preußen würde hierüber, schon rein prozessualisch betrachtet, nach der Einleitung zur AGO § 1—6 kein Zweifel obwalten.

** Vgl. Borchardt, ADWO S. 77, 98 in der Note, 604 Zusatz 789 (5. Auflage, 1869).

Klägerin nimmt aus einem die Unterschrift Endrik Swars tragenden Wechsel, welcher 3 Monate a dato zahlbar, den angeblichen Aussteller sowie den Acceptanten Schneidereit in Anspruch. Letzterer läßt sich gar nicht auf die Sache ein, gesteht also (nach altpreußischem Prozeßrecht, AGO I, 8 § 9, 10 u. Einl. § 14) den gesammten Klagevortrag zu und ist demgemäß verurtheilt worden.

Der Bekl. Swars leugnet, den Wechsel unterschrieben zu haben; Klägerin versucht hierüber eine künstliche Beweisführung, und jener beruft sich auf Gegenumstände. Zur Ergänzung, bzw. Widerlegung des nach keiner Richtung hin völlig gelungenen Nachweises beanspruchen beide Parteien richterliche Verstattung zum Eide.

Der Klagewechsel gab ursprünglich den „3. März 1869" als Ausstellungstag an, die betreffenden Schriftzüge sind leicht durchstrichen und darüber steht jetzt der „3. Dezember 1869". Diese Aenderung soll, nach Angabe der Klägerin, schon bei Ausstellung des Wechsels — zur Berichtigung eines Versehens — vorgenommen worden sein; Beklagter hat hierüber sich nicht erklärt. Mangels Zahlung ward am 4. März 70 Protest erhoben.

Das I. Urtel verstattete den beklagten Aussteller zu eidlicher Ableugnung der Wechselunterschrift und wies für den Schwurfall, ihm gegenüber, die Klage zurück. Auf Berufung der Klägerin wurde dieser in II. Instanz ein Glaubenseid darüber zuerkannt, daß die streitige Namensunterschrift vom Bekl. Swars herrühre. Der Streitgegenstand betrug über 500 Thaler, demnach stand dem Bekl. das Rechtsmittel der Revision (im Sinne der preuß. Verordnung v. 14. Dez. 33, eine Art Oberappellation) zu, welche eine nochmalige Erwägung des aktenmäßigen Sachverhalts zur Folge hatte.

Der Anwalt des Revidenten suchte im mündlichen Hauptverfahren geltend zu machen, daß der Klagewechsel an sich ungiltig erscheine, weil bei der klar vorliegenden Aenderung der, für den Verfall maaßgebenden, Ausstellungszeit nicht erhelle, wann dieses Durchstreichen und Ueberschreiben geschehen, weil mithin die Möglichkeit offen bleibe, daß jene Aenderung erst nach Ablauf der Protestfrist, letztere vom 3. Juni 69 ab gerechnet, erfolgt sei.

Das OHG erkannte abändernd auf Herstellung des ersten Richterspruchs.*

**Gründe:**

Bei dem Mangel jedes Einwandes des Bekl. gegen seine Verpflichtung aus dem vorgelegten Wechsel reduzirt der Streit der Parteien sich lediglich auf die Frage, ob der Bekl. die Namen Endrik Swars als Aussteller auf den Wechsel geschrieben hat. Namentlich hat der Bekl. bezüglich des geänderten Datums der Ausstellung des Wechsels die unter Beweis gestellte Behauptung der Klägerin in beiden Vorinstanzen unbestritten gelassen, daß die Aenderung des

* Die preußische Revisionssache Swars ./. Wehlus war der erste Rechtsfall, welcher überhaupt mündlich und öffentlich vor dem OHG verhandelt worden, und durfte deshalb, als geschichtlich denkwürdiges Ereigniß, hier nicht fehlen, obschon an sich von nur geringem rechtlichen Gehalt. Beim mündlichen Hauptverfahren III. Instanz zu Leipzig präsidirte Dr. Pape; außer ihm bestand der erkennende Gerichtshof aus neun Räthen, von denen der frühere Obertribunals-Rath Kosmann als Referent den die Verhandlung einleitenden Vortrag über die Sachlage hielt. Als Anwalte sprachen Justizrath Stegemann für den Revidenten Swars und Rechtsanwalt Illgner für die Klägerin. Nur diese eine Sache kam am 16. Sept. zur Verhandlung. Da die Zahl der anwesenden Richter eine gerade war (10), durfte bei der Urtelsfindung, nach § 7 des Bundesges. v. 12. Juni 69, das jüngste Mitglied, Rath Werner nicht mitstimmen; die Urtelsausfertigung erwähnt seiner Mitwirkung nicht. In späteren Entscheidungen dagegen, z. B. schon in den Erkenntnissen v. 11. Oktober, wird dieser Richter, auch wenn er nur mit berathender Stimme theilgenommen, stets mit aufgeführt. Letztere Praxis richtiger.

Die zweite öffentliche Sitzung des Gerichtshofes fand am 11. Okt. statt zur Erledigung von 3 in preußischen Wechselsachen eingelegten Nichtigkeitsbeschwerden.

Eine zweite Revisionssache (aus dem Herzogthum Braunschweig) kam am 8. Nov. zur mündlichen Verhandlung, die dritte (aus Cassel) am 13. Dez. 70.

Wortes März in Dezember schon gleich bei der Ausstellung des Wechsels erfolgt sei, und überhaupt einen Einwand aus diesem Umstande nicht entnommen; daher sein Bestreiten dieser Behauptung in der mündlichen Verhandlung III. Instanz unberücksichtigt bleiben muß.

Bezüglich der hiernach allein stehen bleibenden Streitfrage ist nun festzuhalten, daß Klägerin selbst in der Klage behauptet, der Bekl. habe den Wechsel ihr begeben. Der [Haupt-] Zeuge K. dagegen bekundet, daß der Bekl. den Wechsel ihm begeben und daß er sodann denselben der Klägerin verkauft und übergeben habe; und wenngleich Klägerin dieser Auslassung sich in den höheren Instanzen angeschlossen, so hat sie doch nirgend auch nur versucht, diesen Widerspruch aufzuklären. Zugleich aber ergiebt sich aus diesem Punkte der Aussage des K. sein dringendes Interesse zur Sache, darzuthun, daß er der Klägerin nicht einen falschen Wechsel verkauft habe . . .

[weitere Abwägung der Glaubwürdigkeit des Zeugen, sowie der sonst für und wider in I. Instanz abgegebenen Aussagen].

Durch diese Aussagen ist gegen den Bekl. über die Streitfrage so wenig erwiesen, daß der in I. Instanz ihm zuerkannte Reinigungseid vollkommen gerechtfertigt erscheint. In dieser Sachlage aber hat der in II. Instanz erhobene Beweis nichts geändert . . .

Nach allem diesen ist der direkte Beweis der echten Unterschrift des Bekl. unter dem Wechsel nicht im Entferntesten erbracht; vielmehr bewegen sich die Zeugenaussagen lediglich um wenige, mehr oder weniger entfernte Indizien, deren jedes an sich kaum halb erwiesen erscheint, und zu welchen der [im Appellurtel mit berücksichtigte] Umstand, daß der Mitbekl. Schneidereit sich kontumaziren ließ und damit nur **seine** alleinige Verbindlichkeit anerkannte, nicht gezählt werden kann.

Hiernach erscheint die Wiederherstellung des I. Urtels gerechtfertigt, wobei die Folge der Ableistung des erkannten Eides sich von selbst ergiebt, die Folge der Nichtableistung aber gar keiner weiteren Erörterung bedarf, da der Bekl. sich bei diesem Erkenntnisse beruhigt hat, dessen Wiederherstellung also das Günstigste ist, was er erlangen konnte und auch nur beansprucht hat.

---

## Nr. 4.

## Plenum.-Erkenntniß v. 24. September 1870 (Ref. Z.)

**Weiß**, nunmehr **Sewald** ./. **Claus** (Nr. 7 v. 1870).

**Königreich Sachsen.** **Weitere Berufung.**

I. Instanz: Handelsgericht im Bezirksgericht Chemnitz,
II. Instanz: Appellationsgericht Zwickau.

**Kauf. Nicht vereinbarte Nebenpunkte. Gesetz.**

Ist ein Kauf durch Uebergabe und Empfangnahme der Waare thatsächlich vollzogen, ohne daß die vorhergegangene Verhandlung der Kontrahenten über die Zeit und Modalität der Zahlung zu einer Einigung geführt hätte: so haben sich die Kontrahenten insoweit den einschlagenden gesetzlichen Bestimmungen unterworfen.

HGB Art. **278**, und speziell **342** Abs. 3.

Die Klage des Verkäufers aus einem durch Uebergabe vollzogenen Kaufgeschäfte fand in I. Instanz Zulassung durch ein „Erkenntniß auf Beweis“ über mehrere Einreden des Bekl. Auf Appellation des Letzteren wurde Kläger in II. Instanz abgewiesen, weil die getroffene Vereinbarung nicht alle Momente eines Kaufs umfaßt hatte. — Kläger legte weitere Berufung ein und erreichte beim OHG eine (theilweise) Verurtheilung des Bekl.

**Gründe:**

Bekanntlich ist der Abschluß eines Kaufs im Zweifel als erfolgt anzusehen, wenn die Kontrahenten ihr Einverständniß über Waare und Preis bekundet haben. Hat sich die den Vertragsabschluß vorbereitende Verhandlung zugleich auf Normirung der Zeit und Modalität der Zahlung erstreckt, es ist jedoch eine Einigung in dieser Beziehung nicht herbeigeführt worden: so wird allerdings, der Regel nach, der Mangel allseitigen Einverständnisses über die in das Bereich der Verhandlung gezogenen Verhältnisse den Abschluß des ganzen Geschäfts vereiteln. Ganz anders gestaltet sich aber die Sache, wenn die Kontrahenten, der mangelnden Einigung über jene Nebenpunkte ungeachtet [wie hier geschehen], durch Uebergabe der Waare auf der einen und deren Empfangnahme und sogar Verwendung auf der anderen Seite den Kauf thatsächlich zur Vollziehung gebracht haben. Die Kontrahenten haben sich solchen Falles, soweit ein Einverständniß nicht zu Stande gekommen ist, den einschlagenden gesetzlichen Bestimmungen

HGB Art. 342 Abs. 3,

königl. sächs. bürgerl. Gesetzbuch § 1095*,

unterworfen, wonach — im Mangel rechtsgiltiger diesfälliger Vereinbarung — der Kaufpreis baar bei Uebergabe der Waare zu entrichten ist.

* Ebenso preuß. ALR I. 11 § 221; auch L. 13 § 19 u. 20. Dig. de actionibus emti et venditi (19, 1). Hier gilt: „Zug um Zug“. —

Vgl. Endemann, Deutsches Handelsrecht, § 91 Nr. III, § 109 S. 534 u. 537.

## Nr. 5.

## Plenum. – Erkenntniß v. 26. September 1870 (Ref.)

**Lorenz ./. Thielecke** (Nr. 5 v. 1870).

**Königreich Sachsen.** **Weitere Berufung.**

I. Instanz: Handelsgericht im Bezirksgericht Leipzig,
II. Instanz: Appellationsgericht Leipzig.

**Lehrvertrag. Unzeitige Aufhebung seitens des Lehrlings. Schadenersatz. Annahme eines Commis in Stelle jenes Lehrlings.**

**1. Darf der kaufmännische Lehrherr, welcher in Stelle eines vertragswidrig abgegangenen Lehrlings einen Commis für sein Geschäft angenommen hat, die ihm durch Salarirung des Commis entstandenen Mehrkosten vom Lehrling, bzw. dessen Vater, ersetzt verlangen?**

**2. Muß er vor der Schadensklage das Salair des stellvertretenden Commis wirklich berichtigt haben?**

HGB Art. **57, 273** Abs. 1, **279, 283.**

Der Bekl. hatte seinen Sohn bei der kaufmännischen Firma A. Lorenz u. Co. zu Leipzig in die Lehre gegeben und den betr. Vertrag mit einem damaligen, inzwischen ausgeschiedenen Mitinhaber der Firma (H. St.) geschlossen. Nach Verlauf von einem Jahre nahm er seinen Sohn vorzeitig aus dem Lehrverhältniß zurück und erklärte dieses seiner Seits für aufgehoben. Kläger forderte nun, als jetziger alleiniger Inhaber jener Firma, wegen Vertragsbruchs Schadenersatz, u. a. Erstattung des Aufwandes, welchen die Salarirung eines zum Ersatze des abgegangenen Lehrlings angenommenen Commis erfordert hatte.

In zwei Instanzen abgewiesen, erwirkte Kläger durch Einlegung weiterer Berufung eine wesentlich abändernde Entscheidung des OHG, welches, unter Zulassung der Klage, auf einen Eid und auf Beweis erkannte. Der Prozeß ging so behufs eingehender sachlicher Erörterung in die I. Instanz zurück.

Das Urtel III. Instanz fand in dem Thun des Bekl. thatsächlich eine „Handlung, die an sich — abgesehen von dem ihre Rechtfertigung bezweckenden exceptivischen Vorbringen — als eine die Verpflichtung zum Schadenersatze begründende Vertragsverletzung sich darstellt."

### Weitere Gründe:

Daß durch den Vertragsbruch des Bekl. dem als nunmehrigem alleinigen Inhaber der vorgenannten Firma legitimirten Kläger wirklich Schade erwachsen sei, erachtet man, in Uebereinstimmung mit der II. Instanz, für genügend festgestellt. Denn es ist als auf allgemeiner Erfahrung beruhende Regel anzusehen, daß auch nach dem Maaßstabe gewöhnlicher Befähigung des Lehrlings durch dessen ordnungsmäßige Ausbildung dem Lehrherrn eine Arbeitskraft gewonnen wird, deren unentgeltliche Leistungen, namentlich in den späteren Lehrjahren, einen entsprechenden Ersatz für die zuvor in erhöhtem Grade aufgewendete Mühe der Unterweisung und Ueberwachung gewähren und der Absicht der Kontrahenten gemäß gewähren sollen . . .

Es ist daher unbedenklich davon auszugehen, daß dem Kläger durch den Abgang eines bereits über Jahresfrist in seinem Geschäfte unterrichteten und gebildeten Lehrlings die unentgeltliche Benutzung einer Arbeitskraft, auf welche er rechtlichen Anspruch hatte, entzogen worden und dadurch Schade entstanden ist. Wenn nun Kläger als Gegenstand dieses Schadens Erstattung desjenigen Aufwandes (fordert), welchen er für Salarirung des zum Ersatze des abgegangenen Lehrlings an=

genommenen Commis gemacht hat: so ist dieser Anspruch für begründet zur erachten.

Das Bedenken der vorigen Instanzen, daß Kläger durch die Gewinnung der quantitativ und qualitativ werthvolleren Dienste eines Commis voraussetzlich größeren Nutzen erlangt habe, als er aus der Fortsetzung der Dienstleistungen des abgegangenen Lehrlings gezogen haben würde, kann man nicht für durchschlagend erachten. Zu geschweigen, daß durch Annahme eines neuen Lehrlings die Leistungen eines bereits über Jahresfrist geschulten Lehrlings offenbar nicht vollständig zu ersetzen gewesen wären, würde jener dem Kläger etwa zugeflossene größere Nutzen als Folge der Vertragsverletzung des Bekl. und als ein durch dieselbe dem Kläger aufgenöthigter Vortheil nur dann nicht zu betrachten sein, wenn klar vorläge, daß Kläger in anderer, weniger kostspieliger Weise einen Stellvertreter des abgegangenen Lehrlings zu erlangen im Stande gewesen sei, mithin bei Anwendung gehöriger Sorgfalt der entstandene Schade sich gemindert haben würde. Die Behauptung und der Nachweis geringeren Schadens hätte aber dem Bekl., wenn er sich dadurch von einer an sich begründeten Verbindlichkeit ganz oder theilweise befreien wollte, um so gewisser obgelegen, als das Mißverhältniß oder die Unvergleichbarkeit der Leistungen eines Commis und eines in der Ausbildung bereits vorgeschrittenen Lehrlings hier nicht so klar und zweifellos vorliegt, daß schon aus diesem Grunde die Nothwendigkeit einer hierauf bezüglichen, der Klage zu inserirenden Replik anzunehmen wäre. In dieser Richtung hat aber der Bekl. irgend einen beachtlichen, bzw. zum Beweise nachzulassenden Einwand nicht erhoben.

Durch das Geständniß, daß Kläger einen Commis unter Umständen engagirt habe, die diesen als Ersatz für den abgegangenen Lehrling anzusehen gestatten, wird die pecuniaire

Seite des Schadens im Allgemeinen in Gewißheit gesetzt, insofern damit die Vermuthung zur Geltung kommt, daß der erwähnte Stellvertreter seine gewerbsmäßigen Dienste nicht unentgeltlich leiste. — Auch die Höhe der vom Kläger für sechsmonatige Dienstleistung mit 175 Thlrn. ... gewährten Vergütung kann unbedenklich als konstatirt angesehen werden. Denn Bekl. hat gegen deren Angemessenheit keinerlei Einwendung erhoben, und überdies ist nach den, sattsam bekannten, örtlichen Geschäftsverhältnissen das in Rede stehende Gehalt keineswegs als außergewöhnlich zu bezeichnen. Ist aber die Angemessenheit dieses Gehalts nach Lage der Sache außer Zweifel, so kommt auf die, vom Bekl. in's Nichtwissen gestellte, thatsächliche Berichtigung des eingeklagten Betrages **nichts** an. Kläger ist um diesen Betrag in Schaden gebracht, gleichviel ob er denselben bereits gezahlt oder sich erst noch von seiner Vertragsverbindlichkeit, dem Commis gegenüber, durch Zahlung zu liberiren hat; der Bekl. aber hat an dem Nachweise der Erfüllung dieser ihn gar nicht berührenden Verbindlichkeit kein rechtliches Interesse.

Nr. 6.

## Plenum. — Erkenntniß v. 11. Oktober 1870 (3.)

**Wedepohl & Co. ./. Ahronheim** (Nr. 13 v. 1870).

**Preußen. Wechselsache. Nichtigkeitsbeschwerde.**

I. Instanz: Kreisgericht Anclam,
II. Instanz: Appellationsgericht Stettin.

**Irrthümliche Bezeichnung des Zahlungstages im Wechsel; Unerheblichkeit der Abreden bei der Ausstellung. Fälligkeit vor der Ausstellung?**

1. Die wesentlichen Erfordernisse des Wechsels müssen in der Wechselschrift gegeben sein. Auf die bei der Ausstellung getroffene Vereinbarung kann

nicht zurückgegangen werden, soweit sie keinen Ausdruck im Wechsel selbst erhalten hat.

DWO Art. 4 u. 7.

2. Die im Wechsel angegebene Zahlungszeit darf nicht vor dem Ausstellungstage liegen.*

DWO Art. 4 Nr. 4 u. 6, Art. 7.

Der Klagewechsel war unter dem 1. Dezember 69 ausgestellt, als Zahlungstag der 15. März desselben Jahres angegeben. Beklagter gab den in der Klage behaupteten Schreibfehler bei der Jahreszahl des Verfalls zu; der 15. März 70 war gemeint gewesen.

Der I. Richter verurtheilte. Das Appellgericht wies die Klage ab, weil es eine giltige Festsetzung der Zahlungszeit vermißte.

In der Nichtigkeitsbeschwerde behaupteten Kläger u. a. eine Verletzung des Art. 4 Nr. 4 der DWO durch unrichtige Auslegung. Diese Beschwerde ist zurückgewiesen aus folgenden

**Gründen:**

Auf dem Wechsel, um dessen Giltigkeit es sich allein handelt, ist der 1. Dez. 69 als Tag der Ausstellung und der 15. März desselben Jahres, sonach ein früherer Zeitpunkt, als der Fälligkeitstermin angegeben.

Da ein Wechsel nicht vor seiner Ausstellung fällig sein kann, indem man nicht zu einer späteren Zeit wollen kann, daß zu einer früheren Zeit gezahlt werde, so muß das eine oder das andere Datum falsch sein. Nach der thatsächlichen Feststellung des Appellrichters ist das Ausstellungsdatum das richtige, wogegen die Bezeichnung des Zahlungstages auf einem Schreibfehler beruht. Welcher

* Daß die Zahlungszeit auf den Tag der Ausstellung giltig festgesetzt werden kann, ist außer Zweifel; vgl. Erk. des preuß. OTr. IV. Sen. v. 9. März 52, Entsch. B. 22 S. 404.

andere Zahlungstag bestimmt worden ist, läßt sich aus dem Wechsel selbst nicht erkennen. Zur Ergänzung dieses Mangels gewährt auch der übrige Inhalt des Wechsels kein zuverlässiges Hilfsmittel. Die Feststellung des Appellrichters, daß in Folge eines Schreibfehlers bei dem Zahlungstage statt der Jahreszahl „1870" die Jahreszahl „1869" gesetzt worden sei, gründet sich auf die von den Parteien im gegenwärtigen Prozesse abgegebenen Erklärungen. Der Inhalt des Wechsels selbst bietet für die Annahme, daß, wenngleich er den 15. März 1869 als Fälligkeitstermin bezeichne, doch der 15. März 1870 als solcher gelten sollte, keinerlei Anhalt; ihm gemäß kann auch der 15. März in einem der späteren Jahre zum Zahlungstage bestimmt gewesen sein. Auf die bei Ausstellung eines Wechsels von den Interessenten getroffene Vereinbarung kann nicht zurückgegangen werden, insoweit sie keinen Ausdruck in der Wechselschrift erhalten hat. Dies folgt aus der Natur des Wechsels [vgl. S. 63].

Mit Recht vermißt hier daher der Appellrichter von den wesentlichen Erfordernissen eines gezogenen Wechsels das in der DWO im Art. 4 unter Nr. 4 aufgeführte, bestehend in „Angabe der Zeit, zu welcher gezahlt werden soll".

Die in dem streitigen Wechsel angegebene Zahlungszeit ist nicht diejenige, zu welcher die Wechselverbindlichkeit erfüllt werden sollte, und ihre Wahrung durch Erfüllung der letzteren lag für alle Wechselverpflichteten von vornherein außer dem Bereiche der Möglichkeit.* Keine der mehreren Arten, welche das Gesetz a. a. O. für die Festsetzung der Wechselfälligkeit ausdrücklich und ausschließlich verordnet, ist also in dem vorliegenden Wechsel zur Anwendung gebracht, vielmehr muß die in demselben enthaltene

* Ueber die Ungiltigkeit eines Wechsels, dessen Verfall auf einen gar nicht existirenden Tag, z. B. den 31. Februar, gestellt worden, sind Theorie und seitherige Praxis einig. Hartmann DWR S. 161; Borchardt ADWO S. 51 Zus. 71.

Bezeichnung des Zahlungstages einer gänzlichen Unterlassung der Angabe dieses Tages gleichgestellt werden.

Die Auffassung des Gesetzes, wonach in einem Falle, wie der gegenwärtige, ein giltiger Wechsel nicht vorliegt (Art. 4 und 7 l. c.), hat bereits anderweit in der Rechtsprechung, wie auch in der Wissenschaft, Anerkennung erlangt. Vgl. Erkenntniß des OTr [IV. Sen.] zu Berlin vom 12. Juni 58, Goldschmidt's Zeitschrift für das ges. Handelsrecht Bd. 1 S. 586;*

Erkenntniß des Handels-Appellgerichts Nürnberg vom 31. Aug. 63, Zeitschrift für Ges. und Rechtswissenschaft in Bayern Bd. 10 S. 895;

Erkenntniß des OTr zu Stuttgart vom 27. Apr. 64, Löhr's Central-Organ f. d. H. Bd. 3 S. 140;

Thöl's Handelsrecht Bd. 2 (das Wechselrecht) § 173 Nr. 2 S. 133.

Indem der Appellrichter dieser Auffassung Geltung verschafft hat, kann ihn daher der, in der Nichtigkeitsbeschwerde erhobene, Vorwurf, den Art. 4 Nr. 4 der DWO durch unrichtige Auslegung verletzt zu haben, nicht treffen.

---

Nr. 7.

## Plenum. – Erkenntniß v. 18. Oktober 1870 (Z.)**

**Wüllner & Bach ./. Rippelmeyer** (Nr. 21 v. 1870).

**Preußen. Wechselsache. Nichtigkeitsbeschwerde.**

I. Instanz: Kreisgericht Preuß. Minden,

II. Instanz: Appellationsgericht Paderborn.

**Deckungswechsel. Haftung des Bürgen. Feststellung der Hauptschuld.**

* Das Urtel steht auch in den Entsch. B. 39 S. 227.

** In der Sitzung v. 18. Okt. trat das OHG zum ersten Male vollzählig, mit 2 Präsidenten und 12 Räthen, an die Oeffentlichkeit; der jüngste Rath (Werner) konnte nur eine berathende Stimme führen, BdGes. v. 12. Juni 69, § 7.

Der § 313 I 14 des preuß. ALR:

> **Hat der Bürge sich für das, wozu der Hauptschuldner rechtskräftig verurtheilt werden möchte, verbürgt, so kann er den Inhalt eines solchen gegen den Hauptschuldner ergangenen Urtheils nicht ferner anfechten,***

ist als Ausnahme stricte zu interpretiren.

DWO Art. 82.

Beklagter, aus einem Wechselaccept in Anspruch genommen, macht den Einwand, daß durch den Wechsel den Klägern nur eine Bürgschaft habe gewährt werden sollen für etwaige Ansprüche, die ihnen gegen einen Dritten aus der Hingabe von Tabacken erwachsen würden. Dabei will er zwar für „alle verbrachten und veruntreuten" Tabacke Bürgschaft übernommen haben, vermißt aber den Nachweis, daß und wieviel Kläger in dieser Beziehung zu fordern haben. Kläger behaupten dagegen, daß ihnen gegenüber Beklagter sich für alle ihre Ansprüche verbürgt habe, und machen geltend, daß sie vom Hauptschuldner für vollständig verdorbene Cigarren einen der Wechselsumme gleichen Betrag rechtskräftig erstritten.

In zwei Instanzen abgewiesen, legen Kläger Nichtigkeitsbeschwerde ein; diese wird verworfen.

### Gründe:

Unbegründet ist der Angriff, daß nach der Sachdarstellung des Appellrichters der Bekl. sich für alle An-

* Ebenso gemeinrechtlich: res judicata pro veritate accipitur inter partes u. inter alios acta vel judicata aliis non nocent; Puchta Pandekten § 99. — Die mitgetheilte Entscheidung dürfte, obschon nur aus dem preußischen Rechte begründet, allgemein von Interesse sein für die Lehre vom s. g. Depotwechsel. Ueberhaupt bewegt sich in der Praxis der Streit über die Verpflichtungen aus solchen Wechseln meist auf dem Gebiet des Civilrechts; vgl. Borchardt ADWO S. 429 ff., Zusatz 631.

sprüche der Kläger an Sch. verbürgt habe, unter diesen aber auch die ex re judicata zu verstehen seien, daß somit der Appellrichter den § 313 I 14 [des preuß.] ALR durch unterlassene und die §§ 310, 311 daselbst durch unpassende Anwendung verletzt habe, wenn er die Verurtheilung des Sch. für unerheblich erkläre, weil Beklagter als Bürge in jenem Prozesse nicht zugezogen sei.

Die §§ 310 und 311 bestimmen, daß ein gegen den Hauptschuldner ergangenes Erkenntniß dem Bürgen nicht entgegenstehe, wenn Letzterer bei dem Prozesse nicht zugezogen worden. Als Ausnahme von dieser Regel bestimmt dann § 313:

„Hat der Bürge sich für das, wozu der Hauptschuldner rechtskräftig verurtheilt werden möchte, verbürgt, so kann er den Inhalt eines solchen gegen den Hauptschuldner ergangenen Urtels nicht ferner anfechten."

Als Ausnahme ist diese Vorschrift stricte zu interpretiren, und würde daher auch nur dann zur Anwendung kommen, wenn der Bürge sich bestimmt für das,

„wozu der Hauptschuldner rechtskräftig verurtheilt werden würde,"

verbürgt hätte; eine solche Behauptung haben Kläger nirgends aufgestellt, sie ist auch darin nicht zu finden, daß Beklagter sich wirklich für alle Ansprüche verbürgt haben soll. Es bezieht sich das ganz offenbar auf das Fundament derselben, während die Bestimmung im § 313 mehr die Art der Feststellung — den Beweis — im Auge hat. —

In der That hatte auch die Behauptung der Kläger, daß Beklagter sich für alle ihre Ansprüche an Sch. verbürgt habe, einen ganz anderen Zweck und Sinn. [Nach den oben mitgetheilten Partei-Anführungen] sollte (sie) sich unzweideutig nur auf den Ursprung der Ansprüche und keineswegs auf die Art der Feststellung, am wenigsten darauf beziehen, daß Beklagter für alle einseitig gegen

Sch. festgestellten Ansprüche aufkommen und daß er auf das Recht verzichten wolle, bei dem Prozesse wider den Hauptschuldner mit zugezogen zu werden.

Es hätte sogar in Frage kommen können, ob sich der Appellrichter eines Verstoßes wider Art. 3 Nr. 1 der Deklaration v. 6. Apr. 39* schuldig gemacht hätte, wenn er aus jener ganz allgemeinen Behauptung der Kläger den Schluß gezogen, daß Beklagter auf seine Zuziehung bei dem Prozesse wider den Hauptschuldner Verzicht geleistet.

Konnte somit von Anwendung der Bestimmung § 313 a. a. O. keine Rede sein, so ist auch der Vorwurf der unpassenden Anwendung der §§ 310, 311 unbegründet.

---

Nr. 8.

## Plenum. — Erkenntniß v. 18. Oktober 1870 (V.)

**Fischer ./. Braun** (Nr. 29 v. 1870).

**Preußen. Wechselsache. Nichtigkeitsbeschwerde.**

I. Instanz: Kreisgericht Cassel,
II. Instanz: Appellationsgericht Cassel.

**Wechselprozeß. Kontumazial-Verurtheilung. Restitution.**

**Der Satz des Altpreußischen Prozeßrechtes, daß im Wechselprozesse das Rechtsmittel der Restitution dem in contumaciam (wegen Ausbleibens im ersten Einlassungstermin) verurtheilten Beklagten nicht zusteht**, gilt auch für die Provinzen Hessen-**

* Zu den Fällen einer Verletzung wesentlicher Prozeßvorschriften, welche die Nichtigkeitsbeschwerde begründen, soll gezählt werden, wenn Implorant über eine der Entscheidung zu Grunde gelegte Thatsache oder über einen zu Grunde gelegten Rechtseinwand, worüber er hätte gehört werden sollen, nicht gehört worden.

** Preuß. AGO I, 27 § 19; Verordnung v. 21. Juli 46, § 27.

Nassau und Schleswig-Holstein nach der preuß. Verordnung vom 24. Juni 67 § 87 Nr. 5, lautend:

In Wechselsachen kommen ff. Bestimmungen zur Anwendung:

Nr. 5. Die Anmeldung der Appellation und deren Rechtfertigung muß spätestens binnen 3 Tagen, mit Ausschließung der Restitution, bei dem Gericht I. Instanz angebracht werden.

---

Beide Vorrichter hatten im gegebenen Falle die Restitution des wechselmäßig verurtheilten Bekl. statthaft befunden, annehmend, daß das (vorstehend mitgetheilte) Prozeßgesetz v. J. 67 nur die Unzulässigkeit einer Wiedereinsetzung in den Gebrauch des Rechtsmittels der Appellation, bei etwaiger Versäumniß der dreitägigen Frist, aussprechen wolle.

Auf Nichtigkeitsbeschwerde des Klägers hat das OHG das Appellurtel vernichtet und das restituirende Erkenntniß I. Instanz aufgehoben, weil (nach den angezogenen Gesetzen) das Rechtsmittel der Restitution hier für überhaupt ausgeschlossen zu erachten ist.*

---

## Nr. 9.

## Plenum. – Erkenntniß v. 18. Oktober 1870 (3.)

**Geißler ./. Schubring** (Nr. 30 v. 1870).

**Preußen. Wechselsache. Nichtigkeitsbeschwerde.**

I. Instanz: Stadtgericht Berlin,
II. Instanz: Kammergericht daselbst.

* Die Urtelsgründe haben nur für die betreffenden Landestheile Interesse; der festgestellte Grundsatz selbst erscheint, seiner praktischen Bedeutsamkeit wegen, mittheilenswerth, ist vielleicht auch für die zu erwartende deutsche Civilprozeßgesetzgebung zu berücksichtigen.

**Deckungswechsel. Vereinbarung beim Wechselzuge. Einreden daraus. Selbständigkeit der einzelnen Wechselverpflichtungen.**

1. Einreden aus dem dem Wechselzuge zum Grunde liegenden Vertragsverhältnisse stehen auch dem klagenden Indossatar entgegen, wenn dieser an der betreffenden Verabredung theilgenommen hat.

DWO Art. **10, 82.**

2. Die wechselmäßigen Verpflichtungen aus der Ausstellung, der Acceptation und der Girirung sind als an und für sich selbständige aufzufassen, sofern eine Abhängigkeit nicht wechselrechtlich besonders festgesetzt ist.

DWO Art. **8, 14, 23, 81.**

Kläger hat einen vom Bekl. angenommenen Wechsel durch Blancogiro des Ausstellers Kopka erworben. Beklagter wendet ein, daß der Wechsel nur zur Sicherheit für die unter den drei Parteien vereinbarte Herstellung eines Sommertheaters gemacht und letzteres bereits vor Verfall des Wechsels fertiggestellt worden. Beide Vorrichter erachten die Einrede für durchgreifend, weil das gegebene Accept mit erfolgter Bauausführung Geltung und Wechselkraft verloren habe. Das Appellurtel läßt dahingestellt, ob, mit Rücksicht auf besondere Abmachungen, Kopka aus seinem Giro dem Kläger unter allen Umständen für die Einlösung des Wechsels verhaftet bleibe.

Die Nichtigkeitsbeschwerde des abgewiesenen Klägers behauptet Gesetzesverletzung, findet namentlich vom Standpunkte des Wechselrechtes aus einen Widerspuch zwischen der angenommenen Nichthaftung des Acceptanten und der offen gelassenen Giroverpflichtung des Kopka. Dieselbe wird zurückgewiesen.

## Gründe:

In Auslegung des unter den Parteien und dem Theaterdirector Kopka am 9. April 70 geschlossenen Vertrages stellt der Appellrichter thatsächlich und unangefochten fest, daß Implorat das streitige Accept lediglich zur Sicherheit der Ausführung eines von ihm übernommenen Baues, den er am 8. Mai 70 vollendet, gegeben habe. Demgemäß führt der Appellrichter, den, dieser Feststellung entsprechenden, Einwand des Imploraten auf eine zwischen Letzterem und dem Imploranten getroffene Vereinbarung zurück und hat deshalb diesen Einwand in richtiger Anwendung des Art. 82 der DWO zugelassen. Denn nach der citirten Gesetzesbestimmung kann sich ein Wechselschuldner aller Einreden bedienen, welche ihm unmittelbar gegen den jedesmaligen Kläger zu stehen. Hierzu gehören die Einreden aus dem Vertragsverhältnisse der Parteien, welches einer streitigen Wechselverbindlichkeit zum Grunde liegt; und die Behauptung in der Nichtigkeitsbeschwerde, daß dem Imploranten die ursprünglichen Abreden mit dem Acceptanten, jetzigen Imploraten, nicht entgegengesetzt werden könnten, weil er hier als Indossatar auftrete, ist eine rein willkürliche, welche jedes gesetzlichen Haltes entbehrt.*

Dasselbe gilt von der Behauptung, daß in der Folgerung des Appellrichters, wonach um deshalb, weil das Accept des Imploraten nur zur Sicherheit der Ausführung des übernommenen Baues habe dienen sollen, seit der Vollendung des Baues die Verpflichtung zur Einlösung des Accepts weggefallen sei, vom Standpunkte des Wechselrechtes aus ein Widerspruch hervortrete, da der Appellrichter die Verhaftung des Indossanten Kopka anerkenne, eine Giro-Verpflichtung aber blos als Regreßpflicht für die

* Vgl. Borchardt ADWO S. 433 f. Zusatz 635 und Note 490.

Nichtzahlung des wechselmäßig verhafteten Acceptanten gedacht werden könne, und daß daher eine im Sinne des Art. 82 l. c. „zulässige und liquide" Einrede überhaupt nicht vorliege. Ueber das Erforderniß der Liquidität von Einreden besagt der Art. 82 nichts, und was die Zulässigkeit von Einreden nach ihrem Inhalte anbelangt, so folgt aus der wechselmäßigen Verhaftung des Indossanten gegenüber dem Indossatar und Inhaber keinesweges, daß nicht der Acceptant seine Verhaftung abzulehnen befugt ist; vielmehr müssen die Verpflichtungen aus der Ausstellung, Acceptation und Girirung eines Wechsels nach Art. 81 a. a. O. als an und für sich selbständige aufgefaßt werden, insofern das Wechselrecht selbst eine Abhängigkeit der einen Verbindlichkeit von der andern nicht besonders festgesetzt hat. Dies ist in Bezug auf civilrechtliche Einreden nicht der Fall, und nur ein derartiger Einwand steht hier in Frage. Von dem behaupteten Widerspruche kann also nicht die Rede sein.

---

## Nr. 10.

## Plenum. — Erkenntniß v. 25. Oktober 1870 (3.)

**Behrendt ./. Plath** (Nr. 24 v. 1870).

**Preußen. Wechselsache. Nichtigkeitsbeschwerde.**

I. Instanz: Kreisgericht Marienburg,
II. Instanz: Appellationsgericht Marienwerder.

**Wechselgläubiger. Persönliche Einreden gegen ihn aus einem formell ungiltigen Abkommen. Dolus.**

Dem Wechselgläubiger steht die Einrede des dolus nicht entgegen, wenn er dem Beklagten die Erfüllung eines wegen mangelnder Form vom Landesgesetze

**ausdrücklich für ungiltig erklärten Vertrages verweigert.***

DWO Art. 82.

Der vom Bekl. angenommene Wechsel ist, nach erhobenem Proteste Mangels-Zahlung, durch Giro des H. Laukien an den Kläger gekommen. Beklagter wendet ein, daß er der Ehefrau des Laukien ein Grundstück verkauft und sich auf das Restkaufgeld den Betrag des damals in fremder Hand befindlich gewesenen Klagewechsels habe anrechnen lassen, welchen Laukien, der die betreffenden Unterhandlungen geleitet, für ihn einzulösen und ihm auszuliefern übernommen. Demzufolge, behauptet Beklagter, habe L. den Wechsel für ihn, den Acceptanten, eingelöst und sei nicht befugt gewesen, denselben zu begeben, was Kläger (nach DWO Art. 16) in Stelle seines Vormannes anerkennen müsse.

Beklagter ist in beiden Instanzen verurtheilt, auch seine Nichtigkeitsbeschwerde wird zurückgewiesen.

**Gründe:**

Der Appellrichter sagt in seinem Erkenntnisse:

„Die angeblich von Laukien dem Bekl. gegenüber übernommene Verpflichtung zur Einlösung des Klagewechsels charakterisirt sich, nach den eigenen Behauptungen des Bekl., als ein Vertrag zur Uebernahme einer fremden Schuld Seitens des L. im Betrage von 350 Thlrn. Dieser Vertrag bedurfte zu seiner Giltigkeit der schriftlichen Form, §§ 131 und 133 Th. I. Tit. 5 ALR. Diese Form liegt nicht vor; Laukien war daher zur Einlösung

* Wer dagegen sich wechselmäßig verpflichtet hat, kann aus einer formellen Mangelhaftigkeit des dem Wechselakte zum Grunde liegenden Abkommens einen Einwand im Wechselverfahren nicht herleiten. Borchardt, ADWO S. 454 ff. Zusatz 641; Hartmann, DWR S. 528.

des Wechsels dem Bekl. gegenüber nicht verpflichtet, und kann demzufolge von einer exceptio doli hier nicht die Rede sein."

Gegen diese Ausführung erhebt Bekl. in seiner Nichtigkeitsbeschwerde den Vorwurf, daß der Richter das Wesen der exceptio doli verkannt habe.

Implorant hat indeß diesen Vorwurf in keiner Weise näher begründet; er sagt nicht, was zum Wesen jener exceptio gehört, und inwiefern der Richter gegen den Begriff derselben verstoßen haben sollte. — Es ist aber auch dem Appellrichter darin beizutreten, daß von einem dolus nicht die Rede sein kann, wenn eine Partei die Erfüllung eines wegen mangelnder Form vom Gesetze selbst ausdrücklich für ungiltig erklärten Vertrages verweigert.

Implorant hat das auch gar nicht einmal in Abrede gestellt, sich überhaupt die Natur des erhobenen Vorwurfs nicht klar gemacht. Er sagt nämlich zur Begründung desselben:

„Es sei eine unrichtige Auffassung des Appellrichters, wenn er das für den Wechselzug unter den Interessenten maaßgebende Verhältniß unter die Kategorie von Intercession bringt und die Giltigkeit dieses Rechtsaktes in formeller Beziehung bemängelt. Laukien hätte schon durch Zeichnung des Wechsels in dorso unter der getroffenen Abrede eine solidarische Verpflichtung mit Beklagtem und diesem gegenüber übernommen; es habe sich daher gefragt:

ob in der Weiterbegebung des Wechsels ein doloses Verfahren zu finden sei.

Diese vom Richter nicht erörterte Frage müsse bejaht werden. Derselbe habe durch unrichtige Anwendung der Rechtsgrundsätze über Eintritt in fremde Schuldverbindlichkeit und durch unterlassene Anwendung des Art. 82 der

DWO und der Rechtsgrundsätze über den dolus Nichtigkeit begangen."

Der angeblich verletzte Rechtsgrundsatz wird sodann dahin formulirt:

„Diejenigen Verabredungen, welche die beim Wechselzuge betheiligten Rechtssubjekte hinsichtlich der Einlösung des Wechsels unter einander treffen, müssen dieselben unabhängig von der Form der Abrede auch gelten lassen."

Nach Nr. 9 der Instruktion vom 7. April 1839 zu der Deklaration vom 6. deff. Mts. liegt eine Verletzung von Rechtsgrundsätzen auch darin, wenn in dem Erkenntnisse das zur Beurtheilung vorliegende Rechtsgeschäft mit einem andern verwechselt oder die Natur und der wesentliche Charakter desselben verkannt worden ist.

Die ganze Ausführung des Imploranten läuft nun aber offenbar darauf hinaus, daß von einer unförmlichen Uebernahme einer fremden Schuldverbindlichkeit nicht die Rede sei; sie sucht also nur die Voraussetzung zu beseitigen, von welcher der Appellrichter ausgeht, welcher die exceptio doli um deshalb verwirft, weil die Uebernahme der Wechselverbindlichkeit des Bekl. Seitens des Laukien wegen mangelnder schriftlicher Form unverbindlich gewesen.

Der Vorwurf des Imploranten, daß der Appellrichter das Wesen der exceptio doli verkannt habe, ist somit vollkommen unbegründet.

Dasselbe gilt aber auch von den anderen, damit in Verbindung gebrachten, Vorwürfen des Imploranten.

Es ist zunächst schon unrichtig, daß Laukien durch Zeichnung des Wechsels in dorso eine solidarische Verpflichtung mit Beklagtem und diesem gegenüber übernommen habe. Art. 21 der DWO erklärt es für eine unbeschränkte Acceptation, wenn der Bezogene ohne weiteren Beisatz seinen Namen oder seine Firma auf die Vorderseite des Wechsels schreibt. Jene Zeichnung auf der Rückseite hätte nach Art. 12 vielleicht als ein giltiges Indossament gelten können; wie darin aber eine Verpflichtung gefunden werden soll, den Wechsel statt des Acceptanten einzulösen, bleibt unerfindlich.

Es kann endlich aber auch der bei diesem Angriffspunkte aufgestellte, als verletzt bezeichnete Satz als ein Rechtsgrundsatz nicht anerkannt werden. Implorant hat keine gesetzliche Bestimmung — insonderheit nicht aus der Wechselordnung — anzuführen vermocht, aus welcher zu folgern wäre, daß, abweichend von der allgemeinen Regel des § 131, 133 I. 5 ALR hinsichtlich der Form der Expromission für Wechselverbindlichkeit andere Grundsätze gelten und insbesondere mündliche Abreden giltig wären; es stände das mit dem Wesen des Wechsels, als einem gerade auf Schriftlichkeit beruhenden Rechtsgeschäfte, in direktem Widerspruche.*

* Der Mangel der schriftlichen Form hebt sich nach dem Preuß. ALR I. § 146, sobald das mündliche Abkommen von beiden Seiten vollständig erfüllt worden. Die hierauf bezugnehmende weitere Beschwerde des Bekl. scheiterte an der, vom Appellrichter aus dem Inhalt des Wechsels und der Protesturkunde geschöpften, thatsächlichen Annahme, daß Laukien den Wechsel nicht eingelöst, vielmehr als Eigenthümer für sich erworben habe. Bekl. versuchte zwar diese Auffassung als eine aktenwidrige anzufechten, drang aber mit dem ungenügend substantiirten Vorwurf nicht durch. Bei dieser Sachlage erübrigte sich die fernere Erwägung des Appellrichters, daß zur Erfüllung des fraglichen Abkommens im gegebenen Falle auf Seiten des Bekl. die — nicht behauptete — Ausstellung einer Quittung über die ihm angerechnete Kaufpreisrate gehört haben würde. Wir bemerken hier, daß im altpreußischen Prozeßverfahren, d. h. im Geltungsbereich der AGO, eine auf Aktenwidrigkeit gegründete Nichtigkeitsbeschwerde nur durchdringen kann, wenn sie genau angiebt, in welcher Weise, durch welche Annahme und gegen welche Stelle der aktenmäßigen Vorlagen der Appellrichter gefehlt hat; vgl. Verordnung v. 14. Dez. 33 § 5 Nr. 10, Deklaration v. 6. April 39 Art. 3 Nr. 4, Art. 8. Dies ist feste Praxis des preußischen Obertribunals, auch vom OHG bereits mehrfach — auch außer dem mitgetheilten Falle — angenommen worden, z. B. durch 3. Plen. Erk. v. 25. Okt. 70 in Sachen Reinglaß ./. Lichtenstein, Nr. 35 v. 70.

Nr. 11.

## Plenum. – Erkenntniß v. 8. November 1870 (V.)

**Balzer ./. Stoyke** (Nr. 38 v. 1870).

**Preußen. Wechselsache. Nichtigkeitsbeschwerde.**

I. Instanz: Kreisgericht Rosenberg,
II. Instanz: Appellationsgericht Marienwerder.

**Wechsel an eigene Ordre. Erstes Giro ohne Gewähr. Haftung des Ausstellers.**

1. Der Aussteller eines an eigene Ordre gezogenen Wechsels wird als solcher von seiner wechselmäßigen Verbindlichkeit dadurch nicht befreit, daß er den Wechsel mit einem ausdrücklich die Gewährleistung ablehnenden Indossament begiebt.*

DWO Art. 6 Abs. 1; Art. 8, 14.

2. Eine ausdrückliche, bei Begebung eines solchen Wechsels getroffene Abrede, daß auf den Aussteller in keiner Weise zurückgegangen werden dürfe, dieser überhaupt nicht haften wolle und solle, begründet gegen den Wechselnehmer die exceptio doli für den dennoch in Anspruch genommenen Wechselzieher.

DWO Art. 82.

Der Bekl. Stoyke hat einen an eigene Ordre gezogenen Wechsel mit einem Giro begeben, welchem er den Vorbehalt „ohne Gewährleistung" beifügte. Aus der Wechselunterschrift von einem Nachmann seines Indossatars in Anspruch genommen, ward er in I. Instanz, zugleich

* Sic: Hartmann, DWR S. 238; Hoffmann, ADWO (zweite Ausgabe) S. 208 sq.; Volkmar u. Loewy, DWO S. 25. Die bisherige Praxis schwankt, vgl. Borchardt, ADWO S. 133, Zus. 216a; namentlich der IV. Civilsenat des preuß. OTr hat, unter Aufhebung eines früheren Präjudizes (Nr. 2591 v. 13. Jan. 55), zwar durch Präjudiz Nr. 2743 v. 16. Sept. 65 den obigen Grundsatz angenommen, sich aber später (z. B. im Erk. v. 30. Jan. 68, Striethorst Archiv B. 68 S. 365) der älteren Meinung wieder zugewendet.

mit dem Acceptanten Mau, in contumaciam verurtheilt. Er appellirte, und der II. Richter wies, ihm gegenüber, den Kläger ab, ohne auf die Einrede des Bekl. einzugehen, daß nach ausdrücklicher, dem Gegner bei Erwerb des Wechsels bekannter Vereinbarung der Wechselaussteller hier gar nicht habe haften wollen und sollen.

Auf die Nichtigkeitsbeschwerde des Klägers wurde das Appellurtel wegen Gesetzverletzung vernichtet und die Sache in die II. Instanz zurückgewiesen.

**Gründe:**

Der am 25. Juli 70 auf August Mau an eigene Ordre gezogene Wechsel ist vom Aussteller am Tage vor dem Verfall „ohne Gewährleistung" an Ferdinand Jäschke und von diesem gleichfalls „ohne obligo" an den Imploranten girirt, von Letzterem aber rechtzeitig im Domizil Mangels Zahlung protestirt. Im Regreßwege als Aussteller vom Imploranten auf Zahlung der Valuta nebst Zinsen und Protestkosten belangt, hat der Implorat in seiner Appellation gegen das ihn nach dem Klageantrage verurtheilende Contumazialerkenntniß I. Instanz hauptsächlich eingewendet, daß die seinem Giro beigefügte Einschränkung „ohne Gewährleistung" ihn auch von seiner Regreßpflicht als Aussteller befreie. Der Appellrichter hat denn auch den Imploranten mit seinem Anspruche gegen den Imploraten abgewiesen, indem erwogen wurde:

der Aussteller eines an eigene Ordre gezogenen Wechsels erwirke durch seine Unterschrift als Aussteller Rechte, aber keine Pflichten.

Entsch. des preuß. OTr. B. 53 S. 218;

Striethorst Archiv B. 57 S. 257.

Wechselmäßig verpflichtet werde ein solcher Aussteller erst durch sein Indossament. Diesem letzteren sei im vorliegenden Falle der Zusatz „ohne Gewährleistung" beigefügt, weshalb der Aussteller auch aus diesem Indossamente nicht verhaftet sei, und der Kläger gegen ihn keine Wechselrechte erworben habe.

Art. 14 der DWO

Erk. des preuß. OTr. v. 13. Jan. 55, Entsch. B. 29 S. 400.

Das OTr. habe zwar in einem späteren Erkenntnisse vom 8. Oct. 63, Archiv B. 51 S. 153, eine abweichende Ansicht adoptirt; aber seine dortigen, nicht überzeugenden Gründe ständen im Widerspruch mit dem richtigen und von diesem Gerichtshofe auch später noch festgehaltenen Grundsatze, daß der Aussteller eines auf eigene Ordre gezogenen Wechsels durch seine Unterschrift als Aussteller keine Pflichten überkomme.

Die vom Imploranten gegen diese Entscheidung erhobene Nichtigkeitsbeschwerde rügt die Verletzung der Art. 6, 8, 9, 14, 36 und 81 der DWO, insbesondere aber der Art. 8 und 81. Sie mußte auch für begründet erachtet werden.

Die DWO hat im Art. 6 bestimmt:

„der Aussteller kann sich selbst als Remittenten bezeichnen."

Damit hat sie den Wechsel an eigene Ordre als giltig trassirten Wechsel anerkannt. — Denn sie kennt keine Au-porteur-Tratten, wesentliches Erforderniß eines gezogenen Wechsels ist vielmehr die Benennung des Remittenten, Art. 4 Nr. 3 a. a. O. Vergl. Protokolle der Leipziger Konferenz S. XXXII.

Daraus folgt, daß der Trassant des Wechsels an eigene Ordre in demselben die Funktionen zweier Personen versieht: die des Ausstellers und die des Remittenten. Als Aussteller ist er Garantieschuldner, als Remittent berechtigter Inhaber des Wechsels. Nur in letzterer Eigenschaft kann er den Wechsel begeben, Art. 9 a. a. O.; der Aussteller als solcher ist in der Begebung nicht thätig. Sein Giro ist also ein wahres Indossament,* nicht eine Ergänzung des Ausstellungsaktes.

Die Doppelstellung, welche der Trassant des Wechsels an eigene Ordre einnimmt, ist allerdings bis zur Begebung der Tratte nicht wirksam: der Remittent kann in Wahrheit gegen den Aussteller keine Garantiepflicht geltend machen, wenn er mit diesem eine Person ist. Aber rechtlich vorhanden ist vermöge der Existenz einer wirklichen Tratte diese Doppelstellung dennoch; nur ihre Wirksamkeit ist bis zur Begebung suspendirt. Ist nun in der DWO das Prinzip festgehalten, daß jede Wechselerklärung ihre selbständige Verbindlichkeit begründet — Art. 75, 81 a. a. O. — fungirt der Aussteller des Wechsels an eigene Ordre in demselben als zweifache rechtliche Persönlichkeit, — fällt diese Verbindung zweier Personen bei der Begebung rechtlich in sofern auseinander, als ihr der Aussteller als solcher fremd ist — haften sowohl der Aussteller als der Indossant, und zwar ein Jeder für sich, wechselmäßig für Annahme und Bezahlung des Wechsels, Art. 8 und Art. 14 a. a. O.: so muß die dem ersten Indossament beigefügte Ausschließung der Gewährleistung in Gemäßheit des Art. 14 a. a. O. nicht auf die Regreßpflicht des Ausstellers, sondern auf die des Remittenten bezogen werden.

Freilich liegt es nahe, diesem Resultat entgegenzustellen, daß der Aussteller des Wechsels an eigene Ordre, da er erst durch die Begebung Dritten haftbar werde, wenn er seinem Giro die Klausel „ohne Gewährleistung" beifüge, nicht wohl beabsichtigen könne, dem Begebungsakt die Regreß-begründende Wirkung theils zu nehmen und theils zu lassen, nemlich die Regreßpflicht des Ausstellers zu

* Würde demnach auch ein Blancogiro hier zulässig sein? Hartmann, DWR S. 239, bejaht es konsequent.

behalten und die des Indossanten abzulehnen; und es ließe sich von diesem Gesichtspunkte aus hinzufügen, daß der Nehmer des so begebenen Wechsels, da ihm doch der Trassant thatsächlich als Aussteller und Remittent in einer Person gegenüberstehe, jene Klausel nicht wohl anders auffassen könne, als dahin, daß der Trassant aus diesem Wechsel überhaupt nicht haften wolle.

Allein dieser Einwurf übersieht, daß in dem Wechsel an eigene Ordre, da er ein wahrer gezogener Wechsel ist, durch die Begebung die bis dahin latente Regreßpflicht des Ausstellers freiwirkend und neben ihr die selbständige Haftpflicht des Indossanten existent wird, daß also durch die blos dem Giro beigefügte Ausschließung der Gewähr ein dem ersten wie dem späteren Nehmer erkennbarer Bezug auf die Haftpflicht auch des Ausstellers nicht geschaffen wird, und daß die bloße Absicht des Trassanten nicht genügt, um diesen Bezug herzustellen.

Dies hat der Appellrichter verkannt, seine Entscheidung verstößt gegen die rechtliche Natur der Tratte an eigene Ordre, als eines wahren gezogenen Wechsels, und verletzt die Art. 6, 8 und 81 der DWO. Sie unterliegt deshalb der Vernichtung.

In der Sache selbst erhellt, daß die exceptio doli, welche der Appellrichter von seinem Standpunkte aus unerörtert lassen konnte, entscheidend ist. Die bloße Absicht des Trassanten ist, wie eben bemerkt wurde, unzureichend, der blos dem Giro beigefügten Klausel „sine obligo" erkennbaren und wirksamen Bezug auch auf die Unterschrift und Haftpflicht des Ausstellers zu geben. — Anders steht es um die ausgesprochene und gutgeheißene Absicht und um wirkliche Abreden. Hat der Trassant bei der Begebung dem ersten Nehmer erklärt, daß er den Wechsel deshalb sine obligo übertrage, weil er aus demselben überhaupt nicht haften wolle, weder als Aussteller noch als Indossant:

so hat die Klausel für diesen Nehmer einen Bezug und eine Bedeutung, die ihr zwar an sich nicht zukommt, die er aber bei dem Erwerb des Wechsels gekannt und angenommen hat, die also die Einrede des dolus gegen ihn begründet, wenn er ohne Rücksicht auf sie den Regreß gegen den Aussteller unternimmt. Und in gleichem Falle befindet sich der folgende Nehmer, welchem bei dem Erwerb des Wechsels diese Abrede von seinem Vormann kund gethan und dem sogar deshalb das Giro unter der ausdrücklichen und von ihm bewilligten Bedingung, daß er auf den Trassanten in keiner Weise zurückgehen dürfe, ertheilt ist. Grade so aber, wie hier vorausgesetzt worden, soll ... der Hergang bei der Uebertragung des Wechsels vom Imploraten auf Jäschke und von diesem auf den Imploranten gewesen sein. Es kommt deshalb auf den über diese Einrede angetragenen und vom Imploranten angenommenen Eid an. Und da dieser Eid noch nicht normirt ist, so war zu diesem Zweck, zur Abnahme des Eides und demnächstigen anderweiten Entscheidung über die Hauptsache und die Kosten der beiden Vorinstanzen die Sache in die II. Instanz zurückzuweisen.

---

Nr. 12.

## Plenum. – Erkenntniß v. 8. November 1870 (V. Z.)

**Rosenberg ./. Wallach** (Nr. 39 v. 1870).

**Preußen. Nichtigkeitsbeschwerde.**

I. Instanz: Kreisgericht Cassel.
II. Instanz: Appellationsgericht Cassel.

**Aktenwidrige Annahme des Richters als Nichtigkeitsgrund. Untergang der Sache. Gebrauchsvergütung.**

1. Die Aktenwidrigkeit einer erheblichen richterlichen Annahme begründet, nach preußischem Prozeßrechte, eine Nichtigkeit des betreffenden Urtels.

Preuß. Verordnung v. 14. Dez. 33 § 5 Nr. 10.
Preuß. Verordnung v. 24. Juni 67 § 63 Nr. 2.

Sic: V. Plen. Erk. des OHG v. 6. Dez. 70 in Sachen Siebold ./. Arendt, Nr. 65 v. 70, ebenfalls in einer Casseler Sache (vgl. aber S. 63, Note).

**2. Von dem Zeitpunkte an, wann die zum Gebrauche überlassene Sache nicht mehr vorhanden, kann keinerlei Miethe gefordert werden.**

L. 9 § 1 Dig. locati conducti (19, 2).

Aus mehrfachen Lieferungsgeschäften war die beklagte Firma im Besitze von Säcken geblieben, welche dem Kläger gehörten. Neben Aushändigung, bzw. Ersatz dieser Säcke beanspruchte Letzterer deshalb für jeden Sack und jeden Tag der verzögerten Rückgabe 1 Pfenning auf Grund des § 16 der, unter den Parteien herkömmlich geltenden, Handelsbedingungen der vereinigten Produktenhändler von Cassel — lautend:

> Verkäufer stellt die Säcke, kann aber als deren Werth 15 Sgr. pro Stück deponirt verlangen;
> die Rückgabe der Säcke muß binnen 12 Tagen, vom Empfang der Waare gerechnet, erfolgen, ev. ist pro Tag und Sack ein Heller Miethe vom Käufer zu vergüten.

In I. Instanz wurde die Entscheidung hauptsächlich von einem dem Kläger über die Hingabe der Säcke anvertrauten Eide abhängig gemacht. Beklagte legte Berufung ein und betonte in einem Schriftsatze v. 21. Januar 70, daß die fraglichen Säcke seit „Jahr und Tag" schon nicht mehr vorhanden seien. Der II. Richter nahm (anscheinend aus Versehen) an, daß Kläger letzteres nicht in Abrede gestellt, somit (nach p r e u ß i s c h e m Prozeßrechte) zugestanden habe, und erkannte deshalb abändernd, daß die Klage, soweit dieselbe auf S a c k m i e t h e für die Zeit über den 21. Jan. 69 — als von welchem Tage ab mindestens das Nichtmehrvorhandensein der Säcke feststehe — hinaus gerichtet, überhaupt zurückzuweisen sei.

Die Nichtigkeitsbeschwerde des Klägers rügte zunächst die offenbare Aktenwidrigkeit der Annahme, daß das Nichtvorhandensein der Säcke eingeräumt worden, und griff sodann die weitere Erwägung des II. Urtels als rechtsirrthümlich an, daß mit dem Verschwinden der Säcke auch die Verpflichtung zur Zahlung der streitigen Sackmiethe weggefallen sei. Der II. Richter hatte diese Vergütung, weil dieselbe, namentlich für längere Zeiträume, ganz außer Verhältniß zum Sackwerth stehe und das im Allgemeinen zulässige Maaß eines Interesseanspruchs übersteige, nicht blos als eine Gebrauchsvergütung, sondern auch als zum Zwecke einer Erzielung baldiger Rückgabe der Säcke bestimmt angesehen und unter beiden Gesichtspunkten erachtet, daß die Verpflichtung der Bekl. zu fortgesetzter Zahlung der bedungenen Heller mit der Zeit, zu welcher die Säcke nicht mehr vorhanden, weggefallen sei, und daß die beim Eintritt dieser Sachlage etwa bestehenden Interesseansprüche nicht nach dem Ansatz des obigen § 16 bemessen werden könnten. Jene Doppeltendenz des § 16 fand Kläger nicht genügend gewürdigt und den gemeinrechtlichen Rechtssatz verletzt: mora perpetuat obligationem. In letzterer Beziehung erachtete das OHG die Nichtigkeitsbeschwerde zwar nicht für begründet, vernichtete aber das Appellurtel und wies die Sache wieder in die II. Instanz zurück aus folgenden

### Gründen:

Der Kläger hat das, im Uebrigen rechtskräftig gewordene, Appellurtel insoweit mit der Nichtigkeitsbeschwerde angefochten, als dadurch der Anspruch auf Sackmiethe über den 21. Januar 69 hinaus überhaupt abgewiesen worden ist.

Das Urtel mußte auch insoweit vernichtet werden, weil dasselbe auf der aktenwidrigen Annahme beruht, daß der Kläger die in der Berufungsschrift vorgebrachte Behauptung, daß die hier fraglichen Säcke seit Jahr und Tag nicht mehr vorhanden seien, nicht in Abrede gestellt habe, während Kläger in der Beantwortung ausdrücklich es als unwahr bezeichnet, daß die Säcke seit Jahr und Tag, oder überhaupt, nicht mehr vorhanden seien.

Was die anderweite Entscheidung der Sache betrifft, so ist der Anspruch auf Sackmiethe an sich durch § 16 der produzirten und anerkannten Handelsbedingungen begründet. Bezüglich der Leihesäcke ist es auch unerheblich, daß Kläger dafür angeblich dem N. N. kontraktlich nur eine geringere Miethe gezahlt hat, als Kläger von der Bekl. fordert, da das rechtliche Verhältniß des Klägers zu einem Dritten für das Rechtsverhältniß der Parteien zu einander nicht maaßgebend ist. Beklagte hat sich zwar auf ein mit dem Kläger getroffenes Uebereinkommen berufen, vermöge dessen Kläger als Mandatar oder Geschäftsführer von der Bekl. nur Ersatz des an N. N. gezahlten Betrages fordern könne. Der daraus entnommene Einwand war indeß als unsubstantiirt nicht zu beachten, da Beklagte den thatsächlichen Inhalt des angeblichen Uebereinkommens nicht genügend angegeben hat, um den rechtlichen Grund oder Ungrund des Einwandes beurtheilen zu können.

Erheblich ist dagegen der von der Bekl. erhobene Einwand, daß die fraglichen Säcke seit Jahr und Tag nicht mehr vorhanden seien. Von dem Zeitpunkte an, seit welchem die Säcke nicht mehr vorhanden gewesen, kann — wie der Appellrichter richtig ausgeführt hat — keine Miethe mehr gefordert werden. Kläger beruft sich in dieser Instanz, zur Widerlegung der Annahme des Appellrichters, ohne rechtlichen Grund auf den Satz, daß obligatio mora perpetuatur. Die Sackmiethe stellt keineswegs ein Surrogat der Natural-Rückgabe der Säcke vor. Die Bekl. ist durch die Urtheile der Vorderrichter bereits rechtskräftig zur Restitution der Säcke und zur Zahlung der Sackmiethe bis zum 21. Januar 69 bedingt verurtheilt. Unabhängig von der Restitution der Säcke verfolgt Kläger jetzt noch den Anspruch auf *weitere* Sackmiethe seit dem 21. Januar 69. Der vom Kläger angezogene Rechtssatz kommt daher *hier* gar *nicht* in Frage. — Auf der andern Seite ist der Ausführung der Bekl. nicht beizutreten, daß Kläger zur *Begründung* seines Anspruchs habe darlegen müssen, daß die Säcke *noch vorhanden* seien. Vielmehr liegt der Bekl. der Beweis ihres Einwandes ob. Zum Zwecke dieses Beweisverfahrens muß die Sache — nach § 66 der [preuß.] Verordnung vom 24. Juni 67 — an den Appellrichter zurückgewiesen werden. — Auch wenn dieser Beweis nicht geführt werden sollte, wird der Appellrichter bei seiner demnächstigen anderweiten Entscheidung über die jetzt allein noch streitige Sackmiethe seit dem 21. Jan. 69 den Einwand* wiederholt zu prüfen haben, daß nämlich sowohl gesetzlich (L. un. Cod. de sent. 7, 47) als auch nach einem allgemein, und namentlich in Cassel, geltenden *Handelsgebrauch*, worüber in II. Instanz bereits Zeugen vernommen worden, die *Sackmiethe* im *eingeklagten* Betrage nur für *kürzere*, nicht aber für

* Bei *Schadenersatz*-Forderungen ist landesgesetzlich nicht selten dem Richter anheimgegeben, das zu Gewährende nach billiger Würdigung des vorliegenden Falles selbst festzusetzen. Hierdurch wird eine oft schwierige und namentlich für den (an sich im Recht befindlichen) Kläger mißliche Substantiirung des Schadenbetrages erübrigt und die in der Praxis sonst beliebte Abweisung „in angebrachter Art“ entbehrlich. Das OHG *begünstigt* grundsätzlich diese gerichtliche Arbitrirung, soweit irgend möglich; es hat bereits wiederholt, namentlich in *sächsischen* Sachen, ein solches *eigenes* Ermessen walten lassen und gegen die thatsächliche Auffassung der — dazu erfahrungsmäßig wenig geneigten — Vorinstanzen zur Geltung gebracht. Vgl. Rechtsfall Nr. 5, oben Seite 46, auch den gedruckten *Entwurf* einer Prozeßordnung für den Norddeutschen Bund (v. 1870) § 430, 432.

längere Zeiträume gefordert werden könne, daß der Anspruch auf ein billiges Maaß richterlich zu reduziren sei und die Höhe des Werthes der Säcke nicht übersteigen dürfe.

---

## Nr. 13.

## Plenum. – Erkenntniß v. 8. November 1870 (Z.)

**Stiddig ./. Kiesau** (Nr. 41 v. 1870).

**Preußen. Wechselsache. Nichtigkeitsbeschwerde.**

I. Instanz: Kommerz- und Admiralitäts-Collegium Danzig,
II. Instanz: Appellationsgericht Marienwerder.

**Eigenwechsel. Verhältniß mehrerer Aussteller unter einander.**

Mehrere Aussteller eines Eigenwechsels haften dem Wechselgläubiger nach Wechselrecht, ein Jeder solidarisch und wechselmäßig. Das Rechtsverhältniß unter ihnen selbst aber bestimmt sich nach dem betreffenden landesgesetzlichen Civilrechte.*

DWO Art. **81**, **82**.
Preuß. ALR I. 5 § 445.

Von vier Personen, welche einen Eigenwechsel über 300 Thlr. als Aussteller unterzeichnet, hat Eine, bei Verfall vom Gläubiger in Anspruch genommen, Zahlung geleistet und sich den Wechsel giriren lassen. Dieser Indossatar klagt gegen zwei seiner Mitaussteller solidarisch die volle Wechselsumme ein.

Von den Bekl. läßt Einer (Karl) sich in contumaciam verurtheilen, der Zweite will nur seinen Kopftheil, ein Viertel des Wechselbetrages, zu berichtigen schuldig sein. Der I. Richter verurtheilt auch diesen (Kiesau) nach dem

* Vgl. Borchardt ADWO Zusatz 613 S. 394 ff.

Klageantrage, weil Inhalts des Wechsels („zahlen Alle für Einen und Einer für Alle")*, jeder Aussteller dem Gläubiger solidarisch für's Ganze hafte — in Ermangelung besonderer, hier nicht vorliegender, Abreden.

Kiesau appellirt** und erwirkt in Bezug auf sich eine Abänderung des I. Urtels dahin, daß er nur schuldig, dem Kläger 75 Thlr. nebst Verzugszinsen seit Wechselverfall, und zwar solidarisch mit dem Mitbekl. Karl zu zahlen, Kläger aber mit der Mehrforderung abzuweisen sei.

Der II. Richter erwägt hierbei:

„Beklagter kann sich dem Kläger, als Mitunterzeichner des Trockenwechsels, gegenüber auf die civilrechtliche Wirkung der von den Ausstellern eingegangenen gemeinschaftlichen Verpflichtung berufen, die in Ermangelung besonderen Vertrages (nach preuß. Rechte) darin besteht, daß die Mitschuldner unter einander zu gleichen Theilen haften.

Mag auch ein Mitaussteller den Wechsel erwerben, immer bleibt er zugleich Hauptverpflichteter aus dem Wechsel, auf welchen die Regresse zurückführen, und von dieser rechtlichen Stellung kann er sich nicht losmachen, indem er sich für die Bezahlung des Wechsels ein Giro ertheilen läßt: er bleibt Theilnehmer an der die Wechselverbindlichkeit definitiv abwickelnden Verpflichtung und muß diese, den Mitausstellern gegenüber, anerkennen."***

Kläger legt Nichtigkeitsbeschwerde ein, Gesetzesverletzung

* Hätte aus dieser konkreten Fassung ein Korrealschuldverhältniß unter den vier Wechselausstellern entnommen und daher die Einrede der Theilung für durchgreifend erachtet werden können? Der Gesichtspunkt ist durchweg außer Betracht geblieben.

** Nach einer unerörtert gebliebenen Anführung des Appellanten sollte der Wechsel ein dem Bekl. Karl gegebenes Darlehen verbriefen, für welches die Mitaussteller nur hätten als Bürgen mithaften wollen.

*** Das Appellger. Marienwerder hat bereits 1865 ebenso entschieden, Borchardt ADWO S. 395 Note 455.

behauptend und Herstellung des I. Urtels verlangend. Dieselbe wird zurückgewiesen.

Gründe:

Der Appellrichter geht in seinem reformatorischen Urtel davon aus, daß Kläger gleich den beiden Bekl. und einem gewissen D. Mitaussteller des eingeklagten trockenen Wechsels gewesen, von dem Inhaber des Wechsels zur Verfallzeit in Anspruch genommen ist, und den Wechsel auch bezahlt hat. Er folgert dann hieraus, daß Kläger — auch auf Grund des ihm demnächst ertheilten Indossaments — gegen den Bekl. Kiesau nicht den ganzen verschriebenen Betrag, sondern nur $^1/_4$, als den verhältnißmäßigen Antheil der vier Aussteller, einzuklagen befugt sei.

Jene der Entscheidung zum Grunde gelegte Voraussetzung ist vom Imploranten nicht angefochten, steht übrigens auch mit dem Zugeständnisse des Klägers in seiner Appellations-Rechtfertigungsschrift vollkommen im Einklange. Der dann nur gegen die Folgerung gerichtete Angriff der Verletzung der Art. 10, 98 und 81 der DWO durch unterlassene und des Art. 82 daselbst sowie des § 445 I. 5 ALR durch unpassende Anwendung aber erscheint unbegründet.

Wenn Implorant denselben dadurch rechtfertigen will, daß die Mitunterzeichner eines trockenen Wechsels — was der Appellrichter ganz übersehen — noch keine vertragsmäßige Korrealverbindlichkeit übernehmen, sondern daß jeder Aussteller eine selbständige Verbindlichkeit auf das Ganze eingehe: so ist doch dieser Angriff verfehlt.

Die mehreren Aussteller haften dem Wechselgläubiger nach Wechselrecht, ein Jeder solidarisch und wechselmäßig; das Rechtsverhältniß unter ihnen ist aber nicht nach Wechselrecht, sondern nach den sonst geltenden Bestimmungen des ALR zu beurtheilen. Im Mangel besonderer Verabredungen haften sie nach dem im § 445 I. 5 ALR ausgesprochenen Princip (cfr. § 374 I. 14) zu gleichen Theilen. Auch die Zahlung der gemeinschaftlichen Schuld durch einen der mehreren Schuldner giebt diesem noch nicht das dem Gläubiger zustehende Recht, sondern nur ein mit der nützlichen Verwendung oder aus besonderem Vertrage entspringendes Recht.

Vgl. Erk. des preuß. OTr. v. 30. Sept. 43, Entsch. B. 9 S. 335.

Das hat Kläger auch nicht geleugnet und gegen diese Annahme des Appellrichters einen Angriff nicht gerichtet. Fraglich ist, und auch nur darauf bezieht sich der Angriff der Nichtigkeitsbeschwerde, ob in diesem Rechtsverhältnisse des Klägers zu dem Bekl. Kiesau durch das auf Ersteren lautende Indossament des befriedigten Gläubigers eine Aenderung herbeigeführt worden ist. Die Frage, ob ein Mitaussteller im gewöhnlichen Wechselgange durch Indossament vor Verfall des Wechsels Wechselrechte erlangt und welche Rechte ihm dann gegen seine Mitaussteller zustehen, kann hier unerörtet bleiben; denn ein solcher Fall liegt nach jener Feststellung nicht vor. Der Kläger ist nach letzterer zur Verfallzeit von dem Wechselinhaber wegen Erfüllung der Wechselverpflichtung durch Zahlung der verschriebenen Summe in Anspruch genommen und hat in Folge dessen auch Zahlung geleistet. Das demnächst von dem befriedigten Wechselgläubiger auf den Kläger ausgestellte Indossament mag ihn zum Eigenthümer gemacht haben, jedoch unbeschadet der Befugnisse der Mitaussteller, ihm gegenüber aus den zwischen ihnen obwaltenden Rechtsbeziehungen — auf Grund des Art. 82 der DWO — die vom Appellrichter für begründet erachteten Einreden zu erheben.

Dieselbe Frage ist auch bereits in den Nürnberger Konferenzen zur Erörterung gezogen, und es ist in den damals in Bezug genommenen Erkenntnissen des Ober-Appellgerichts zu Rostock v. 29. Juli u. 9. August 54, v. 10. u. 26. Jan. 57 die Ansicht entwickelt, daß der Zahler durch das Giro zwar

Wechselrechte gegen seine Mitschuldner erwerbe, jedoch nur pro rata. In wie weit dem entgegen die anderwärts aufgestellte Ansicht begründet ist, daß einem solchen Giro jede Wirkung abzusprechen, mag hier dahin gestellt bleiben; der Appellrichter ist so weit nicht gegangen, er hat den Bekl. wechselmäßig zur Zahlung pro rata verurtheilt.

Damit steht auch keineswegs — wie Implorant vermeint — das von ihm allegirte

Erk. des preuß. OTr. (IV. Sen.) v. 29. Oct. 63
(Striethorst, Archiv B. 51 S. 177)

im Widerspruche. Der damals entschiedene Fall war wesentlich verschieden von dem vorliegenden. Es war damals zwar auch der Wechsel von Einem der Acceptanten zur Verfallzeit bezahlt, es war auch dem zahlenden Schuldner Giro ertheilt, es war der Wechsel indeß demnächst von dem Zahlenden weiter an einen Dritten girirt und von diesem dann gegen Einen der andern Acceptanten eingeklagt. Dies war in jenem Erkenntnisse vom OTr. nicht für unzulässig erklärt und namentlich ausgeführt,

selbst bei einer gewöhnlichen Cession könne der debitor cessus diejenigen Rechtsverhältnisse, wodurch die Forderung an den Inhaber gelangt sei, nicht zum Gegenstande seiner Einwendungen machen, und wie mißlich die Erörterung über solche jura tertii vollends im Wechselverfahren wäre, zeigten die in jenem Falle aufgestellten Einreden, welche Rechtsverhältnisse von dritten Personen in sich schlössen.

Der jetzt zur Entscheidung vorliegende Fall, in welchem der eigne Mitschuldner dem anderen gegenüber steht, wird durch jene Entscheidung somit nicht berührt.

Steht aber dem Anspruche des Klägers auf Bezahlung der ganzen verschriebenen Wechselsumme der Einwand entgegen, daß der Bekl. aus der mit dem Kläger gemeinschaftlich übernommenen Wechselverbindlichkeit nur verhältnißmäßig verhaftet ist: dann kann auch von einer unpassenden Anwendung des Art. 82 der DWO und § 445 des ALR nicht die Rede sein, und es finden die Vorschriften Art. 10, 98 und 81 der DWO keine Anwendung.

---

Nr. 14.

## Plenum. — Erkenntniß v. 15. November 1870 (Z.)

**Thomas ./. Huth** (Nr. 52 v. 1870).

**Preußen. Wechselsache. Nichtigkeitsbeschwerde.**

I. Instanz: Kreisgericht Krotoschin,
II. Instanz: Appellationsgericht Posen.

**Wechsel. Zahlungstag. Genügende Bestimmtheit.**

**Eine Ungenauigkeit in der Bezeichnung der Zahlungszeit macht den Wechsel nicht ungiltig, wenn aus dem übrigen Inhalt desselben der etwaige Zweifel vollständige Erledigung findet.**

DWO Art. 4 Nr. 4, Art. 7.

(Vgl. den Rechtsfall Nr. 3, oben S. 40).

Der eingeklagte Eigenwechsel v. 14. Juli 70 lautet bezüglich des Verfalls: „am 18zehnten Juli d. J. zahle ich.“ Seine Giltigkeit wird bestritten, weil der Zahlungstag nicht bestimmt angegeben sei. Die Richter beider Instanzen erachten den „18.“ Juli als Fälligkeitstermin genügend festgesetzt. Das Appellurtel erwägt dabei:

Die Zahlungszeit ist in der Art angegeben, daß vor Juli die Ziffer „18“ und neben dieser das Wort „zehnten“ geschrieben steht. Daraus ergiebt sich keineswegs, daß im Wechsel zwei Zahlungstage ausgedrückt seien; denn die Ziffer 18 ist mit dem folgenden Worte nicht durch ein

„und“ oder „oder“ verbunden. Mithin erscheint der Zahlungstag zweimal ausgedrückt, nur in der Buchstaben-Niederschrift unvollständig. — Letzteres hält der II. Richter für unwesentlich, weil durch die Ziffer der Zahlungstag als der 18. des Juli zweiffellos bezeichnet sei, der zehnte bei einem am 14. ausgestellten Wechsel füglich nicht gemeint sein könne, auch der Bekl. nicht behauptet, daß der 10. als Zahlungstag verabredet worden.

Der Bekl. ist verurtheilt, seine Nichtigkeitsbeschwerde zurückgewiesen.

## Gründe des OHG.

Der Appellrichter hat ausdrücklich anerkannt,

> daß die Bezeichnung eines bestimmten Zahlungstages im Wechsel — nach Art. 4 Nr. 4 DWO — ein wesentliches Erforderniß sei, bei dessen Mangel eine wechselmäßige Verbindlichkeit aus dem Wechsel nicht entstehe,

in soweit also diese Vorschrift nicht verletzt. Wenn derselbe aber aus dem Wechsel und dessen ganzem Inhalt entnimmt, daß in demselben der 18. Juli 70 als Zahlungstag bezeichnet sei: so kann er hierdurch jene Vorschrift in keiner Weise verletzt haben.

Auch wenn der Angriff des Imploranten so verstanden wird, es sei der Rechtssatz verletzt:

> Ist in einem Wechsel der Zahlungstag so wie im vorliegenden Falle bezeichnet, so liegt eine genügende Bestimmtheit des Zahlungstages im Sinne des Art. 4 Nr. 4 DWO nicht vor, —

erscheint der Angriff verfehlt. Denn jener Rechtssatz kann doch nur mit der Beschränkung als richtig anerkannt werden, daß der betreffende Zweifel nicht im übrigen Inhalt des Wechsels seine vollständige Erledigung findet. Nun hat aber der Appellrichter angenommen, bei dem Klagewechsel werde jeder Zweifel durch den Umstand beseitigt, daß der zehnte Juli bei dem übrigen Inhalt des Wechsels nicht gemeint sein kann, weil dieser Tag vor der Ausstellung des Wechsels liege, letzterer also ungiltig sein würde, wenn man diesen Tag als den gemeinten unterstelle.* Und diese Ausführung ist weder angefochten, noch ersichtlich, welcher rechtsgrundsätzliche Verstoß ihr zum Grunde liegen kann.

---

## Nr. 15.

## Plenum. — Erkenntniß v. 15. November 1870 (Z.)

**Reinhold ·/· Miądowicz'sche Erben** (Nr. 54 v. 1870).

**Preußen. Wechselsache. Nichtigkeitsbeschwerde.**

I. Instanz: Kreisgericht Ostrowo,
II. Instanz: Appellationsgericht Posen.

**Wechselaccept. Beweis der Echtheit. Zeugniß des Ausstellers.**

**Der Aussteller eines (an eigene Ordre gezogenen) Wechsels ist wegen seines Interesse zur Sache, auch wenn ein fernerer Inhaber die Wechselklage erhoben hat, kein Beweiszeuge für die bestrittene Echtheit des Annahmevermerks.**

DWO Art. **8, 14, 83.**
Preuß. AGO **I**, 10 § 228 Nr. **7** u. **9.**
(Vgl. Entwurf einer Prozeßordnung für den Nordd. Bund von 1870, § 494, 497 Nr. 2, 498.)

Die Erben des Jacob M. wurden aus dem dessen Namensunterschrift tragenden Accept auf einem am 13. Juli 65 fällig gewesenen Wechsel zuerst im Jahre 67 und, nachdem diese Klage zurückgenommen worden, jetzt abermals in

* Vgl. Z. Plen. Erk. v. 11. Okt. 1870, oben Nr. 6 S. 49.

Anspruch genommen. Sie bestritten die Echtheit der Unterschrift ihres Erblassers und machten (ohne Erfolg) den Einwand der Verjährung. Auf Grund der eidlichen Aussagen des Ausstellers Goldmann und von dessen Ehefrau verstattete der I. Richter den Kläger zu einem Glaubenseide über die Echtheit des Accepts; auf Appellation der Bekl. aber wurde diesen der Diffessionseid (de ignorantia) zuerkannt. Der II. Richter erachtete die Eheleute Goldmann für unzulässige Zeugen, weil Goldmann selbst als Aussteller und Girant des von ihm an eigene Ordre gezogenen Klagewechsels mit dem Kläger, welcher sich durch Blancogiro legitimirte, rechtlich eine Person bilde, und es nicht statthaft erscheine, daß der Cedent seinem Cessionar die Richtigkeit der cedirten Forderung, dem Schuldner gegenüber, beschwöre. Die Frau Goldmann aber befand der II. Richter — abgesehen davon, daß dieselbe als Ehefrau des Cedenten schon für eine unzulässige Zeugin zu erachten — auch noch kraft der (im Großherzogthum Posen) gesetzlich zu vermuthenden ehelichen Gütergemeinschaft als mit ihrem Manne unmittelbar interessirt.

Die Gesetzesverletzung behauptende Nichtigkeitsbeschwerde des Klägers war ohne Erfolg.

## Gründe:

Der Aussteller und der Indossant eines Wechsels haften für dessen Annahme und Zahlung — also bei einem schon vorhandenen Accept für dessen Echtheit — wechselmäßig, Art. 8 und 14 der DWO. Ist der Wechselregreß gegen den Aussteller verjährt, so hat der Wechselinhaber gegen ihn noch die Bereicherungsklage; Art. 83 a. a. O. Nicht minder haftet der Aussteller, bzw. Remittent civilrechtlich aus doloser oder culposer Begebung eines falschen Accepts. Vermöge dieser gesetzlichen Regeln hat also der Aussteller und Remittent eines Wechsels ein starkes Interesse daran, daß gegen den vom Inhaber belangten Acceptanten die Echtheit des Accepts angenommen werde.

Dieses Interesse bildet den wesentlichen Grund der angefochtenen Entscheidung. Ohne sich „auf eine nähere Erörterung der etwaigen Regreßpflicht" einzulassen, hat der Appellrichter das Zeugniß des Ausstellers Goldmann als „ein im höchsten Maaße interessirtes" verworfen. Er hat also weder geleugnet, daß der Wechselregreß gegen diesen Zeugen verjährt sein mag — Art. 78 der DWO —, noch hat er das dem Giro zum Grunde liegende civilrechtliche Begebungsgeschäft aufgesucht oder seiner Entscheidung zum Grunde gelegt. Denn wenn er mit Bezug auf den Kläger und den Zeugen Goldmann sagt, Beide bildeten rechtlich eine Person, und es erscheine nicht statthaft, daß der Cedent seinem Cessionar die Richtigkeit der cedirten Forderung dem Schuldner gegenüber beschwöre: so ist doch in demselben Satze Goldmann „Aussteller und Girant des Wechsels" genannt, und ersichtlicher Weise mit der Bezeichnung „Cedent und Cessionar" nur eine erläuternde Verweisung auf ein analoges und Beide in ihrem Interesse gegen den Schuldner gleichstellendes Rechtsverhältniß beabsichtigt.

Es kann also nicht durch diese Verweisung und Bezeichnung Wesen und Wirkung des Indossaments verkannt und gegen die Art. 9, 10 und 17 der DWO verstoßen sein.

Damit erledigt sich zugleich die darauf gestützte Rüge, daß der Appellrichter die Frau Goldmann als Ehefrau des Cedenten bezeichnet und sie auch deshalb für eine unzulässige Zeugin erachtet hat. Ob dadurch — wie die Nichtigkeitsbeschwerde weiter behauptet — auch gegen den § 228 der [preuß.] AGO I. 10 gefehlt sein mag, kann unentschieden bleiben, weil dieser Paragraph zehn verschiedene Kategorien unzulässiger Beweiszeugen aufstellt, die Nichtigkeitsbeschwerde aber nicht einmal andeutet, unter welche dieser Kategorien die Zeugin Goldmann zu Unrecht subsumirt sein soll. — Endlich hat das Appellurtel diese Zeugin „kraft der präsumtiven ehelichen Gütergemeinschaft mit ihrem Ehemanne“ für unmittelbar interessirt erklärt. Auf welche Thatsachen diese Präsumtion gestützt worden, — ob etwa auf das Ortsdatum des Wechsels und auf die Adresse des Briefs vom 12. April 65 und den hieraus gefolgerten damaligen Wohnort der Goldmannschen Eheleute — ist nicht ersichtlich, aber auch nicht von Erheblichkeit. Denn die gegen jene Präsumtion allein erhobene Rüge der „Verletzung einer wesentlichen Prozeßvorschrift im Sinne des Art. 3 der Dekl. vom 6. April 39“ muß erfolglos bleiben, weil der Art. 3 unter fünf Nummern fünf Fälle von Verletzung wesentlicher Prozeßvorschriften aufzählt, die Nichtigkeitsbeschwerde aber den angeblich zutreffenden Fall nicht bezeichnet hat. Wollte man diesen Mangel der Bezeichnung deshalb übersehen, weil die Nichtigkeitsbeschwerde bemerkt: „es sei die diesfällige Behauptung (der bestehenden Gütergemeinschaft) von dem Bekl. gar nicht erhoben,“ (vergl. Nr. 12 der Instr. v. 7. April 39): so bliebe doch der Grund des Appellrichters, daß die Zeugin Goldmann als Ehefrau des als Cedenten bezeichneten Ausstellers und Giranten eine unzulässige Beweiszeugin sei, als unwirksam-angefochten bestehen.

---

## Nr. 16.

## Plenum. – Erkenntniß v. 29. November 1870 (3.)

**Minderop & Jonen ./. Haas** (Nr. 51 v. 1870).

**Preußen.** **Nichtigkeitsbeschwerde.**

I. Instanz: Kreisgericht Dillenburg,
II. Instanz: Appellationsgericht Wiesbaden.

**Gebrauch fremder Waarenbezeichnungen. Civilklage des dadurch Beeinträchtigten.**

## Giebt es ein, dem Eigenthum oder dem Urheberrecht an literarischen Werken analoges und gleich diesem civilrechtlich verfolgbares, ausschließendes Recht auf den Gebrauch bestimmter Waarenbezeichnungen, namentlich Etiquetten?

Endemann, DHR § 19.

Die Kläger fertigen zu Emmerich Tabake und versehen die einzelnen in den Handel gebrachten Packete mit einer Bezeichnung, nach welcher die seit vielen Jahren bestehende Firma Minderop & Zonen als Fabrikantin des Tabaks erscheint. Gerade durch diese Etiquettirung soll der starke Absatz und die weite Verbreitung ihrer Tabake begründet und gesichert sein, und Kläger wollen ein ausschließliches Recht auf den Gebrauch jener Firma zur Bezeichnung ihrer Fabrikate besonders an sich gebracht haben, ohne zugleich das Handelsgeschäft genannter Firma zu erwerben.

Im vormaligen Herzogthum Nassau hat nun seit einiger Zeit eine Firma, die jetzt Beklagte, ihre Tabaksfabrikate ebenfalls mit jener Etiquettirung versehen. Hierdurch finden Kläger sich in ihren Rechten verletzt und im Absatze ihrer Tabake beeinträchtigt; sie klagen deshalb auf Unterlassung des eigenmächtigen Gebrauchs der von ihnen zur Waarenbezeichnung rechtmäßig geführten Firma zu den Etiquetten der von der Bekl. fabrizirten Tabake. In zwei Instanzen aus verschiedenen Gründen abgewiesen, legen Kläger die NktBschw. ein. Sie bezeichnen u. a. den Rechtssatz als verletzt, daß ein sog. Eigenthum an Schrift- oder Kunstwerken, an Mustern, Patenten und Etiquetten bestehe und auf Dritte wirksam übertragen werden könne, auch ohne Universalsuccession oder ohne Uebertragung des Handelsgeschäftes, welches ein Etiquette für sich geschaffen und eingeführt habe.

Die Beschwerde wird zurückgewiesen, in eben angedeuteter Beziehung aus folgenden

**Gründen:**

Der als verletzt bezeichnete Rechtssatz — wonach es ein Recht auf den Gebrauch bestimmter Etiquetten geben soll, das sich als Eigenthum und demgemäß als ein selbständiges und ausschließliches Recht charakterisirt — wird weder vom DHGB oder von einem allgemeinen Handelsgebrauche, noch vom Gemeinen Rechte als bestehend anerkannt.

Ob der vermeintliche Rechtsgrundsatz sich aus partikularrechtlichen und bzw. strafrechtlichen* Gesetzesbestimmungen herleiten läßt, muß dahingestellt bleiben, weil der Appellrichter die Voraussetzungen für die Anwendbarkeit solcher Bestimmungen nicht festgestellt hat. Demgemäß kann auch der von der Implorantin dem Appellrichter gemachte Vorwurf, durch Nichtanwendung des angeblichen Rechtssatzes rechtsgrundsätzlich gefehlt zu haben, für begründet nicht erachtet werden.

* Künftig entscheidet das Deutsche Strafgesetzbuch § 287.

---

Nr. 17.

## Plenum. – Erkenntniß v. 6. Dezember 1870 (Z.)

**Beyer ./. Heyn** (Nr. 63 v. 1870).

**Preußen. Wechselsache. Nichtigkeitsbeschwerde.**

I. Instanz: Kreisgericht Cosel,
II. Instanz: Appellationsgericht Ratibor.

**Wechselprotest. Wechselabschrift. Bemerkungen auf dem Wechsel. Ort der Protesterhebung.**

1. Die in die Protesturkunde aufzunehmende Wechselabschrift soll die Identität des protestirten und des zum Zwecke der Regreßnahme zurücklaufenden, bzw. eingeklagten, Wechsels außer Zweifel stellen.

2. Zu diesem Behuf muß die Abschrift des protestirten Wechsels alle auf diesem sich vorfindenden Bemerkungen umfassen, welche für die Beurtheilung der Wechsel-Identität und der Rechtsverhältnisse aus dem Wechsel von Erheblichkeit sein können.

3. Es bedarf nicht der Kopirung von Zeichen, Stempelabdrücken, Zahlenvermerken ꝛc., die von den Inhabern des Wechsels lediglich im Interesse des eigenen Geschäftsbetriebes beigefügt und für deren Rechtsverhältnisse zu anderen Wechselinteressenten bedeutungslos sind.

DWO Art. 88 Nr. 1.

4. Allgemeine Ortsangabe im Proteste genügt beim Einverständniß des Protestaten.

DWO Art. 88 Nr. 4, Art. 91.

Der Klagewechsel ist zur Verfallzeit bei dem Domiziliaten R. H. protestirt worden. Die aus Ratibor datirte Protesturkunde besagt, daß der Notar sich zu dem R. H. verfügt, diesen persönlich angetroffen und auf Vorlegung des Wechsels die Erklärung erhalten habe, Mangels Deckung werde nicht gezahlt. Die bekl. Acceptantin bemängelt die Giltigkeit des Protestes, weil theils die Lokalität, in welcher Protest erhoben worden, nicht erhelle, theils die eingefügte Wechselabschrift ungenau sei, nemlich einige

Vermerke (zwei Ziffern, ein Datum und den Aufdruck eines Breslauer Firmenstempels) nicht enthalte. Der I. Richter findet beide Mängel der Protesturkunde wesentlich und weist den Kläger ab, auf dessen Berufung aber wird die Bekl. in II. Instanz verurtheilt. Das Appellurtel findet die Identität des protestirten und des eingeklagten Wechsels zweifellos, die in der Wechselabschrift fehlenden Zeichen und Notizen unwesentlich für den Wechsellauf und die verbindlichen Wechselakte, endlich die allgemeine Ortsangabe im Proteste genügend, da der Domiziliat, ohne Beanstandung einer etwaigen Ungehörigkeit, sich gegen den Notar erklärt habe.

Die NktBschw. der Bekl. wird zurückgewiesen.

### Gründe:

Nach Art. 88 der DWO muß jeder Protest enthalten:

1. eine wörtliche Abschrift des Wechsels (oder der Copie) und aller darauf befindlichen Indossamente und Bemerkungen.

In dem, mit dem Klagewechsel überreichten, Proteste d. d. Ratibor den 22. Aug. 70 ist der Inhalt des Wechsels selbst nebst den Indossamenten wörtlich wiedergegeben, es fehlen jedoch die auf der Vorderseite des W. befindlichen Vermerke:

„25174 p. d. 21. August 1870. °/Ratibor 2497"

sowie der, letztere Zahl umgebende, Firmenstempel einer Indossantin.

Nach der Annahme des Appellrichters bezweckt die zitirte Gesetzesvorschrift nur die Feststellung der Identität des protestirten Wechsels; daher wird durch Fortlassung von, auf dem Wechsel befindlichen, Zeichen oder Notizen, sofern diese für den Lauf und für die Unterscheidung des Wechsels nicht wesentlich sind, dem Proteste die Beweiskraft und Giltigkeit nicht entzogen; in die vorgedachte Kategorie von Signaturen gehören diejenigen, welche hier von dem Klagewechsel in die Protesturkunde nicht mitübertragen sind.

Wegen dieser Ausführung wirft Implorantin dem Appellrichter vor, den Art. 88 Nr. 1 der DWO und den Satz verletzt zu haben,

daß die auf einem Wechsel befindlichen erkennbaren und leserlichen Bemerkungen sämmtlich in die Abschrift des Wechsels und die Protesturkunde aufzunehmen sind.

Offenbar leitet Implorantin diesen vermeintlichen Rechtssatz lediglich aus dem Art. 88 Nr. 1 her, so daß der Vorwurf der Verletzung dieses Gesetzes und des aufgestellten Rechtssatzes einen einheitlichen Angriff bildet.

Derselbe ist unbegründet.

Vermittelst des Protestes hat der Wechselinhaber den Beweis zu liefern, daß er den sein Regreßrecht — beziehentlich beim domizilirten Wechsel seinen Anspruch gegen den Acceptanten — bedingenden Obliegenheiten genügt habe. Voraussetzung dabei ist die Identität des protestirten und des mit der Protesturkunde zur Einlösung vorgelegten Wechsels. In Rücksicht darauf, daß der Zeitpunkt der Protesterhebung zugleich für die Wirksamkeit späterer Wechselerklärungen entscheidend ist, muß die zur Erkennbarkeit der Identität des Wechsels in die Protesturkunde aufzunehmende Abschrift des Wechsels alle Bemerkungen auf diesem umfassen, welche für die Beurtheilung der Wechsel-Identität und der Rechtsverhältnisse aus dem Wechsel von Erheblichkeit sein können*. Darnach bedarf es also nicht der Kopirung von solchen Vermerken auf dem Wechsel, die zu der Frage nach der Identität desselben und nach den Rechtsverhältnissen unter den Wechselinteressenten in keiner Beziehung stehen. Hierzu gehören Abdrücke von Firmenstempeln, Seitenzahlen aus Handlungsbüchern und dergleichen, überhaupt alle Zeichen und Aufschriften, welche von In=

* Sie die bisherige Praxis, Borchardt, ADWO Zus. 703, S. 541 ff. und die Theorie, z. B. Hartmann, DWR S. 392; Hoffmann, ADWO S. 617.

habern des protestirten **Wechsels lediglich** im Interesse des eigenen **Geschäfts**betriebes beigefügt sind. Wenn Implorantin darauf Gewicht gelegt wissen will, daß dergleichen Bezeichnungen für die Wiedererkennung des W. von Erheblichkeit sein können: so verkennt sie, daß der Grund, aus welchem das Gesetz die Inserirung einer Abschrift des ganzen Wechsels einschließlich aller Bemerkungen in die Protesturkunde angeordnet hat, nicht darin besteht, die Wiedererkennung des Wechselpapiers für Zwischeninhaber zu ermöglichen oder zu erleichtern.

Hiernach läßt sich der von Implorantin aufgestellte Satz als geltender Rechtsgrundsatz nicht anerkennen, und eben so wenig fällt dem Appellrichter eine Verletzung des Art. 88 Nr. 1 der DWO zur Last.

Was den zweiten Angriff der NktBschw., welcher auf Verletzung der Bestimmung unter Nr. 4 des Art. 88, in Verbindung mit Art. 91, der DWO gestützt ist, anbelangt, so ergiebt sich aus der Protestverhandlung, daß deren Aufnahme an dem im Domizil=Vermerke genannten Orte stattgefunden hat. Es fehlt aber die Bezeichnung der Räumlichkeit, wo die Protesterhebung vorgenommen worden . . .

Davon ausgehend, daß, da die im Art. 88 a. a. O. aufgeführten Erfordernisse nicht bei Strafe der Nichtigkeit* vorgeschrieben seien, in jedem einzelnen Falle zu prüfen sei, ob ein Mangel bei dem Proteste als ein wesentlicher zu betrachten, gelangt der Appellrichter zu der Annahme, daß um deshalb, weil Domiziliat von dem instrumentirenden

* Welche Bedeutung hat das Wort „muß" im Anfang des Art. 88? Nach Analogie v. Art. 21 Abs. 1, Art. 28, 36, 63, 87 mindestens die, daß keines der unter den folgenden 6 Nummern aufgeführten Erfordernisse ganz oder seinem wesentlichen Gehalte nach fehlen darf, wenn eine in der Form des Art. 87 erscheinende Urkunde rechtlich als Wechselprotest gelten soll. Was aber im Einzelnen zur Erfüllung des gesetzlichen Erfordernisses gehört, wird meist durch die Verhältnisse des konkreten Falles bedingt, also mehr oder weniger arbitrair sein.

Notar in dem von diesem gewählten Lokale angetroffen worden und ohne Beanstandung des letzteren seine Erklärung über Zahlung des Wechsels abgegeben habe, hierin aber sein Einverständniß mit der Lokalität zu erblicken sei, die nur allgemeine Ortsangabe im vorliegenden Proteste für genügend erachtet werden müsse.

Unter den Protest-Erfordernissen wird vom Art. 88 unter Nr. 4 aufgezählt:

die Angabe des Ortes — —, an welchem die Aufforderung (zur Annahme oder Zahlung des Wechsels) geschehen oder ohne Erfolg versucht worden ist.

Dieser Anforderung genügt der in Rede stehende Protest, wenn unter dem „Orte", an welchem die Aufforderung geschehen, nur die Stadt, das Dorf 2c., wo der Akt vorgenommen worden, zu verstehen ist. Inwiefern nach Art. 91 eine nähere Bezeichnung der Räumlichkeit, wo die Präsentation und Protestaufnahme stattgefunden hat, nothwendig ist, kann im gegenwärtigen Falle dahingestellt bleiben, da der Appellrichter mit Recht angenommen hat, daß der Protestat mit der von dem Notar, welcher den Protest erhoben, in Ansehung der zur Vornahme dieses Akts getroffenen Wahl der Lokalität einverstanden gewesen ist,* und da der Art. 91 solches Einverständniß ausdrücklich als maaßgebend anerkennt.

Hieraus folgt, daß auch der zweite Angriff der NktBschw. für hinfällig erachtet werden muß.

* Vgl. Borchardt, ADWO Zus. 710 S. 551 ff. — Bei der mündlichen Verhandlung III. Instanz hatten die Parteivertreter die Frage für und wider erörtert, ob der Domiziliat, rechtlich vielleicht gar nicht bei der Sache interessirt oder bloße Zahlstelle, ein Einverständniß im Sinne des Art. 91 abgeben dürfe. Hierauf ist das OHG in obigem Erk. nicht weiter eingegangen. Die Praxis bejaht die Frage, Borchardt, ADWO Zus. 738 S. 568.

Nr. 18.

## Plenum. – Erkenntniß v. 13. Dezember 1870 (Z.)

**Schlesische Feuer-Versicherungs-Gesellschaft ./. Eichwald**
(Nr. 71 v. 1870).

**Preußen.** **Revision.**

I. Instanz: Kreisgericht Cassel,
II. Instanz: Appellationsgericht daselbst.

**Feuerversicherung. Police. Anzeigepflicht des Versicherten bezüglich der benutzten Räumlichkeit.**

1. Bei Feuerversicherungen ist die getroffene Vereinbarung, insbesondere die Police, maaßgebend für die Beurtheilung, auf welche Aufbewahrungs-Räume der versicherten Mobilien die Versicherung sich erstreckt.

2. Im Einzelfalle ist hierbei, nach Rücksichten der Billigkeit und des guten Glaubens, die Intention der Parteien zu erforschen, namentlich aber zu berücksichtigen, ob und wie weit der Aufbewahrungsort auf den Entschluß des Versicherers, die vorliegende Versicherung zu übernehmen, von wesentlichem Einfluß gewesen ist.

3. In gleicher Weise regelt sich die Anzeigepflicht des Versicherten, falls während der Versicherungsdauer die versicherten Gegenstände in andere Räume gebracht werden.

HGB Art. **271** Nr. 3, **278,** (vgl. 810).
Endemann, DHR § 174, 175 Nr. II.

Kläger hatte seine gesammte Habe bei der beklagten Gesellschaft gegen Feuersgefahr für 1259 Thlr. versichert und nach einem Umzuge die Unterbringung seiner Sachen in einem anderen Wohnhause angezeigt. Die Gesellschaft genehmigte die Uebertragung der Versicherung auf das vom Kläger bezogene Gebäude. — Demnächst verbrannten, innerhalb der Versicherungszeit, die auf dem Hausboden befindlich gewesenen Sachen, während aus der Parterre-Wohnung des Klägers fast alles gerettet ward. Die vom Kläger erhobenen Entschädigungs-Ansprüche wurden bestritten — soweit die verbrannten Gegenstände (im Betrage v. etwa 800 Thlr.) auf den, als Speicher benutzten, Bodenräumen sich befunden hatten, aus folgendem Grunde:

In der schriftlichen Veränderungsanzeige, die Kläger bei Verlegung seiner Wohnung erstattet, hatte derselbe — ein vom Gesellschaftsagenten ihm dargebotenes Druckformular ausfüllend — nach Angabe des neu bezogenen Hauses (Nr. 225 zu Hofgeismar) eine mit Nr. 4 bezeichnete Frage:

„in welchen Gebäuden und in welchen Räumen derselben befinden sich die Versicherungsgegenstände?"

dahin beantwortet:

„Parterre rechts."

Die Gesellschaft erachtete sich deshalb nur zum Ersatze der Sachen verpflichtet, welche erweislich in den Parterre-Räumen durch das Feuer zerstört oder beschädigt worden. Der I. Richter trat dem bei und wies die Entschädigungsforderung des Klägers ab, soweit diese auf dem Boden befindlich gewesene Sachen zum Gegenstande hatte; nur für die dort verbrannten Holzvorräthe billigte er dem Kläger Ersatz zu, weil Brennmaterial auf den Bodenräumen niedergelegt zu werden pflegt.

Auf Appellation des Klägers erfolgte eine wesentlich abändernde Entscheidung, indem die Zurückweisung der Klage wegen unrichtiger Veränderungs-Anzeige mißbilligt wurde. Der II. Richter nahm an, daß durch allgemeine und richtige Bezeichnung des Hauses, in welchem die Sachen sich befunden, der Versicherte seinen Kontraktspflichten genügt habe, und daß die im Einzelnen weiter gehende Angabe des Stockwerkes, als unnöthig, nicht schade, auch soweit dieselbe unvollständig oder bona fide nicht ganz richtig gewesen sei. Die Revision der Bekl. war erfolglos.

## Gründe:

Auf welche Aufbewahrungs-Räume der versicherten Mobilien die Versicherung sich erstreckt, ist in jedem einzelnen Falle nach den getroffenen Verabredungen, insbesondere nach Inhalt der ertheilten Police, zu beurtheilen. Es läßt sich im Allgemeinen weder behaupten, die Versicherung umfasse das ganze Haus, in welchem die versicherten Mobilien sich befinden, so daß eine Veränderung des Aufbewahrungs-Ortes innerhalb dieses Hauses ohne Einfluß auf die Versicherung bleibe, noch umgekehrt, daß jede Veränderung des Aufbewahrungs-Raumes innerhalb eines Hauses dem Versicherer angezeigt werden müsse, widrigenfalls der Versicherungsanspruch ausgeschlossen werde. Es ist vielmehr in jedem einzelnen Falle, nach Rücksichten der Billigkeit und des guten Glaubens, die Intention der Paciscenten* bei Abschluß des Versicherungs-Vertrages zu erforschen und dabei insbesondere darauf Rücksicht zu nehmen, ob und in wie weit der Aufbewahrungs-Ort auf den Entschluß des Versicherers, die Versicherung überhaupt und unter den stipulirten Bedingungen zu übernehmen, von wesentlichem Einfluß gewesen ist. Es mag nun nicht in Abrede gestellt werden, daß es in manchen Fällen für die Versicherungs-Gesellschaften von wesentlicher Bedeutung sein kann, in welchem Stockwerke eines Hauses die versicherten Mobilien sich befinden. Allein daß im vorliegenden Falle die Beklagte darauf ein erhebliches Gewicht gelegt habe, läßt sich nicht annehmen. In der ursprünglichen Police vom 25. Februar 68 ist als Aufbe-

*) Vgl. Rechtsfall Nr. 1, oben S. 29.

wahrungsort der versicherten Mobilien nur das Haus Nr. 193 in Hofgeismar angegeben, nicht ein bestimmtes Stockwerk dieses Hauses. Die Bekl. hat zwar in der Revisions-Schrift behauptet, daß in dem Versicherungs-Antrage (dem vor der Ertheilung der Police ausgefüllten Fragebogen) die erste Etage jenes Hauses als der Aufbewahrungs-Ort deklarirt sei; allein es ist nach § 60 der (für Hessen, Nassau und Schleswig-Holstein ergangenen) Prozeß-Verordnung vom 24. Juni 67 nicht zulässig, diese — in den beiden ersten Instanzen nicht vorgebrachte — Behauptung in dritter Instanz nachzubringen; außerdem würde, wenn diese neue Behauptung richtig wäre, daraus daß in der Police selbst nur das Haus — nicht das Stockwerk —, worin die versicherten Mobilien sich befinden, ausgedrückt worden, zu schließen sein, daß die Gesellschaft überall keinen Werth darauf legte, in welchem Stockwerke des fraglichen Hauses die Mobilien aufbewahrt wurden. — In den gedruckten allgemeinen Police-Bedingungen (§ 5 Nr. 2 u. § 13 Abs. 2) ist nun dem Versicherten zur Pflicht gemacht, bei Verlust seines Versicherungs-Anspruchs eine schriftliche Anzeige an den Agenten zu machen, wenn im Laufe der Versicherung die versicherten Gegenstände in andere Räume, als die ursprünglich angegebenen, gebracht würden; und es ist für solche Fälle der Direction vorbehalten, zu beschließen, ob die Versicherung zu dem bisherigen oder zu einem höheren Prämiensatze fortdauern oder ganz aufhören solle. Demgemäß hat Kläger in Veranlassung seiner Wohnungsveränderung am 29. April 68 die Veränderungs-Anzeige erstattet, in welcher sich die oben angegebene Frage 4 und die angegebene Antwort des Klägers darauf vorfindet. Darauf hat die General-Agentur der verklagten Gesellschaft am 1. Mai 68 die Genehmigung dazu ertheilt, daß sich die versicherten Gegenstände nunmehr in dem Hause Nro. 225 befinden. In dieser Genehmigung ist wiederum von dem Stockwerke, in welchem sich die versicherten Mobilien befinden, keine Rede, und es ist daraus zu entnehmen, daß die verklagte Gesellschaft eine für das Bestehen der Versicherung maaßgebende Bedeutung darauf, in welchem Stockwerke des Hauses Nr. 225 die versicherten Mobilien sich befinden würden, überall nicht gelegt hat. Der in der Veränderungs-Anzeige auf die Frage 4 ertheilten Antwort: „parterre rechts" ist vielmehr nur die Bedeutung beizulegen, daß die Gesellschaft für den Fall eines Brandes darüber informirt sein sollte, daß der Mittelpunkt der Wohnung des Klägers in den Parterre-Räumen des fraglichen Hauses sei. Dem Umstande, daß sich zur Zeit des Brandes der größere Theil der versicherten Mobilien — nach Angabe des Klägers vorübergehend — auf dem Speicher befand, und daß dieselben vom Brande verschont geblieben wären, wenn sie sich in den Parterre-Räumen befunden hätten, ist daher eine entscheidende Bedeutung nicht beizulegen. Wenn die Intention der Bekl. gewesen wäre, eine Versicherung nur für die in den Parterre-Räumen aufzubewahrenden Mobilien zu übernehmen, so hätte sie dieser Intention in dem Anhange zur Police* einen klaren unzweideutigen Ausdruck geben müssen. Da dies nicht geschehen ist, konnte das Appellurtel nur bestätigt werden.

*) § 1 Nr. 3 der allgemeinen Policebedingungen bezeichnete als Grundlagen der Versicherung u. a.

„die Verpflichtung der Gesellschaft gegen die Versicherten bestimmt sich lediglich nach dem Inhalt der Police, bzw. des Prolongationsscheines".

Dasselbe war, wenn auch im Falle unausgesprochen, leitend für die Beurtheilung der Rechte und Pflichten des Versicherten.

Nr. 19.

## Plenum. – Erkenntniß v. 20. Dezember 1870 (Z.)

Horwitz ./. Lerche (Nr. 80 v. 1870).

**Preußen.** **Nichtigkeitsbeschwerde.**

I. Instanz: See- und Handelsgericht Stettin,
II. Instanz: Appellationsgericht Stettin.

**Omission erheblicher Thatsachen als Nichtigkeitsgrund.***

**Nach preußischem Prozeßrechte gilt jede in der Sachdarstellung des Appellurtels vorkommende Behauptung oder Thatsache als vom Richter genügend beachtet; es enthält keine Nichtigkeit, wenn eine solche Thatsache in der eigentlichen Urtelsmotivirung nicht weiter gewürdigt worden ist.**

Preuß. Verordnung v. 14. Dez. 33 § 5 Nr. 10a.
Ministerial-Instruktion vom 7. April 39 Nr. 17, 18.
Sic: feste Praxis des preuß. Ober-Tribunals.

Die abgewiesene Klägerin rügte in der NktBschw. u. a., daß der Appellrichter eine wichtige Behauptung insofern übersehen habe, als diese weiter gehend gewesen, als das Urtel erwogen habe.

Das OHG verwarf die Beschwerde.

**Gründe:**

Die gerügte Omission liegt nicht vor. Der Appellrichter hat in den Entscheidungsgründen nicht allein auf die vollständige Sachdarstellung des ersten Richters Be-

* Als ein Fall der Aktenwidrigkeit (vgl. S. 63 Note, S. 69, 70) gilt es im preußischen Prozeßrechte, wenn eine in den Prozeßschriften enthaltene oder zum Protokoll erklärte und mit Angabe der Beweismittel unterstützte, erhebliche Thatsache in den Urtelsgründen gar nicht erwähnt ist. Erheblich ist diese Thatsache, wenn sie nach Auffassung des Nichtigkeitsrichters eine andere, als die angegriffene, Entscheidung rechtfertigen würde; Präj. des preuß. OTr. Nr. 585.

zug genommen, — welche sowohl den Inhalt der zwischen den Parteien gewechselten Briefe, wie die bereits in erster Instanz aufgestellten Behauptungen der Implorantin genau referirt, — sondern er hat auch selber in der seiner Entscheidung vorausgeschickten Geschichts-Erzählung die angeblich übersehene Behauptung der Berufungsschrift mit nahezu denselben Worten, wie Implorantin, erwähnt. Unter diesen Umständen ist es irrelevant, und kein Verstoß gegen § 5 Nr. 10a der Verordnung v. 14. Dez. 33, daß der Appellrichter in dem zweiten, motivirenden Abschnitt der Entscheidungsgründe diese Behauptung nicht wörtlich wiederholt, ja wohl gar derselben einen anderen Sinn unterlegt, als Implorantin mit deren Aufstellung verbunden haben will. Denn der Zweck dieses Gesetzes geht nur dahin, den Parteien Gewißheit darüber zu geben, daß die von ihnen behaupteten Thatumstände zur Kenntniß des erkennenden Gerichts gelangt, und von demselben beachtet worden sind; wogegen die Auslegung dieser Thatsachen und die aus denselben hergeleiteten rechtlichen Folgerungen nicht Gegenstand einer auf dieses Gesetz gestützten Nichtigkeitsbeschwerde sind.

Plenarbeschluß des OTr. zu Berlin v. 5. Juni 38 (Entsch. B. III S. 310 ff.)

---

Dieselbe prozessualische Rechtsfrage kam am 20. Dez. 70 in der preuß. NktBschw.-Sache Aron ./. Senius (Nr. 89 v. 70) vor, das 3. Plen.-Erk. des OHG erwog hier:

(Die gerügte) Omission fällt dem Appellrichter nicht zur Last. Im referirenden Theile der „Gründe" der erstinstanzlichen Entscheidung ist (die fragliche) Behauptung mitgetheilt; der Appellrichter aber hat in den „Gründen" seines Erk. — was ihm nach § 1 des Ges. v. 20. März 54, preuß. Ges.-Sammlung v. 54 S. 115, zustand — auf die Gründe des I. Urtels „in Betreff des Sachverhältnisses" verwiesen; die angeblich omittirte Behauptung also ist als von ihm erwähnt zu erachten.

Ausdrücklicher Prüfung und Erörterung hat er sie in seiner Entscheidung nicht unterzogen. Es ist deshalb der NktBschw. darin beizustimmen, daß er sie als unerheblich angesehen hat. — (Hierin aber wurde in gegebenem Falle eine Gesetzesverletzung nicht gefunden, und dabei bezüglich der thatsächlichen Schlüssigkeit gewisser Anführungen noch erwogen):

Ob seine (des Appellrichters) Auffassung des thatsächlichen Inhalts jener Behauptung zutreffend, darüber steht dem Nichtigkeitsrichter ein Urtheil nicht zu. Nur wenn die Behauptung im Sinne des § 5 Nr. 10a der Verordnung v. 14. Dez. 33 omittirt wäre, würde dem Nichtigkeitsrichter die freie Würdigung ihrer thatsächlichen Erheblichkeit und Schlüssigkeit gebühren, nicht aber, wenn sie erwähnt und aus thatsächlichen Erwägungen verworfen ist.

---

## Nr. 20.

## Plenum.-Erkenntniß v. 20. Dezember 1870 (Ref. Z.)

**Jeß ./. Glaevecke** (Nr. 83 v. 1870).*

**Mecklenburg. Wechselsache. Appellation.**

I. Instanz: Obergericht der Stadt Rostock.

**Klage des Indossatars. Einwand des bloßen Procuragiro. Dolus des Klägers.**

1. Ist dem durch ein volles Indossament legiti-

* Dies war die erste Mecklenburgische Sache, welche nach dem Landesgesetze v. 15. Jan. 61 mündlich, aber geheim, vor dem OGH verhandelt wurde. Das Landesprozeßrecht stellt es in das Ermessen des angerufenen Oberrichters, ob der Entscheidung des Falles eine mündliche Verhandlung vorhergehen soll, bei welcher die Parteien das Recht mündlicher Darlegung ihrer Angriffs- und Vertheidigungspunkte haben.

**mirten Wechselkläger gegenüber der Einwand, daß er nur Procurist des Indossanten sei, zulässig?***

DWO Art. 10, 12, 17, 82.

**2. Gegen den Wechselkläger ist die Einrede der Arglist durchgreifend, wenn er beim Erwerbe des Wechsels wußte, daß das dem Wechselzuge unterliegende Geschäft gesetzlich verboten (oder sonst klaglos) war.**

DWO Art. 82.

Vgl. Borchardt, ADWO Zus. 641, Note 513.

Als Aussteller eines fälligen Eigenwechsels in Anspruch genommen, setzt Beklagter der durch ein Blancogiro des Remittenten legitimirten Klägerin entgegen, diese sei in Wahrheit nur Bevollmächtigte des Indossanten und bloß vorgeschoben, um dem Schuldner den Einwand abzuschneiden, daß der Klagewechsel ein zum Zwecke des Hasardspiels gegebenes (nach Mecklenburgischem Rechte klagloses) Darlehn verbriefe.

Der I. Richter erkannte an, daß die Einkleidung des unterliegenden Geschäfts in die Wechselform die Geltendmachung materieller Ungiltigkeit desselben nicht hindere, der Beweis der letzteren mithin an sich freizulassen sei, vgl.

Borchardt, ADWO. Zus. 630 u. n. 488; S. 459 n. 515,

Hartmann, DWR. S. 523.

Der Klägerin aber stehe ein diesfälliger Einwand nur beim Nachweise persönlicher Arglist entgegen, und zu diesem Behufe habe Beklagter kumulativ darzuthun, daß

1. das der Klägerin gegebene Giro nur als ein Procura-Indossament beabsichtigt worden sei, Klägerin also

* Vgl. Fall 23, S. 111: Einwand der Simulation der Cession gegen den klagenden Cedenten.

lediglich im Interesse und für Rechnung des bisherigen Inhabers das Recht aus dem Wechsel ausübe;

2. Klägerin beim Erwerbe des Wechsels um das demselben zum Grunde liegende Valutaverhältniß gewußt habe.

Der Richter verurtheilte deshalb den Bekl. zur Deposition der Wechselsumme nebst 6% Verzugszinsen,* jedoch unter Freilassung des gedachten Doppelnachweises in einem Separatverfahren.

Der Bekl. appellirte und suchte auszuführen, daß — bei nachgewiesenem Vorhandensein einer Spielschuld — es zur Ablehnung seiner Wechselverpflichtung gegen die Klägerin genüge, wenn er (alternativ) einen von beiden Beweissätzen darthue.

Das nun (vgl. S. 16) mit der Sache befaßte OHG entsprach nur theilweise dem Antrage des Appellanten, indem es „zu Recht den Bescheid gab,"** daß aus dem I. Erkenntniß der unter 1. vorher erwähnte Beweissatz in Wegfall komme.

**Entscheidungsgründe:**

1. Wenn der Bekl. statt der kopulativen Verbindung der beiden [Beweissätze des I. Urtels] die alternative Freilassung begehrt, indem er meint, daß eine jede der beiden Behauptungen allein genüge, damit eine gegen

* Abgesehen von offensichtlichen Handelssachen, erkennen einige Mecklenburgische Gerichte bei Eigenwechseln nur auf 5% Verzugszinsen. Diese Praxis ist, in Uebereinstimmung mit der letztzeitigen Rechtsprechung des Rostocker Ober-Appell-Gerichts, vom OHG entschieden mißbilligt worden in Appellsachen Busch ./. v. Walsleben durch Ref. Plen. Erk. v. 24. Jan. 71.

** In der formellen Fassung seiner Rechtssprüche richtet das OHG sich streng nach dem betreffenden Landesbrauch. Nichtigkeitsbeschwerden z. B. werden, wenn sachlich unbegründet befunden, in Sachen, die aus den preuß. Appell.-Gerichtsbezirken Cassel, Kiel und Wiesbaden kommen, stets „verworfen" (vgl. § 64 Abs. 3 der preuß. Verordnung v. 24. Juni 67), in altpreußischen Sachen aber „zurückgewiesen".

den Indossanten begründete Einrede auch der Klage von Seiten der Indossatarin gegenüber vorgeschützt werden könne: so erscheint dieses sein Verlangen in Bezug auf die erstere der beiden Behauptungen dahin gehend, daß die Absicht der Parteien auf ein Procura-Indossament gerichtet gewesen, als ein unbegründetes. Sowohl für das Procura-Indossament als für das reine Indossament sind im Rechte bestimmte Formen vorgeschrieben, . . . und die Wirkungen beider Arten von Indossamenten sind gesetzlich festgestellt. Wer nun die Form des reinen Indossaments wählt, der will auch dessen gesetzlich festgestellte Wirkung, ungeachtet er dem Indossatar erklärt, daß seine Absicht nur auf Ertheilung eines Procura-Indossaments gerichtet sei. Unbeschränkt gilt dies in Betreff der äußeren Stellung des Indossatars zu dritten Personen, d. h. zu den Wechselschuldnern. Im Verhältniß zu diesen soll der Indossatar gerade als der eigentliche Wechselgläubiger dastehen und aus eigenem Rechte gegen diese klagen dürfen. Es wird auch hier eine Unterscheidung von großer Bedeutung, die überall da hervortritt, wo durch ein Rechtsgeschäft, wie vornemlich beim Mandat, die Beziehung des Einen oder Anderen der handelnden Theile zu dritten Personen gegeben ist: die Unterscheidung zwischen der äußeren Stellung zu Dritten und der inneren Stellung der Kontrahenten zu einander. Im Verhältniß zu Dritten hat die Beredung, daß das Indossament nur als Procura-Indossament gelten solle, gar keine Bedeutung; der Indossatar erscheint ihnen gegenüber als berechtigter Wechselgläubiger.

Von den in der Theorie und Praxis sehr weit auseinander gehenden Ansichten über die Bedeutung der hier besprochenen Einrede ist in der obigen Entwickelung bereits über die Ansicht, daß jene Einrede für sich allein schon zur Elision der vom Indossatar suo nomine angestellten Klage genüge, das Urtheil gesprochen. Das Gleiche gilt aber auch von der in gegenwärtiger Rechtsmittel-Instanz vom Bekl. (unter Berufung auf eine in der Sammlung von Buchka und Budde, B. VI S. 228 ff. mitgetheilten Entscheidung des OAppGer. Rostock) vertretenen Ansicht, wonach jenem Einwande die Bedeutung zukomme, daß sich der klagende Indossatar alle Einreden aus der Person des Indossanten entgegensetzen lassen muß; denn auch diese Ansicht (vgl. Borchardt ADWO S. 118) beruht auf der Vorstellung, daß der Indossatar nur äußerlich als Kläger erscheine, in der Sache selbst aber der Indossant als die klagende Partei zu betrachten sei, — was eben nach dem Obigen unrichtig ist — oder doch auf der Annahme, daß der Kl. nicht als gutgläubiger Indossatar zu betrachten sei, da er den Wechsel in Wirklichkeit nicht in der durch das Indossament bekundeten Weise erworben, auch überall kein eigenes Interesse, sondern lediglich das des Indossanten verfolge. Das Letzte ist richtig, aber nicht relevant; der erste Satz dahingegen der obigen Ausführung zufolge unrichtig. — Eben damit ist aber die Zurückweisung der beklagtischen Beschwerde in der hier zur Frage stehenden Richtung von selbst gegeben.

2. Begründet ist dahingegen die Beschwerde des Bekl., sofern er geltend macht, daß ihm (abgesehen von dem Beweise, daß der Wechsel auf Grund eines zum Zwecke des Spiels gegebenen Darlehns ausgestellt worden) nur der Beweis habe auferlegt werden dürfen, daß die Klägerin beim Erwerbe des Wechsels von dem Ursprung desselben Kenntniß gehabt hat. Die Absicht beider Theile wie selbst des Indossaments, dem Schuldner eine zuständige Einrede zu entziehen, liegt nemlich hier, zumal es sich um ein verbotenes Geschäft handelt, zur Genüge vor, und eben damit ist der Vorwurf des dolus begründet.

Nr. 21.

## Plenum. — Erkenntniß v. 20. Dezember 1870 (3.)

**Aron ./. Jenius** (Nr. 89 v. 1870).

**Preußen.** **Nichtigkeitsbeschwerde.**

I. Instanz: Kommerz- u. Admiralitäts-Collegium Königsberg i. P.,
II. Instanz: Ostpreußisches Tribunal daselbst.

**Rath und Empfehlung, Haftung daraus. Sorgfalt bei Geschäften, die nur von anderer Seite Handelsgeschäfte sind.**

**1. Rath oder Empfehlung macht regelmäßig nur, wenn wider besseres Wissen gegeben, haftbar.**

ALR I. 13 § 218, 219.
Sic: Bürgerl. Ges.-B. für d. Kgreich Sachsen § 1301.
Endemann, DHR § 148.

**2. Bei einem Rechtsgeschäfte, das nur auf einer Seite ein Handelsgeschäft darstellt, ist der andere, nicht kaufmännische, Theil nicht zur Sorgfalt eines ordentlichen Kaufmanns verpflichtet.***

Die Regel des Art. 277 HGB findet hier nicht Anwendung.
HGB Art. 282.

Beklagter hatte unentgeltlich dem Kläger, welcher kaufmännische Kommissionsgeschäfte treibt, auf wiederholte Anfrage günstige Auskunft über Vermögensverhältnisse und Kreditwürdigkeit eines Kaufmanns J. A. ertheilt. Kläger will durch diese, seiner Behauptung nach unrichtigen, Empfehlungen zum Abschließen von Kreditgeschäften mit J. A. verleitet worden sein und dann aus der Insolvenz des Dritten Schaden erlitten

* Gewöhnliche Kaufgeschäfte sind regelmäßig nur auf Seiten des Verkäufers Handelssache. Während deshalb die Art. 343 Abs. 1 und 344 HGB dem Verkäufer (allgemein) die Sorgfalt eines ordentlichen Geschäftsmannes zur Pflicht machen beim Aufbewahren der Waare und bei der Wahl ihres Transportes, legt Art. 348 Abs. 1 dem Käufer einfach die Sorge für einstweilige Aufbewahrung beanstandeter Waaren auf, ohne Andeutung eines Maaßstabes für seine Sorgsamkeit.

haben. Seine Ersatzforderung wird in zwei Instanzen zurückgewiesen, die NktBschw. bleibt ohne Erfolg.

**Gründe:**

Die [vom Kläger als verletzt bezeichneten] §§ 218 und 219 ALR I. 13 machen für den schädlichen Erfolg eines Rathes oder einer Empfehlung denjenigen verantwortlich, welcher Rath und Empfehlung wider besseres Wissen, bez. als Sachverständiger aus grobem Versehen, ertheilt hat ...

Der Appellrichter hat nun nirgend erkennbar gemacht, daß seiner Ansicht nach diese gesetzlichen Bestimmungen, falls deren thatsächliche Voraussetzungen vorhanden, dennoch einen dolos oder kulpos Empfehlenden zum Schadenersatz nicht verpflichteten. Im Gegentheil, er hat untersucht, ob aus (gewissen thatsächlichen Angaben des Imploranten) „böser Vorsatz oder grobes Versehen" des Imploraten folge, und er hat jene Angaben nur als thatsächlich nicht schlüssig verworfen, also manifestirt, daß er sich der gesetzlichen Regreßpflicht des betrüglich, wider besseres Wissen oder aus grober Negligenz Empfehlenden wohl bewußt war...

Nicht besser steht es um die Rüge der Verletzung der Art. 277, 282 HGB. Der Appellrichter ist der Ansicht, daß die Anfragen des Imploranten und die Antworten des Imploraten auf Seiten des Imploraten Handelsgeschäfte nicht gewesen seien.* Diese Ansicht hat der Implorant nicht angefochten. Aber er meint, daß seine Anfragen über die Vermögensverhältnisse des J. A. zu seinen Handelsgeschäften als kaufmännischer Kommissionär gehört hätten, mithin in Gemäßheit des Art. 277 a. a. O. auch der Be-

* Beklagter, ein Kaufmann, hatte die in Rede stehende Auskunft aus Gefälligkeit und zuerst auf gelegentliche Anfrage gegeben, nach wiederholtem, Bedenken äußerndem Erfordern des Klägers aber — auf Grund angeblich genauer Kenntniß — die „Feinheit" des J. A. (nochmals) versichert.

klagte die Sorgfalt eines ordentlichen Kaufmanns nach Art. 282 ihm zu prästiren gehabt habe. Diese Folgerung ist unrichtig. Die Regel des Art. 277 ist nicht absolut; der Art. 277 besagt vielmehr:

Bei jedem Rechtsgeschäfte, welches auf der Seite eines der Kontrahenten ein Handelsgeschäft ist, sind die Bestimmungen dieses IV. Buchs in Beziehung auf beide Kontrahenten gleichmäßig anzuwenden, sofern nicht aus diesen Bestimmungen selbst sich ergiebt, daß ihre besonderen Festsetzungen sich nur auf denjenigen von beiden Kontrahenten, auf dessen Seite das Geschäft ein Handelsgeschäft ist, beziehen.

Zu diesen besonderen Bestimmungen gehört aber der Art. 282 (vgl. v. Hahn, Kommentar zu Art. 277, B. II S. 49). Er besagt:

Wer aus einem Geschäfte, welches auf seiner Seite ein Handelsgeschäft ist, einem Anderen zur Sorgfalt verpflichtet ist, muß die Sorgfalt eines ordentlichen Kaufmanns anwenden.

Also nicht darauf kommt es an, ob die Anfragen des Imploranten auf dessen Seite, sondern ob die empfehlenden Auskunfts-Ertheilungen des Imploraten auf seiner Seite Handelsgeschäfte waren. Und da der Appellrichter die letztere Alternative unangefochten verneint hat, so hat die Behauptung, daß er dennoch vermöge des Art. 277 den Art. 282 habe zur Anwendung bringen müssen, keinen Boden. — Ob der Implorat aus anderen Gründen zur Sorgfalt eines ordentlichen Kaufmanns verpflichtet gewesen, ist hier nicht zu entscheiden.

## Nr. 22.

# Plenum. – Erkenntniß v. 20. Dezember 1870 (Z.)

**Bleichröder ./. Sternberg u. Gen.** (Nr. 3 v. 1871).

**Preußen. Wechselsache. Nichtigkeitsbeschwerde.**

I. Instanz: Stadtgericht Breslau,
II. Instanz: Appellationsgericht daselbst.

**Abhandengekommener Wechsel. Anspruch des Eigenthümers nach eingeleiteter Amortisation.**

**Nur vom Acceptanten, nicht vom Aussteller oder von einem Giranten, kann der Wechseleigenthümer, welchem der Wechsel abhanden gekommen ist, nach eingeleitetem Amortisationsverfahren Zahlung, bzw. Deposition der Wechselsumme beanspruchen.**

DWO Art. 73, 39, 48.

Sic: Brauer, ADWO S. 130; Hartmann, DWR § 157, 158.*

Ein vom Bezogenen acceptirter Wechsel ist abhanden gekommen und das Amortisationsverfahren auf Antrag des Klägers — letzten Indossatars — eingeleitet. Der ausreichend legitimirte Wechseleigenthümer belangt nun, nach Verfall und nach geleisteter Kaution, sowohl den Acceptanten, welcher sich in contumaciam verurtheilen läßt, als zwei Indossanten, einen zugleich als Wechselaussteller. Protest Mangels Zahlung ist, auf Grund brieflichen Erlasses, nicht erhoben worden. Bezüglich der Indossanten wird der Klageanspruch in zwei Instanzen als unzulässig zurückgewiesen, die NktBschw. des Klägers bleibt ohne Erfolg.

* Hoffmann, Ausführliche Erläuterung der ADWO § 92, will den fraglichen Anspruch auch gegen den Letzten in der Reihe der regreßpflichtigen Wechselschuldner zulassen, was namentlich beim Verluste eines nicht acceptirten Wechsels bedeutsam sein würde.

Bestritten ist die Anwendbarkeit des Art. 73 DWO auf Domizilwechsel, vgl. Borchardt, ADWO Zus. 533; Hartmann, DWR S. 491 f., n. 8.

**Gründe:**

Die Bestimmung des Art. 73 DWO setzt einen bereits acceptirten Wechsel voraus. Schon hieraus ergiebt sich, daß der Art. 73 a. a. O. speciell nur den Acceptanten im Auge hat, nur ihn aus seinem Accept für zahlungspflichtig gegen Sicherstellung erachtet, und also die Ausführung der Imploranten durchaus unhaltbar erscheint, daß unter Berücksichtigung der Art. 8 und 14 DWO die im Art. 73 ausgesprochene Verpflichtung des Acceptanten auch auf den Aussteller und die Indossanten zu beziehen sei. Dazu kommt, daß der Art. 98 Nr. 9 DWO die Ausnahme des Art. 73 ausdrücklich auf eigene Wechsel mit der Maaßgabe ausdehnt, daß hier die Zahlung durch den Aussteller erfolgen soll. — Auch ist ja die Lage des Acceptanten und die des Indossanten eine wesentlich verschiedene. Wenn der Acceptant gegen Sicherstellung oder ad depositum zahlt, so tilgt er die durch sein Accept übernommene Wechselschuld, und ist gegen den Fall, daß der Wechsel nicht amortisirt wird, weil derselbe im redlichen Besitze eines dritten legitimirten Inhabers sich befindet, vollständig gesichert. Sollte den Indossanten dieselbe Verpflichtung treffen, — abgesehen davon, daß das Gesetz für den Regreß gegen ihn noch ganz andere Desiderate aufstellt, — so würde er also, wenn auch ad depositum oder gegen Sicherstellung, immer zahlen müssen, könnte aber nicht wie sonst — vgl. Art. 51 DWO — die geleistete Zahlung nebst Kosten und Provision von seinem Vormann erstattet verlangen, sondern wiederum nur Zahlung ad depositum oder gegen Sicherstellung fordern; während doch nicht er, sondern nur der Inhaber den Wechsel hat abhanden kommen lassen, so daß der Indossant unter diesem Abhandenkommen in der That leiden würde, während der an dem Verlust des Wechsels allerdings ebenso schuldlose Acceptant dadurch gar nicht leidet, sondern nur zahlt, was er auch zahlen mußte, wenn der Wechsel nicht verloren wäre.

Endlich ist in den Motiven zum Preuß. Entwurf der Wechselordnung, wo Art. 69 die Stelle des jetzigen Art. 73 einnimmt, gesagt:

„die Amortisation kann freilich nur dazu dienen, die Einziehung der Wechselsumme von dem Acceptanten möglich zu machen, weil die Verfolgung der Regreßansprüche gegen Aussteller und Vormänner nicht möglich ist,"

und die Leipziger Konferenzprotokolle ergeben, daß man sich dieser Motivirung angeschlossen hatte, und daß, während nur die Zulässigkeit des Amortisationsverfahrens bei Wechseln überhaupt Bedenken erregte, sowie Differenzen darüber zu Tage traten, für welchen Zeitraum die gestellte Sicherheit stehen bleiben sollte, immer nur davon die Rede war, daß der Forderungsberechtigte aus einem verlorenen Wechsel dem Acceptanten seines Acceptes wegen Sicherheit leisten müsse; und so ist der Inhalt jenes Art. 69 im Wesentlichen in den Art. 73 DWO übergegangen.

Vgl. Leipziger Konf.-Prot., Prot. XXII v. 17. Nov. 47 und Konferenz-Entwurf Art. 73.

Hiernach hat der Appellrichter weder diesen [Art. 73], noch den Art. 48 DWO verletzt.

---

Nr. 23.

## Plenum.-Erkenntniß v. 30. Dezember 1870 (3.)

**Lembach ./. Cratz** (Nr. 7 v. 1871).

**Preußen (Nassau).** **Nichtigkeitsbeschwerde.**

I. Instanz: Kreisgericht Wiesbaden,
II. Instanz: Appellationsgericht daselbst.

**Einwand simulirter Cession gegen den klagenden Cessionar. Eideszuschiebung an den Cedenten.**

**Mengekauf. Unvollständige Lieferung, Klagerecht des Verkäufers, Schadenersatz wegen des nichtgelieferten Quantums.**

1. Dem klagenden Cessionar kann gemeinrechtlich

die Einrede simulirter Cession, ohne Darlegung eines besonderen eigenen Interesses des Beklagten, nicht entgegengesetzt werden.*

Sic: Albert Schmidt, Grundlehren der Cession, Th. II S. 394.

2. Falls der Cessionar klagt, ist der Schiedseid des Cedenten, wenn vom Beklagten gefordert und vom Kläger bewilligt, nicht unzulässig.

Vgl. § 590 Norddt. PO.Entw.

3. Bei unvollständiger Erfüllung eines Mengekaufgeschäfts hat Käufer das Empfangene vertragsmäßig zu bezahlen, und kann wegen des Fehlenden Schadenersatz fordern.

Art. 356 HGB ist in solchem Falle nicht ausgeschlossen.
HGB Art. 338, 354—357, 359.

4. Die Vertragsbestimmung, daß der Bezug gekaufter Waaren sofort stattfinden könne, stellt für sich ein Fixgeschäft im Sinne des Art. 357 HGB nicht dar.

Als Cessionar des Verkäufers fordert Kläger den Preis von Kohlen, welche Beklagter vom Cedenten Schulz erhalten hat. Die fraglichen Kohlen sind nicht in der verabredeten Menge geliefert worden, und Kläger beansprucht nur vertragsmäßige Bezahlung des wirklich abgenommenen Quantums. Beklagter wendet ein, die Cession der Kaufpreisforderung an den Kläger sei nur ein Scheingeschäft, und richtet, für eine sachliche Einrede der Eideszuschiebung sich

* Die Frage ist streitig, vgl. Windscheid Pandektenrecht B. II § 34, No. 1.

Nach ALR hat das preuß. OTr. in gleichem Sinne entschieden, Erk. des III. Sen. v. 6. Nov. 57, Entsch. B. 37 S. 87 und Präjudiz Nr. 2074 v. 6. Dez 48, Entsch. B. 17 S. 164; vgl. Erk. des IV. Sen. v. 8. Sept. 64, Strieth. Arch. B. 55 S. 217.

bedienend, letztere an den Cedenten Schulz. Kläger hat diesem Eidesantrage zugestimmt und Schulz den Eid geleistet. Damit erachtet der I. Richter den streitigen Einwand als durch Kompromiß der Parteien erledigt. In II. Instanz verlangte Beklagter den Eid auch noch vom Kläger; dies ward verworfen, weil bereits durch Schiedseid des Cedenten der Sachverhalt klar gestellt worden.

Uebrigens hatte Bekl. noch den Einwand unterlassener Vertragserfüllung erhoben und event. eine Entschädigungsforderung geltend zu machen gesucht, bezüglich welcher der II. Richter annahm, daß Beklagter dem Art. 356 HGB nicht entsprochen habe. In zwei Instanzen verurtheilt, legte der Bekl. NktBschw. ein, welche verworfen ward aus folgenden, die Streitpunkte darlegenden

**Gründen:**

1. Die erste Beschwerde über Verletzung des Rechtssatzes,

> daß der Einwand des debitor cessus, daß die Cession der eingeklagten Forderung simulirt sei, zulässig und erheblich sei,

ist zu verwerfen. Der debitor cessus wird durch die Zahlung an den Cessionar, auch wenn die Cession simulirt ist, liberirt, und er ist — in Ermangelung eines besonderen eigenen Interesses, welches hier nicht dargelegt ist — nicht berechtigt, sich auf die Simulation der Cession, welche zunächst nur das Rechtsverhältniß zwischen dem Cedenten und dem Cessionar berührt, zu berufen.

2. Die zweite Beschwerde betreffend [über Verkennung des Rechtssatzes, daß Eide nur der Gegenpartei, nicht Dritten, deferirt werden können], kann es dahingestellt bleiben, ob nicht — wenn es sich um eine Entscheidung der unter den Parteien bestrittenen Frage, ob ein deferirter Eid von dem Cedenten des Klägers erhoben werden dürfe, handelte — diese Frage zu verneinen sein würde. Der

Appellrichter hat das Gegentheil hiervon nicht angenommen; derselbe stützt vielmehr seine Entscheidung nur darauf, daß Bekl. selbst den Eid dem Cedenten des Kl. deferirt habe, daß Kläger hiermit einverstanden gewesen sei und daß Bekl. darüber, daß der Eid seinem eigenen Antrage gemäß erhoben worden, sich nicht beschweren könne. Diese Ausführung ist vom Imploranten nicht substantiirt angefochten, derselbe erklärt vielmehr selbst in der Beschwerdeschrift den Eid des Cedenten für zulässig, wenn beide Parteien darauf kompromittiren.

3. Die dritte Beschwerde betreffend [bezüglich der verworfenen Einrede der unterbliebenen Vertrags-Erfüllung], ist der vom Imploranten als verletzt bezeichnete Rechtssatz,

> daß bei zweiseitigen Verträgen kein Kontrahent schuldig sei, mit seiner Leistung voranzugehen, vielmehr jeder Theil nur, wenn er seinerseits vollständig geleistet habe, die Gegenleistung fordern könne,

[gemeinrechtlich und nach dem HGB] in seiner Allgemeinheit nicht anzuerkennen, soweit er aber richtig ist, vom Appellrichter nicht verletzt. Wenn, wie im vorliegenden Falle, eine verkaufte Waare nicht in der vollen stipulirten Quantität, sondern nur zum Theil geliefert ist, der Käufer auch, wie Seitens des Bekl. in der Duplik geschehen, die Nachlieferung wegen veränderter Konjunkturen ablehnt: so kann der Käufer die Bezahlung des vertragsmäßigen Preises für die empfangene Quantität nicht unter Berufung auf die Nichterfüllung des Vertrages Seitens des Verkäufers einfach ablehnen, sondern er kann nur den ihm durch die unvollständige Erfüllung erwachsenen Schaden liquidiren und zur Kompensation bringen. —

4. Zur vierten Beschwerde ist zunächst nicht anzuerkennen,

> daß eine Handelssache nicht vorliege und deshalb die Vorschriften des HGB nicht anzuwenden seien.

Der Bekl. betreibt unbestritten einen Kohlenhandel und hat die fraglichen Kohlen zum Betriebe dieses Geschäfts und zum Wiederverkaufe gekauft; es liegt daher jedenfalls auf Seiten des Bekl. ein Handelsgeschäft vor.

[HGB Art. 271 Nr. 1, 273, 274, 277.]

Es ist ferner nicht anzuerkennen,

daß Art. 356 HGB sich nur auf den Fall, wo ein Vertrag gar nicht erfüllt sei, nicht aber auf den Fall, wo derselbe unvollständig erfüllt sei, beziehe.

Vielmehr ist Art. 356 auch auf den Fall zu beziehen, wo eine verkaufte Quantität einer Waare nur theilweise geliefert ist und nur bezüglich der nicht gelieferten Quantität Schadenersatz verlangt wird. [Vgl. Art. 359.]

Ob die thatsächliche Annahme des Appellrichters, daß die im Art. 356 bestimmte Anzeige und Bestimmung einer Frist zur Nachlieferung nicht erfolgt sei, mit den Akten und namentlich dem Briefe vom 12. Okt. 65 im Einklange steht, ist hier nicht zu untersuchen, da der Implorant keine hierauf bezügliche Beschwerde wegen Aktenwidrigkeit erhoben hat. [Vgl. Fall 12 S. 69.]

Die Beschwerde über Nichtanwendung des Art. 357 HGB ist nicht begründet, da ungeachtet der kontraktlichen Bestimmung, daß der Bezug der Kohlen sofort stattfinden könne, ein Fixgeschäft im Sinne des Art. 357 a. a. O. keinenfalls vorliegt, Beklagter selbst sich auch in den beiden ersten Instanzen gar nicht darauf berufen hat, daß ein solches Fixgeschäft vorliege.

Endlich ist der Appellrichter mit dem als verletzt bezeichneten gemeinrechtlichen Grundsatze,

daß der säumige Kontrahent dem Gegner den durch seinen Verzug erwachsenen Schaden zu ersetzen habe,

nicht in Widerspruch getreten, indem er seine Entscheidung auf die Spezial-Bestimmung im Art. 356 HGB stützt.

Nr. 24.

## Plenum. – Erkenntniß v. 3. Oktober 1870 (Ref. 3.)

**Lauwenstein & Co. ./. Terheggen** (Nr. 8 v. 1870).

**Königreich Sachsen.** **Weitere Berufung.**

I. Instanz: Handelsgericht im Bezirksgericht Pirna,
II. Instanz: Appellationsgericht Dresden.

**Vertragsbruch eines Handlungsgehilfen. Schadenersatz. Uebergang des Anspruchs auf den Erwerber der Firma des Prinzipals. Bestimmung der Höhe der Schäden.**

**1. Der Inhaber einer Firma, welcher diese mit allen Activen und Passiven erworben hat, kann auch deren früher begründete Forderung gegen einen vertragsbrüchigen Handlungsgehilfen geltend machen.**

HGB Art. **15, 22, 23.**

**2. Aus welchen Gesichtspunkten ist die Ersatzpflicht eines vertragswidrig ausgeschiedenen Handlungsgehilfen zu beurtheilen, namentlich bezüglich der geringeren Tüchtigkeit des vom Prinzipal angenommenen Ersatzmannes und auch bei Begründung eines eigenen Konkurrenzgeschäftes des Vertragsbrüchigen?**

**HGB Art. 57, 59, 64 Nr 2.**

**Vgl. Rechtsfall Nr. 5, oben S. 46 ff.**

Ueber die Ansprüche des Prinzipals an einen vertragsbrüchigen Handlungsgehilfen hat das OHG als weitere Berufungs-Instanz sich durch folgendes den Sachverhalt darlegende Erkenntniß eingehend geäußert;

1. im abändernden Theile der Entscheidung:

... Der Bekl. hat den (fraglichen Dienst-) Vertrag behufs Fortsetzung eines schon bestehenden, jedoch mit dem 1. Juli 67 ablaufenden Engagements mit den Gebrüdern L. abgeschlossen. Sein mehrfach geltend gemachter Einwand, daß Andreas und Joseph Gebrüder L. diesen Vertrag nur für ihre Person abgeschlossen, wird durch den Eingang der Vertragsurkunde widerlegt, in welchem die Eigenschaft der Gebrüder L. „als Inhaber des Fabrikgeschäfts L. & Comp. in Crefeld und Joseph L. in Peterswald" ausdrücklich hervorgehoben, mithin genügend* zu erkennen gegeben ist, daß der Bekl. mit den Firmen selbst, deren actuelle Inhaber Gebrüder L. damals waren, kontrahirt habe. Damit fallen auch die aus jenem Einwande abgeleiteten Ausstellungen gegen die Sachlegitimation des jetzt als Inhaber der Firma L. & Comp. klagend aufgetretenen Joseph L. Denn als derzeitiger Inhaber der Firma L. & Comp. mit allen Activen und Passiven, auch mit den der früheren Gesellschaft gehörig gewesenen Immobilien, ist Kläger um so gewisser legitimirt, als es nach Lage der Sache außer Zweifel, auch von dem Bekl. mit Bestimmtheit nirgends bestritten ist, daß das in Peterswald als bloßes Zweiggeschäft des Crefelder Hauptgeschäftes bestehende Fabrik-Etablissement in seinen materiellen Vermögensobjecten ebensowohl, als in den darauf bezüglichen Vertragsforderungen zu den Activen der Hauptniederlassung gehört. Ein Activum dieser Art macht der Kläger offenbar geltend, wenn er aus dem oben erwähnten Vertrage Ansprüche gegen den Bekl. erhebt.

Diese Ansprüche beruhen insgesammt auf der Behauptung, daß Bekl. sich eines Vertragsbruchs schuldig ge-

* Aehnlich heißt es bezüglich der Frage, wann Namens eines Anderen kontrahirt worden, in dem Plen.-Erk. des OHG v. 15. Okt. 70 (in sächsischer Appellationssache Bredig ./. Reichel, Nr. 27 v. 1870): es sei selbstverständlich (vgl. auch HGB Art. 52 Abs. 2), daß die etwaigen von N. N. mit dem Bekl. abgeschlossenen Verkaufsgeschäfte selbst dann als Namens des Klägers geschlossen zu gelten haben, wenn — auch ohne daß beim Abschluß der Geschäfte des Klägers als desjenigen, für welchen N. N. verkaufe, ausdrücklich Erwähnung geschah — der Bekl. aus früheren Erklärungen des N. N. oder aus anderen Umständen entnahm oder entnehmen mußte, daß der Genannte die fraglichen Verkäufe nicht für sich, sondern für den Kläger schließe."

macht, indem er die auf fünfjährigen Zeitraum, vom 1. Juli 67 bis 30. Juni 72, übernommene dienstliche Stellung in dem Peterswalder Geschäfte schon geraume Zeit vor dem vertragsmäßigen Endpunkte, nämlich Ende August 68, verlassen und den Dienstvertrag wider Klägers Willen thatsächlich aufgelöst habe.

Daß er zu der angegebenen Zeit seine Dienstleistungen im klägerischen Geschäfte eingestellt und das letztere mit der Absicht, den Dienstvertrag nicht weiter fortzusetzen verlassen habe, hat Bekl. — wiewohl mit der Beschränkung, daß dies nicht einseitig und widerrechtlich geschehen sei — zugestanden. Dieses Geständniß reicht zur Begründung der rechtlichen Voraussetzung aus, daß dem Bekl. der beigemessene Vertragsbruch wirklich zur Last falle. Denn mit seinen Verpflichtungen aus dem Vertrage steht an sich dasjenige, was der Bekl. gethan hat, unstreitig im Widerspruch; in der ... Darstellung ... ist auch nicht entfernt ... Klägers Einverständniß mit der Vertragsauflösung zu erblicken, und es bleibt daher Aufgabe des Bekl., sein Gebahren durch Nachweis der dafür angezogenen rechtlichen Gründe, auf welche unten zurückzukommen ist, des Charakters der Vertragsverletzung zu entkleiden.

Nach der ... Klage ... hat Kläger Erfüllung des vom Bekl. gebrochenen Vertrages nicht in der eigentlichen, prinzipalen Richtung, nämlich durch Wiederaufnahme und Fortsetzung der bedungenen Dienstleistungen, sondern in seiner secundären Seite, durch Gewährung von Entschädigung für die durch Verweigerung der eigentlichen Vertragsleistungen verursachten Schäden gefordert.

Wenn Kläger in jetziger Instanz auszuführen sucht, daß er auf das Recht, die sog. Naturalerfüllung des Vertrages durch Rückkehr des Bekl. in seine dienstliche Stellung zu fordern, weder überhaupt, noch insbesondere durch Anstellung der Klage in ihrer vorliegenden Begründung verzichtet habe, so ist das zwar an sich und nach Lage der Akten zuzugeben. ... Allein der Antrag, den Bekl. sofort im gegenwärtigen Prozesse für die Zukunft zur Kontraktserfüllung zu verurtheilen und für den Fall fernerer Weigerung zum Ersatze der Schäden anzuhalten, involvirt doch eine so durchgreifende Umgestaltung der Klagbitte, die Substitution eines ganz anderen, als des gebetenen Gegenstandes, wie sie [prozessualisch] nicht zu rechtfertigen sein würde. Man hat daher von dem Eingehen auf diesen, ohnehin nur eventuellen Antrag, unbedenklich abgesehen ...

Was die einzelnen in der Klage aufgeführten Schäden betrifft, so hat zu Klagpunkt 1 auch die II. Instanz nicht verkannt, daß dem Anspruche auf Ersatz desjenigen Schadens, welcher dem Kläger dadurch erwachsen ist, daß er der vertragsmäßig dem Bekl. obliegenden Dienstleistungen entweder ganz hat entbehren müssen, oder nur unvollkommenen, beziehentlich kostspieligeren Ersatz hätte erlangen können, ein grundsätzliches Bedenken nicht entgegenstehe. Sie vermißt dagegen, in Uebereinstimmung mit der I. Instanz, in dem Anführen:

„der vom Kläger an des Bekl. Stelle engagirte Commis L. sei in der Hauptsache nur kaufmännisch gebildet gewesen, habe weder die Geschäftserfahrung des Bekl. in dem Seidensammet-Fabrikationsgeschäfte überhaupt, noch auch dessen Vertrautheit mit den besonderen Fabrikationsverhältnissen in Peterswald gehabt, und es sei Klägern nicht unerheblicher Schaden erwachsen, bis L. sich vollständig eingerichtet habe,“

die nähere Angabe darüber, inwiefern diese Mängel nachtheilig eingewirkt und welche pekuniären Nachtheile sie dem Kläger zugezogen haben. Inzwischen würde der Mangel derartiger Angaben nur auf die Frage der Qantificirung einwirken, wenn wenigstens so viel feststünde, daß wirklich Schaden entstanden sei. Dies erachtet aber das OHG nach Lage der Sache für zweifellos.

Aus (den Auslassungen des Bekl.), zumal in Verbindung mit dem Inhalt des Kontrakts, geht soviel zur Genüge hervor, daß Bekl. in dem gedachten Zweiggeschäfte eine leitende und, was die innere Seite der Geschäftsführung anlangt, mit der Vertretung der — am Orte der Hauptniederlassung in Crefeld sich aufhaltenden — Prinzipale verbundene Stellung seit dem Jahre 1864 bis zum Ausscheiden (Ende August 68) bekleidet hat, gleichviel, ob unter dem Titel eines durch bedeutendes Gehalt und andere Vortheile, insbesondere einen Gewinnantheil bevorzugten Commis oder eines Handlungsbevollmächtigten im Sinne von Art. 47 HGB.

Daß die durch vierjährige Thätigkeit im fraglichen Fabrikationsbetriebe vom Bekl. unzweifelhaft erworbene genaue Bekanntschaft mit den objectiven und subjectiven Beziehungen dieses Betriebes nicht in gleichem Grade von dem an seiner Statt angenommenen Commis oder Handlungsbevollmächtigten erwartet werden kann, ist ebensowenig zu bezweifeln, als andererseits die Schlußfolgerung beanstandet werden mag, daß die dem Letzteren fehlende Vertrautheit mit der Art und Weise der Fabrikation und mit der Persönlichkeit und Leistungs-Fähigkeit der Arbeiter von nachtheiligem, der Natur der Sache nach pekuniärem Einfluß auf die Anleitung und Beaufsichtigung dieser, auf die Quantität und Qualität ihrer Leistungen, überhaupt auf die Produktivität und den Ertrag des Geschäfts gewesen sei. Es ist nicht Aufgabe des Richters, Möglichkeiten aufzusuchen, welche diese an sich erfahrungsmäßig vollkommen begründete Schlußfolgerung aufzuheben geeignet sein könnten, vielmehr Sache des Bekl., solche anzuführen und nachzuweisen. In dieser Beziehung ist aber weder auf die, thatsächlich nicht im Geringsten unterstützte, Behauptung des Bekl., durch seinen Weggang und durch sein Verschulden habe Kläger gar keinen Schaden erlitten, noch auf die Bemerkung Gewicht zu legen, daß L. schon vorher und noch bei Lebzeiten des (im April 68 verstorbenen) Andreas L. im Peterswalder Geschäfte engagirt gewesen sei, womit offenbar nicht gesagt ist, daß L. mit dem Geschäfte gleich vertraut gewesen sei wie Bekl., mithin dessen Leistungen vollständig zu ersetzen vermocht habe. Endlich ist nicht nachgewiesen, daß und in welcher Weise Kläger einen geeigneteren Ersatzmann bei Anwendung gehöriger Sorgfalt auszumitteln im Stande gewesen sei: ohne diesen Nachweis erscheint selbst der durch die Ungeeignetheit L.'s entstandene Schade als eine Folge der widerrechtlichen Handlung des Bekl.

Das OHG erachtet daher die Thatsache, daß im vorliegenden Falle dem Kläger durch das vertragswidrige Gebahren des Bekl. wirklich Schade entstanden sei, für genügend erwiesen, um behufs Ermittelung der Höhe desselben die Vorschriften der Verordnung vom 13. März 67 Nr. V* in Anwendung bringen zu können.

Bei dem Klagepunkt 2

fordert Kläger Entschädigung dafür, daß Bekl. während der Zeit vom 1. Sept. 68 bis 1. Febr. 69 verschiedene Arbeiter seines Peterswalder Geschäfts, welche insgesammt auf Klägers Kosten angelernt seien, auch bereits über Jahresfrist für denselben gearbeitet haben sollen, verleitet habe, die Arbeit für das klägerische Geschäft aufzugeben, und als Arbeiter für das vom Bekl. ... unter der Firma v. d. B. & T. in P. errichtete Seidensammet-Manufakturgeschäft einzutreten. Er behauptet, in Folge der ihm entzogenen Arbeitskräfte einen auf 8338 Thlr. veranschlagten Fabrikations-, bzw. Umsatzgewinn verloren zu haben, hinsichtlich dessen er den Bekl. für schadenersatzpflichtig erachtet. Die Wahrheit des

* Dieses kgl. sächs. Gesetz gestattet, um den Uebelständen der sog. Schädenprozesse abzuhelfen, dem Richter, unter Würdigung aller Umstände des Einzelfalles den Schadenbetrag nach Billigkeit selbst festzusetzen — auch wenn über die Höhe des Schadens eine ganz oder theilweise ohne Erfolg gebliebene Beweisaufnahme stattgefunden; vgl. S. 73, n.

betreffenden Klagvorbringens vorausgesetzt und von dessen Begründung bezüglich der Höhe zunächst abgesehen, hat man in jetziger Instanz diejenigen Bedenken, durch welche die vorigen Instanzen vornehmlich aus dem Gesichtspunkte des fehlenden Causalzusammenhanges der fraglichen Schäden und der angeblich schadenbringenden Handlung zu der Abweisung der Klage bestimmt worden sind, für durchschlagend nicht erachten können. Geht man, wie schon oben ausgeführt worden, davon aus, daß der Bekl. den Dienstvertrag einseitig und widerrechtlich aufgelöst hat, ... so bleibt folgerecht die Voraussetzung des rechtlich bestehenden Vertragsverhältnisses für die Beurtheilung der Schäden des thatsächlichen Vertragsbruchs maaßgebend. Beklagter hat nun die ausdrückliche Vertragsverpflichtung, dem Peterswalder Geschäfte des Klägers „seine ganze, ungetheilte Thätigkeit mit aller Sorgfalt, Treue und Fleiß zuzuwenden" — eine Verpflichtung, die überdies schon aus den Vorschriften in Art. 56 und 59 des ADHGB sich ergiebt, — dadurch verletzt, daß er nicht bloß seine dienstliche Stellung vorzeitig verlassen hat, sondern auch durch Errichtung eines gleichartigen Geschäfts hinsichtlich der Waaren-Produktion und des Vertriebs sowohl, als in Ansehung der Gewinnung von Arbeitskräften in Konkurrenz mit dem Kläger getreten ist. Daß Bekl., wenn er einmal seine dienstliche Stellung aufgab, möglicher Weise auch in die Lage kam, seinen Beruf und Lebensunterhalt in einer anderen geschäftlichen Unternehmung suchen zu müssen, hebt die hierin liegende Vertragswidrigkeit nicht auf: Beklagter kann sich offenbar durch seinen Kontraktsbruch nicht den Vortheil verschaffen, Handlungen, welche bei gebührender Fortsetzung seines Dienstverhältnisses widerrechtliche gewesen sein würden, in Folge verweigerter Fortsetzung als rechtlich zulässige betrachten zu dürfen. Die rechtliche Beurtheilung derselben hat nicht schlechthin, sondern mit Rücksicht und in Beziehung auf das in Frage befangene Vertragsverhältniß zu erfolgen, und wenn ... hervorgehoben wird, daß das Gebahren des Bekl. einer verschiedenen rechtlichen Beurtheilung unterliege, je nachdem es in die Zeit des bestehenden Kontrakts oder nachher falle, so führt dies höchstens zu einer Beschränkung der in Art. 56 dem Prinzipal eingeräumten umfänglicheren Befugniß auf das Recht, Ersatz des verursachten Schadens zu fordern. Zum Mindesten als eine mittelbare Folge des Vertragsbruchs ist aber der vom Kläger hierunter geltend gemachte Schade unbedenklich zu betrachten, und dies reicht nach § 125 des (kgl. sächs.) bürgerl. GB, verbunden mit Art. 283 HGB, aus, den Bekl. dafür haftbar zu machen.

Zu Begründung der geltend gemachten Schäden hat Kläger [im Wesentlichen] behauptet, daß die ihm durch den Bekl. entzogenen Arbeitskräfte in Peterswald und Umgegend unersetzbar gewesen seien, und daß hierdurch für ihn die Nothwendigkeit entstanden, die von jenen zu fertigenden Arbeiten mit erheblichem Mehraufwande in Crefeld herstellen zu lassen. Weiter ist, unter Darlegung der Differenz zwischen den zu Peterswald und den zu Crefeld bestehenden Arbeitslöhnen und unter Zugrundelegung des Maaßstabs der regelmäßigen Arbeitsleistung eines Sammetwebers, der Nachweis unternommen, daß auf die vom 1. Febr. 69 an noch laufende Kontraktszeit von 3 Jahren und 5 Monaten gerechnet, dieser Mehraufwand 4922 Thlr. 5 Ngr. betrage, zu der Schmälerung des Fabrikationsgewinns aber noch eine Minderung des Handelsgewinns komme, welche auf 3416 Thlr. 20 Ngr. oder doch, bei Berücksichtigung des Mehraufwands an Zöllen und Fracht, auf 2460 Thlr. ... zu veranschlagen sei.

Beklagter hat sowohl die Faktoren dieser Berechnung zum großen Theile in Abrede gestellt, als die thatsächlichen Unterlagen des ganzen Anspruchs bestritten, insbesondere das Schwanken der Arbeitslöhne und Waarenpreise und die in den Verhältnissen liegende Veränderlichkeit der Beziehungen der Arbeiter zum Arbeitsgeber geltend gemacht, die seinem Anführen zufolge auch daraus abzunehmen sein soll, daß schon vor seinem, des Bekl., Dienstaustritte öfter Arbeiter aus Klägers Diensten abgegangen, mehrere auch seitdem in dieselben zurückgetreten seien. Vornehmlich hebt Beklagter die Unsicherheit einer Berechnung hervor, welche die dem Wechsel vielfach unterworfenen Verhältnisse der Zukunft auf 3 Jahre 5 Monate hinaus zur Basis nehme und so nur zu idealen, im Voraus mit Sicherheit gar nicht zu übersehenden Schäden gelangen könne.

Der letztgedachte Einwand, auf welchen unten zurückzukommen ist, trifft jedoch keinenfalls den auf die Zeit vom 1. Febr. 69 bis zum Tage der Einreichung der Klage, dem 20. Okt. desselben Jahres geforderten Schadenbetrag, auf welchen die reformatorische Disposition der jetzigen Entscheidung sich beschränkt. Insoweit liegen die einschlagenden Verhältnisse als der Vergangenheit angehörige abgeschlossen vor, und es handelt sich dabei um die Beurtheilung wirklicher, nicht blos hypothetischer Thatsachen.

Dagegen berührt die behauptete Veränderlichkeit der Preis-, Lohn- und Arbeits-Verhältnisse wesentlich die Frage, ob durch die in der Klage angeführten Thatsachen der vom Kläger aus der bisherigen Dauer seines Verhältnisses zu den (vom Bekl. nachmals abwendig gemachten) Arbeitern gezogene Schluß auf die präsumtive längere Dauer desselben begründet werde, und erscheint daher als eine Negation des letzteren, die dem Beweise des Klaggrunds gegenüber in den direkten Gegenbeweis gehört. Dem Kl. aber diesen Beweis zu versagen, hat man sich ... (nicht) ... veranlaßt gefunden. Denn wenn auch Kläger offenbar nicht gleichzeitig die unterbliebene Herstellung der Arbeiten und die ausgeführte, aber kostspieligere Herstellung derselben dem Bekl. als schadenbringend zur Last legen und den in beiden

Beziehungen berechneten Schaden ersetzt verlangen darf: so kann dies doch nicht zur Abweisung des ganzen Anspruchs, sondern nur zu einer Beschränkung desselben auf denjenigen Betrag führen, den Kl. als Gegenstand des wirklich entstandenen Schadens zu beweisen vermag. Unbedenklich war daher auch dem Kläger der Beweis des gesammten Vorbringens, soweit es verneint worden, zu verstatten und ihm so die Füglichkeit umfassender Wahrnehmung seiner Rechte zu eröffnen. — — Daß übrigens das Enderkenntniß durch das jetzige Interlocut nicht behindert sein soll, auch im Falle mißlungener Beweisführung bezüglich der Höhe des Schadens auf die dem erkennenden Richter in der Verordnung v. 13. März 67 Nr. V ertheilte Befugniß zurückzugreifen, ist hier nur noch als selbstverständlich zu erwähnen.

2. Im bestätigenden Theile der Entscheidung:

Soweit Kläger im 2. Klagpunkte den Ersatz von Schäden mitgefordet hat, welche zur Zeit der Einreichung der Klage noch nicht entstanden, sondern erst für die Zukunft zu besorgen waren, hat man die — von den vorigen Instanzen konform ausgesprochene — Abweisung der Klage nur gerechtfertigt finden können. Was Beklagter — unter Hinweisung auf die Unsicherheit der einschlagenden Voraussetzungen — über die Trüglichkeit und Unbestimmbarkeit der daraus abzuleitenden Folgerungen bemerkt hat, erscheint hier vollkommen zutreffend. Eine Präsumtion dafür, daß die actuell bestehenden Zustände, welche Kläger zum Ausgangspunkte seines Schädenanspruchs nimmt, auch künftig während des mehrjährigen Zeitraums vom 20. Okt. 69 bis zum 1. Juli 72 allenthalben unverändert fortbestehen werden, ist nicht begründet und dem notorischen Wechsel der kommerziellen und Verkehrsverhältnisse gegenüber unhaltbar.

Nr. 25.

## Plenum. — Erkenntniß v. 15. Oktober 1870 (3.)

**Conrad ./. Möller & Behn** (Nr. 31 v. 1870).

**Königreich Sachsen.** **Weitere Berufung.**

I. Instanz: Handelsgericht im Bezirksgericht Dresden.
II. Instanz: Appellationsgericht Dresden.

**Mengekauf. Bestimmtheit des Gegenstandes. Rücktritt vom Vertrage wegen verspäteter Lieferung.**

1. Ein Kaufgeschäft über eine Menge vertretbarer Sachen wird, wenn sonst vollständig, dadurch nicht ungiltig, daß bei Bestimmung des zu gewährenden Quantums der Zusatz: „ungefähr" (oder „circa") gemacht worden.

HGB Art. **278, 279, 338.**

Sic: v. Hahn, Komm. B. II S. 178, Note 4.

2. Verspätete Lieferung des Bestellten berechtigt, abgesehen vom Falle des Art. 357 HGB, ohne Mahnung des Käufers diesen nicht zum Rücktritt vom Vertrage.

HGB Art. **355, 356.**

Aus einer Bestellung von „ungefähr 1000 Säcken" seitens der Verkäufer belangt, bestreitet Beklagter das Vorliegen eines giltigen Kaufgeschäftes, weil dessen Gegenstand nicht genügend bestimmt erscheine. Auch rügt er, daß ihm 40 Säcke zu wenig und im Ganzen zu spät geliefert, indem die Säcke erst 45 Tage nach der Bestellung abgesendet worden.

In zwei Instanzen wird seine Verbindlichkeit zur Bezahlung des erweislich Empfangenen anerkannt; seine weitere Berufung bleibt ohne Erfolg.

### Entscheidungsgründe des OHG.

1. Das Vorbringen des Bekl., daß die Klage wegen zu großer Allgemeinheit zu verwerfen gewesen sei, ist lediglich

auf den Umstand gegründet, daß ... die Bestellung des Bekl. auf „ungefähr“ 1000 Stück Säcke gegangen. Im Uebrigen sind das Material, aus welchem diese Säcke anzufertigen waren, sowie ihre Größe, Form und Zweckbestimmung von den Klägern genau genug angegeben, und liegen in allen diesen Beziehungen keine Differenzen zwischen den Parteien vor.

Wenn ... bei Verträgen selbstverständlich auch hinsichtlich der Quantität des zu Leistenden der übereinstimmende Wille der Kontrahenten erkennbar sein muß, um die Rechte und Pflichten der Letzteren daraus feststellen zu können: so ist dadurch doch keineswegs ausgeschlossen, daß der eine Kontrahent dem anderen in Betreff der zu leistenden Menge bis zu einem gewissen Grade einen freien Spielraum überläßt — ganz ähnlich wie bei den, doch unzweifelhaft rechtsbeständigen, alternativen Obligationen dem Gläubiger oder Schuldner ein Wahlrecht in Betreff des Gegenstandes zusteht. Freilich versteht es sich dabei von selbst, daß die zu leistende Menge nicht gänzlich in die Willkür des einen Kontrahenten gestellt werden kann. Eine Abrede der letzteren Art wird aber durch den Zusatz des Wortes „ungefähr“ bei einer Bestellung von 1000 Säcken nicht im Mindesten angedeutet; vielmehr ergiebt dieser Zusatz, daß nur eine verhältnißmäßig unbedeutende Abweichung von der als Grundlage des Kontraktwillens des Bestellenden zu betrachtenden Zahl 1000 gestattet sein solle, und die Grenze der zulässigen Mehr- oder Minderlieferung würde sich, sofern es nach Lage der Sache noch darauf ankäme, nach billigem Ermessen des Gerichts, eventuell mit Hilfe Sachverständiger, sehr wohl ermitteln lassen, so daß es dem von den Klägern behaupteten Vertrage an der erforderlichen Bestimmtheit nicht gebricht.

Vgl. §§ 800 und 802 des bürgerl. GB für das Königreich Sachsen.

... (Auch die thatsächliche) Minderlieferung von 40 Säcken würde nur dann in Frage kommen, wenn Beklagter entweder die Nachlieferung derselben verlangt oder Umstände angeführt hätte, welche eine Untheilbarkeit des über die Säcke geschlossenen Vertrages um deswillen annehmen ließen, weil die Leistung der Kläger durch eine Minderlieferung von 40 Säcken für ihn zu einer qualitativ anderen, als der kontraktmäßigen, werden oder ohne Interesse für ihn sein würde.* Beides liegt aber nicht vor.

2. In Bezug auf den Einwand des Bekl., daß er sich wegen verspäteter Lieferung der bestellten Säcke von dem Vertrage habe lossagen dürfen, ... ist es ihm nicht gelungen, die ... Entscheidung der vorigen Richter zu widerlegen. Auch wenn die klägerischer Seits behauptete ... Mittheilung, welche dem Bekl. bei der Bestellung der Säcke dahin gemacht sein soll, daß die Leinewand zu den Säcken erst angefertigt werden müsse, unwahr sein sollte: würde dennoch das Abgehen vom Vertrage unzulässig sein, da der Bekl., obwohl er in diesem Falle die Lieferung anscheinend schon viel früher, als sie geschehen ist, zu erwarten berechtigt gewesen sein würde, es sich doch nur selbst zuzuschreiben hat, wenn er sich weder eine so genau und fest bestimmte Lieferungsfrist, wie der Art. 357 des HGB erfordert, stipulirte, noch auch die Kläger nach Art. 355 und 356 des HGB rechtzeitig in Verzug setzte, zu welchem letzteren nach § 733 des [königl. sächs.] bürgerl. GB eine, vom Bekl. nicht behauptete, Mahnung erforderlich gewesen wäre. Die bloße Annahme auf Seiten des Bekl., daß die Kläger die Säcke in einer bei weitem kürzeren Zeit liefern könnten und würden, vermag die gedachten gesetzlichen Erfordernisse nicht zu ersetzen; ebenso wenig genügt dazu der Umstand, daß Beklagter ein Getreidegeschäft betreibt, und daß er die Säcke als Emballage in diesem Ge-

* Vgl. Rechtsfall Nr. 23, oben S. 110, 112.

schäfte benutzen wollte. Daß die Säcke für gewisse individuell bestimmte einzelne, vom Bekl. spätestens an einem genau und festbestimmten Tage zu beschaffende Getreidelieferungen haben dienen sollen, behauptet Beklagter gar nicht, bei der Bestellung mitgetheilt zu haben. Selbstverständlich aber war die Bestellung der Säcke zu einem solchen bestimmten Zwecke, wie Beklagter vermeint, keineswegs.

---

## Nr. 26.

## Plenum. – Erkenntniß v. 21. Oktober 1870 (Ref. Z.)

**Chenius ./. Weinhold & Kunkel** (Nr. 16 v. 1870).

**Königreich Sachsen.** **Weitere Berufung.**

I. Instanz: Handelsgericht im Bezirksgericht Dresden,
II. Instanz: Appellationsgericht Dresden.

**Aufhören der Eigenschaft als Kaufmann. Eintritt in ein Handelsgeschäft und Haftung für ältere Schulden der Firma.**

1. Das Austreten aus einer Handelsgesellschaft, und dessen Vermerk im Handelsregister, begründet an sich nicht die Vermuthung, daß der Austretende den kaufmännischen Geschäftsbetrieb gänzlich eingestellt, also Kaufmann zu sein aufgehört habe.

HGB Art. **4**, **15**, **25** Abs. 1.

2. Art. 113 HGB setzt Eintreten in eine bestehende Handelsgesellschaft voraus, findet ohne Weiteres nicht Anwendung auf den Eintritt in das Handelsgeschäft eines Einzelkaufmannes.

3. Nach Handelsgewohnheitsrecht haftet, wer in ein bestehendes Handelsgeschäft eintritt, den Gläu-

**digern der Firma persönlich, wenn die Mitübernahme vorhandener Schulden öffentlich in handelsüblicher Weise bekannt gemacht worden ist.**

HGB Art. **1, 279**; Prinzip von Treue und Glauben.

Klägerin hat bis März 69 den Inhabern der kaufmännischen Firma „Julius Weinhold" zu Dresden Gelddarlehne gemacht. Die ganze Darlehnssumme fordert sie jetzt zurück von dem Bekl. Weinhold, als einem der damaligen Geschäftsinhaber; sie beansprucht zugleich, bei solidarischer Haftung, einen Antheilsbetrag von dem Mitbekl. Kunkel, welcher am 1. April 69 (unmittelbar nach dem Austritt eines früheren Socius P. Th., des Ehemannes der Klägerin) in jene, nunmehr dem Bekl. Weinhold allein gehörige, Handlung als Theilhaber eingetreten ist. Die Handlung hat damals die Firma „Julius Weinhold & Co." angenommen, und die jetzige Gesellschaft unterm 1. April 69 an „eine große Anzahl von Geschäftsleuten" ein Cirkular erlassen, lautend:

„Durch Gegenwärtiges mache ich Ihnen die Mittheilung, daß mit heutigem Tage ... Kunkel in mein, bisher unter der Firma Julius Weinhold geführtes Fabrikgeschäft ... als Theilhaber eingetreten ist, und werden wir dasselbe von nun an gemeinschaftlich unter der Firma „Jul. Weinhold & Co." fortführen. Activa und Passiva gehen auf die neue Firma über.

Julius Weinhold."

In I. Instanz wurden, unter Voraussetzung der Ableistung mehrerer Eide, der Bekl. W. theilweise, und der Mitbekl. K. nach dem Klageantrage — beide solidarisch — verurtheilt.

Auf Berufung des Mitbekl. Kunkel wurde, diesem gegenüber, Klägerin angebrachter Maaßen abgewiesen.

Klägerin legte nun Berufung an das OHG ein, und

dieses stellte, zu ihrem Gunsten abändernd, das erstrichterliche Urtel im Wesentlichen her. Die gleichzeitige Appellation des Bekl. Weinhold aber wurde verworfen.

### Entscheidungsgründe.

1. Auf Berufen des Bekl. Weinhold:

Beklagter hat keinen Anlaß, durch die Entscheidung voriger Instanz ... sich beschwert zu erachten.

Zunächst bestreitet der Bekl. die handelsgerichtliche Kompetenz unter Hinweis darauf, daß ihm die kaufmännische Qualität dermalen abgehe, da er vor eingetretener Rechtshängigkeit der Sache aus der Firma J. W. & Co. ausgeschieden sei* ... Beklagter hat seinen Austritt aus der gedachten Firma der Firmenbehörde am 15. Jan. 70 angezeigt, und ist derselbe am 31. Jan. 70 — in der Zwischenzeit zwischen der am 22. desselben Monats erfolgten Ueberreichung der Klage beim Prozeßgericht und der am 2. Febr. 70 vollzogenen Insinuation derselben — im Handelsregister verlautbar worden. Allein hieraus folgt nicht, ... daß Bekl. mit dem Austritt aus jener Firma den kaufmännischen Geschäftsbetrieb gänzlich eingestellt habe. Der Beweis dieses Umstandes traf — der liquiden Thatsache gegenüber, daß Bekl. bis kurz vor dem Zeitpunkte der Klagebehändigung die Eigenschaft eines Kaufmannes wirklich gehabt hat — lediglich den Bekl. als denjenigen, der seine Rechtsvertheidigung auf die Behauptung einer Veränderung eines früher bestandenen Zustandes stützt. Beklagter hat diesen Beweis nicht unternommen; dadurch ist er des Rechtes der Berufung auf die vorgeschützte Ausflucht verlustig gegangen.

Ebensowenig erscheint ... von Belang, was Bekl. gegen die schlüssige Begründung der Klagansprüche einzuwenden versucht hat.

* Vgl. oben S. 11, Note.

Klägerin fordert die Rückzahlung mehrerer Beträge, die sie in der Eigenschaft eines Darlehns dem unter der Firma J. W. bestandenen Handelsgeschäft vorgestreckt haben will. Die Auszahlung soll an der Klägerin Ehemann erfolgt und derselbe jedes Mal darauf hingewiesen worden sein, daß der ihm gezahlte Geldbetrag als Gewährung auf das von der Kl. der Firma versprochene Darlehn zu betrachten sei. Ist dieses Anführen begründet, so ist Beklagter zur Rückzahlung der gewährten Summen verpflichtet. Denn mag nun der Kl. Ehemann nur die Stellung eines Prokuristen eingenommen, oder, wie dem OHG anzunehmen unbedenklich erscheint, die Eigenschaft eines offenen Gesellschafters des Bekl. anzusprechen gehabt haben: in jedem Falle hatte Beklagter die von der Kl. Ehemann in der behaupteten Weise vorgenommenen Rechtsakte als ihm gegenüber geschehen anzuerkennen und zu vertreten.

2. Auf die Berufung der Klägerin:

Klägerin hat nur den Theil der ergangenen Sentenz angefochten, welcher den gegen den Mitbekl. Kunkel gerichteten Anspruch betrifft ... (Hier war ihrem Antrage auf Herstellung des I. Urtels zu entsprechen).

Vor Allem muß — nach den aktenkundigen Ergebnissen, mit der vorigen Instanz — davon ausgegangen werden, daß Mitbeklagter zu einem Zeitpunkte in das Geschäft des Bekl. eingetreten ist, zu welchem der letztere alleiniger Inhaber dieses Geschäfts war. Denn wenn schon, nach dem Einverständnisse der Parteien, des Mitbekl. Eintritt an demselben Tage erfolgt ist, an welchem der Ehemann der Kl. seinen Austritt vollzogen hat, so ist doch kein Anhalt für die Annahme geboten, es seien beide Vorgänge der Zeit nach dergestalt zusammengefallen, daß ein Vertragsverhältniß statuirt werden könnte, vermöge dessen der Mitbekl. einer schon bestandenen Societät, an der Stelle eines ausscheidenden Theilhabers, beigetreten wäre. Sofern es sich demnach um die Haftpflicht des Mitbekl. für die Schulden des früheren Geschäfts handelt, mangelt es an der thatsächlichen Voraussetzung für die Anwendbarkeit des Art. 113 HGB. Denn diese beruht auf dem Eintritte in eine bestehende Handelsgesellschaft.

Zwar hat man in der Praxis versucht, der Rechtsansicht Geltung zu verschaffen, daß die Vorschrift des angezogenen Artikels nur ein allgemeines Prinzip für die Singularsuccession in ein Handelsgeschäft zum Ausdruck bringe, somit nach dem Geiste und Sinne jener Vorschrift davon auszugehen sei, daß derjenige, welcher ein Handelsgeschäft im Vertragswege ganz oder theilweise erwirbt, durch den Eintritt in das Geschäft ohne Weiteres auch zugleich die Verhaftung für die bereits vorhandenen Geschäftsschulden auf sich nehme.* Dieser extensiven Auffassung ist nicht beizupflichten.

Es wird dabei offenbar der gedachten gesetzlichen Bestimmung eine Tragweite gegeben, welche weder der Intention des Gesetzgebers entspricht, noch mit den Grundsätzen der Gesetzesanalogie und den Anforderungen des Handelsverkehrs, wie solche in der thatsächlichen Uebung des Kaufmannsstandes zu Tage treten, im Einklang steht. Gewiß ist zunächst, daß die Nürnberger Kommission zur Berathung des HGB — unter Ablehnung mehrerer einschlagenden Vorschläge — absichtlich vermieden hat, eine allgemeine Bestimmung über die Uebernahme von Handelsgeschäften zu treffen;

vgl. Lutz, Protokolle S. 1435.

Weiter steht der Satz des Art. 113 in wesentlicher Beziehung zu einer Reihe anderer Bestimmungen des HGB (vgl. Art. 111, 119—122, 126—128, 131, 132), welche

* So: Erk. des preuß. OTr. IV. Sen. v. 1. Nov. 66, Entsch. B. 57 S. 349; Erk. desselben Sen. v. 2. Juli 68, Strieth. Arch. B. 70 S. 352, und v. 19. Nov. 68, daselbst B. 71 S. 348.

dem Vermögen einer offenen Handelsgesellschaft eine gewisse rechtliche Selbständigkeit und Abgeschlossenheit gegenüber dem Vermögen der einzelnen Theilhaber zuerkennen, wodurch Eigenthümlichkeiten der Societät geschaffen werden, welche dem Einzelgeschäft fehlen.

vgl. Regelsberger, in Goldschmidt's Zeitschrift für das gesammte Handelsrecht B. 14 S. 24 ff.

Jedenfalls bekundet die tägliche Erfahrung, daß die Uebernahme von Handelsgeschäften in den mannigfaltigsten Abwechselungen vorkommt, und der von dem Kaufmannsstande allgemein geübte Gebrauch, die Bedingungen des Geschäftsüberganges in jedem einzelnen Falle durch Cirkulare zur Kenntniß des kaufmännischen Publikums zu bringen, zusammengehalten mit dem verschiedenartigen Bestande dieser Bedingungen, erweiset zur Genüge, daß die rechtliche Ueberzeugung von dem Eintritte gleichmäßiger, mit jedem Geschäftsübergange nach dem Gesetze innerer Nothwendigkeit sich vollziehender Rechtsfolgen in der faktischen Uebung des Kaufmannsstandes keinen genügenden Ausdruck findet. In der That fehlt es an jedem haltbaren Grunde für die Annahme des Bestehens einer festen handelsrechtlichen Praxis in dem Sinne, daß der Eintritt in das Handelsgeschäft eines Einzelkaufmanns, ebenso wie der Eintritt in eine schon bestehende Handelsgesellschaft, die Verhaftung für die älteren Passiven nach sich ziehe.

Wenn das OHG den von der Kl. gegen den Mitbekl. verfolgten Anspruch gleichwohl aufrecht erhalten zu müssen geglaubt hat, so beruht dies auf folgendem Grunde:

Die Parteien sind darüber einverstanden, daß, nachdem am 1. April 69 zwischen dem Mitbekl. und dem Bekl. ein Gesellschaftsvertrag über gemeinschaftliche Betreibung des vom Bekl. zeither unter der Firma J. W. geführten Handelsgeschäfts abgeschlossen worden, beide Kontrahenten diese ihre Association „mittelst an eine große Anzahl von

Geschäftsleuten versandter, gedruckter Cirkulare öffentlich bekannt gemacht haben." ... (Diese Cirkulare enthielten) die Bemerkung: „Aktiva und Passiva gehen auf die neue Firma über."

Zufolge dieser Zugeständnisse erscheint die solidarische Haftpflicht des Mitbekl. begründet. Denn ist die Uebernahme eines bestehenden Handelsgeschäfts mit allen Passiven von den Betheiligten — in öffentlichen Blättern, oder durch Cirkulare oder in sonstiger Weise — allgemein bekannt gemacht worden: so ist nach den Grundsätzen des heutigen Handelsverkehrs der Unternehmer für die Passiven des übernommenen Geschäfts in gleicher Weise, wie für die von ihm selbst kontrahirten Schulden für haftbar zu achten, ohne daß es eines besonderen Nachweises des speziellen Inhalts des zwischen dem Veräußerer und dem Uebernehmer des Geschäfts wegen Vertretung der Schulden abgeschlossenen Vertrags bedarf, gleichviel ob die Firma beibehalten oder geändert wird. Diese Rechtsanschauung, welcher bereits bei der Berathung des HGB von Seiten mehrerer Mitglieder der Nürnberger Kommission entsprechender Ausdruck gegeben worden ist,

vgl. die angezogenen Protokolle S. 1431, verbunden mit S. 1439 ff.

folgt nicht allein aus dem Wesen und Zwecke der öffentlichen Bekanntmachung eines derartigen, die Vermögensinteressen des kaufmännischen Publikums in hohem Grade berührenden Vorgangs, sie stellt sich auch als ein nothwendiges Postulat des den Handelsverkehr beherrschenden Prinzips von Treue und Glauben dar. Denn geht man auf das Wesen der Sache ein, so schließt eine Veröffentlichung des Inhalts, daß die Passiven eines früheren Geschäfts auf dessen Erwerber übergehen, unzweideutig die Aufforderung an die Geschäftsgläubiger in sich, ihre Ansprüche bei der von dem Uebernehmer fortgeführten oder auch neu begründeten Firma zur Geltung zu bringen. Eine solche Veröffentlichung involvirt aber einen selbständig wirksamen, von der Acceptation des Geschäftsgläubigers unabhängigen, obligatorischen Dispositionsakt des Unternehmers. Jede entgegengesetzte Auffassung würde mit den Anforderungen der kaufmännischen bona fides in entschiedenen Widerspruch treten. Dies springt in die Augen, wenn man in Erwägung zieht, daß jeder Geschäftsgläubiger einer solchen öffentlichen Bekanntmachung gegenüber sich zu der Erwartung, er werde die Bezahlung seiner Forderungen durch den Uebernehmer des Geschäfts erhalten, für berechtigt ansehen, und folgeweise seinen Geschäftsverkehr dieser Erwartung gemäß einrichten, namentlich mit Rücksicht auf die Verhältnisse des Uebernehmers zu außerdem nicht angezeigten Kreditbewilligungen sich herbeilassen wird, hiernach aber ein Sachverhalt Platz greift, vermöge dessen die Verweisung der Gläubiger des alten Geschäfts (lediglich) an den ursprünglichen Schuldner ein offenbar doloses Verhalten dokumentiren würde. Ob und inwiefern übrigens dem Akte der Veröffentlichung einer Willenserklärung vom Standpunkte des rein bürgerlichen Rechts aus ohne Hinzutritt der Acceptation obligatorische Wirkung beigelegt werden dürfte, kann hier unerörtert bleiben, da die Bedeutung eines solchen Vorganges nach den im Handelsverkehr geltenden Gewohnheiten und Gebräuchen (Art. 1, verb. mit Art. 279 HGB) sich bestimmt und nach der Auffassung des Kaufmannsstandes, wie die Spruchpraxis bereits anerkannt hat,

vgl. Erk. des OAppGer. Lübeck in Seuffert's Archiv B. 11 S. 109 und Entsch. des Hofgerichts zu Darmstadt in Busch's Archiv für Theorie und Praxis des Handelsrechts B. 8 S. 174 ff.,

die bindende Kraft der öffentlichen Bekanntmachung nicht zu bezweifeln steht.

Diese Erwägungen sind maaßgebend für die Beurtheilung gegenwärtigen Falles. Denn der **Mitbekl. hat nicht** nur zugestanden, daß ein der Klagbeifuge gleichlautendes Cirkular an eine große Anzahl von Geschäftsleuten durch ihn selbst und den Bekl. versendet worden sei, — ein Umstand, auf welchen bereits die I. Instanz, und zwar nicht ohne Grund, Gewicht gelegt hat, — sondern auch ausdrücklich eingeräumt, daß diese Versendung den Zweck der **öffentlichen Bekanntmachung** verfolgt habe. Bei dieser Sachlage, wonach die Inhaber der neubegründeten Societäts-Firma die Uebernahme der Schulden des früheren Geschäfts allen Gläubigern gegenüber öffentlich erklärt haben, Beide sonach solidarisch haften, kann ebensowenig darauf, daß die Kl. nicht zu behaupten vermocht hat, es sei auch ihr ein Exemplar des Cirkulars zugesendet worden, noch darauf etwas ankommen, daß von der Kl. auf eine besondere Mittheilung über den sie angehenden Inhalt des Societätsvertrags Bezug genommen worden ist. In ersterer Hinsicht bedurfte es der speziellen Uebersendung eines Cirkulars nicht, der erfolgten Veröffentlichung desselben gegenüber; in letzterer Hinsicht aber vermochte die Privatmittheilung nicht die Rechtsfolgen der allgemeinen Publikation wieder aufzuheben.

Der Mitbekl. war demnach für die der Klägerin zustehenden Ansprüche an sich nach deren vollem Umfange verpflichtet. Daß Klägerin diese Verpflichtung nur nach Höhe eines Theilbetrages geltend gemacht hat, gereicht dem Mitbekl. lediglich zum Vortheile. Die Geltendmachung der erwähnten Verpflichtung setzt jedoch, wie sich von selbst versteht, die Existenz eines Forderungsrechts von der gegen den Mitbekl. verfolgten Höhe voraus.

## Nr. 27.

## Plenum. — Erkenntniß v. 29. Oktober 1870 (Ref. Z.)

**Mieses ·/· Bodek** (Nr. 37 v. 1870).

**Königreich Sachsen.** **Weitere Berufung.**

I. Instanz: Handelsgericht im Bezirksgericht Leipzig,
II. Instanz: Appellationsgericht Leipzig.

**Einkaufskommission. Bericht des Kommissionärs. Schweigen des Auftraggebers als Genehmigung bei einer Ueberschreitung seiner Ordre. Umfang der Verpflichtungen des Kommissionärs.**

**1. Stillschweigen auf Anfrage, Antrag oder Mittheilung gilt regelmäßig nicht als Zustimmung, bzw. Genehmigung.**

**2. Unter Umständen kann in schweigendem Verhalten des Auftraggebers, welchem die Ausführung seiner Einkaufskommission gehörig gemeldet wird, eine Gutheißung etwaiger Ueberschreitung der Ankaufsordre gefunden werden.**

HGB Art. **1, 279, 361, 364.**

**3. Umfaßt die Verpflichtung eines Ankaufskommissionärs auch die Ueberlieferung, bzw. den Transport der Waaren an den Kommittenten?**

Im Auftrage des Kl. hat Beklagter 1866 auf einem russischen Jahrmarkte verschiedene Rauchwaaren gekauft und dem Kommittenten über Moskau nach Leipzig zugehen lassen. Kläger beansprucht jetzt das ihm verbliebene Guthaben aus seinen damaligen Geldvorschüssen. Hierbei ist es streitig geworden, wie weit Beklagter eine vom Kl. nicht ausdrücklich mitbestellte Partie Fehschweife — theils sog. Opskoischweife, theils Janiseskoischweife — als geliefert in Rechnung stellen dürfe. Auch will Kläger die Janiseskoischweife gar nicht empfangen haben. Der Parteistreit drehte sich, nach königl.

sächsischem Prozeßrechte, zunächst um die Frage, ob die Klage an sich für „schlüssig" zu erachten, und weiter: was, von wem und wie zu beweisen sei.

Dabei machte Beklagter namentlich geltend, daß er über die Ausführung der ihm übertragenen Ankäufe dem, gerade in Rußland weilenden, Kläger alsbald Bericht erstattet und in dem betr. Briefe (aus Irbit, v. 27. Febr. 66) als gekauft gemeldet hatte:

„endlich einige Pud Opskoi- und Janiseskoischweife, erstere à 50 (Silberrubel), letztere à 40 per Pud;"

mit dem Schlußsatze:

„kurz, ich habe alles mit einem Vorsprung gegen alle Anderen gekauft und erwarte in Leipzig Ihren besonderen Dank und Anerkennung. Ich glaube, ich habe mich ausgezeichnet."

Diese Anzeige hat Kläger, obschon er brieflich oder durch Telegramm dem Bekl. Nachricht zu geben im Stande war, unbeantwortet gelassen. Den Eingang der Opskoischweife räumt er ein, sowie daß er deren unbestellten Ankauf zum berechneten Preise nachträglich gutgeheißen habe.

In III. Instanz erging, auf Berufung des Bekl., folgende, im Wesentlichen diesem günstige und abändernde

### Entscheidung des OHG:

I. Die Unschlüssigkeit der Klage wird um deswillen behauptet, weil Kläger nach HGB Art. 364 verpflichtet gewesen sei, den (angeblich) nicht auftragsgemäßen Einkauf der Janiseskoischweife unverzüglich nach der durch Schreiben v. 27. Febr. 66 empfangenen Einkaufsanzeige abzulehnen, und er habe, daß dies geschehen, schon in der Klage behaupten müssen. Allein mit Recht ist diese Auffassung von den Vorderrichtern zurückgewiesen worden. Denn wollte man überall — sei es aus HGB Art. 364, sei es aus allgemeinen Rechtsprinzipien oder Handelsgebräuchen —

die Verpflichtung des Kommittenten herleiten, sich ungesäumt auf die Anzeige des Einkaufskommissionärs, daß er noch andere als die kommittirte Waare eingekauft habe, zu erklären: so würde doch an das Schweigen des Kommittenten sich immer nur die Präsumtion, oder allenfalls Fiktion, der stillschweigenden Genehmigung des unbeauftragten Einkaufs knüpfen, und es würde somit keineswegs die Behauptung der Nichtgenehmigung zum Klagefundament des seine Vorschüsse zurückfordernden Kommittenten, vielmehr die Behauptung der durch das Schweigen bewirkten Genehmigung zum Einredenfundament des beklagten Kommissionärs gehören. Hat, wie im vorliegenden Falle rechtskräftig feststeht ..., der Kommittent ... [durch ihm zurückgeschobenen Schiedseid] zu erweisen, daß eine vom Kommissionär in Rechnung gestellte Waare nicht Gegenstand des Einkaufsauftrages gewesen sei: so ist es jedenfalls Sache des Kommissionärs, Umstände zu behaupten und zu bescheinigen, welche ihn befugen, die ohne Auftrag gekaufte Waare dem Kommittenten in Rechnung zu stellen. Kläger würde somit durch Ableistung des mehrerwähnten Eides sein Klagefundament völlig erweisen.

II. Ungegründet ist ferner die Beschwerde des Bekl., daß Kläger nicht schon gegenwärtig wegen Liquidität des vorgeschützten Einwandes der stillschweigenden Genehmigung, völlig zurückgewiesen worden ist. Denn die behauptete stillschweigende Genehmigung hatte ... zur selbstverständlichen Voraussetzung, daß Beklagter die in Frage stehenden Janiseskoischweife wirklich für Rechnung des Kl. zu den angegebenen Preisen erkauft und gehörig zum Transport aufgegeben hatte. Für diese, klägerischerseits ausdrücklich in Abrede gestellten, Thatsachen aber liegt bisher weder ein vorgängiges Anerkenntniß des Klägers, noch eine anderweitige Bescheinigung vor, so daß der Einwand der Genehmigung jedenfalls nach dieser Seite hin noch der Bescheinigung bedarf.

III. Dagegen ist, abgesehen von diesem Punkte, die Beschwerde des Bekl., daß ihm ungeachtet der aktenmäßigen Zugeständnisse des Kl. eine weitere Bescheinigung der stillschweigenden oder gar ausdrücklichen Genehmigung desselben angesonnen worden sei, allerdings begründet. ...

Allerdings kann aus dem bloßen Schweigen des Klägers auf die zumal sehr allgemeine — weder Quantität, noch Gesammtpreis angebende — Einkaufsanzeige in dem Schreiben v. 27. Febr. 66 noch keineswegs für sich dessen stillschweigende Genehmigung des fraglichen Einkaufs gefolgert, oder gar kraft gesetzlicher Fiktion entnommen werden.

Denn, was die in erster Linie angezogenen Grundsätze des HGB anlangt, so liegt hier keiner der wenigen Fälle vor, für welche das Gesetzbuch eine ungesäumte Erklärung unter dem Präjudiz der Genehmigung vorgeschrieben hat:

HGB Art. 323 Abs. 1; Art. 339 Abs. 4; Art. 347 Abs. 2 bis 4; Art. 364 Abs. 2; — vgl. auch Art. 7 Abs. 2; Art. 56 Abs. 2; Art. 59 Abs. 2; Art. 96 Abs. 2;

Fälle, welche theils gesetzliche Fixirungen unzweifelhaften Handelsgebrauchs sind, theils dem Gebiete der bloßen Zweckmäßigkeitsfeststellungen angehören. Sie sind keineswegs bloße Konsequenzen des **allgemein gewollten**, und nur in bestimmten Richtungen ausgesprochenen, **Prinzips**, daß **überhaupt** im Handelsverkehr das Stillschweigen auf Anfrage, Anzeige, Antrag oder Auftrag schlechthin als **Genehmigung** zu gelten habe, und sind darum der analogen Anwendung unfähig.

Goldschmidt, Handbuch des Handelsrechts B. I S. 268;

Hauser, Zeitschrift für das gesammte Handelsrecht B. XII S. 101 ff.;

v. Hahn, Komm. B. II S. 162, 325.

Unter den ausdrücklichen Bestimmungen des HGB aber können für den vorliegenden Fall nur etwa die Art. 364 und 323 in Betracht kommen.

Art. 364 trifft unsern Fall nicht, da es sich keineswegs um eine bloße Ueberschreitung des für den Einkauf gesetzten Limito, sondern um den Einkauf weiterer Waaren neben den kommittirten handelt.

Art. 323 aber bezieht sich lediglich auf das Anerbieten eines Auftrags, keineswegs auf den gerade umgekehrten Fall, daß der Beauftragte dem Auftraggeber das Anerbieten eines ganz neuen Geschäfts (Einkaufskommission, Kaufgeschäfts) macht. Damit aber aus der bloßen Vertragsproposition — sei es eines Einkaufsauftrags, sei es eines Kaufgeschäfts — ein Vertrag entstehe, genügt, wenn auch unter Kaufleuten, das bloße Stillschweigen des Anerbotenen — Beantragten — keineswegs, ist vielmehr Erklärung, ausdrückliche oder stillschweigende, der Annahme unerläßlich.

HGB Art. 318 ff.;

Motive zum Preußischen Entwurfe S. 124, 125;

Annalen des OAppGer. zu Dresden; Neue Folge B. V S. 29;

Ztschr. f. d. ges. Handelsrecht, B. IV S. 137, B. IX S. 378, B. XII S. 101 ff. 231;

Centralorgan für das DHR N. F. B. V S. 523 ff.;

Busch's Archiv, B. IX S. 374, B. XI S. 392 ff. B. XIV S. 457 ff.

Zu einem gleichen Ergebniß führt die Prüfung des in zweiter Linie maaßgebenden Handelsgebrauches, sowie die subsidiär in Betracht kommenden Grundsätze des bürgerlichen Rechtes. Nach dem letzteren wird das bloße Stillschweigen zu den Handlungen und auf die Anfrage eines Andern, sogar eines Mandatars, in der Regel keineswegs als Einwilligung oder Billigung angesehen,*

v. Savigny, System B. III § 132;

wenngleich freilich die in den Quellen [des Römischen Rechtes] erwähnten Fälle, in welchen das Schweigen als Billigung erachtet wird, nicht sowohl für erschöpfende positive Ausnahmen von dieser Regel, vielmehr als den Umständen angemessene, auf freier Würdigung der konkreten Sachlage beruhende Auslegungen des wirklichen oder doch nach Treu und Glauben anzunehmenden Willens erachtet werden müssen:

Unger, System des Oesterr. Privatrechts B. II § 85 Note 25 ff.

Der Handelsgebrauch endlich geht zwar dahin, daß thatsächlich im Geschäftsverkehr — zumal unter Kaufleuten und bei Gelegenheit eines schon bestehenden Vertragsverhältnisses — auf Mittheilungen und Anfragen, soweit solche dazu Anlaß geben, alsbaldige Erklärung zu erfolgen pflegt, allein eine Rechtspflicht dazu doch nur unter besondern Umständen besteht, falls nemlich die Unterlassung der Erklärung als Verletzung der im Handelsverkehr zumal nothwendigen Beobachtung von Treu und Glauben erscheinen würde, insbesondere falls dem Schweigen offensichtlich die Absicht der arglistigen Täuschung — siehe auch L. 2 Cod. si aliena res pign. (8, 16) — oder die Absicht unterliegt, den anderen Theil zu einer ihm möglicher Weise — z. B. wegen Preisschwankungen — nachtheiligen, dem Schweigenden aber vortheilhaften Unthätigkeit zu verleiten:

* Vgl. Windscheid, Lehrbuch des Pandektenrechts, B. I § 72 Note 10, B. II § 308 Note 2. Im Allgemeinen läßt sich nur mit dem römischen Juristen Paulus sagen: qui tacet, non utique fatetur; sed tamen verum est, eum non negare (L. 142 Dig. de regulis juris, 50, 17).

Seuffert's Archiv B. I Nr. 40, B. XI Nr. 80, B. XIV Nr. 125. —

Kann nun in dem bloßen Schweigen des Kl. auf den Empfang der Einkaufsanzeige v. 27. Febr. 66 nicht ohne Weiteres eine derartige Verletzung von Treu und Glauben gefunden werden: so führt gleichwohl die Berücksichtigung der gesammten Sachlage zu der unabweislichen Annahme, daß Kläger durch Unterlassungen und Handlungen den Einkauf der in Frage stehenden Fehschweife stillschweigend genehmigt habe.

Geht man nemlich auch [mit den Vorderrichtern] davon aus, daß der Inhalt des dem Bekl. ertheilten Einkaufsauftrags lediglich durch den mündlichen Auftrag, wie solcher durch den Relateid festgestellt werden soll, bestimmt worden sei: so muß doch in Betracht gezogen werden, daß der unmittelbar nachher an Beklagten gesendete Brief des Kl. v. 2. Jan. 66, welcher nach Angabe des Kl. selbst den mündlichen Auftrag nicht modifiziren, sondern nur präzisiren sollte, noch andere, als die in dem mündlichen Auftrage genannten Rauchwaaren, insbesondere auch Schweife (nemlich Zobelschweife) nennt, und daß schon um deswillen Beklagter beim Einkauf des im Verhältniß zum Gesammtquantum der Rauchwaaren — im Werthe von circa 18000 Silber-Rubeln — nicht erheblichen Quantums Fehschweife in dem guten Glauben handeln konnte, daß der Auftrag nicht strikt auf die speziell genannten Rauchwaaren beschränkt gewesen sei, vielmehr der Ankauf auch von Fehschweifen, zumal unter günstigen Konjunkturen, im Willen des Kommittenten gelegen habe. In der That enthält auch seine Einkaufsanzeige v. 27. Febr. 66 nirgends eine Unterscheidung zwischen beauftragten und unbeauftragten Waaren; die jetzt streitigen Fehschweife werden hier in gleicher Weise — nur als etwas Untergeordnetes nebensächlich — erwähnt, wie die übrigen eingekauften Rauchwaaren, auf welche sein Auftrag sich unstreitig erstreckt hat, und für sein gesammtes Verhalten erwartet Beklagter Belobigung und Dank.

Wenn nun unter solchen Umständen der Kommittent sich auf die Einkaufsanzeige des Kommissionärs nicht erklärt, somit es unterläßt, dem wirklichen oder doch anscheinenden Irrthum desselben durch unzweideutige Erklärung über den wahren Inhalt des Auftrags entgegenzutreten: so liegt die Annahme, daß der Kommittent mit der Auffassung des Kommissionärs einverstanden sei und das gesammte Verhalten desselben billige, um so näher, als es der im Handelsverkehr, zumal im Kommissionsgeschäfte, nothwendigen bona fides und dem Gebrauche entspricht, wie im beiderseitigen Interesse nothwendig erscheint, Irrthümer, welche das Geschäft betreffen, baldmöglichst aufzuhellen:

Entsch. des OAppGer. zu Lübeck, 1829, (Thöl, ausgewählte Entscheidungsgründe Nr. 151);

Entsch. desselben, 1823, (Seuffert's Archiv, B. IV Nr. 121); auch

Entsch. desselben, 1863, (Sammlung in Hamburger Rechtssachen, B. 5 Abth. 1 S. 28 ff.);

Delamarre et Lepoitvin, traité de droit commercial, Tom. II Nr. 236.

Hierzu treten noch folgende, schon für sich erhebliche Umstände. Die streitigen Janiseskoischweife scheinen auf dem Transport verloren gegangen zu sein, wogegen die unter völlig gleichen Umständen vom Bekl. angekauften Opskoischweife an Kläger gelangt sind. Diese hat Kläger unstreitig genehmigt, und es erhellt nirgends, daß diese Genehmigung erst nach Ankunft der Schweife erfolgt sei. Ist es schon hiernach wahrscheinlich, daß Kläger den ganzen Posten Fehschweife — Opskoi- und Janiseskoischweife — genehmigt habe und die erfolgte Genehmigung auch der letzteren nur aus dem rechtlich irrelevanten Grunde nicht gegen sich gelten lassen will, weil dieselben nicht an ihn gelangt sind: so hat auch Kläger gerade hinsichtlich der Janiseskoischweife Schritte gethan, welche nicht gut anders als unter der Voraussetzung des genehmigten Ankaufs sich erklären lassen. Denn, wie Kläger selbst anführt, hat er auf die Mittheilung des Bekl., daß dieser 2 Ballen Janiseskoischweife zur Weiterbeförderung an N. (einen Spediteur in Irbit) gegeben habe, welche in die Hände von W. gelangt seien, unter dem 14. März 67 wegen des Verbleibs der 2 Ballen Janiseskoischweife bei W. (in Moskau) brieflich angefragt. Aus dem vom Kläger gleichfalls vorgelegten Briefe von W. an N. aber ergiebt sich, daß Kläger von W. diese Schweife oder dafür die Summe von 750 Silberrubeln verlangt, ... (also) ... noch im März 67 den Einkauf der Janiseskoischweife als ein ihn selber, und keineswegs nur den Bekl., tangirendes Geschäft angesehen hat. Was Kläger gegen diesen aus der Reklamation von Waare oder Werth gezogenen Schluß anführt, ist völlig unerheblich. Denn wenn es auch wahr wäre, daß die Anfrage bei W. auf Anlaß des Bekl. und nach dessen Angabe erfolgt sei: so hat doch Kläger nirgends behauptet, daß er im Laufe des ganzen, der Anfrage bei W. vorangegangenen Jahres oder doch bei Gelegenheit dieser Anfrage dem Bekl. zu erkennen gegeben habe, daß er den Ankauf der fraglichen Fehschweife als ein an sich nur den Bekl. treffendes Geschäft ansehen wolle. Und wenn auch ... bereits zur Zeit der Anfrage bei W. die Parteien über die Abnahme der Fehschweife in Zwistigkeit gerathen waren, und Kläger die Anfrage denkbarerweise nur darum gethan haben mag, um festzustellen, daß Bekl. die Fehschweife gar nicht für Rechnung des Kl. zum Transport aufgegeben habe, ... — so steht diesem Vorbringen einerseits entgegen, daß Kläger im eigenen Namen W. für den Verbleib der Waare verantwortlich gemacht hat, und würde andererseits bei solcher Sachlage es um so mehr für Kläger geboten gewesen sein, durch unzweideutige Erklärung festzustellen, daß er die Waare lediglich im Interesse des Bekl., als dessen Beauftragter oder Geschäftsführer, reklamire. Daß aber, was nach den Umständen allerdings möglich und statthaft gewesen wäre, Kläger den Einkauf der Janiseskoischweife nur für den Fall genehmigt habe, daß dieselben in seine Hand gelangen, ist von ihm nicht einmal eventuell behauptet worden.

Wenn endlich Kläger der Schlüssigkeit des Genehmigungseinwandes entgegengesetzt, daß er nur durch Empfang der Waare zur Zahlung des Einkaufspreises nebst Spesen verpflichtet worden wäre ...: so ist nur noch ... hinzuzufügen:

Zu den Pflichten des Einkaufskommissionärs gehört an sich keineswegs die Ablieferung der eingekauften Waare an den Kommittenten, sondern je nach Umständen der bloße Einkauf, d. h. der Geschäftsabschluß, oder auch dessen Realisirung, oder auch, daß er die Waare dem Kommittenten in gehöriger Weise zur Verfügung stellt, oder endlich, daß er für gehörigen Transport derselben an den Kommittenten Sorge trägt. Ein Mehr kann ihm, in Ermangelung einer besonderen — vorliegenden Falls nicht behaupteten — Vereinbarung, nicht zugemuthet werden.

HGB Art. 371, 361 ff., 282, 279.

Hat er dieser Pflicht genügt, so ist sein Anspruch auf Ersatz des verauslagten Kaufgeldes nebst Spesen und auf Zahlung der Provision begründet, mag auch die Waare in die Hand des Kommittenten nicht gelangt sein, da die Transportgefahr an sich nur den Kommittenten trifft ...

Daß nun im vorliegenden Falle der Bekl. seiner Pflicht durch die — noch zu bescheinigende — Aufgabe an den Spediteur N. zur Beförderung an W. (nach Moskau) vollkommen Genüge geleistet habe, kann (nicht) bezweifelt werden ... Denn einmal hat Kläger durch W. die unstreitig vom Bekl. in Irbit abgesendeten Rauchwaaren empfangen und einen Einspruch gegen diese Beförderungsart nirgends angedeutet. Ebenso wenig aber hat Kläger Einspruch dagegen erhoben, daß Bekl. zur Bestreitung seiner Auslagen von dem mit Kläger in Geschäftsverbindung stehenden Hause W. einen Vorschuß von 8000 Silberrubeln entnommen hat, vielmehr diesen Vorschußposten ausdrücklich genehmigt. War nun Bekl. zur Erhebung dieses Vorschusses überhaupt und von W. insbesondere befugt, wie andererseits nicht verpflichtet, sich der Gewahrsam des Kommissionsguts vor Befriedigung seiner aus dem Kommissionsgeschäfte erwachsenen Forderungen zu begeben:

HGB Art. 374,

so hat er nicht pflichtwidrig gehandelt, wenn er dem Verlangen von W., welche in dem Kommissionsgute Deckung für die von ihnen begehrten und geleisteten Vorschüsse beanspruchten, nachkam und den Spediteur N. zur Beförderung der Waaren zunächst an W., behufs deren Abrechnung mit dem Kläger, verwies.

---

Nr. 28.

## Plenum. – Erkenntniß v. 1. November 1870 (Z.)

**J. Quesnel ·/· F. Petzold** (Nr. 43 v. 1870).

**Königreich Sachsen.** **Weitere Berufung.**

I. Instanz: Gerichtsamt Lengenfeld,
II. Instanz: Appellationsgericht Zwickau.

**Erklärung des Käufers, die Waare zur Verfügung zu stellen. Rechtzeitigkeit; einseitige Fristbestimmung des Verkäufers.**

Für die Bemessung der Frist, innerhalb welcher der Käufer einer beanstandeten Waare diese dem Verkäufer zur Verfügung zu stellen hat, ist eine vom Verkäufer nach dem Vertragsschlusse einseitig gegebene Vorschrift nicht entscheidend.

HGB Art. 347 Abs. 1.

Auf Zahlung des Kaufpreises belangt, bemängelt Beklagter die ihm von einem Pariser Hause übersendete Wolle als probewidrig. Er wird auch (nach sächs. Prozeßrechte) zum Beweise verstattet, daß er die am 8. Juni 69 empfangene Waare dem Kl. am 12. Juni brieflich zur Verfügung gestellt habe. Kläger bezeichnet letzteres als nicht rechtzeitig geschehen, weil er in seiner dem Besteller übermachten Faktur eine höchstens 24 stündige Frist zur Geltendmachung von Reklamationen offen gelassen hatte. Das OHG erkennt jedoch, in Uebereinstimmung mit den Vorderrichtern, diese Behauptung einer Verspätung des Bekl. für offenbar hinfällig,

„da selbstverständlich das dem Bekl. an sich zustehende Recht durch die Seitens des Kl. geschehene willkürliche und einseitige Vorschreibung einer von ihm beliebten Frist in der erst nach (brieflicher) Bestellung der Waare übersandten Rechnung nicht beschränkt werden konnte,* und da es anderen Theils — auch wenn man den Art. 347 HGB hier für unmittelbar anwendbar erachten wollte — jedenfalls, wie bereits der Appellrichter angenommen hat, einem ordnungsmäßigen Geschäftsgange entsprechen würde, wenn Beklagter behaupteter Maaßen schon am vierten Tage nach Empfang der Waare dem Kläger geschrieben haben sollte, daß er ihm dieselbe zur Verfügung stelle."

* Vgl. Code de Commerce, Art. 109: les achats et ventes se constatent ... par une facture acceptée, par la correspondance etc.

Nr. 29.

## Plenum. – Erkenntniß v. 4. November 1870 (Z.)

**Leßmann ./. H. Hein & Co.** (Nr. 36 v. 1870).

**Mecklenburg.** **Weitere Berufung.**

I. Instanz: Niedergericht Wismar,
II. Instanz: Obergericht Wismar.

**Einkaufskommission. Eintritt des Kommissionärs als Verkäufer. Abschluß nach Berliner Usance. Schiedsrichterliche Entscheidung.**

1. Eine vertragsmäßige Unterwerfung unter die Berliner Usancen, wie diese in den Schlußscheinen der Makler als maaßgebend aufgeführt zu werden pflegen, kann, auch seitens eines Auswärtigen, ohne Kenntniß der gedachten Bestimmungen giltig erfolgen.

2. Dies findet auch Anwendung auf die Ueberweisung entstehender Streitigkeiten an ein bestimmtes Schiedsgericht.

Beklagter beauftragte im Januar 68 eine Berliner Firma brieflich, für ihn dort Rüböl einzukaufen. Die Kommissionärin machte ihm alsbald die Anzeige,

> daß sie, dem empfangenen Auftrage gemäß, für Rechnung des Bestellers nach den bestehenden Berliner Usancen und in Grundlage der üblichen Schlußscheine der Berliner Makler den Ankauf besorgt hätte und selbst, dem Besteller gegenüber, als Verkäuferin angesehen sein wollte.

Dies genehmigte Beklagter umgehend; demnächst ließ er (unterm 5. u. 22. Febr., auch 17. Apr. 68) jenem Berliner Hause fernere Einkaufs-Aufträge für Roggen und Spiritus zugehen. In allen Fällen ist die Firma als Verkäuferin eingetreten und klagt als solche jetzt, auf Grund eines nach Berliner Usancen erzielten Schiedsrichterspruches, gegen den Besteller, einen zu Wismar wohnenden Kaufmann.

Beklagter will für sich die Unterwerfung unter die Berliner Usancen und das dort bestellte Schiedsgericht als rechtsverbindlich nicht anerkennen, weil ihm der Inhalt der üblichen Maklerschlußscheine von Berlin gänzlich unbekannt ist.

Sein Einwand wird in zwei Instanzen verworfen; das weiter angerufene OHG erkennt bestätigend.

**Gründe:**

Was den aus den Einkaufskommissionen erhobenen Anspruch anlangt, so kommt es auf die Frage an, ob der Inhalt der üblichen Schlußscheine der Berliner Makler zum Inhalt des zwischen beiden Theilen abgeschlossenen Vertrages gemacht ist. Hier ist den vorigen Erkenntnissen darin beizustimmen, daß wenn die Klägerin dem Bekl. nach der ersten Bestellung unter dem 23. Jan. 68 (das oben Mitgetheilte) anzeigte, wenn Beklagter darauf sofort brieflich seine Genehmigung aussprach, nunmehr nicht blos dieses Lieferungsgeschäft, sondern auch die nachfolgenden als „auf Grundlage der Berliner Schlußscheine" abgeschlossen zu betrachten sind, ohne daß es darauf ankommt, ob der Bekl. die üblichen Schlußscheine kannte oder nicht, und ohne daß von Einfluß ist, daß die Schlußscheine die Worte enthalten „durchgelesen, genehmigt und eigenhändig unterschrieben," während in vorliegendem Falle eine Unterschrift derselben nicht erfolgt ist, da die Parteien selbstverständlich den Inhalt der Schlußscheine auch mittelst einer brieflich unter ihnen erfolgten Vereinbarung zur Norm für den Abschluß ihrer Geschäfte machen konnten.

Enthalten nun die üblichen Schlußscheine die Bestimmung (§ 11):

„Wenn einer der Kontrahenten unfähig werden sollte, seine Verbindlichkeit zu erfüllen, sei es durch Zahlungseinstellung oder indem er gerichtlich oder außergerichtlich Zahlungsfrist nachsucht: so soll der vorstehend festgesetzte Lieferungstermin augenblicklich abgelaufen und der Erfüllungstag sofort eingetreten sein, und müssen beide Theile sich unwiderruflich der Preisbestimmung unterwerfen, welche an dem Tage, an welchem die Insolvenz oder Unfähigkeit sich erwiesen oder solche bekannt geworden, durch die amtliche Durchschnittsnotirung für den in diesem Vertrage bedungenen Lieferungstermin festgesetzt wird" —

so war Klägerin auch befugt, nachdem Beklagter unter dem 13. Mai ihr brieflich, unterm 18. Mai aber in einer mündlichen Verhandlung ihrem Reisenden die Erklärung abgegeben, daß er zur Erfüllung seiner Verbindlichkeiten außer Stande sei, nunmehr in Gemäßheit des aus dem Schlußscheine mitgetheilten Passus zu verfahren. Denn das Recht, welches für den einen Kontrahenten schon dann eintreten sollte, wenn der andere Kontrahent gerichtlich oder außergerichtlich Zahlungsfrist nachsuchte, mußte sicher auch dann zur Existenz kommen, wenn derselbe sich zur Erfüllung seiner bisherigen Verbindlichkeiten außer Stande erklärte. ...

(Weiter) handelt es sich um die vom Bekl. aufgestellte Behauptung, daß ein klagloses Differenzgeschäft vorläge. Ob ein Differenzgeschäft klagbar ist, kann auf sich beruhen bleiben; jedenfalls ist der Inhalt des vorliegend abgeschlossenen Rechtsgeschäfts nicht derartig, daß sich daraus auf eine dem Wortlaut des Vertrages entgegenstehende Absicht der Parteien* ... schließen ließe. Wenn Beklagter den Grund, daß niemals ein Schlußschein vollzogen ist, darin finden will, daß die Formulare der Schlußscheine von effectiver Lieferung reden, und somit diesen Umstand zum Nachweise dafür, daß die Intention niemals auf effective Lieferung gegangen sei, benutzen will:

* Vgl. Rechtsfall 1 S. 29 und Fall 18 S. 92.

so übersieht er, daß — nach der von ihm zugestandenen Behauptung der Klägerin — alle Bestimmungen der Schlußscheine, mithin auch die in Rede stehende, maaßgebend sein sollten. . . .

Die Schlußscheine, welche nach Obigem in ihrem ganzen Inhalt zur lex contractus erhoben sind, enthalten im § 13 die Bestimmung, daß die Streitigkeiten aus dem Vertrage einer schiedsrichterlichen Entscheidung unterliegen sollen, und ordnen zugleich das Nähere über die Konstituirung des Schiedsgerichts an. In Gemäßheit dieser letzteren Bestimmung ist nun, wie Klägerin behauptet, von ihr verfahren worden, und hat das konstituirte Schiedsgericht den Bekl. verurtheilt. Die Klage ist hiernach auf Grund des Schiedsspruches als wohl fundirt zu betrachten.

---

Nr. 30.

## Plenum.-Erkenntniß v. 9. November 1870 (Ref.)

**Wartenberger ./. Hänsel** (Nr. 40 v. 1870).

**Königreich Sachsen. Weitere Berufung.**

I. Instanz: Handelsgericht im Bezirksgericht Dresden,
II. Instanz: Appellationsgericht Dresden.

**Kauf unter Abwesenden. Ueberlieferung des Bestellten. Zeitige Rüge eines Mancos durch den Empfänger. Bezahlung für Emballage.**

1. Zur Erfüllung eines Kaufgeschäftes genügt für den Verkäufer richtige Absendung der bestellten Waare an den auswärtigen Käufer; die Klage auf Bezahlung des Preises ist in solchem Falle begründet, auch ohne die Behauptung einer wirklichen Empfangnahme der Waare durch den Käufer.

HGB Art. **344**, **345**; **324**, **342**.

Was gehört zur Uebertragung der Transportgefahr auf den Käufer?

2. Angebliches durchgängiges Manco des einzeln Empfangenen kann der Käufer nicht mehr geltend machen, wenn er bei einer Reihe von Lieferungen diesfällige Rügen während längerer Geschäftsverbindung unterlassen hat. Dies folgt aus dem Prinzip von „Treue und Glauben“, als unerläßlicher Basis des Handelsverkehrs.

HGB Art. 1, 279; vgl. 347 Abs. 1.

3. Bezüglich der zu einer Waarenübersendung benutzten Emballage kann ein Kaufgeschäft entnommen werden aus der vom Verkäufer bei der Sendung in der Faktur gemachten Offerte und aus dem folgenden Verhalten des Empfängers.

HGB Art. 279 und Handelsbrauch.

Klägerin fordert den bedungenen Preis für Mehl, welches sie aus ihrer Schloßmühle dem entfernt wohnenden Bekl. auf Bestellung per Eisenbahn übersendet haben will. Beklagter weigert theilweise die Zahlung mit der Behauptung, daß er die einzelnen Posten entweder gar nicht oder doch nicht in berechneter Menge empfangen habe.

Mit dem Mehl sind dem Bekl. Säcke zugegangen, von denen er unbestritten noch über 600 Stück im Besitze hat. Für jeden dieser Säcke fordert Klägerin 8 Ngr., weil die dem Bekl. mit den Sendungen übermachten Rechnungen stets den vorgedruckten Vermerk enthielten:

„Säcke werden mit 8 Ngr. per Stück berechnet und müssen, falls dieselben nicht innerhalb vier Wochen in gutem Zustande zurückgeliefert sind, zu dem berechneten Preise bezahlt werden.“

Behufs Regelung der Beweisfrage kam die Sache, nach kgl. sächs. Prozeßrechte, in III. Instanz an das OHG und erfuhr hier eine wesentlich andere Auffassung als in der Vorinstanz.

## Entscheidung des OHG.

I. Nach Art. 344 und 345 HGB gilt bei Waaren, welche dem Käufer von einem anderen Orte übersendet werden sollen, — im Mangel besonderer Anweisung des Käufers über die Art der Uebersendung — der Verkäufer für beauftragt, mit der Sorgfalt eines ordentlichen Kaufmanns die Bestimmung bezüglich der Transportmodalität statt des Käufers zu treffen. Nach Uebergabe der Waare an den Transportanten trägt der Käufer die Gefahr, von welcher die Waare getroffen wird. Als Ort der Erfüllung hatte — nach den ... Umständen, sowie im Hinblick auf Art. 342 und 324 HGB — für den vorliegenden Fall zweifellos der Ort der Handelsniederlassung der Klägerin zu gelten.

Durch richtige Absendung der Waare hatte demnach Klägerin, wie schon die vorige Instanz hervorgehoben, ihrer Seits den Kauf erfüllt. Sie hatte solchen Falles alles gethan, was ihr zu thun oblag, um den Bekl. zur Zahlung des Kaufpreises verbindlich zu machen; den richtigen Eingang der Waare bei dem Bekl. hatte sie weder zu behaupten, noch nachzuweisen.

Zur Begründung der Zahlungspflicht des Bekl. hat nun Klägerin unter Eidesantrag angeführt, daß die Waarensendungen sämmtlich

a) durch Beauftragte der Klägerin an den Bekl. nach Dresden erfolgt und zwar
b) von (der nächsten Station) G. aus auf der Eisenbahn, auch
c) dem Bekl. richtig zugegangen seien.

In voriger Instanz hat man, betreffs der streitigen Post, den zurückgegebenen Eid lediglich auf die Thatsachen unter a) und c) gerichtet, weil ... die von der Klägerin unter b) bewirkte Angabe über die Transportmodalität der erforderlichen thatsächlichen Substantiirung entbehre. Ganz spezielle Angaben über die Art und Weise der Absendung seien nemlich, hat man angenommen, in einem Falle vorliegender Art deshalb unerläßlich, weil, wenn Käufer lediglich auf Grund der Waarenabsendung zur Zahlung des Kaufpreises angehalten werden solle, obwohl die Waaren vielleicht gar nicht an ihn gelangt seien, demselben ein begründeter Anspruch darauf zustehe, daß der Verkäufer die Art und Weise der Absendung genau angebe, damit Käufer die Füglichkeit gewinne, nicht nur über den Verbleib der Waaren, sondern auch darüber, ob die Versendung ordnungsmäßig erfolgt, bzw. wem der Nichteingang der Waaren zur Vertretung anzurechnen sei, sich zu vergewissern und seine Rechte zu wahren. An solchen Angaben fehle es in der Klage, da nicht einmal zu ersehen sei, wer die Waare nach G. transportirt und wer von dort aus die Weitersendung per Bahn besorgt habe.

Das OHG hat diese Bedenken zu theilen nicht vermocht. Nach (seinem) Dafürhalten ... bringt das Klaganführen unter b), in Verbindung mit der Angabe a), mit zulänglicher Bestimmtheit die Behauptung zum Ausdruck, daß die Waare, nach deren erfolgter Absendung von dem Orte der Handelsniederlassung der Klägerin, in G. der Eisenbahn und zwar zum Transport an den Bekl., also — wie hiernach als behauptet anzunehmen — mit dem Auftrage der Beförderung an den Bekl. übergeben worden.

Daß Klägerin durch die Wahl dieses, den gewöhnlichen Verkehrsverhältnissen entsprechenden, Transportmittels die Grenzen eines, ausdrücklichen oder nach Art. 344 HGB vorauszusetzenden stillschweigenden, Auftrages überschritten habe, ist ... nirgends ... angedeutet. Gleichgiltig erscheint es, durch Vermittelung welcher Personen und unter welchen sonstigen speziellen Umständen die Uebergabe an die Bahn erfolgte; es kommt nur darauf an, ob eine solche Uebergabe überhaupt stattgefunden habe. Die diesfällige Behauptung liegt dem Obigen nach vor; ... (sie) verliert auch dadurch nichts an ihrer Relevanz, daß die bezeichnete Uebergabe an die Bahn nicht am Orte der Handelsniederlassung der Klägerin erfolgt sein soll. Denn ihren Angaben zufolge hat Klägerin, wie nicht anders anzunehmen ist, den Transport von jenem Orte aus bis an die Bahn in G. durch ihre Leute oder sonstige in ihrem Namen handelnde Stellvertreter besorgt. Deshalb war sie zwar nicht ohne Weiteres von dem Zeitpunkte der Absendung, wohl aber vom Momente des Ueberganges der Waare an die Bahn — sofern nur dieser Uebergang mit dem Auftrage der Beförderung an den Bekl. verbunden wurde — von jeder weiteren Vertretung der Transportgefahr liberirt. Und sollte Beklagter in der That ... die Waare nicht empfangen haben: so würde er — den jetzt vorliegenden Angaben der Klägerin gegenüber — einestheils vollständig in der Lage sein, über Begründung oder Nichtbegründung des Angeführten unmittelbar bei der bezeichneten Bahn Erkundigung einzuziehen, um nach Befinden bei der Eidesleistung dem ... (Gegner) entsprechenden Vorhalt thun zu können. Anderer Seits würde dem Bekl. ... unbenommen bleiben, die Klägerin um weitere entsprechende Auskunft anzugehen, ... (und diese) würde nach allgemeinen Rechtsgrundsätzen

kgl. sächs. bürgerl. GB § 1312, verbunden mit 1348,

der erforderlichen Aufklärung über die Führung des von ihr besorgten fremden Geschäftes sich nicht entziehen können. Die Herbeischaffung des diesfalls Nothwendigen liegt jedoch außerhalb des Bereichs jetzigen Rechtsstreits. Für gegenwärtigen Streitfall genügt der seitens der Klägerin erfolgte Hinweis bewirkter Uebergabe der Waare an die erwähnte Transportanstalt in der oben bezeichneten Art, mithin unter behufiger Anweisung wegen der Beförderung an den Bekl. Die einschlagende Behauptung ist rein thatsächlicher Natur und deshalb für den gebrauchten Eidesantrag nicht ungeeignet.

II. Beklagter hat Einwendungen gegen die ihm berechneten Quantitäten der erkauften Waaren erhoben, indem er geltend macht,

> die ihm zugegangenen Mehllieferungen hätten das nach der Klagerechnung ihnen beigelegte Nettogewicht von durchschnittlich 150 Pfund für jeden Ballen (oder Sack) nie gehabt, vielmehr habe in Wirklichkeit der Ballen stets nur 150 Pfund Brutto (das heißt: einschließlich des zur Versendung verwendeten Sackes) gewogen.

Hierauf stützt Beklagter — durchschnittlich einen Gewichtsausfall von je 2 Pfund anrechnend — das Recht einer Minderung des geforderten Kaufpreises.

(Beide Vorinstanzen haben) in dem Einwande ein beachtliches theilweises Leugnen der Klage erblickt und ... (deshalb) der Klägerin (einen) Relateid auferlegt. Klägerin fordert die Wegnahme dieses Eides, und diesem Verlangen war, im Hinblick auf die konkrete Sachlage zu entsprechen. Denn es ergiebt sich zunächst aus (einer) Klagebeifuge, daß Beklagter mit der klagenden Gesellschaft seit mehreren Jahren in ausgedehnter Geschäftsverbindung gestanden hat. Daß ihm während dieser Zeit in den ihm von der Klägerin übersendeten Spezialrechnungen der Ballen jederzeit nach einem Gewichte von 152 Pfund Brutto = 150 Pfund Netto in Ansatz gebracht worden, hat Beklagter eingeräumt. Er hat also — dies ergiebt sich aus dem Zugeständnisse selbst — gewußt, daß Klägerin von der Ansicht und Absicht ausging, durch die erfolgten Waarensendungen ihrer Lieferungspflicht allenthalben in der Weise, wie die in jedem Falle beigehenden Rechnungen ausweisen, nachzukommen. Traf diese Voraussetzung in Wirklichkeit nicht zu, so durfte Beklagter nach seiner geschäftlichen Stellung zur Klägerin dieselbe nicht über das Ergebniß der bei Untersuchung der Waare gemachten Wahrnehmungen auf unbestimmte Zeit hinaus in Ungewißheit lassen. Gegenüber dem Umfange und der Dauer der bestandenen Geschäftsverbindung würde dem Bekl. offenbar ein Verstoß gegen die Anforderungen des Prinzips von Treue und Glauben, der unerläßlichen Basis des Handelsverkehrs, zur Last fallen, hätte er, der bei jeder Sendung sich wiederholenden Defekte ungeachtet, ohne diesfalls nach Eingang der betreffenden Waarenposten Ausstellungen gegen die Klägerin zu erheben, die geschäftliche Verbindung fortgesetzt, gleichwohl das Recht auf weitere Verfolgung des angeblichen Waarenmancos nicht aufzugeben, sondern die diesfällige Rüge auf den jetzt eingetretenen Zeitpunkt definitiver Auseinandersetzung zu verschieben bezweckt — auf einen Zeitpunkt, zu welchem (wie in gegenwärtigem Falle unbedenklich anzunehmen) die Waarensendungen auf Seiten des Bekl. ihre geschäftliche Bestimmung durch Verwendung bereits erfüllt haben, Klägerin aber weder in der Lage sich befindet, über Grund oder Ungrund der Rüge ein sicheres Urtheil sich zu bilden, noch in gleicher Weise, wie früher der Fall gewesen sein würde, im Stande ist, auf Sicherung entsprechender Beweismittel Bedacht zu nehmen.

Nun hat aber Beklagter — und dies ist entscheidend — darauf, daß er zur Wahrung seiner Rechte jeder Zeit nach Entdeckung des Mancos, oder überhaupt vor der

Klageerhebung, der Klägerin von der Mangelhaftigkeit der einzelnen Lieferungen Anzeige gemacht habe, sich zu beziehen nicht vermocht. Bei dieser Sachlage kann er sich auf die angeblichen Mancos mit Erfolg nicht weiter berufen. Vielmehr hat die übersendete Waare, im Sinne der durch die Fakturen angezeigten Modalitäten, für empfangen, das ist: nach Art und Umfang ihrer Bestandtheile für genehmigt zu gelten. Deshalb stellt sich gedachter Eid als entbehrlich dar.

III. In der Klagerechnung ist dem Bekl. jeder der bei den Waarensendungen verwendeten Säcke mit 8 Ngr. in Ansatz gebracht worden; ... Beklagter hat die rechtliche Wirkung der (in der Sachdarstellung erwähnten) Rechnungsvermerke bestritten ... Die vorige Instanz hat dem Bekl. gestattet, durch Rückgabe der noch in seinem Besitze befindlichen Säcke ... sich von der gestellten Forderung (verhältnißmäßig) zu befreien. Dem war nicht beizupflichten ...

Es steht fest, daß die Klägerin bei Uebersendung der Waare dem Bekl. stets Mittheilung über die Art und Weise gemacht hat, in welcher sie das Verhältniß wegen der (streitigen) Säcke geschäftlich zu ordnen gedachte. Es sollten nemlich die Säcke zu einem bestimmten Preise berechnet und zu diesem Preise vom Empfänger bezahlt werden, falls er sie nicht binnen vier Wochen zurückliefere. Jede derartige Mittheilung enthielt der Sache nach die Offerte eines abzuschließenden Kaufkontraktes betreffs der Säcke in der Weise, daß dem Bekl. in erster Linie das Behalten der Säcke zu dem berechneten Preise angeboten, ihm jedoch zugleich das binnen einer bestimmten Zeit zu bethätigende Rücktrittsrecht vorbehalten wurde. Hat nun Beklagter, ohne Kundgebung eines Widerspruchs gegen die Offerte der Klägerin, die Säcke über die für Rücksendung offen gelassene Frist hinaus behalten: so läßt dieses Verhalten des Bekl. im Zweifel — das ist: im Mangel weitergehender, spezieller Vertragsvereinigung — eine andere Auffassung als die Annahme thatsächlich bekundeten Eingehens auf die vorausgegangene Offerte nicht zu. Es rechtfertigt sich diese Annahme nicht allein nach allgemeinen Grundsätzen über stillschweigende Willenserklärungen, sondern ganz besonders auch durch die Erwägung, daß Feststellung der Modalitäten betreffs der Behandlung der Emballage — im Falle unterbliebener vorgängiger Beredung — erfahrungsmäßig gewöhnlich durch entsprechenden Vermerk auf den die Sendung begleitenden Fakturen zu erfolgen pflegt, Klägerin sonach im Falle des Nichteinverständnisses des Bekl. mit den vorgeschlagenen Modalitäten einen ausdrücklichen Widerspruch von Seiten des Letzteren um so gewisser erwarten durfte, als der Vorschlag offenbar die Herbeiführung prompter Geschäftsabwickelung bezweckte, mithin voraussetzlich durch das beiderseitige Interesse bedingt war.

Anders würde allerdings die Beurtheilung der Sache sich gestalten, wenn zwischen den Parteien während der Dauer ihrer Geschäftsverbindung eine ausdrückliche Vereinbarung [Beklagter hatte solche einwandsweise behauptet] in Geltung bestanden hätte. War dies der Fall, so fehlte es für die Klägerin an jedem Anlaß, in vorgedachter Weise einseitig mit Aufstellung neuer Vertragspropositionen gegen den Bekl. vorzugehen; in alle Wege konnte sie, dem bereits feststehenden Vertragsergebnisse gegenüber, in die Freiheit der Willensbestimmung des Bekl. nicht mit dem Erfolge eingreifen, daß Letzterer gezwungen gewesen wäre, den Mangel seines Einverständnisses durch positiven Widerspruch zu bethätigen. Es war deshalb, auf Appellation der Klägerin, das vom Bekl. in Anspruch genommene Recht zur Rückgabe der Säcke nicht unbedingt, sondern nur unter der Voraussetzung anzuerkennen, daß dem Bekl. der Beweis seines exceptivischen Vorbringens gelingt.

---

## Nr. 31.

## Plenum. – Erkenntniß v. 24. November 1870 (Ref.)

**C. H. Resch's Erben ·/· Allgemeine Eisenbahn-Versicherungs-Gesellschaft zu Berlin** (Nr. 53 v. 1870).

**Königreich Sachsen.** **Weitere Berufung.**

I. Instanz: Handelsgericht im Bezirksgericht Leipzig,
II. Instanz: Appellationsgericht Leipzig.

**Lebensversicherung. Rechtzeitige Anzeige vom Tode des Versicherten. Beweislast. — Ungiltigkeit der Versicherung wegen unwahrer Angaben beim Vertragsschlusse. Abzug der Jahresprämie beim Eintritt des Versicherungsfalls. Verzugszinsen von der versicherten Summe.**

1. Bei Lebensversicherungen bestimmen Form und Frist der über den Todesfall dem Versicherer zu machenden Anzeige sich nach den Umständen des Einzelfalles, unter Berücksichtigung der Interessen der Versicherungsgesellschaft sowie der Wissenschaft des Anzeigepflichtigen von dem eingetretenen Forderungsrecht.

HGB Art. **1**, **271** Nr. 3, **822**.

2. Das Unterbleiben der (regelmäßig dem Forderungsberechtigten obliegenden) ungesäumten Anzeige vom Todesfalle zieht für sich, im Zweifel, den Verlust des Versicherungsanspruchs nicht nach sich.

Vgl. HGB Art. **822**.

Wie regelt sich hierbei die Beweislast?

3. Bei minderjährigen, vaterlosen Kindern kann hier, so lange dieselben ohne Vormund sind, von einer Säumniß (gemeinrechtlich und nach königl. sächs. bürgerl. Rechte) gar nicht die Rede sein.*

4. Wahrheitswidrige Angaben und Verschweigen erheblicher Umstände bei Eingehung des Versicherungsvertrages begründen die Unverbindlichkeit des letzteren für den Versicherer.

Vgl. HGB Art. 810—815 nebst Vorarbeiten dazu. (Motive zum preuß. Entwurf S. 194 ff., 196, 334. ALR II. 8 § 2026).

5. Rückständige Prämienbeiträge dürfen auf die Versicherungssumme einbehalten werden.

6. Von wann ab ist die Versicherungssumme zu verzinsen?

Bei der beklagten Gesellschaft ist, laut Police v. 23. Sept. 68, das Leben des Schuhmachers C. H. Resch zu Dresden auf Höhe von 1000 Thlrn., zahlbar nach dessen Tode, versichert worden. Von der auf 28 1/6 Thlr. festgesetzten Jahresprämie wurde nur eine Vierteljahresrate an den Agenten Marcus, welcher den Abschluß des Versicherungsvertrages vermittelt hatte, entrichtet; denn schon am 2. Dez. 68 starb Resch an akuter Lungentuberkulose.

Die Wittwe Resch fand im Nachlasse ihres Ehemannes die Police und die Prämienquittung des Agenten Marcus; sie begab sich dann am 14. Dez. 68 in das ihr angeblich als dessen Wohnung bezeichnete, nun von einem früheren Agenten der Gesellschaft Eckardt bewohnte Haus. Hier traf sie nur die Frau Eckardt und behändigte dieser, unter Mittheilung des Todesfalles, die Police zur Abgabe an Eckardt. In Folge dessen kam die Police an den Agenten Marcus,

* Ebenso nach ALR Th. I Tit. 4 § 2, 3, 20—22; Tit. 5 § 10, 14. — Vgl. daselbst Tit. 9 § 535, 536.

welcher nun (am 15. Dez.) bei der Wittwe Resch erschien und die geschäftsmäßige Ordnung des Falles in die Hand nahm.

Die von den Erben des Resch — der Wittwe und den durch einen Altersvormund vertretenen, minderjährigen Kindern — später erhobene Klage (auf 1000 Thlr. nebst 5% Verzugszinsen seit der Klagebehändigung) ward in zwei Instanzen angebrachter Maaßen abgewiesen — auf Grund richterlicher Annahme, daß rechtzeitige Anzeige vom eingetretenen Todesfalle verabsäumt worden sei. Die klägerischer Seits ergriffene weitere Berufung hat im Wesentlichen eine zu Gunsten der Kläger abändernde Entscheidung des OHG zur Folge gehabt.

## I. Urtelsgründe:

Mit Rücksicht auf § 10 der „Allgemeinen Versicherungsbedingungen" — welcher für den vorliegenden Fall, wie gewöhnlich, bestimmte:

Abs. 1. Wer von der Gesellschaft eine Zahlung verlangt, hat den Beweis zu führen, daß die Umstände eingetreten seien, welche die Zahlung bedingen.

Abs. 2. Das Ableben der versicherten Person ist von denjenigen, welche auf Grund desselben einen Anspruch an die Gesellschaft erheben wollen, dem Agenten der Gesellschaft, an welchen die letzte Prämie bezahlt wurde, oder deren Direktion unverzüglich nach erlangter Wissenschaft, möglichst unter Angabe der Todesursache, schriftlich anzuzeigen.

Abs. 7. Erfolgt die Todesanzeige nicht innerhalb der dafür bestimmten Frist, ohne daß der Nachweis einer unverschuldeten Behinderung beigebracht wird: so ist jede Vertrags-Verpflichtung der Gesellschaft ohne Weiteres erloschen.

Abs. 8. Im Falle unverschuldeter Behinderung laufen obige

Fristen von dem Tage ab, an welchem solche erweislich aufgehört hat; — ...

sind bei der rechtlichen Prüfung des thatsächlichen Materials folgende Punkte zu sondern:

1. Daß die Anzeige von dem Tode des Resch nicht schriftlich und ursprünglich nicht an den Agenten Marcus erfolgt ist, erscheint, wie schon das Handelsgericht ausgeführt hat, im vorliegenden Falle unerheblich, weil, wenn auch der in § 10 Abs. 2 der Versicherungsbedingungen vorgeschriebenen Anzeigepflicht durch eine Anzeige an den Agenten Eckardt, selbst wenn dieser zu jener Zeit noch Agent der beklagten Gesellschaft gewesen sein sollte, oder gar an dessen Frau keinesfalls genügt war, doch auch der Agent Marcus und zwar durch die Wittwe Resch in vollkommen ausreichender Weise von dem Tode des Resch in Kenntniß gesetzt worden ist. Ob Marcus sich „zufällig" bei der Wittwe Resch eingefunden hat, ob ihm dabei schriftliche oder mündliche Anzeige von dem Tode gemacht worden ist, erscheint, sofern diese Anzeige nur eine hinreichend bestimmte und rechtzeitige war, völlig gleichgiltig, da beklagte Gesellschaft nicht einmal zu behaupten vermocht hat, daß durch die geschilderte äußere Veranlassung und Art der wirklich an den Agenten Marcus geschehenen Anzeige ihr Interesse irgendwie verletzt worden sei.

2. Die Rechtzeitigkeit der Anzeige bemißt sich unzweifelhaft nicht schlechthin nach dem Tode des Versicherten, oder auch nur nach erlangter Kenntniß von diesem Tode; vielmehr muß dazu noch ein Doppeltes hinzutreten: a) die Wissenschaft von Existenz und Inhalt eines auf das Leben des Versicherten lautenden Versicherungvertrags, und zwar eine so ausreichende Wissenschaft, daß auf Grund derselben sich eine bestimmte Ansicht über die Existenz eines Versicherungsanspruchs gewinnen läßt, — wozu unter Umständen Kenntniß vom Inhalt der Police erforderlich ist;

b) die Wissenschaft von einem auf Grund des Versicherungsvertrags gegen die Gesellschaft in der Person des Anzeigepflichtigen, bzw. in denjenigen Personen, deren Interesse der Anzeigepflichtige rechtlich zu wahren verbunden ist, bestehenden Forderungsrecht.

Denn nur, wer weiß, daß und welcher Anspruch gegen die Versicherungsgesellschaft besteht, und daß dieser Anspruch ihm, bzw. denjenigen Personen, deren Interesse er rechtlich zu wahren verbunden ist, zusteht, kann zur unverzüglichen Anzeige bei Verlust seines Rechts verbunden sein...

3. Was sodann die rechtliche Natur der in Frage stehenden Klausel anlangt, so erscheint zwar die ungesäumte Anzeige von dem Tode des Versicherten als eine durch die Gesetze — soweit sie allgemeine Prinzipien für alle Arten der Versicherung aufstellen — sowie durch die s. g. „Versicherungsbedingungen“ regelmäßig den Forderungsberechtigten auferlegte Pflicht; doch fließt dieselbe nicht, wie etwa die „Anzeigepflicht“ bei Abschluß des Vertrages, aus dem Wesen des Versicherungsgeschäfts, sondern ist durch positive Rechts- oder Vertrags-Vorschrift den Forderungsberechtigten im ausschließlichen Interesse des Versicherers auferlegt, und die Verabsäumung dieser Pflicht vermag an sich keineswegs den Verlust aller Ansprüche aus dem Versicherungsvertrage, sondern nur die Verbindlichkeit zum Ersatz des durch die Nichtanzeige erweislich erwachsenen Schadens nach sich zu ziehen.

Kübel, in der Ztschr. für Versicherungsrecht v. Malß, B. II S. 54 ff.

Wird nun in der Police oder in den „Versicherungsbedingungen“ die ungesäumte Anzeige von dem Tode des Versicherten bei Verlust aller Ansprüche aus dem Versicherungsvertrag vorgeschrieben, so liegt hierin eine sehr nachdrückliche Einschärfung dieser kontraktlichen Verpflichtung, und zwar im Zweifel im Sinne einer resolutiv bedingten lex commissoria für den Fall verschuldeter Säumniß in der Anzeige. Es ist im Zweifel weder anzunehmen, daß die Entstehung des Forderungsrechts an die Thatsache der Anzeige geknüpft sei (Suspensivbedingung), noch auch nur, daß an die nackte Thatsache der Nichtanzeige der Verlust des Forderungsrechts geknüpft sei, somit die Verwirkung ohne alle Rücksicht auf Schuld oder Nichtschuld der Gläubiger eintreten solle.

Malß, in der Ztschr. für das gesammte Handelsrecht B. XIII S. 54 ff., 447 ff.

Denn, wenngleich die Verpflichtung zur ungesäumten Anzeige unter den „Versicherungs-Bedingungen" aufgeführt zu werden pflegt, auch wohl besonders als „Bedingung" bezeichnet wird: so ist darunter doch im Zweifel nur eine Bedingung in dem allgemeinen Sinne von „Bedingniß" (lex contractus, conditio im weiteren Sinne) zu verstehen, und es unterliegt diese Annahme um so weniger einem Bedenken, wenn, wie im vorliegenden Falle, einmal an die Nichtanzeige das „Erlöschen" der Vertragsverpflichtung der Gesellschaft geknüpft wird, andererseits ausdrücklich der Nachweis „unverschuldeter Behinderung" offen gelassen ist.

4. Für die prozessualische Ordnung hinsichtlich Behauptung und Beweis einer solchen „Bedingung" ergiebt sich aus Vorstehendem die Unrichtigkeit der vom Handelsgericht aufgestellten Ansicht, daß es Sache der Kläger gewesen wäre, bereits in der Klage die Behauptung ungesäumter Anzeige in schlüssiger Weise aufzustellen, und daß die an sich für diesen Zweck vielleicht zureichenden Behauptungen in der Replik als verspätet erschienen. Denn wer auf Erfüllung aus dem unbedingten Vertrage klagt, ist niemals verbunden, schon in der Klage den Vorwurf der Rechtsverwirkung wegen Verabsäumung von Vertragspflichten abzulehnen. Mit Recht hat vielmehr der Appell-

richter es für genügend erachtet, wenn Kläger auch nur in der Replik die Beobachtung vertragsmäßiger Diligenz hinsichtlich der Todesanzeige in schlüssiger Weise behauptet haben würden. Dabei mag es dahin gestellt bleiben, ob, wie der Appellrichter weiter annimmt, in Umkehr der sonst geltenden Regeln von Behauptung und Beweislast, durch § 10 Abs. 1 der „Allg. Versicherungsbedingungen" den Klägern die Pflicht auferlegt sei, die unverzügliche Anzeige von dem Tode des Versicherten zu behaupten und erforderlichenfalls zu beweisen. Denn, wie streitig es auch in Theorie und Praxis des gemeinen Rechts ist, ob im Falle einer lex commissoria, clausula cassatoria, lex privatoria, bedungener Konventionalstrafe und dergl. derjenigen Partei, welche die Rechtsverwirkung, bzw. den Verfall der Strafe gegen ihren Vertragsgegner geltend macht, Behauptung und Beweis der thatsächlichen Voraussetzungen der Rechtsverwirkung, bzw. des Verfalls obliege, oder ob umgekehrt dem Gegner Behauptung und Beweis derjenigen Umstände obliegt, welche die Rechtsverwirkung oder den Strafverfall auszuschließen geeignet sind,

[vgl. Windscheid, Lehrbuch des Pandektenrechtes, B. II § 323, 285 Note 19;

Puchta, Pandektenvorlesungen, zu § 97]

und mit wie unhaltbaren Gründen vielfach auch jene erstere Annahme vertheidigt wird: so ist doch im Gebiete des für den vorliegenden Fall maaßgebenden Sächsischen Rechtes die Streitfrage im Sinne der letzteren Alternative gesetzlich entschieden:

bürgerl. GB § 1439. Der Verpflichtete hat, wenn die Rechtsverwirkung geltend gemacht wird, zu beweisen, daß er die Leistung, wegen deren die Rechtsverwirkung verabredet wurde, zur bestimmten Zeit bewirkt habe. — vgl. auch § 1435. —

So ergiebt sich die Beweispflicht der Kläger schon aus dem (Landes-) Gesetze.

5. Dieser Pflicht ist aber auch, wie man in gegenwärtiger Instanz — abweichend von den Vorinstanzen — annimmt, genügt worden.

Denn was zunächst:

a) die mitklagenden minderjährigen Kinder des Resch anlangt, so konnte diesen sogar die Wissenschaft von dem Tode ihres Vaters und von der Existenz eines auf dessen Leben lautenden, sie als Erben berechtigenden Versicherungsvertrages in keiner Weise nachtheilig sein. Ihr Wissen oder Nichtwissen war rechtlich völlig gleichgiltig, ihre Unterlassungen waren rechtlich keine Unterlassungen; nur das Wissen und die Unthätigkeit ihres Vormundes konnte ihnen schaden; in Ermangelung eines Vormundes aber konnten die aus dem Versicherungsvertrage ihres Erblassers für sie erwachsenen Rechte durch ihre Handlungen oder Unterlassungen nicht verwirkt werden.

L. 189 Dig. de regulis juris (50, 17);
L. 10 Dig. de juris et facti ignorantia (22, 6);
pr. Jnst. de auctoritate Tutorum (1, 21).

An diesen — nach heutigem Rechte gleichmäßig für alle Minderjährigen geltenden — Rechtsgrundsätzen ist unter der Herrschaft des sächsischen bürgerl. GB.

vgl. § 81, 1910 ff., 1824,

um so entschiedener festzuhalten, als dasselbe die mancherlei sonstigen Schutzmittel der Unmündigen und Minderjährigen, welche das Gemeine Recht denselben gewährt, insbesondere die allgemeine Wiedereinsetzung in den vorigen Stand, sowie die Nachsicht von Irrthum und Unwissenheit, völlig beseitigt hat. Indem so in der Vormundschaft allein genügender Schutz der Minderjährigen gefunden wird, muß um so sorgfältiger darauf geachtet werden, daß das Vorhandensein eines Vormunds im maaßgebenden Zeitpunkte feststehe.

Ergab sich nun schon aus der Klage, daß die mitklagenden Resch'schen Kinder zur Zeit des Ablebens ihres Erblassers noch minderjährig waren, und daß die Todesanzeige dem Agenten Marcus spätestens am 13. Tage nach dem Tode des Resch zugekommen ist; erscheint es ferner nach bekanntem Geschäftsgange kaum denkbar, daß den mitklagenden Kindern innerhalb dieser kurzen Zeit ein Vormund bestellt worden ist — wie denn auch der in der App.-Rechtfertigungsschrift ausdrücklich aufgestellten Behauptung, daß die Resch'schen Kinder zur Zeit, da die Todesanzeige erfolgte, der rechtlichen Vertretung entbehrten, Beklagterseits nirgends widersprochen worden ist: so war damit hinreichend festgestellt, daß der § 10 Abs. 2 der „Allg. Versicherungsbedingungen" stipulirten Todesanzeige „unverzüglich nach erlangter Wissenschaft" durch die am 15. Dez. erfolgte Anzeige hinsichtlich der minderjährigen Kinder des Resch vollauf Genüge geleistet war, mindestens aber, daß für die gedachten Kinder eine „unverschuldete Behinderung" früherer Anzeige im Sinne des § 10 Abs. 8 der Versicherungsbedingungen vorgelegen hatte. War hiernach die seitens der Wittwe Resch erfolgte Todesanzeige für die mitklagenden Kinder eine rechtzeitige, so kommt es darauf, ob auch seitens des Vormundes derselben nach dessen Bestellung eine Anzeige erfolgt ist, überall nicht an, da weder nach allgemeinen Grundsätzen des Versicherungsrechtes, noch nach den hier zunächst maaßgebenden „Versicherungsbedingungen" der bekl. Gesellschaft die Todesanzeige durch sämmtliche Interessenten erforderlich war.

b) Aber auch die Wittwe Resch hat — in der Replik, somit rechtzeitig — in genügender Weise behauptet, ihrer Anzeigepflicht nachgekommen zu sein. Denn, wenn es wahr ist, daß sie zwar von dem Tode ihres Ehemannes und von der Existenz eines auf dessen Leben lautenden Versicherungsvertrages Kenntniß hatte, daß sie aber erst 8 Tage nach dem Tode ihres Mannes die Police in einem Buche versteckt vorgefunden hat, daß sie die Wohnung des Agenten Marcus nicht gekannt, daß sie nach der Wohnung des Agenten der Gesellschaft sich erkundigt hat, und als sie die Wohnung des angeblichen Agenten (Eckardt) erfahren, sofort Anzeige gemacht hat: so darf — unter Berücksichtigung der Geschlechts-, Bildungs- und Standes-Verhältnisse der Mitklägerin — immerhin eine „unverschuldete Behinderung" im Sinne der Abs. 7 u. 8 des § 10 der Allg. Versicherungsbedingungen angenommen werden. Hat dieselbe erst durch Auffinden der Police ausreichende Kenntniß von dem Inhalt des Versicherungsvertrages und der durch diesen begründeten Anzeigepflicht erlangt, war sie somit erst etwa am 10. Dezember zur Anzeige verbunden: so kann, bei der mit Rücksicht auf ihre Persönlichkeit wohl gerechtfertigten milderen Beurtheilung ihres Verhaltens, es ihr auch zu Gute kommen, daß sie mit der Wohnung des Agenten Marcus unbekannt war und in sehr unbeholfener Weise dieselbe zu erkundigen versucht hat. Dies um so mehr, als, nachdem einmal mehrere Tage nach dem Tode und wohl auch der Beerdigung des Resch verflossen waren, ein erkennbares Interesse der Versicherungsgesellschaft durch die Verzögerung der Anzeige um etwa 4 bis 5 Tage nicht verletzt war, und die Beklagterseits aufgestellte Vermuthung, daß eine Verzögerung der Todesanzeige deshalb geschehen sei, um eine Besichtigung, bzw. Section der Leiche Seitens der Bekl. zu hindern, jeder thatsächlichen Begründung entbehrt.

Hiernach ist die am 15. Dez. 68 gegenüber dem Agenten Marcus erfolgte Anzeige von dem Ableben des Resch, soweit die mitklagenden minderjährigen Kinder des Resch in Frage kommen, schlechthin als rechtzeitig zu erachten, was aber die Wittwe Resch anlangt, nur insofern, als dieselbe die Behauptungen ihrer Replik gehörig zu bescheinigen vermag.

II. **Weitere Entscheidung:**

War somit das Erkenntniß II. Instanz, welches die Kläger lediglich wegen Unterlassung rechtzeitiger Anzeige, bzw. wegen nicht genügender Behauptung derselben angebrachtermaaßen abgewiesen hat, in der vorbezeichneten Weise abzuändern: so kommen nunmehr die Beklagterseits der Klage entgegengesetzten Einwendungen der „Täuschung bei den behufs Abschluß der Versicherung gemachten Angaben" und der „Zuvielforderung" in Betracht.

1. Die auf § 7 Satz a) der „Allgemeinen Versicherungsbedingungen" gestützte Einwendung „der Täuschung", auf Grund deren Verlust aller klägerischen Rechte aus dem Versicherungsvertrage behauptet wird, ist in ausreichender Weise substantiirt.* Denn wird erwiesen, daß Resch (verschiedene) in dem Antragsbogen enthaltene Fragen wahrheitswidrig beantwortet hat: durch Verschweigung erheblicher früherer Krankheitsfälle und Krankheitszustände, durch Verschweigung von Aerzten, in deren Behandlung er sich bereits befunden hatte, durch Verschweigung eines bereits früher bei einer anderen Versicherungsgesellschaft gestellten Antrags; daß ferner Resch die von dem Vertrauensarzte der Gesellschaft ihm vorgelegten Fragen wahrheitswidrig beantwortet hat: so kann es keinem Zweifel unterliegen, daß dergleichen wahrheitswidrige Angaben und verschwiegene Umstände, „wegen ihrer Erheblichkeit für die Beurtheilung der von der Gesellschaft zu tragenden Gefahr geeignet waren, auf deren Entschluß, sich auf den Vertrag überhaupt oder unter den Bedingungen

* Vor Beginn des Prozesses hatte die Gesellschaft ihre Zahlungsweigerung lediglich auf § 7 gestützt. Die in der Einlassung auf die Klage erfolgende weitere Berufung auf den § 10 erachtete das Erk. des OHG für prozessualisch rechtzeitig, auch sachlich zulässig, weil in jener früheren Erklärung ein Verzicht auf das durch § 10 begründete Recht nicht zu finden sei.

des mit Resch geschlossenen Vertrags einzulassen, Einfluß zu üben", und wird es der Erhebung des von Bekl. auch hierüber angetretenen Beweises schwerlich bedürfen.

Inwiefern dagegen auch darauf Gewicht zu legen sei, daß Resch sich, wie Beklagte behauptet, einer absichtlichen Täuschung schuldig gemacht, und ob umgekehrt das Vorbringen der Kläger, es habe jedenfalls Resch die fraglichen Angaben „nicht wissentlich falsch" gemacht, er habe von jenen Uebeln „befreit zu sein geglaubt", „er habe sich für durchaus gesund gehalten", geeignet ist, den Vorwurf der wahrheitswidrigen Angabe oder Verschweigung zu entkräften, muß der Erwägung des nach erhobenem Beweise erkennenden Richters vorbehalten bleiben.

2. Den eventuellen Einwand der Zuvielforderung hat Beklagte in doppelter Beziehung erhoben.

a) §§ 3 u. 14 Abs. 2 der „Allgemeinen Versicherungsbedingungen" lauten:

§ 3. Die Prämien sind im Voraus auf ein ganzes Jahr zu entrichten. Es ist deshalb, auch wenn durch die Gewährung von Theilzahlungen deren Stundung zugestanden ist, mit Beginn eines Versicherungsjahres die ganze Jahresprämie zu Gunsten der Gesellschaft fällig.

§ 14 Abs. 2. Etwa rückständige Theile der Prämie des laufenden Versicherungsjahres (§§ 3 u. 4) werden Seitens der Gesellschaft einbehalten.

Demnach beansprucht Beklagte, die für 9 Monate des ersten Versicherungsjahres noch rückständige Prämie mit 21 Thlr. 3 Ngr. von der Versicherungssumme zu kürzen. Dieser Anspruch ist nach dem klaren Inhalt der Versicherungsbedingungen — welche dem bekannten Geschäftsprinzip der Lebensversicherungs-Gesellschaften, daß die Jahresprämie überall als „untheilbare Einheit" berechnet wird, durchaus entsprechen — begründet.

b) § 15 der „Allgemeinen Versicherungsbedingungen" lautet:

Für die Zeit vom Eintritte des ihre Zahlungsleistung bedingenden Umstandes bis zu den durch § 14 festgesetzten Fälligkeitsterminen ist die Gesellschaft zu einer Vergütung von Zinsen nicht verpflichtet; im Falle von Streitigkeiten mit den Interessenten tritt eine solche Pflicht für die Gesellschaft erst von dem Tage ab ein, an welchem ihre Zahlungsverbindlichkeit durch Anerkenntniß, Vergleich oder rechtskräftiges Urtheil festgestellt ist.

Auf Grund dessen verlangt Beklagte, daß der Zinsenlauf erst mit dem Tage rechtskräftiger Feststellung ihrer Zahlungsverbindlichkeit beginne. Diesem, klägerischerseits übrigens unwidersprochenen, Antrage war um so eher stattzugeben, als keinerlei Anzeichen einer frivolen Zahlungsweigerung vorliegt.

Malß, Zeitschrift für das ges. Handelsrecht B. XIII S. 483 ff.

---

## Nr. 32.

## Plenum. — Erkenntniß v. 13. Dezember 1870 (B.)

**Hundertmark ./. Mock (Nr. 66 v. 1870).**

**Preußen.** **Nichtigkeitsbeschwerde.**

I. Instanz: Amtsgericht Schönberg,
II. Instanz: Appellationsgericht Kiel.

**Handlungsreisende. Ihre Befugniß zur Einkassirung von Geldern.**

1. Art. 49 HGB bezieht sich nur auf solche Reisende, welche Handlungsbevollmächtigte im Sinne des Art. 47 sind.

2. Dies gestattet aber **nicht** den **Rückschluß**, daß rechtlich ein Geschäftsreisender, welcher nicht die Eigenschaft eines Handlungsbevollmächtigten hat, ohne Spezialvollmacht **niemals** befugt sei, aus den von ihm für den Auftraggeber abgeschlossenen Handelsgeschäften Kaufpreise einzuziehen, bzw. Zahlungsfristen zu bewilligen.

3. Geschäftsreisende, welche — ohne Handlungsbevollmächtigte zu sein — vom Auftraggeber ausgesendet werden, um bei auswärtigen Kunden Waarenbestellungen zu suchen und mit denselben Verträge über Waarenlieferungen zu schließen, und welche bei Vollziehung solcher Aufträge sich in ihrem Gebahren von wirklich bevollmächtigten Handlungsreisenden Dritten gegenüber nicht unterscheiden, — solche Geschäftsreisende dürfen von Kontrahenten, denen das Fehlen eines Dienstverhältnisses nicht bekannt ist, als wirklich **bevollmächtigte** Handlungsreisende **angesehen** werden, und der Auftraggeber eines solchen Reisenden muß deren Handlungen gegen einen gutgläubigen Kontrahenten und Zahler ebenso wider sich gelten lassen, als ob er den Reisenden gemäß Art. 47 HGB zu seinem Handlungsbevollmächtigten ausdrücklich bestellt hätte.

Dies gilt auch von **Provisions**-Reisenden.

Kläger hatte den Reisenden Paul, unter Einhändigung von Proben, zum Verkaufe seiner Fabrikate ermächtigt und demzufolge Paul dem Bekl. Flanelle verkauft, welche Kläger — auf hierüber von seinem Reisenden erhaltene Notiz —

dem Käufer übersendete. Kläger beansprucht jetzt den zwischen Paul und dem Bekl. bedungenen Preis, Bekl. erhebt die Einrede der bereits an Paul geleisteten Zahlung.

Der I. Richter weist die Klage ab, der II. macht dagegen die Entscheidung von einem Eide des Klägers abhängig,

daß Paul in dem entscheidenden Zeitraum keine dienstliche Anstellung im klägerischen Handelsgewerbe und keinen Auftrag zur Einziehung des Kaufpreises aus den für den Kläger abgeschlossenen Verkäufen gehabt habe.

Auf NktBschw des Bekl. wird das II. Urtel vernichtet und das I. hergestellt.

**Gründe:**

Die Vorschrift des Art. 49 HGB, daß Geschäftsreisende für ermächtigt gelten, den Kaufpreis aus den von ihnen abgeschlossenen Verkäufen einzuziehen oder dafür Zahlungsfristen zu bewilligen, findet nach ihrem klaren Wortlaute nur auf solche Reisende Anwendung, welche die Eigenschaft von Handlungsbevollmächtigten im Sinne des Art. 47 haben, und diese Eigenschaft hat ein Abhängigkeitsverhältniß zu dem Auftraggeber zur Voraussetzung. Es ergiebt sich dies — im Einklange mit den Vorarbeiten des HGB (vgl. insbesondere Prot. der Nürnberger Konferene S. 4515) — aus der Stellung des Art. 47 im System des HGB, aus der Bezeichnung des Auftraggebers als „Prinzipal" und aus der Beauftragung als einer „Bestellung in dessen Handelsgewerbe," sowie namentlich aus dem Gegensatze in welchem die Art. 297 u. 298 ebend. zum Art. 47 stehen

Darnach hat der Appellrichter — indem er ... weil der Reisende Paul in keinerlei Dienstverhältnisse zu den Kläger gestanden habe, die Art. 47 u. 49 auf den vorliegenden Fall nicht zur Anwendung gebracht — weder dies Art., noch den Art. 298 verletzt. Insofern erweist sich der, auf diese Verletzung in der NktBschw gestützte, Vor wurf als unbegründet. Die obgedachte Bestimmung des Art. 49 gestattet jedoch keineswegs, ex argumento e contrario anzunehmen:

daß ein Geschäftsreisender, welcher nicht Handlungsbevollmächtigter ist, ohne Spezialvollmacht für nicht befugt zu erachten, den Kaufpreis aus den von ihm für den Auftraggeber abgeschlossenen Verkäufen einzuziehen oder dafür Zahlungsfristen zu bewilligen.

Ein derartiger Rückschluß, welcher ohnehin mit den Prinzipien der Gesetzesauslegung nicht verträglich wäre, kann hier um soweniger für zulässig erachtet werden, als er der Absicht des Gesetzgebers entschieden widersprechen würde.

Art. 50 Abs. 1 des preußischen Entwurfs (jetzt Art. 47 Abs. 1 HGB) enthielt bezüglich der Bestimmung über den präsumtiven Umfang der Vollmacht des Handlungsbevollmächtigten den Zusatz: „Dies gilt namentlich von Cassirern und Handlungsreisenden." In dritter Lesung wurde monirt, daß hierdurch die irrthümliche Auffassnng könnte hervorgerufen werden, „als sollten alle Reisenden, möchten es nun reisende Commis oder sog. Provisionsreisende oder Agenten sein, alle Rechtshandlungen vorzunehmen das Recht haben, welche das Reisen in Handelsangelegenheiten mit sich bringe."

Dieser Bemerkung verdankt der Art. 49 HGB seine Entstehung*. Durch ihn hat also nur der Annahme entgegen getreten werden sollen, daß jener Zusatz sich ohne Weiteres auf alle in fremden Handelsgeschäften reisenden Personen beziehe. Mit der späteren Hinzufügung des letzten Satzes im (jetzigen) Art. 49 ist nur die bestimmte Entscheidung der Frage bezweckt worden: ob die präsumtive Vollmacht des Handlungsbevollmächtigten (Art. 47 Abs. 1),

* Vgl. v. Hahn, Komm. B. I S. 133. — v. Hahn bemerkt treffend, daß aus Art. 49 HGB auch nicht der Rückschluß zu ziehen, daß Handlungsbevollmächtigten auf Reisen eine weitergehende Ermächtigung (z. B. zum Einkasso aus Geschäften eines früheren Reisenden) schlechthin abzusprechen sei.

welcher als solcher von dem Prinzipal zum Abschlusse von Geschäften auf Reisen geschickt ist, sich auch auf die Einziehung der Kaufpreise aus von ihm abgeschlossenen Verkäufen und auf die Bewilligung von Zahlungsfristen dafür erstrecke.

Vgl. Prot. S. 4515 ff., 4613.

Durch Bejahung dieser Frage im Art. 49 ist sonach die allgemeinere Frage:

ob und unter welchen Voraussetzungen einem Geschäftsreisenden, welcher nicht Handlungsbevollmächtigter im Sinne des Art. 47 ist, dennoch die vorgedachten Befugnisse zustehen?

unberührt und für die Beantwortung im konkreten Rechtsfalle offen geblieben. Doch folgt aus der, oben angedeuteten, Entstehungsgeschichte des Art 49 — in Verbindung mit der der Verkehrssicherheit schuldigen Rücksicht und mit der Erwägung, daß dem Auftraggeber die Verpflichtung aufliegt, zur Vermeidung der sonst unausbleiblichen Benachtheiligung dritter Personen Vorkehrungen zu treffen, welche solche Benachtheiligungen thunlichst zu verhindern geeignet sind, — jedenfalls soviel, daß in Bezug auf Geschäftsreisende, die zwar nicht Handlungsbevollmächtigte, gleich diesen aber von den Auftraggebern ermächtigt sind, an auswärtigen Orten bei alten und neuen Kunden Bestellungen auf Waaren zu suchen und mit den Kunden über Waarenlieferungen Verträge zu schließen, welche sich daher bei Vollziehung ihrer Aufträge in ihrem Gebahren von Handlungsreisenden im Sinne der Art. 47 und 49 den Kontrahenten gegenüber nicht unterscheiden, Letztere, sofern ihnen nicht das fehlende Dienstverhältniß bekannt ist oder bekannt sein muß, für wohlberechtigt anzusehen sind, dergleichen Reisende als wirkliche Handlungsreisende zu betrachten, und daß daher die Auftraggeber solcher Reisenden, deren Handlungen ebenso wider sich gelten lassen müssen, als wenn sie die Reisenden in Gemäßheit des Art. 47 zu Handlungsbevollmächtigten bestellt gehabt hätten.

Hieraus aber folgt weiter, daß der Appellrichter den Art. 49 HGB in sofern verletzt hat, als er aus demselben — mittelst unrichtiger Interpretation — den Rechtssatz hergeleitet hat:

daß die an einen Geschäftsreisenden, welcher nicht zugleich im Sinne des Art 47 HGB Handlungsbevollmächtigter des Auftraggebers und nicht von diesem mit speziellem Incassomandat versehen ist, geleistete Zahlung des Kaufpreises aus einem von ihm [dem Reisenden] abgeschlossenen Verkaufe dem Auftraggeber gegenüber unbedingt rechtsunverbindlich sei.

Da auf diesem Rechtssatze die Entscheidung II. Instanz beruht, mußte dieselbe vernichtet werden ... (Der oben angegebene Sachverhalt) steht durch Zugeständniß des Klägers fest. ... Kläger behauptet nicht, die dem Paul ertheilte Ermächtigung in irgend einem Punkte eingeschränkt zu haben. Ob Paul nicht auf bestimmte Emolumente, sondern auf Provision, d. h. auf einen Antheil an den Verkaufspreisen, als Vergütung für seine Bemühungen angewiesen war, erscheint an sich unerheblich, zumal ihn die Klage selbst „den Reisenden des Klägers" nennt. Wenn nun Paul sich dementsprechend — was unstreitig ist — als Bevollmächtigter des Klägers bei dem Bekl. einführte, und Beklagter sich hierdurch veranlaßt fand, das fragliche Kaufgeschäft mit ihm als dem Vertreter des Klägers abzuschließen, auch an ihn, nachdem Letzterer das Geschäft (ohne die Einsendung des Kaufgeldes zu verlangen oder eine andere Person als Empfangsberechtigten zu nennen) effectuirt hatte, bei seinem — des Paul — wiederholten Besuche das Kaufgeld zu zahlen: so kann es unter diesen Umständen ganz dahin gestellt bleiben, ob Beklagter wußte oder wissen mußte, daß Paul nicht eigentlicher Handlungsbevollmächtigter des Klägers war. In jedem Falle durfte Beklagter annehmen, daß sich die Vollmacht des Paul auf die Einkassirung des jetzt streitigen Kaufgeldes erstreckte, und Kläger muß auf Grund der an Paul geleisteten Zahlung, auch wenn er von diesem das Geld nicht ausgehändigt erhalten hat, die Schuld als getilgt anerkennen, da es seine Sache war, für den Fall, daß es in Wirklichkeit nicht in seiner Absicht gelegen haben sollte, den Paul mit der Einkassirung zu betrauen, die geeigneten Vorkehrungen zur Verhinderung der Zahlung an Paul zu treffen.

Aus diesem Grunde mußte das Erkenntniß I. Instanz, welches den Kläger mit seinem Klaganspruche zurückweist, bestätigt werden.

---

## Nr. 33.

## Plenum. — Erkenntniß v. 10. Januar 1871 (Z.*)

**Schilke ·/· Feuer-Versicherungsgesellschaft Royal in Liverpool (Nr. 4 v. 1871).**

**Preußen.** **Nichtigkeitsbeschwerde.**

I. Instanz: Stadt- und Kreisgericht Danzig,
II. Instanz: Appellationsgericht Marienwerder.

**Rechtskräftige Entscheidung. Tenor, Gründe.**

**Die Grundsätze von der (relativen) Rechtskraft einer richterlichen Entscheidung sind nicht verletzt, falls ein die Klage angebrachtermaaßen abweisendes Urtel auf Berufung des Klägers „bestätigt" worden ist, sollten auch die Gründe des zweit-**

* Seit Neujahr 71 haben die Erkenntnisse unseres OHG die Ueberschrift: „im Namen des Deutschen Reiches!" — sie tragen aber in der Ausfertigung vorläufig noch das große Siegel des Norddeutschen Bundes (vgl. oben S. 15.)

**richterlichen Erkenntnisses ihrem Gehalte nach eine gänzliche Abweisung des Klägers als an sich gerechtfertigt erscheinen lassen.**

AGO Th. I Tit. 13 § 38, Tit. 14 § 11.

Die NktBschw. des Klägers rügt, daß auf die nur seiner Seits eingelegte Berufung, welche (nach preuß. Prozeßrechte) dem Gegner nicht zu Statten kommen dürfe, die Sache in II. Instanz eine ihm, grundsätzlich und durch mögliche praktische Folgen, nachtheilige Beurtheilung erfahren habe.

**Gründe der Zurückweisung:**

Der Appellrichter soll ... [durch eine reformatio in pejus] ... die Grundsätze der res iudicata* ... verletzt haben ...

Es ist indeß das Urtel I. Instanz, durch welches Kläger mit (dem erhobenen) Antrage ... [auf Zahlung einer Brandentschädigung für 1400 bei der bekl. Gesellschaft versichert gewesene Getreidepläne] ... „angebrachter Maaßen" abgewiesen ist, lediglich „bestätigt" worden.

Insoweit liegt daher eine Aenderung des I. Erkenntnisses überhaupt nicht vor. Implorant findet denn auch in dem Urtels-Tenor eine Aenderung des I. Erkenntnisses zu seinem Nachtheile nicht, diese Aenderung soll in den Gründen enthalten sein.

Nun weichen allerdings die beiden Vorderrichter in der Begründung ihrer Entscheidungen wesentlich von einander ab. Während nemlich der I. Richter annimmt, daß Kläger rücksichtlich eines jeden der [nach Auffassung der Instanz: einzeln] versicherten 1400 Pläne dessen Werth

* Nach altpreußischem Prozeßrechte enthält eine Verkennung der res iudicata in ihrer sachlichen Bedeutung oder ihren Wirkungen die Verletzung eines Rechtsgrundsatzes (Präj. 1861 des preuß. OTr.), unterliegt aber im Nichtigkeitsverfahren nach fester Praxis prinzipiell einer freien Beurtheilung (vgl. unten S. 195, n.)

[zur Zeit des Brandes] nachweisen müsse, und da dieses nicht geschehen, ... die Klage angebrachtermaaßen abweist: hat der Appellrichter diese Ansicht reprobirt, [die Versicherung eines Inbegriffs verbrauchbarer Sachen zu einem gewissen Durchschnittswerthe für vorliegend erachtet] und auf Grund des in II. Instanz erhobenen Beweises ausgeführt, daß danach Kläger wissentlich unwahre Angaben über die Beschaffenheit der Pläne gemacht und dadurch sein Recht auf die Versicherungssumme verwirkt habe.

Implorant ist der Meinung, daß durch diese Gründe ihm die Anstellung einer neuen Klage, welche nach dem I. Erkenntnisse offen gelassen war, geradezu abgeschnitten sei, und hierin findet er eine Aenderung zu seinem Nachtheile. Indeß ohne Grund.

Wenn der Appellrichter, nach obiger Ausführung, auch den Anspruch des Klägers für gänzlich unbegründet ansieht, so hat er doch im Tenor seines Urtels die unbedingte Abweisung des Klägers nicht ausgesprochen, er hat sich darauf beschränkt, das Erkenntniß I. Instanz, welches den Kläger ganz ausdrücklich nur „angebrachtermaaßen" abweist und ihm dadurch die Anstellung einer neuen Klage freiläßt, lediglich zu bestätigen.

Die [preuß.] Allg. Gerichts-Ordnung legt aber das entscheidende Gewicht auf den Tenor; § 38 Th. I Tit. 13 schreibt vor:

> Die Kollegien und Urtelsfasser müssen sorgfältig Acht geben, daß überall die wirkliche Entscheidung und deren Gründe deutlich von einander unterschieden und nicht etwas, das zu der ersteren gehört, in die letzteren, noch auch umgekehrt, mit eingemischt werde, indem bloße Entscheidungsgründe niemals die Kraft eines Urtels haben.

Soweit daher die Gründe eines Urtels über das im gerade vorliegenden Rechtsstreite zu ziehende letzte

Resultat hinausgehen, sind sie eben nur „bloße Entscheidungsgründe“, welche niemals die „Kraft eines Urtels“ haben sollen, sei es auch, daß der darin ausgesprochene Rechtssatz zu den unerläßlichen Elementen der getroffenen Entscheidung gehört. Judikat wird nur, was judizirt richterlich als „eigentliche Entscheidung“ ausgesprochen wird.

Ist damit nun auch keineswegs ausgeschlossen, daß zur Erläuterung einer Entscheidung auf die „Gründe“ zurückgegangen wird, ist dieses Zurückgehen unter Umständen, namentlich wenn ein Anspruch in der angebrachten Art zurückgewiesen und dem Kläger wegen desselben eine anders begründete Klage freigelassen wird, sogar geradezu nothwendig: so würde ihnen doch eine entscheidende Bedeutung dann nicht beigelegt werden können, wenn sie mit der Entscheidung des Richters in dem Urtelstenor im Widerspruche stehen. Es würde daher mindestens zweifelhaft sein, ob ein mit seiner Klage angebrachtermaaßen abgewiesener Kläger nicht würde von Neuem wegen desselben Anspruchs klagen können, wenn auch die Gründe des Erkenntnisses ergeben, daß der Richter auf gänzliche, unbedingte Abweisung hat erkennen wollen.

In dem vorliegenden Falle läßt sich das aber nicht einmal annehmen. Der Appellrichter hat nirgends ausgesprochen, daß er mit der Entscheidung beabsichtige, den Kläger gänzlich abzuweisen, und noch weniger, daß er das den Kläger nur angebrachtermaaßen abweisende Erkenntniß I. Instanz ändern wolle. Nachdem er den Entscheidungsgrund, aus welchem der I. Richter den Kläger nur angebrachtermaaßen abweist, ausführlich widerlegt und verworfen hat, bemerkt er:

> „wenn hiernach auch der Abweisungsgrund des I. Richters hinfällig ist, so war das Erk. doch aus einem anderen Grunde zu bestätigen.“

Hätte dieser andere Grund auch [an sich] zur gänzlichen und unbedingten Abweisung des Klägers geführt, so hat der Appellrichter diese doch in Wirklichkeit nicht ausgesprochen, es vielmehr bei der Bestätigung des vorigen Urtels bewenden lassen, — ganz offenbar deshalb, weil die Abweisung des Klägers in der angebrachten Art der Bekl. gegenüber rechtskräftig geworden war und zum Nachtheile des Klägers nicht geändert werden konnte. Es läßt sich daher auch nicht anerkennen, daß die Gründe des Urtels II. Instanz dem Kläger die Anstellung einer neuen Klage unmöglich machen, ihn überhaupt in eine schlechtere Lage versetzt haben, als er sich bei Erlaß des Erkenntnisses befand.

Inwieweit das Resultat der in II. Instanz veranlaßten Beweisaufnahme dem Kläger bei Verfolgung seines Anspruchs in einem neuen Prozesse hinderlich sein möchte, kann hier nicht erörtert werden, erscheint auch gleichgiltig; es wäre das der Beweisaufnahme, nicht aber dem Erk. zuzuschreiben, hindert auch nicht die Anstellung der neuen Klage. Ebenso wenig ist hier zu untersuchen, ob und in wie weit jener Entscheidungsgrund des I. Richters durch die Ausführung in dem AppErk. beseitigt ist. Es genügt, daß das I. Erkenntniß in II. Instanz nicht zum Nachtheile des Klägers geändert ist, insoweit also auch nicht die Grundsätze über die Wirkung rechtskräftiger Entscheidungen verletzt sind. Die NktBschw. war sonach ... zurückzuweisen.

---

## Nr. 34.

## Plenum. – Erkenntniß v. 10. Januar 1871 (V.)

**Siewert ·/· Prutz** (Nr. 12 v. 1871).

**Preußen. Seerechtsfall. Nichtigkeitsbeschwerde.**

I. Instanz: Kommerz- und Admiralitäts-Collegium Danzig,
II. Instanz: Appellationsgericht Marienwerder.

**Fracht des Seeschiffers, bedungen nach Maaß, Gewicht oder Menge der Güter. Connossement entscheidend. Protest des Schiffers. Liegetage bei der Löschung.**

1. Ist die Fracht des Seeschiffers nach „Zahl, Maaß oder Gewicht" der geladenen Güter bedungen und im Connossement die entscheidende Zahl, Menge u. s. w. angegeben worden: so bestimmt der Frachtanspruch des Schiffers sich gegen den Empfänger lediglich nach dem Inhalt des Connossements. Ein Vorbehalt oder Protest des Schiffers, welcher dem Connossement selbst nicht eingefügt oder angehängt worden, ist hier ebenso ohne Bedeutung, wie der etwaige Zusatz: „Zahl, Maaß, Gewicht unbekannt".

HGB Art. 658 (vgl. 615, 653; auch 302, 303 u. 415).
[Die Regel des Art. 621 bleibt in solchem Falle außer Betracht.]

2. Liegetage, welche der Schiffer beim Löschen der Ladung durch ungerechtfertigtes Verlangen einer Verwiegung oder Messung des Abgelieferten veranlaßt hat, braucht der Empfänger der Güter nicht zu bezahlen.

HGB Art. 615, 621.

Kläger hat in Shields Kohlen zum Seetransport nach Neufahrwasser, gegen eine Fracht von 8 Pfund Sterling pro Keel, übernommen. Das Conossement giebt die geladene Kohlenmenge als $28^1/_2$ Keel an, ist aber vom Schiffer, welcher die Ladung für stärker hielt, „unter Protest" gezeichnet worden; in einer besonders ausgefertigten und dem Befrachter zugestellten Protesturkunde hat der Schiffer erklärt, für die ihm zu zahlende Fracht solle das wirkliche Gewichtsquantum der Ladung entscheidend sein.

Beim Ausladen ergab die — vom Schiffer geforderte, die Löschung um einen Tag verzögernde — Verwiegung der Kohlen beinahe 31 Keel. Von dieser Menge beansprucht Kläger die bedungene Fracht, außerdem Vergütung eines Liegetages.

Der bekl. Empfänger der Ladung bestritt, daß er die Fracht auf Grund des bei der Löschung Ermittelten zu zahlen habe, weil an sich für ihn nur das Connossement entscheidend sei, auch die Kohlen unterwegs (durch Einziehen von Feuchtigkeit aus der Seeluft und durch Eindringen von Seewasser) namentlich in den unteren Lagen an Gewicht zugenommen hätten, aus dem Mehrgewicht bei der Löschung also eine Unrichtigkeit der Gewichtsangabe des Connossements nicht gefolgert werden dürfte.

Der I. Richter erkannte nur auf die nach dem Connossement berechnete, vom Beklagten zugebilligte Rest-Fracht; in II. Instanz aber erstritt Kläger die geforderte Summe sowie kontraktliche Vergütung eines Liegetages. Da der Schiffer das Connossement nur unter Protest gezeichnet und in dem Proteste selbst seinen Frachtanspruch für das mehr eingelieferte Gewicht sich vorbehalten hatte, so erachtete der II. Richter diesen Zusatz für hinreichend zur Entkräftung der Connossements-Bestimmung und den Bekl. für verpflichtet, sich um den Inhalt des angedeuteten Protestes zu bekümmern.

Thatsächlich fand der Richter — vermöge eines durch die Umstände gerechtfertigten Schlusses — das bei der Ausladung festgestellte Quantum dem in England eingeladenen gleich; der Behauptung, daß die Kohlen bei der Löschung naß gewesen, wurde das Gehör versagt, weil Beklagter die Art. 609, 610 HGB* unbeachtet gelassen hatte. —

* Die unrichtige Anwendung der Art. 609, 610 ist vom OHG, weil sachlich ohne Bedeutung, nicht mit in Betracht gezogen worden; sie erscheint aber außer Zweifel, weil jene Artikel nur für die Regelung von Schadensansprüchen des Empfängers Bestimmung

Auf NktBschw. des Bekl. ist das Appellurtel vernichtet und das I. Erkenntniß hergestellt worden.

**Gründe:**

Der Appellrichter hat dem Art. 658 HGB einen Sinn beigelegt, den derselbe nicht verträgt. Dieser Artikel lautet:

Ist die Fracht nach Maaß, Zahl oder Gewicht der Güter bedungen, und im Connossement Zahl, Maaß oder Gewicht angegeben, so ist diese Angabe für die Berechnung der Fracht entscheidend, wenn nicht das Connossement eine abweichende Bestimmung enthält. Als eine solche ist der Zusatz: „Zahl, Maaß, Gewicht unbekannt" (oder ein gleich bedeutender Zusatz) nicht anzusehen.

Der preußische Entwurf eines HGB enthielt eine ähnliche Bestimmung nicht. In seinem Art. 506 war verordnet:

War die Fracht nach Maaß, Gewicht oder Menge der Ladungsgüter bedungen, so ist im Zweifel anzunehmen, daß Maaß, Gewicht oder Menge der abgelieferten und nicht der eingeladenen Güter für die Höhe der Fracht entscheiden soll.

Ein Unterschied, ob im Connossement eine bestimmte Menge 2c. der eingeladenen Güter angegeben worden oder nicht, war hierbei nicht gemacht.

Der Entwurf wollte also auch dem Schiffer, welcher loyaler Weise mehr Gut ablieferte, als nach dem Connossement eingenommen war, die nach dem Plus zu berechnende Mehrfracht zusprechen. Dies hielt der Entwurf und hielten seine späteren Vertheidiger für billig.

treffen wollen und event. deren Verlust androhen. In obigem Falle sollte jedoch lediglich die Frachtforderung des Schiffers festgestellt und ein für deren Höhe vertragsmäßig wesentliches Moment erwiesen werden, zu diesem Zwecke war eine Beobachtung der Fristen und Formen jener Art. gewiß nicht erforderlich.

Vgl. Motive S. 276 (zu Art. 506), ferner Prot. der Kommission rc. S. 2339.

Aber die Gegner verwiesen auf den entgegenstehenden, in Deutschland allgemeinen Handelsbrauch und auf die, letzterem entsprechende, Uebereinstimmung der meisten neueren Legislationen. Sie hoben hervor, daß wenn im Connossement „Maaß, Zahl oder Gewicht der eingenommenen Güter" angegeben sei, diese Angabe gerade den Sinn habe, daß nach ihr die dereinstige Fracht berechnet werden solle, und zwar ohne Unterschied, ob die übliche Klausel „Maaß, Zahl oder Gewicht unbekannt" beigefügt sei, oder nicht. Wolle man jene Angabe nicht für entscheidend halten, so würde sie ja bei der Ueblichkeit der erwähnten Klausel gar keine Bedeutung haben; wohl aber würde dann das im großen Verkehr kaum ausführbare Verwiegen und Vermessen des Gutes bei der Löschung und die Schlichtung fortwährender Streitigkeiten über Reduktion des Maaßes und Gewichts der Löschung auf das bei der Abladung angewendete Maaß und Gewicht nöthig werden, außerdem aber bei dem nicht seltenen Wachsen des Gewichts schwimmender Waare dem Schiffer oft mehr Fracht gezahlt werden müssen, als ihm gebühre.

Prot. S. 2338—2341.

Das Resultat der Debatte war: die Annahme des Art. 506 (jetzigen Art. 621) als allgemeines Prinzip, aber die Beschränkung desselben für den Fall der Angabe von Maaß, Zahl und Gewicht im Connossement durch eine derartige Bestimmung, wie sie schließlich im Art. 650 HGB formulirt ist;

vgl. Prot. S. 3930, 4014.

Der Art. 658 stellt sich also in zwiefacher Beziehung als eine Ausnahmebestimmung dar. Während nemlich — nach Art. 621 — dann, wenn die Fracht nach Maaß,

Gewicht oder Menge bedungen worden, der Regel nach das Maaß 2c. der abgelieferten (gelöschten) — nicht der eingelieferten (abgeladenen) — Güter entscheiden soll: ist ausnahmsweise die Maaß-, Gewichts- und Zahl-Angabe, welche sich im Connossement befindet, für die Frachtberechnung entscheidend, also nicht das Maaß und Gewicht der gelöschten, sondern das im Connossement angegebene Maaß und Gewicht der eingenommenen Güter. Und während sich der Verfrachter — nach Art. 657 — gegen die Vertretung der Richtigkeit der Angaben des Connossements über Zahl, Maaß oder Gewicht der übernommenen Güter rücksichtlich ihrer Ablieferung durch die Connossementsklausel: „Zahl, Maaß, Gewicht unbekannt" (oder einen gleich bedeutenden Zusatz) schützen kann: bleiben ungeachtet der Klausel (bzw. eines solchen Zusatzes) jene Connossements-Angaben für die Berechnung der Fracht entscheidend, falls diese bedungenermaaßen nach Zahl, Maaß oder Gewicht zu entrichten ist.

Jene entscheidende Kraft verlieren die erwähnten Connossements-Angaben nur dann, wenn das Connossement selbst „eine abweichende Bestimmung" enthält, d. h. wenn klar und deutlich darin gesagt worden, daß sich der Connossementszeichner den darin gemachten Angaben über Maaß 2c. Betreffs seiner Fracht nicht unterwerfe, vielmehr Maaß-, Zahl oder Gewichts-Ermittelung bei der Löschung vorbehalte, und daß die Fracht gemäß dieser Ermittelung zu zahlen sei.

Eine solche Erklärung enthält das vom Imploranten am 14. Juni 69 ausgestellte Connossement nicht. Der Implorant hat sich begnügt, seiner Namensunterschrift die Worte: „signed under Protest" beizufügen. Worauf der Protest sich beziehe, ist aus diesen Worten und aus dem Inhalt des Connossements nicht zu entnehmen. Er kann sich beziehen auf die Gewichtsangabe, aber eben so wohl auf das Bekenntniß der Wohlbeschaffenheit und des guten Zustandes des Frachtguts, auf mögliche Ueberschreitung der Abladefrist (nach der Charte-Partie 10 Tage) seitens der Ablader, auf die Nichtgewährung einer nach der Charte-Partie bedungenen vollen Ladung ꝛc. Die Worte: „signed under Protest“ stehen also in der Erkennbarkeit der Beziehung auf die Maaß- und Gewichts-Angaben des Connossements der üblichen Klausel „Maaß und Gewicht unbekannt“ an sich nach, wenn man aber den Protest ohne Weiteres auf jene Angaben beziehen wollte, der Bedeutung der genannten Klausel nur gleich. Denn sie besagen gleich dieser nur, daß der Zeichnende, ohne das Zuviel oder Zuwenig hervorzuheben, die Maaß- und Gewichtsangabe des Connossements als ihn verpflichtend nicht anerkenne, sondern spätere Ermittelung des Effectivgewichts ꝛc. erwarte.

Hat nun der Appellrichter — zuwider der Vorschrift des Art. 658, wonach nur eine ausdrückliche abweichende Bestimmung im Connossement, nicht aber ein der Klausel „Zahl, Maaß, Gewicht unbekannt“ gleichbedeutender Zusatz genügen soll, um den Connossements-Angaben über Zahl ꝛc. für die Frachtberechnung die entscheidende Bedeutung zu nehmen — blos vermöge der Zeichnung „unter Protest“ die Gewichts-Angabe im Connossement für entkräftet erklärt: so ist die Rüge der Verletzung des Art. 658 HGB berechtigt. — Zwar könnte die Frage nach der Bedeutung der Worte „signed under Protest“ an sich als eine thatsächliche, nemlich als in das Gebiet der Auslegung von Willenserklärungen gehörige angesehen werden, und deshalb der Vorwurf der Verletzung des Art. 658 unzutreffend erscheinen.

Diese Auffassung indeß würde im vorliegenden Falle nur berechtigt sein, wenn der Appellrichter in den Worten „signed under Protest“ jene vom Gesetz geforderte besondere Bestimmung ihrem Inhalt nach gefunden hätte. Allein dies ist nicht der Fall. Der Appellrichter hat nicht in jenen Worten, sondern er hat in der Protesturkunde den „Vorbehalt des Frachtanspruchs für das mehreingelieferte Gewicht" gefunden, und, um dem Inhalt der Protesturkunde Bedeutung geben zu können, den Imploraten für verpflichtet erklärt, „sich um den Protest zu bekümmern." Folgerecht hat er es für gleichgiltig erachtet, ob dem Imploraten bei der Uebersendung des Connossements von dem Inhalt der Protesturkunde Kenntniß gegeben ist. — Diese Argumentation eben verletzt den Art. 658, wie den Art. 653 des HGB. — Das Connossement allein ist entscheidend für die Rechtsverhältnisse zwische dem Befrachter und dem Empfänger der Güter. Durch Zeichnung desselben übernimmt der Schiffer lediglich eine formelle Verpflichtung gegen den künftigen Connossementsinhaber zur Leistung der Waare, indem dadurch aus dem Frachtbriefe diese selbständige, auf der Schrift beruhende Obligation gegen den Connossementsinhaber ausgeschieden wird.* Vermöge dieser Natur verträgt es keine anderen Vorbehalte und Verweisungen, als die ihm selber eingefügten (vgl. Art. 653 Abs. 2), bzw. die ihm dergestalt annektirten, daß sich das Connossement und die Einschränkung als eine Urkunde darstellt.

Vgl. über die Natur des Connossements: Prot. S. 2195—2197, 2204—5, 2114—2118, 2220, 2265, 2267, 2271—2275, 2290, 2338;
Motive zum preuß. Entwurf S. 263, 272, 276;
Goldschmidt, Handbuch I S. 666, 685, 686, 687;
Pöhl's Handelsrecht III, 1. S. 461, 477—479;
Voigt, Neues Archiv 2c. I S. 487, 494; II S. 398.

Deshalb fordert Art. 658, daß das Connossement selber die abweichende Bestimmung, wonach seine

* Vgl. HGB Art. 302, 303; auch 415.

eigenen Angaben über Zahl, Maaß und Gewicht für die Frachtberechnung nicht entscheidend sein sollen, enthalte, und deshalb verstößt der Apellrichter gegen diese Vorschrift, wie gegen die im Art. 653 anerkannte rechtliche Natur des Connossements, wenn er jene abweichende Bestimmung nicht aus dem Connossement, sondern aus einer Protest-Urkunde entnimmt, ohne auch nur festzustellen, daß das Connossement auf einen besonders erhobenen Protest verweist und letzterer mit ihm verbunden sei.

Hiernach unterliegt seine Entscheidung rücksichtlich des Frachtgeldes, soweit sie dem Imploraten mehr als das Zugestandene zuspricht, der Vernichtung. Denn sie beruht lediglich auf der unrichtigen Annahme, daß vermöge des Protestes für die Frachtberechnung nicht die im Connossement angegebene Gewichtsmenge entscheidend, die Fracht vielmehr von dem in Neufahrwasser wirklich ausgewogenen und abgelieferten (gelöschten) Quantum zu bezahlen sei. Es kann also unentschieden bleiben, ob der Appellrichter auch bei der Zurückweisung der Einreden des Imploranten gegen die Qualität der gelöschten Ladung und gegen das hierdurch gesteigerte Gewicht derselben die Art. 609 und 610 HGB unrichtig angewendet hat.

In der Sache selbst ergiebt sich die Entscheidung nach dem Dargelegten von selbst. Der Art. 658 versagt dem Imploraten eine höhere Fracht als die nach der Gewichtsangabe im Connossement zu berechnende. Denn nach der Charte-Partie und nach der auf sie verweisenden Bestimmung des Connossements war die Fracht von 8 Pfund Sterling für jeden eingenommenen Keel, also nach Gewicht, zu bezahlen. Und das Connossement besagt, daß 228 Chaldrons (= 28½ Keel) geladen sind. Es war also auf die Appellation des Klägers rücksichtlich der Fracht das I. Erkenntniß zu bestätigen.

In Frage könnte nur noch kommen, ob die Kenntniß des Empfängers des Connossements bei dessen Erwerbe davon, daß die Zeichnung „unter Protest“ sich auf einen separatim erhobenen Protest gegen das angegebene Gewicht der Ladung beziehe, seine Berufung auf die Gewichtsangabe im Connossement als eine dolose ausschließe. Diese Frage ist indeß zu verneinen. Zunächst wäre im vorliegenden Falle die exceptio doli nicht genügend substantiirt. Es ist nur versichert, die Ablader hätten bei der Uebersendung des Connossements dem Bekl. mitgetheilt, daß „der Protest des Klägers lediglich gegen die Gewichtsangabe gerichtet sei.“ Blos aus dieser Mittheilung konnte der Bekl. weder erkennen, daß außer dem Zusatze bei der Zeichnung ein besonders formulirter Protest erhoben worden, noch entnehmen, ob der Protest die Gewichtsangabe im Connossement als zu hoch oder als zu niedrig anfechte. Und selbst wenn der Bekl. letzteres angenommen hätte, so würde er, wenn er im Vertrauen auf die gesetzliche Vorschrift, welche einem so formulirten Zusatze bei der Connossementszeichnung — unbeschadet ihrer Wirksamkeit gegen den Ablader — die Geltung gegen den Empfänger versagt, das Connossement acquirirt hätte, nicht als in dolo versirend behandelt werden können.

Auch die Entscheidung des Appellrichters rücksichtlich des Liegetages beruht wesentlich auf der Bedeutung, welche er der Zeichnung des Connossements „unter Protest“ beilegt. Vermöge dieser Zeichnung — sagt er — sei das im Connossement angegebene Gewicht der Kohlen für den Imploraten nicht entscheidend gewesen, Implorat habe sich vielmehr dadurch „das Recht auf Verwiegung der Ladung bei der Löschung als ein selbständiges und kontrakliches vorbehalten“; deshalb komme es auf eine Usance, wonach in Danzig, wenn die Fracht nach eingenommenem Gewicht zu zahlen sei und der Empfänger das deklarirte Gewicht als richtig annehme,

Verwiegung nicht Statt finde, eben so wenig an, als auf den Umstand, daß im Danziger Privatverkehr die Abnahme von Kohlen nach Gewicht überhaupt nicht üblich sei*, und daß das Abwägen mehr Zeit und Geld erfordere, als die Abnahme nach Maaß. Deshalb ferner habe der Implorant für die Anstalten zum Wägen, insbesondere für eine Waage sorgen müssen, weil der Schiffer nur die Kosten der Ausladung aus dem Schiffe, alle übrigen Kosten der Löschung aber der Empfänger der Ladung zu tragen habe (Art. 594 HGB). Der Zeitverlust durch die Verzögerung der zur Ermittelung des Frachtanspruchs hiernach nothwendigen Verwiegung sei also vom Imploranten zu vertreten. — Diese ganze Argumentation steht und fällt mit dem Satze,

daß die „Zeichnung unter Protest" der Gewichtsangabe im Connossement die entscheidende Bedeutung für die Frachtberechnung genommen habe.

Dieser Satz verstößt, wie gezeigt, gegen Art. 658 HGB; also ruht auch die Entscheidung über den Liegetag auf nichtigem Grunde.

In der Sache selbst erweist sich der Anspruch auf Vergütung des Liegetages als unberechtigt. Wie oben gezeigt, bedurfte es zur Ermittelung der Frachtforderung des Klägers keiner Verwiegung der Ladung. Die Fracht gebührte ihm nur von dem im Connossement angegebenen Gewichtsquantum, wenn es ihm auch gelingen sollte, bei der Löschung ein stärkeres Quantum auszuwiegen und abzuliefern. Kläger bestand aber nur zur Erzielung einer höheren Frachtforderung auf der Verwiegung, und zwar obschon überhaupt im Privatverkehr in Danzig — wie zugestanden und durch die erstinstanzlich gehörten Zeugen nachgewiesen ist — die Abnahme von Kohlenladungen

* Aus diesem und dem folgenden Grunde hatte der I. Richter den Anspruch auf Vergütung eines Liegetages zurückgewiesen.

mittelst Wägens „ganz ungebräuchlich" ist, und obschon der Bekl. die Integrität der Ladung nicht bemängelte. — Nöthigte aber Kläger lediglich zur Behauptung eines unberechtigten Anspruchs und gegen den, bei der Löschung vorzugsweise entscheidenden, Ortsgebrauch

vgl. Art. 594, 596, 600 ff. HGB

den Bekl. zu einem kostspieligen und zeitraubenden Modus der Abnahme: so hatte nicht der Bekl., welcher sich nur auf das Uebliche und Gebräuchliche einzurichten hatte, die besonderen Veranstaltungen für die Ausführung jenes Modus zu treffen und die Verzögerung der Löschung zu vertreten, sondern der Kläger.

Dem Kläger also fällt es zur Last, daß am 30. Juni 69 wegen seiner Verweigerung der üblichen Löschung mittelst Maaßes überhaupt nicht, und daß am 1. Juli wegen Mangels einer Waage erst vom Mittag an gelöscht werden konnte. Die Zeit vom 1. Juli bis 14. Juli 69 enthält 12 Arbeitstage (nur an Arbeitstagen war nach dem Frachtvertrage zu löschen); am 15. Juli Vormittags ward die Löschung beendet; rechnet man diesen Vormittag an Stelle des versäumten Vormittags vom 1. Juli, so ist die Löschung in 12 Arbeitstagen bewirkt, d. h. innerhalb der Frist, welche bei der deklarirten Ladung von 28½ Keels und bei der kontraktpflichtigen Löschung von täglich 2½ Keels inne zu halten war. Selbst wenn man davon absehen will, daß nach dem Gutachten der in I. Instanz gehörten Experten die durch Verwiegen herbeigeführte Verzögerung „bei einer Ladung von annähernd 31 Keels mindestens 1 Tag beträgt", fällt dem Bekl. eine Ueberschreitung der kontraktlichen Löschzeit nicht zur Last.

Es war also auch in Ansehung des Liegegeldes auf die Appellation des Klägers das I. Urtel zu bestätigen.

## Nr. 35.

# Plenum. – Erkenntniß v. 17. Januar 1871 (Z.)

**Fränkel & Runge ./. Rübsamen & Remp** (Nr. 17 v. 1871).

**Preußen. Nichtigkeitsbeschwerde.**

I. Instanz: Stadtgericht Berlin,
II. Instanz: Kammergericht daselbst.

**Vertragsmäßige Unterwerfung unter ausländisches Recht. Kompromiß. Unrichtige Anwendung jenes Rechtes als Nichtigkeitsgrund.**

1. In dem Abkommen, daß ein Vertragsverhältniß zwischen den Parteien als „unter einem bestimmten, ausländischen Rechte geschlossen" gelten solle, liegt an sich nicht auch die Unterwerfung etwaiger Streitigkeiten unter das von jenem Landesrechte vorgesehene schiedsrichterliche Verfahren, namentlich wenn letzteres besondere, im Inlande fehlende, Einrichtungen voraussetzt, wie Art. 51 des Code de commerce.

HGB Art. 278.

2. Im Nichtigkeitsverfahren kann in solchem Falle, wo das fremdländische Recht nur als lex contractus gilt, dessen Anwendung oder Nichtanwendung nicht als Gesetzesverletzung gerügt werden.

Vgl. Nordd. PO Entw. § 808.

Die Parteien hatten, vor der Geltung des HGB, eine in Berlin unter ihnen bestandene Handelsgesellschaft aufgelöst und dabei vertragsmäßig bestimmt:

> In allen Fällen soll die materielle und formelle Giltigkeit des Vertrages lediglich so beurtheilt werden, als wenn dieser unter der Herrschaft des rheinisch-französischen Rechts geschlossen wäre.

Klägerin erhob bei dem persönlichen Richter der Bekl. Ansprüche aus dem gesellschaftlichen Verhältnisse, und Beklagte machten den Einwand, daß gemäß Art. 51 des Code de commerce der Streit nur schiedsrichterlicher Lösung zu unterwerfen sei.

Der I. Richter erachtete sich zur Entscheidung der Sache kompetent, weil jenes Abkommen auf den Gerichtsstand nicht zu beziehen sei; das II. Urtel lautete bestätigend, da in einer so allgemeinen Bezugnahme auf das französische Recht ein Kompromiß nicht gefunden werden könne, auch dabei und sonst der Weg nicht vorgezeichnet sei, wie das Schiedsgericht zu Stande kommen solle.

Vgl. Erk. des preuß. OTr IV. Sen. v. 2. Sept. 51, Striethorst Arch. B. 3 S. 48, und v. 8. Okt. 63, Entsch. B. 51 S. 351.

Die NktBschw der Bekl. ward zurückgewiesen.

## Gründe:

In der NktBschw wird zunächst geltend gemacht, der Angriff, die Einrede der Inkompetenz habe ungebührlich keine Berücksichtigung gefunden, und es sei hierdurch eine wesentliche Prozeßvorschrift (§ 5 Nr. 8 der preuß. Verordnung v. 14. Dez. 33) verletzt, unterliege der freien Beurtheilung.* Schon diese Behauptung kann als richtig nicht anerkannt werden. Es liegt ihr die irrthümliche Voraussetzung zum Grunde, von dem Bekl. sei die exceptio

* Der preuß. Nichtigkeitsrichter ist regelmäßig an den im angefochtenen Urtel als feststehend gegebenen Sachverhalt gebunden; ebenso nach Nordd. PO. Entw. § 821. Doch steht ihm, nach fester Praxis des OTr., eine freie Beurtheilung namentlich zu, wenn die Kompetenz des Instanzrichters (Präj. 1519; Erk. des IV. Sen. v. 27. Nov. 62, Strieth. Arch. B. 4 S. 88), die Zulässigkeit eines Rechtsmittels (Plenarbeschluß v. 9. Okt. 43; Erk. des II. Sen. v. 30. Jan. 68, Strieth. Arch. B. 70 S. 36) oder eine Verletzung der Grundsätze über rechtskräftige Vorentscheidung (Erk. d. IV. Sen. v. 15. April 58, Strieth. Arch. B. 29 S. 248) in Frage steht. Vgl. auch bezüglich der Erheblichkeit von Omissionen oben S. 99.

fori im Sinne der angeführten Gesetzesstelle erhoben. Keineswegs haben aber die Bekl. die Einrede der Unzuständigkeit des Gerichts I. Instanz auf Grund der die Zuständigkeit der verschiedenen Gerichte und die Gerichtsstände normirenden Gesetze vorgeschützt. Eine andere Präjudizialeinrede ist es, mit welcher sie der Klage entgegengetreten sind: die Einrede der Unzulässigkeit des gewöhnlichen Rechtsweges wegen eines die Parteien bindenden Schiedsvertrages, auf welche Einrede die Bestimmung § 5 Nr. 8 a. a. O. [über Vernichtung der Entscheidung eines gesetzlich nicht kompetenten Richters] sich nicht bezieht.

Allein auch bei freier Beurtheilung der ... Einrede kann dem Appellrichter, welcher dieselbe als unhaltbar verworfen hat, nur beigepflichtet werden. Im [oben mitgetheilten] § 5 des Vertrages v. 28. Sept. 60 findet der Einwand keine genügende Stütze. Die darin enthaltene Bestimmung läßt sich weder nach ihrem Wortlaute, noch nach der präsumtiven Absicht der Parteien dahin auslegen, daß Letztere die Anwendbarkeit der damaligen Bestimmungen des rheinisch-französischen Rechtes über das schiedsrichterliche Verfahren bei Streitigkeiten unter Handelsgesellschaftern (Art. 51 des rheinischen HGB) hätten vereinbaren wollen. Es kann dies um so weniger angenommen werden, als der Art. 51 a. a. O. seine wesentliche Ergänzung in anderweiten Bestimmungen findet, welche besondere, im Gebiet des preuß. Rechtes fehlende, Einrichtungen voraussetzen, so daß insbesondere für den vorliegenden Fall das schiedsrichterliche Verfahren schon deshalb unausführbar erscheint, weil der im Art. 55 a. a. O. für die Ernennung der Schiedsrichter vorgezeichnete Weg versperrt ist. Hieraus erhellt zugleich die Unerheblichkeit der in II. Instanz von den Bekl. aufgestellten Behauptung, das schiedsrichterliche Verfahren nach Maaßgabe des französischen Rechtes sei noch besonders mündlich vereinbart. Ganz richtig führt der Appellrichter aus, eine solche Uebereinkunft würde in einem wesentlichen Theile, nemlich in Hinsicht der Ernennung der Schiedsrichter, unvollständig, also unverbindlich, sodann aber auch wegen Mangels der schriftlichen Form ungiltig sein, in welcher letzten Rücksicht zu bemerken ist, daß die Nothwendigkeit der schriftlichen Form unleugbar ist, gleichviel ob die angebliche Vereinbarung als ein selbständiger Vertrag oder als mündliche Nebenabrede aufgefaßt wird (ALR Th. I Tit. 5 §§ 128, 131).

Noch weniger begründet sind die speziellen Angriffe, welche in der NktBschw gegen die Entscheidungsgründe des Appellrichters gerichtet werden.

Der Angriff, Art. 51 des rheinischen HGB sei durch Nichtanwendung verletzt, ist, wie schon aus Obigem erhellt, aber auch deshalb verfehlt, weil derselbe nach den Angaben der Bekl. nur durch Vertrag für anwendbar erklärt sein soll, also nur als lex contractus* in Betracht käme.

Der Vorwurf, es sei der Rechtsgrundsatz verletzt,

> der ... mit einem Hauptvertrage verbundene Kompromißvertrag bilde einen integrirenden Theil des Geschäftes,

ist unverständlich, zumal die Entscheidungsgründe nichts enthalten, was auf eine Verleugnung dieses angeblichen Rechtsgrundsatzes deutete ... Bei dem Vorwurf, der Appellrichter habe ungebührlich die Thatsache suppeditirt, daß die

* Auch die französische Jurisprudenz nimmt — gegen Carré, traité des lois etc. Th. VIII, 9. Regel über die Kompetenz des Kassationshofes — nicht an, daß die unrichtige Auffassung einer Vertragsurkunde, obwohl diese nach Art. 1134 des Code civil unter den Kontrahenten die Stelle des Gesetzes vertreten soll, im Kassationswege gerügt werden könne. Vgl. Schlink, Kommentar über die franz. Civil-PO B. I § 161; Perrot, Verfassung, Zuständigkeit und Verfahren der rheinpreußischen Gerichte Th. I § 196a S. 464 ff.

Parteien einen selbständigen Kompromiß-Vertrag geschlossen hätten, — ist schwer zu begreifen, wie darin eine Suppeditirung hat gefunden werden können, daß der Appellrichter die rechtliche Erheblichkeit einer Parteibehauptung, gerade so wie sie aufgestellt ist, seiner Prüfung unterzieht und für deren Unerheblichkeit sich entscheidet.

---

Nr. 36.

## Plenum. – Erkenntniß v. 17. Januar 1871 (3. Ref.)

E. Spiegel ./. Küper gen. Siepmann (Nr. 25 v. 1871).

**Preußen. Wechselsache. Revision.**

I. Instanz: Kreisgericht Bochum,
II. Instanz: Appellationsgericht Hamm.

**Abrede baar zu gewährender Wechseldeckung. Dolus des Ausstellers, als Wechselklägers.**
**Beweiskraft der Handelsbücher gegen einen Nichtkaufmann.**

1. Dem klagenden Wechselgläubiger steht die persönliche Einrede der Arglist entgegen, wenn und soweit er als Aussteller dem Bezogenen Deckung in baarem Gelde versprochen hat und, ohne dieser Zusage nachgekommen zu sein, Ansprüche aus dem Wechselaccepte geltend macht.

DWO Art. 23 Abs. 1 und 2, Art. 82.

Sic: 3. Plen.-Erk. v. 14. Febr. 71 in Sachen Briske ./. v. Stablewska, Nr. 58 v. 1871.

2. In Preußen ist die Beweiskraft der Handelsbücher gegen einen Nichtkaufmann nach richterlichen Ermessen, der Lage des Einzelfalles entsprechend, zu beurtheilen; aber niemals eine volle.

Preuß. Einf.-Ges. zum HGB v. 24. Juni 61, Art. 8.

Sind dabei Durchstreichungen in der Kladde von Bedeutung?

Vgl. HGB Art. 32.

Vorstehende Rechtssätze hat das OHG in einer preußischen Revisionssache, bei freier Beurtheilung des Sachverhalts (vgl. S. 9), ausgesprochen und angewendet, das angegriffene Appellurtel im Wesentlichen bestätigend.

**Gründe:**

Die vom Bekl. gegen den Anspruch der Klägerin aus dem Accepte v. 23. Juli 69 erhobene Einrede,

daß baare Valuta versprochen, aber nicht gezahlt sei,

ist an sich erheblich. Denn Parteien sind die ursprünglichen Kontraheuten, und würde die Klägerin als Trassantin des eingeklagten Wechels sich in dolo befinden, wenn sie die verschriebene Wechselsumme gegen den Bekl. als Acceptanten einklagte, ohne ihr diesem gegebenes Versprechen der Zahlung baarer Valuta erfüllt zu haben. Sie leugnet das auch selbst nicht, bestreitet vielmehr nur, ein solches Versprechen gegeben zu haben, und behauptet [ihrer Seits], daß dem Bekl. bei Ausstellung und Aushändigung des Acceptes die Valuta verabredetermaaßen — theils durch Rückgabe fälliger früherer Accepte, theils durch Waarenlieferung, bzw. Verrechnung auf Kosten und durch eine Baarzahlung von 255 Thlr. — vollständig berichtigt worden sei.

Die Entscheidung in der Hauptsache hängt von Entscheidung der aus jenem Einwande sich ergebenen Fragen ab:

ob die Ausstellung des eingeklagten Acceptes gegen das Versprechen der Zahlung baarer Valuta geschehen, und ob dieses Versprechen nicht erfüllt ist.

Mit Recht nimmt der Appellrichter bezüglich der ersten Frage soviel für bewiesen an, um den Bekl. über seine Behauptung zu einem Erfüllungseide zu verstatten, daß er den Klagewechsel dem Prokuristen der Klägerin gegen das Versprechen ausgehändigt habe, daß ihm die (volle) Valuta für denselben gezahlt werde ...

Nach den [vorher eingehend erörterten] Ergebnissen der

Beweisaufnahme erscheint das Verhalten der Klägerin, bzw. ihres Prokuristen keineswegs der Art, daß ihr ein Eid zur Widerlegung der (fraglichen) Einrede anvertraut werden könnte.

Darin vermag auch der Inhalt ihrer Handelsbücher nichts zu ändern. Dieselben sind im Termine ... vorgelegt und, nach Annahme des Richters I. Instanz, bis auf zwei Erinnerungen gegen die Kladde ordnungsmäßig befunden. Jene Mängel sind ohne wesentliche Bedeutung. Es haben sich in der Kladde vielfache Durchstreichungen vorgefunden, und ist dieselbe nicht vollständig foliirt gewesen. Art. 32 HGB erwähnt nur solche Durchstreichungen, durch welche der ursprüngliche Inhalt unleserlich gemacht wird; daß dieses der Fall, läßt die (Termins-) Verhandlung nicht ersehen, und ist das auch nirgends behauptet. Der Mangel der Seitenzahlen in der Kladde ist vom I. Richter als ein wesentlicher, die Glaubwürdigkeit der Bücher überhaupt beseitigender, nicht angesehen und dafür auch bei der Ordnungsmäßigkeit der Bücher im Uebrigen kaum zu betrachten.

Nach den, unter sich völlig übereinstimmenden, Eintragungen in den Büchern ist nun allerdings die Valuta für den Wechsel v. 23. Juli 69 in der jetzt von der Klägerin angegebenen Art an demselben Tage berichtigt, nur ist — [wie demnächst thatsächlich dargelegt wird] — an jenem Tage nicht eine Summe von 255 Thlrn. sondern nur von 235 Thlrn. baar gezahlt worden. Nach Art. 8 des [preuß.] Einf.-Ges. zum HGB v. 24. Juni 61 sind die Handelsbücher der Kaufleute bei Streitigkeiten gegen Nichtkaufleute für sich allein zur Erbringung des Beweises nicht hinreichend, sondern nur zur Unterstützung anderer Beweise geeignet, und hat der Richter nach freiem Ermessen zu entscheiden, in wie weit der einen oder andern Partei ein Eid aufzuerlegen. Nach den obigen Ermittelungen entstehen aber gegen die Richtigkeit jener Eintragung in die Handelsbücher der Klägerin insofern die erheblichsten Bedenken, als die Berichtigung der Valuta des Wechsels v. 23. Juli 69 keineswegs — worauf die Eintragungen lauten — an jenem Tage in der angegebenen Weise bewirkt ist. Es wird dann aber auch aus den Eintragungen in die Handelsbücher kein Beweis dafür entnommen werden können, daß die Valuta verabredetermaaßen durch Verrechnung auf ältere fällige Wechsel und andere Forderungen und nicht [lediglich] durch baare Zahlung berichtigt werden sollte.

Zu Alledem tritt noch, daß Klägerin nicht aus eigener Wissenschaft, sondern nur de ignorantia zu schwören vermag, in welcher Weise die Berichtigung der Valuta zwischen ihrem Prokuristen und dem Bekl. verabredet worden.

Ist hiernach auch die Entscheidung des Appellrichters gerechtfertigt, insoweit Beklagter zu einem Eide [über das behauptete Versprechen des Prokuristen der Klägerin] verstattet worden: ... so ... hat der Richter (doch) übersehen, daß Klägerin behauptet, auf den Wechsel 255 Thlr. baar bezahlt zu haben. Nur insoweit Klägerin das Versprechen der Zahlung baarer Valuta nicht erfüllt hat, würde sie auch zur Einklagung des Wechsels nicht berechtigt sein. Nach ihrer eigenen Behauptung hat sie die Valuta, bis auf ... 255 Thlr., durch Verrechnung auf ältere fällige Wechsel des Bekl. und andere Forderungen berichtigt. Bis auf diesen Betrag ist somit der Anspruch der Klägerin aus dem Wechsel, im Falle der Leistung jenes Eides Seitens des Bekl., unbegründet und insoweit zurückzuweisen. Was nun aber jenen Betrag ... anbetrifft, so ergeben die Eintragungen in die Handelsbücher der Klägerin, daß nicht 255 Thlr., sondern nur 235 Thlr. gezahlt sind ...

Diese Summe von 235 Thlrn. will Beklagter früher erhalten und darüber einen besondern Wechsel ausgestellt haben. Es ist von beiden Seiten Beweis angetreten. Inwiefern die Annahme des Appellrichters begründet ist, daß der Beweis der Zahlung der 235 Thlr. der Klägerin obliegt, kann dahin gestellt bleiben; denn das vorliegende Beweismaterial führt jedenfalls dahin, daß auch über diesen Punkt dem Bekl. ein Eid anzuvertrauen war, und zwar darüber, daß ihm auf die Valuta des Klagewechsels 235 Thlr. nicht gezahlt worden.

Schwört der Bekl. den ersten Eid nicht, dann (ist) sein Einwand beseitigt, daß ihm auf den Wechsel die verschriebene Summe baar gezahlt werden sollte, (und) seine unbedingte Verurtheilung ... auszusprechen ... Kläger behauptete — jene (Einrede) bestreitend —, daß verabredeter Maaßen die Valuta durch Verrechnung 2c. berichtigt sei, (und wurde hierüber in I. Instanz zum Erfüllungseide verstattet). Es ist aber in dieser Replik nur ein Negiren der Behauptung des Bekl. zu finden; denn Klägerin hatte einen Beweis, wie die Valuta gezahlt werden sollte, nicht zu führen, ihr Anspruch war durch den anerkannten Wechsel vollkommen begründet, ihre Replik ging nur darauf hinaus, den Einwand des Bekl. zu widerlegen ... Der II. Richter verstattete den Bekl. zum Erfüllungseide. Leistet der Bekl. diesen Eid nicht, dann fällt seine Einrede, und es bedarf nicht noch des ... [in I. Instanz der Klägerin zuerkannten] Eides, (welcher) allein zur Widerlegung desselben Einwandes des Bekl. dienen sollte und fortfallen mußte, als Letzterem [in II. Instanz] ein Ergänzungseid anvertraut wurde. Es war demgemäß im Falle der Nichtableistung dieses Eides der Bekl. unbedingt zur Zahlung der verschriebenen Wechselsumme nebst Zinsen und Kosten zu verurtheilen und auch insoweit das AppErk. zu ändern.

## Nr. 37.

# Plenum. – Erkenntniß v. 24. Januar 1871 (Z.)

**Frau Hildebrandt ./. Moser** (Nr. 6 v. 1871).

**Preußen.** **Nichtigkeitsbeschwerde.**

I. Instanz: Stadtgericht Berlin,
II. Instanz: Kammergericht daselbst.

**Fixgeschäft. Keine Erfüllungsklage des säumigen Käufers. Buchhalter als Vertreter des Prinzipals.**

**1. Bei einem Fixgeschäfte (im Sinne des Art. 357 HGB) hat der säumige Käufer durch seinen Verzug jeden Rechtsanspruch auf Vertragserfüllung eingebüßt.**

HGB Art. **354—357.**

**2. Ist ein Buchhalter, der an sich nur als Gehilfe im Handelsgewerbe fungirt, zur Prolongirung eines für den Prinzipal in dessen Auftrage geschlossenen, Börsenpapiere von schwankendem Kurse betreffenden Fixgeschäftes für ermächtigt zu halten?**

HGB Art. **36, 57, 58, 47.**

Klägerin verlangt aus einem Fixgeschäfte die Lieferung von 50 Stück „Lombarden" — Stamm-Aktien der österreichischen südlichen (lombardischen) Staatsbahn, welche lange Zeit für Börsenspekulationen besonders beliebt waren — zu einem bestimmten, am 1. Juli 67 vereinbarten Preise. Sie hat den Ankauf im Geschäftslokale des bekl. Banquiers mit dessen Buchhalter Stein abgeschlossen, und der s. g. Stichtag ist nach mehrfachen Prolongirungen schließlich auf ultimo November 67 festgesetzt gewesen. Dem Einwande, daß sie damals die Aktien vertragswidrig nicht abgenommen habe, begegnet Klägerin durch die Behauptung, daß sie am 28. oder 29. Nov. mit jenem Buchhalter eine neue Prolongation bis Ende Dez. 67 verabredet habe. Beklagter erkennt dieses letzte Abkommen als ihn verbindend nicht an, und Klägerin ist demzufolge in zwei Instanzen abgewiesen worden. Ihre Gesetzes-Verletzung rügende NktBschw. bleibt ohne Erfolg.

**Gründe:**

Der Appellrichter nimmt an,
daß der unter den Parteien abgeschlossene Kaufvertrag ein Fixgeschäft im Sinne des Art. 357 HGB sei,
daß am 30. Nov. 67 ... Klägerin sich zur Abnahme der Aktien beim Bekl. nicht eingefunden habe, also in Verzug gekommen sei und deshalb die Erfüllung des Vertrages nach dem Art. 357 nicht mehr fordern könne.

Diese rechtliche Ausführung steht — vorausgesetzt, daß Klägerin in Verzug gekommen ist, — mit Art. 357 im Einklang, wonach der säumige Käufer gegen den Verkäufer überall keinen rechtlichen Anspruch auf Erfüllung hat.

Die Klägerin hat nun die Annahme des Appellrichters, daß sie in Verzug gekommen sei, unter Berufung auf die bis ultimo 67 gehende, übrigens vom Bekl. bestrittene, nochmalige Prolongation als rechtsirrthümlich angefochten. (Der II.) Richter (erwägt nemlich):

„Stein habe als Buchhalter, also Handlungsgehilfe im Sinne des Art. 57 HGB, keine seinen Prinzipal verbindende Vereinbarung mit der Klägerin, wodurch die Lieferung, Abnahme und Zahlung auf einen späteren Tag verlegt worden, treffen können, da er keinen Auftrag des Bekl. dazu gehabt habe. Selbst die eigene Erklärung des Bekl., daß Stein für ihn die (sonstigen) Geschäfte mit der Klägerin abgeschlossen habe, sei als unzureichend zu betrachten, da ein ausdrücklicher Auftrag zum

Abschlusse der Prolongation darin nicht gefunden werden könne, zumal dieselbe entschieden gegen den Willen des Bekl. gelaufen sei." — In dieser Ausführung soll, wie die Klägerin auszuführen sucht, eine Verletzung des Art. 58 des HGB liegen, indem, wenn Stein für den Bekl. die fraglichen Geschäfte mit der Klägerin abgeschlossen habe, ein ausdrücklicher Auftrag zur Prolongation nicht erforderlich gewesen sei, Stein vielmehr nach dem Art. 58 als Handlungsbevollmächtigter anzusehen, und deshalb die Behauptung, daß eine neue Prolongation bis Ende 67 erfolgt sei, zu berücksichtigen gewesen sei. — Es kann dahingestellt bleiben, ob nicht die Beschwerde — wie Implorat auszuführen sucht — schon deshalb als hinfällig zu erachten, weil der Appellrichter nicht festgestellt habe, daß Stein Handlungsbevollmächtigter des Bekl. gewesen sei, da auch abgesehen hiervon die Beschwerde zurückzuweisen ist. Nach Art. 47 HGB ist allerdings auch derjenige als Handlungsbevollmächtigter anzusehen, welchen ein Prinzipal zu einem einzelnen Geschäfte in seinem Handelsgewerbe bestellt; Stein würde also Handlungsbevollmächtigter des Bekl. gewesen sein, wenn dieser ihn zum Abschlusse des Kaufvertrages mit der Klägerin über die 50 Stück Lombarden bestellt. Allein eine solche Vollmacht erstreckt sich nach dem Art. 47 nur auf solche Rechtshandlungen, welche die Ausführung eines derartigen Geschäfts gewöhnlich mit sich bringt. Die Ausführung des Appellrichters ist nun, wenngleich derselbe den Art. 47 nicht citirt, dahin aufzufassen, daß die Vollmacht des Buchhalters Stein, wenn dieser auch vom Bekl. zum Abschlusse des Kaufvertrages über die Lombarden mit der Klägerin bevollmächtigt gewesen sei, nicht auf ein so bedenkliches Geschäft, wie die Prolongation eines Kaufgeschäfts über Werthpapiere von so schwankendem Kurse, wie die Lombarden, zu erstrecken sei, zumal Beklagter bereits seinen Willen, nicht weiter zu prolongiren, ausgesprochen habe. Diese Argumentation bekämpft Klägerin vergeblich mit der Behauptung, daß der Art. 58 HGB verletzt sei, welcher nur bestimmt, daß wenn ein Handlungsgehilfe von dem Prinzipal zu Rechtsgeschäften in dessen Handelsgewerbe beauftragt werde, die Vorschriften über Handlungsbevollmächtigte Anwendung finden. Der Angriff trifft nicht die, nach Art. 47 zu entscheidende, Hauptfrage, auf welche Rechtshandlungen die Handlungsvollmacht sich erstreckt, ob sie namentlich zur Abschließung eines Prolongationsvertrages ermächtigte. Die Beschwerde ist daher als eine verfehlte zurückzuweisen.

Wenn hiernach der Hauptgrund des Appellrichters, daß Klägerin, da sie am 30. Nov. 67 die Lombarden nicht abgenommen habe, also in Verzug gekommen sei, die Erfüllung des Kaufvertrages nicht fordern könne, nicht mit Erfolg angefochten ist: so können die Angriffe gegen den eventuellen Grund, welchen der Appellrichter daraus entnommen hat, daß Klägerin nicht (nach Vorschrift des Art. 357) unverzüglich nach Ablauf der Zeit dem Bekl. angezeigt, daß sie Erfüllung des Vertrages verlange, unerörtert bleiben; da wenn auch dieser event. Grund sich als unrichtig ergeben möchte, die angefochtene Entscheidung immer durch den Hauptentscheidungsgrund getragen werden würde.

---

## Nr. 38.

## Plenum. — Erkenntniß v. 24. Januar 1871 (Ref.)

**Johannsen & Lanscheit ·/· Feldheim** (Nr. 28 v. 1871).

**Preußen.** **Revision.**

I. Instanz: Stadtgericht Königsberg i. P.
II. Instanz: Ostpreußisches Tribunal daselbst.

**Formfreiheit der Verträge, die nur von einer Seite Handelsgeschäfte sind. Interessirter Zeuge.**

1. Die Formfreiheit aller Verträge in Handelssachen findet auch auf Rechtsgeschäfte, die nur auf der Seite eines Kontrahenten Handelsgeschäfte sind, Anwendung.

HGB Art. 277, 317; vgl. 273, 274.

Sic: v. Hahn, Komm. zu Art. 317 § 1, B. II S. 140, 141.

2. Kann der klagende Cessionar sich auf das Zeugniß des Cedenten berufen?

Vgl. Rechtsfälle Nr. 15, oben S. 81, und Nr. 23, S. 110 ff.

Die bekl. Firma schuldete dem H. aus empfangenem Darlehn 2000 Thlr., fällig seit 20. Juni 68 und mit 6% verzinsbar. Mit Rücksicht auf bei ihr obwaltende Zahlungsverlegenheiten kam dieselbe im Frühjahr 69 — angeblich — mit H. mündlich überein, daß ihre Schuld in zehn gleichen Jahresraten, jedesmal am 1. Okt., berichtigt werden sollte; auch empfing H., ohne den ursprünglichen Schuldschein v. März 68 zurückzugeben, zehn von der Bekl. unterschriebene, je über 200 Thlr. lautende Wechsel, in denen jedoch Ort und Zeit der Ausstellung offen gelassen war.

Im Oktober 69 erfolgte eine Abzahlung, und H. cedirte dann seine Forderung dem Kläger, welcher — unter Offerirung der Wechsel, die schon H. zurückzugeben versucht hatte — den Darlehnsanspruch aus dem Schuldschein auf Höhe von 600 Thlr. geltend macht. Die Bekl. berief sich auf vorgedachtes Abkommen und erstritt für den Fall, daß dieses durch einen Parteieid festgestellt werde, in I. Instanz die Abweisung des Klägers. In II. Instanz wurde die Bekl. unbedingt verurtheilt, weil der Richter nach ALR die mündliche, nicht von beiden Seiten erfüllte (vgl. S. 63 n.) Abrede für unverbindlich ansah.

Auf Revision der Bekl. erkannte das OHG, bei eingehender Prüfung der Sachlage, daß das I. Erkenntniß wieder herzustellen.

**Gründe:**

In keinem Falle erscheint die Ansicht des [Appell]richters begründet,

> daß in der Ausstellung und Hingabe der Wechsel seitens der Schuldner und in der Annahme jener Wechsel seitens des Gläubigers eine Tilgung der ursprünglichen Darlehnsschuld durch Umschaffung (Novation) *deshalb* nicht zu finden sei, weil es zur Giltigkeit einer solchen Verabredung nach ALR Th. I Tit. 5 § 131, 134 der *schriftlichen* Form bedurft habe.

Jenes *Darlehns*geschäft war unzweifelhaft auf *Seiten der Schuldnerin* ein *Handels*geschäft: das Darlehn war von der [offenen] Handelsgesellschaft J. u. L. kontrahirt und auch der Schuldschein über die 2000 Thlr. unter der Firma ausgestellt — HGB Art. 274 —; nach Art. 277 kommen daher in Beziehung auf *beide* Kontrahenten die Bestimmungen des IV. Buchs gleichmäßig zur Anwendung; nach Art. 317 ist aber die Giltigkeit der *Verträge* bei *Handels*geschäften durch die *schriftliche* Abfassung *nicht* bedingt. Die vom Appellrichter allegirte Bestimmung des ALR kommt nicht zur Anwendung.

Im Uebrigen kommt es aber wesentlich gar *nicht* darauf an, *ob* in dem fraglichen Abkommen zwischen dem Gläubiger H. und der verklagten Firma als Schuldnerin die Erfordernisse einer *Angabe an Zahlungsstatt* oder *Novation* zu finden sind; erheblich erscheint vielmehr nur, ob eine solche *Vereinbarung* zwischen Gläubiger und Schuldnerin *wirklich getroffen* ist. Jedenfalls wäre darin eine völlig *rechtsverbindliche* und *vollkommen giltige Abrede* über die Art der Tilgung jener ursprünglichen Darlehnsschuld zu finden. Für die Entscheidung des gegenwärtigen Prozesses macht es keinen

Unterschied, ob in der Abrede die Merkmale einer Angabe an Zahlungsstatt, Novation oder eines Vergleichs im Allgemeinen enthalten sind. Entscheidend ist, daß darnach die ... fällige ... Darlehnsschuld ... in Raten ... berichtigt werden sollte, und daß darüber Wechsel [deren Zahlungszeiten an die Stelle des ursprünglich bestimmten Termins traten] ausgestellt und angenommen worden. Ohne gesetzlichen Grund und wider den Willen des anderen Theils würde kein Theil von diesem Abkommen wieder abgehen dürfen; Kläger als Cessionar des Gläubigers muß sich nach § 407 I 11 ALR alle Einwendungen entgegen setzen lassen, die dem Gläubiger selbst entgegen stehen, und somit auch den Einwand des Vergleichs auf Grund des beregten Abkommens. Er hat nun aber nicht einmal behauptet, gesetzlich befugt zu sein, von dem Abkommen wiederum abzugehen; er leugnet nur das Zustandekommen desselben. Sein Cedent H. soll die Vergleichs-Offerte der Bekl. nicht genehmigt und die Wechsel nur genommen haben, um sich zu erkundigen, ob sie ihm Sicherheit gewährten. Dem steht indeß die Zeugenaussage [des M.] entgegen. Zwar macht Kläger dawider geltend, daß die Wechsel [weil unvollständig] ungiltig seien ... Dadurch würde indeß das Abkommen selbst noch keineswegs ungiltig. H. hat die Wechsel in der vorliegenden Form angenommen und würde vielleicht die Erfüllung des Vergleichs durch Ausstellung vollständigerer Wechsel oder Ergänzung der gerügten Mängel verlangen können. — Wird somit das Zustandekommen des Vergleichs erwiesen: so würde H. und ebenso Kläger als dessen Cessionar immer nur ratenweise Zahlung der 2000 Thlr., und zwar 200 Thlr. jährlich, zu verlangen berechtigt und somit der allein auf den ursprünglichen Schuldschein ... und die danach eingetretene Fälligkeit gegründete [Klage-] Anspruch ... nicht begründet sein ...

[Bezüglich der Beweisführung erwog das OHG

noch]: Zeuge M. war zur Zeit seiner Vernehmung der neue Gesellschafter des [als Liquidator der bekl. Firma für diese im Prozesse aufgetretenen Louis] J., er hatte indeß nach seiner Deposition die Schulden der früheren Gesellschaft J. u. L. nicht übernommen; es war zwischen ihm und (Louis) J. eine neue Gesellschaft gegründet*, welche übrigens zur Zeit der Vereidigung des Zeugen auch schon wieder aufgelöst war. Jedenfalls war sein Interesse an der Vermögenslage seines Socius J. so entfernt, daß dadurch allein seine Glaubwürdigkeit nicht geschwächt werden kann ...

Auch der Versuch, das Zeugniß des M. durch Berufung auf H. zu beseitigen, kann kein Resultat gewähren. H. ist Cedent des Klägers und stellt mit diesem in sofern eine Person dar, kann somit der Bekl. gegenüber als Beweiszeuge nicht gelten.

---

Nr. 39.

## Plenum. – Erkenntniß v. 24. Januar 1871 (Z.)

**Steiner ·/· Canne** (Nr. 38 v. 1871).

**Preußen. Wechselsache. Nichtigkeitsbeschwerde.**

I. Instanz: Stadtgericht Breslau,
II. Instanz: Appellationsgericht daselbst.

**Legitimation des Wechselgläubigers. Zusammenhang der Giroreihe. Protest eines Unbefugten. Durchstreichen der Giri.**

1. Nur der durch eine zusammenhängende Reihe von Indossamenten als Eigenthümer legitimirte Wechselinhaber ist befugt, Zahlung zu fordern und Mangels derselben Protest erheben zu lassen.

DWO Art. 36, 41, 48, 50.
Hartmann, DWR S. 356.

* Vgl. Rechtsfall Nr. 26, oben S. 127.

**2. Eine Protesterhebung von Seiten eines nicht (nach Art. 36 DWO) gehörig legitimirten Wechselinhabers ist zur Begründung der Wechselregreßklage ungeeignet.**

DWO Art. **41**, **50**, **54**, **88** Nr. 2.

**3. Die bei der Protesterhebung mangelnde Legitimation des Wechselgläubigers zur Zahlungspräsentation kann mittelst nachträglichen Durchstreichens von Indossamenten nicht wirksam hergestellt werden.**

DWO Art. **36**, **55**.

Art. 55 DWO bezieht sich nur auf bereits gehörig präsentirte und protestirte Wechsel, die im Regreßwege von einem Indossanten eingelöst werden.

Kläger beansprucht als letzter Indossatar vom Wechselaussteller Zahlung, wird aber in I. und II. Instanz abgewiesen, weil er nicht durch eine zusammenhängende Giroreihe als Eigenthümer des Klagewechsels legitimirt erscheine, mithin zur Protesterhebung nicht berechtigt gewesen, die Tratte also präjudizirt sei. Ein mögliches Durchstreichen zweier Giri, auf dessen Zulässigkeit sich Kläger behufs nachträglicher Herstellung seiner Legitimation berief, ward vom Appellrichter ungeeignet befunden, den bei der Präsentation und Protestirung des Wechsels erkannten Mangel wirksam zu beseitigen.

Die NktBschw. des Klägers, welche Verletzung der Art. 36, 41, 55 DWO behauptete, ist zurückgewiesen worden.

**Gründe:**

Der Acceptant, welchem ein Wechsel zur Zahlung präsentirt wird, hat die Legitimation des Präsentanten als Eigenthümer des Wechsels zu prüfen. Als solcher ist nur derjenige Inhaber eines indossirten Wechsels anzusehen, welchen — abgesehen von Blancogiri — eine zusammenhängende, bis auf ihn herunter gehende Reihe von Indossamenten legitimirt; — Art. 36 DWO. — Dem Imploranten fehlte bei der Präsentation v. 10. Oct. 70 diese Legitimation. Denn die Giroreihe, soweit sie in Betracht kommt, lautete und lautet noch jetzt (hinter einem Blanco-Indossament):

Für mich an die Ordre der Gebr. Sch.

J. Jungmann.

Für uns an die Ordre der Königl. Bank.

Gebr. Sch.

Inhalt empfangen.

Königl. Bank-Kasse.

An Ordre Herrn T. Steiner. Werth erhalten.

J. Jungmann.

Diese Reihe war also nicht zusammenhängend. Dem Giro des J. Jungmann auf den Kläger ging ein anderes der Gebrüder Sch. nicht auf Jungmann, sondern auf die Bank voran. Um Kontinuität herzustellen, hätte also das letzte Giro von der Bank, nicht von Jungmann, ertheilt sein müssen. Dem Acceptanten stand deshalb in der Person des Klägers nicht ein legitimirter Präsentant und Zahlungsforderer gegenüber. Die diesem Präsentanten widerfahrene Nichtzahlung ist folglich nicht diejenige, welche nach Art. 41 DWO den Regreß begründet, bzw. erhält.

Dagegen beruft sich die NktBschw. auf Art. 55 a. a. O. An Jungmann, den Autor des Klägers, — so deduzirt sie — sei der Wechsel zurückgekommen durch Einlösung, das zeige der Besitz des Wechsels in seiner Hand vor der Begebung an den Kläger; Jungmann habe sein Giro und das der Gebrüder Sch. durchstreichen dürfen, diese Befugniß aber habe er kraft seines Giros auf den Kläger übertragen.

Diese Argumentation, selbst wenn sie in ihrer letzten Folgerung richtig wäre, erschüttert nicht den Abweisungsgrund des Appellrichters..

Allerdings darf nach Art. 55 ein Indossant, der im Regreßwege einen seiner Nachmänner befriedigt, also einen gehörig präsentirten und protestirten Wechsel eingelöst hat, sein eigenes und seiner Nachmänner Indossament ausstreichen. Er erscheint auch ohne diese Durchstreichung — vermöge des Besitzes der Tratte und des Protestes — seinerseits zum Regreß und zur Belangung des Acceptanten legitimirt;* und unentschieden kann bleiben, ob er ohne die Durchstreichung im Stande ist, einen solchen rückläufigen Wechsel wirksam zu begeben. Aber im vorliegenden Falle handelt es sich um eine Tratte, die nicht im Regreßwege eingelöst, sondern von einem Indossanten durch Befriedigung eines seiner Nachmänner wiedererworben war und zur Erlangung des Regresses dem Acceptanten erst präsentirt werden mußte. Für die Legitimation zu dieser Präsentation entscheidet Art. 36; und dieser — indem er für den Präsentanten eine zusammenhängende, bis auf ihn heruntergehende Reihe von Indossamenten fordert — bestimmt zwar, daß ausgestrichene Indossamente bei der Legitimations-Prüfung als nicht vorhanden anzusehen, er besagt aber nicht, daß Indossamente, welche vermöge bestimmter Beziehungen einzelner Indossanten zu einander hätten ausgestrichen werden können, jedoch nicht ausgestrichen sind, als nicht geschrieben gelten sollen. Mit anderen Worten: er verlangt eine formale, aus dem Wechsel selber ablesbare Kontinuität der Indossamente, nicht aber obtrudirt er dem Präsentaten eine schwierige, aus der materiellen Rechtsstellung einzelner Giratare zu entscheidende, Prüfung der Frage, ob stehen gebliebene Giri von dem Präsentanten oder seinem „Autor" hätten vernichtet werden dürfen.

Ob sich diese Sätze dann modifiziren, wenn eine Quit-

* Vgl. Borchardt, ADWO Zus. 344 S. 219, Zus. 348 S. 221; Hartmann, DWR S. 357 f.

tung des letzten Giratars auf dem Wechsel einen Vormann als Zahlungsleister benennt, und dieser Vormann sodann ohne Durchstreichung der Nachindossamente den Wechsel begiebt, — diese Frage* kann für gegenwärtige Entscheidung auf sich beruhen.

---

Nr. 40.

## Plenum. – Erkenntniß v. 31. Januar 1871 (Z.)

**Kalisch & Co. ·/· Crotzig & Pamp** (Nr. 51 v. 1871).

**Preußen.** **Nichtigkeitsbeschwerde.**

I. Instanz: Stadtgericht Breslau,
II. Instanz: Appellationsgericht daselbst.

**Legalisirung der Schriftsätze dritter Instanz nach preußischem Prozeßrechte.**

Auch in den aus Preußen an das OHG gelangenden Handelssachen III. Instanz steht jedem norddeutschen (vom 1. Juli 71 ab jedem deutschen) Anwalt (bzw. fest zugelassenen Advokaten) das Recht zu, die erforderlichen Schriftsätze zu fertigen und zu legalisiren, auch wenn letztere bei dem Ober-Tribunal oder dem OAppGer. zu Berlin landesgesetzlich einzureichen sind.

Bundesgesetz vom 12. Juni 69 § 1, 10, 12, 13, 16, 18.

Sic: Z.-Plen.-Erk. v. 31. Jan. 71 in Revisionssachen Kalisch & Co. ·/· Ryberg & Aberg, aus Breslau; Z. Plen.-Erk. vom 13. Dez. 70 in der oben S. 92 mitgetheilten Revisionssache aus Cassel; (feste Praxis des OHG).

Nach preußischem Prozeßrechte dürfen Rechtsmittelschriften, welche die Einführung einer NktBschw. oder Revision bei dem obersten Landesgerichtshofe bezwecken, nur von

* Vgl. Borchardt, ADWO Zus. 346 S. 220, Zus. 352 S. 227.

den beim OTr. zu Berlin angestellten Rechtsanwalten gefertigt werden.

Preuß. Verordnung v. 21. Juli 46 § 23, d.

Preuß. Verordnung v. 24. Juni 67 § 61 Abs. 2, 65.

Der § 10 des BdGes. v. 12. Juni 67 giebt dagegen, nach einem bei dritter Lesung des Entwurfs vom Reichstags-Abgeordneten Dr. Bähr gestellten Antrage, die Advokaturpraxis beim OHG, einschließlich der zur Instruktion der Rechtsmittel dienenden Handlungen, frei (vgl. oben S. 22, 23).

Demzufolge reichte in einer prozessualischen Handelssache (vgl. oben S. 11, n.) ein Breslauer Rechtsanwalt die von ihm selbst gezeichnete NktBschw. dem OTr. zeitig ein. Das OTr., IV. Sen., befand darauf unterm 3. Nov. 70 (Sache 3337 v. 70).

Da es nach § 10 BdGes. v. 21. Juni 69 zweifelhaft ist, ob in denjenigen Handelssachen, in welchen das Rechtsmittel in Gemäßheit des § 18 daselbst von dem OTr. zu instruiren ist, außer den Anwalten des OTr. andere, in den norddeutschen Bundesstaaten zur gerichtlichen Praxis fest zugelassene Rechtsanwalte NktBschw., bzw. Revisions-Rechtfertigungen anzufertigen berechtigt sind: so wird die NktBschw., obschon sie nicht von einem Anwalt des OTr., sondern von dem Rechtsanwalt L. in Breslau konzipirt ist, vorläufig zugelassen und der Beschluß, ob das Rechtsmittel für gewahrt zu erachten, dem Erk. vorbehalten. —

Das OHG befand die NktBschw. für formgerecht eingelegt.

**Gründe:**

Obwohl die Einführungs- und Rechtfertigungs-Schrift der NktBschw. nicht — in Gemäßheit des § 23 der Verordnung v. 21. Juli 46 — von einem beim kgl. OTr. angestellten Rechtsanwalt, sondern von dem Rechtsanwalt

L. zu Breslau unterzeichnet ist, hat das OHG aus den dem Urtel v. 29. Nov. 70 in Sachen Diedrichsen ./. Ratze, Nr. 48 v. 70, [aus Kiel] unterliegenden, auch für die beim kgl. preuß. OTr. instruirten Rechtssachen zutreffenden Gründen* angenommen, daß nach § 10, 18 des BdGes. v. 12. Juni 69, BdGesBl. Nr. 22, das Rechtsmittel gewahrt sei.

In der Sache selbst war die NktBschw. zurückzuweisen rc. —

* In dem angezogenen 3. Plen.-Erk. v. 29. Nov. 70 wurde die von einem Kieler Rechtsanwalt gefertigte, dem OAppGer. zu Berlin überreichte NktBeschw. stillschweigend zugelassen und lediglich ihre sachliche Bedeutsamkeit erörtert. Der damals gefaßte präjudizielle Beschluß des OHG ergab sich nur indirekt daraus, daß der Urtelstenor das Rechtsmittel nicht als „nicht gehörig eingeführt" verwarf. Die Motive dieser Beschlußnahme sind — nach einer Mittheilung des Referenten in Goldschmidt's Ztschr. für das gesammte Handelsrecht, B. 16 S. 271 — folgende gewesen:

Nach der für die neuen preuß. Provinzen [mit Ausnahme von Frankfurt a. M. und Hannover] erlassenen kgl. preuß. Prozeßverordnung v. 24. Juni 67 wird das Rechtsmittel der NktBeschw. bei dem OAppGer. in Berlin, als dem höchsten Gerichtshofe für die neuen Provinzen, instruirt, und es können die Schriftsätze, welche eine NktBeschw. einführen sollen, nur von den beim OAppGer. angestellten Anwalten gefertigt werden. Nach § 18 des BdGes. v. 12. Juni 69 soll auch in den zur Zuständigkeit des OHG gehörenden Holsteinischen [u. Nassauischen, bzw. Casseler] Sachen die Instruktion der NktBeschw. bei dem OAppGer. in Berlin erfolgen, und zwar in derselben Weise, als wenn das OAppGer. auch für die Entscheidung zuständig wäre. Aus dem § 18 läßt sich also füglich ein Zweifel gegen die fragliche Befugniß des Anwalts in Kiel entnehmen. Dieser Zweifel erledigt sich aber durch § 10 des BdGes.

Zwar ging die Intention des dem Reichstage vorgelegten Gesetzentwurfs, betr. die Errichtung eines obersten Gerichtshofes für Handelssachen, unzweifelhaft dahin, daß im fraglichen Falle die Prozeßschriften III. Instanz nur von den beim höchsten Landes-Gerichtshofe (hier also beim OAppGer. zu Berlin) angestellten Anwalten gefertigt werden sollten; dem entsprechend enthielt auch § 10 jenes Entwurfs nur die Bestimmung:

> zur Praxis beim OHG sind alle in einem Staate des norddeutschen Bundes zur gerichtlichen Praxis bei einem oberen Gerichte zugelassenen Rechtsanwalte und Advokaten berechtigt.

In der Sitzung des Reichstags v. 13. Mai 69 (Stenograph. Berichte S. 988) wurde aber zu § 10 des Entwurfs ein Amendement angenommen, dessen (vom Antragsteller Dr. Bähr) klar ausgesprochene Tendenz dahin ging, daß die fraglichen Schriften nicht blos von den beim höchsten Landesgerichtshofe angestellten, sondern von allen

## Nr. 41.

## Plenum. – Erkenntniß v. 7. Februar 1871 (B.)

**Herzfeld & Co. ./. Heidelberg** (Nr. 70 v. 1871).

**Preußen. Wechselsache. Nichtigkeitsbeschwerde.**

I. Instanz; Kreisgericht Essen,
II. Instanz: Appellationsgericht Hamm.

**Giltigkeit der sog. Werthwechsel. Wechselzahlung in Sorten.**

1. Als giltige Wechsel sind — wegen des wesentlichen gesetzlichen Erfordernisses einer „Angabe der zu zahlenden Geldsumme“ — alle Urkunden nicht zu erachten, welche entweder

a) nicht auf Zahlung von Geld, sondern auf Gewährung irgend eines anderen Gegenstandes, lauten, oder

b) nicht die Summe oder Quantität Geld, welche geleistet werden soll, in einer aus dem Wechsel selbst ersichtlichen und jeden Zweifel ausschließenden Weise ergeben.

DWO Art. 4 Nr. 2, Art. 7, 37.

2. Die, an sich vorhandene, Bestimmtheit der Geldsumme wird durch den (in vielen Gegenden üblichen) Zusatz: „oder Werth“ nicht beeinträchtigt. Die sog. Werthwechsel sind daher giltig.

— **Contra**: die bisherige Praxis des preuß. OTr.
Vgl. Borchardt, ADWO Zus. 59 S. 45. —

norddeutschen Anwalten gefertigt werden könnten, damit nicht den Parteien in letzter Instanz doppelte Anwaltskosten aufgebürdet würden. In dem diesem Amendement entsprechenden § 10 des geltenden BdGes. ist denn auch unzweideutig ausgesprochen, daß alle, überhaupt zur Praxis beim OHG berechtigten, Anwalte auch die nach § 18 daselbst zur Instruktion des Rechtsmittels dienenden Handlungen vornehmen können. Zu diesen Handlungen gehört aber namentlich die Fertigung der bei dem höchsten Landesgerichte einzureichenden Einführungs-, bzw. Beantwortungs-Schriften.

3. Art. 37 DWO stellt nur einen Interpretations-Grundsatz für den Fall auf, daß der Wechsel auf eine fremde und am Zahlungsorte nicht umlaufende Münzsorte oder auf eine Rechnungswährung lautet.

4. Uebrigens ist aus dem Art. 37 DWO (durch Rückschluß) zu entnehmen:

a) daß die Wechselsumme in jeder beliebigen, auch fremden Währung „ausgedrückt" sein darf, — entgegen den Grundsätzen vieler Landesmünzgesetze,

b) daß die Zahlung in Geldsorten jeder beliebigen Währung vereinbart werden darf,

c) daß diejenige Geldsorte, in welcher die Wechselsumme ausgedrückt ist, nicht nothwendig auch die ist, in welcher Zahlung geleistet werden muß oder darf,

d) daß ein Wahlrecht des Schuldners zwischen derjenigen Währung, in welcher die Wechselsumme ausgedrückt ist, und anderen Geldsorten nicht schlechthin ausgeschlossen ist. —

5. In Preußen darf der Schuldner landesgesetzlich sich beliebige Wahl zwischen einheimischer und fremder Geldsorte ausbedingen, auch zwischen verschiedenen einheimischen und verschiedenen fremden, mehreren oder allen Geldsorten, soweit deren Umlauf nicht gesetzlich verboten ist.

ALR I 16, § 76, 78—84.
ALR I 11, § 779, 784 ff.

Aus zwei Wechseln wird der Aussteller belangt und erhebt den Einwand, daß die in beiden gleichmäßig enthaltene Angabe des zu Zahlenden

„49 Thlr. 29 Sgr. 11 Pf. °/ Werth“

unzulässig sei. Kläger wird dem zufolge auch in zwei Instanzen abgewiesen, obwohl der Appellrichter ausdrücklich anerkennt, daß der angedeutete Zusatz im Wechsel: „oder Werth“ bedeute und nur die Wahl eines anderen Zahlungsmittels in Geldsorten dem Bezogenen anheimgeben solle.

Auf NktBschw. des Klägers erkennt das OHG, unter Vernichtung des Appellurtels, abändernd dahin, daß Beklagter 99 Thlr. 29 Sgr. 10 Pf. (nebst 6 % Verzugszinsen) in preuß. Courant oder nach seiner Wahl in anderen, am Zahlungsorte nicht verbotenen, Geldsorten nach deren Kurs zur Zeit und am Orte der Zahlung zu bezahlen schuldig.

**Gründe:**

Der Appellrichter führt aus, daß die Klausel „oder Werth“ das wesentliche Erforderniß des Art. 4 Nr. 2 DWO — die bestimmte zu zahlende Geldsumme — wieder in Frage stelle, und der Art. 37 DWO gerade zur Beseitigung einer derartigen Ungewißheit lediglich über Wechsel „auf eine Münzsorte“, bzw. auf eine „Rechnungswährung“, disponire, ohne der sonstigen, den Handelswerth repräsentirenden Zahlungsmittel zu gedenken. Die Beklagterseits behauptete Usance, daß dem Bezogenen durch die Klausel „oder Werth“ die Wahl des Zahlungsmittels giltig überlassen wäre, würde gegen ein ausdrückliches Gebot des Handelsgesetzes verstoßen, und in der Begriffsbestimmung des Wortes „Werth“ dem gewöhnlichen Sprachgebrauche entgegentreten, könne daher nicht Beachtung finden. Einer Vernehmung des vom Appellanten nach dieser Richtung hin angetretenen — übrigens verspäteten — Beweises bedürfe es um so weniger, als die rechtlichen Erfordernisse des HGB fehlen.

Die hiergegen von Klägerin eingelegte, Gesetzesverletzung rügende, RktBschw. erscheint begründet.

Von jeher war es üblich, der im Wechsel bestimm angegebenen Geldsumme die Klausel „oder Werth", „oder Kurs" oder „nach Kurs" u. dgl. in der Bedeutung beizufügen, daß es dem Schuldner freistehen sollte, statt derjenigen Münzsorte, mittelst und in welcher die Wechselsumme bezeichnet ist, andere Geldsorten nach deren Werth oder Kurs zu zahlen. Ihren Ursprung verdanken diese sg. „Werthwechsel" einem doppelten Umstande. Als die Währungsverhältnisse sich strenger gestalteten und an Stelle der vieler als „Geld", sogar als „Wechselzahlung" umlaufenden Münzsorten nur die Landesmünze oder gewisse andere ausdrücklich gleichgestellte Geldsorten als rechte Zahlmittel angesehen wurden, suchte sich der Handelsstand die frühere Freiheit mittelst dieser Klausel zu wahren. Insbesondere geschah dies in Grenzländern und an Orten, wo aus anderen Gründen ein erheblicher Umlauf verschiedenartiger Geldsorten stattfand, z. B. an Meßplätzen, wo daher die Verpflichtung zur Zahlung der Wechsel in bestimmten allein statthaften Geldsorten als ein empfindlicher Uebelstand erschien.

Goldschmidt, Handbuch des Handelsrechts I. 2 § 105, n. 29, 30, 49.

Daß in früherer Zeit die Giltigkeit dieser „Werthwechsel" vom Standpunkte des Wechselrechts bezweifelt worden wäre, erhellt nicht, vielmehr liegen sichere Zeugnisse des Gegentheils vor.

Vgl. § 21 der preuß. Verordnung vom 4. Juni 19, betr. das Naumburger Handelsgericht (Ges.-Samml. S. 141 ff.);

Entwurf einer Wechsel-Ordnung für das Königreich Sachsen (v. J. 41) Tit. II:

§ 10. „Wenn ein Wechsel auf mehrere Sorten alternativ oder auf eine bestimmte Sorte mit dem Beisatz „oder Werth“ (z. B. Laubthaler, Louis'dor, Dukaten, 20 Kreuzer, Wechselzahlung oder Werth) gezogen ist, so hat in der Regel der Zahler die Wahl der Sorte.“

§ 11. „Auch bei Werthwechseln geschieht die Berechnung der Sorte, in welcher der Werth gegeben werden soll, nach Maaßgebung der öffentlichen Kurse des Verfalltages.“

Die Bedenken, welche damals der Verfasser des sächsischen Entwurfs, Einert, gegen die Statthaftigkeit der Werthwechsel — deren Wesen er dahin charakterisirt, daß der Bezogene dadurch die Freiheit erlange, an Stelle der verschriebenen Geldsorte „nach seiner Wahl“ andere Geldsorten nach Kurs zu zahlen — anregte, beziehen sich nicht auf deren Giltigkeit vom Standpunkte des Wechselrechts, sondern lediglich auf deren Zulässigkeit vom Standpunkte der Verkehrs- und Münz-Politik und haben ihre Erledigung für das Königreich Sachsen durch die kgl. sächsische **Münzgesetzgebung** gefunden, nach welcher bei Wechseln und Anweisungen die Zahlung ausschließlich auf eine einzige benannte Sorte und nicht alternativ auf mehrere zugleich gerichtet werden darf, widrigenfalls zwar der Wechsel, bzw. die Anweisung giltig bleibt, aber das durch die Klausel dem Schuldner gewährte Wahlrecht wegfällt.

§ 2, 18 des kgl. sächs. Ges. vom 21. Juli 40 (Ges.- u. Verordnungs-Blatt 1840 S. 176 ff.), vgl. mit § 14, 15 der kgl. sächs. Verordnung v. 19. Mai 57 (Ges. u. V.-Bl. 1857 S. 96 ff.)

Mit Berufung auf Einert bezeichnet dann Mittermaier, Grundsätze des deutschen Privatrechts § 330, V als Werthwechsel diejenigen, „bei welchen dem Bezogenen die Wahl der Münzsorte bei der Zahlung überlassen ist.“

Allerdings ist in den westlichen Landestheilen Preußens schon vor Emanation der DWO Streit über die

Giltigkeit der daselbst in allgemeinem Gebrauch befindlichen Wechsel mit der Klausel „oder Werth" entstanden, aber nur um deswillen, weil einige Gerichte annahmen, daß es dem Schuldner durch diese Klausel gestattet sein solle, für den angegebenen Geldbetrag statt Baarzahlung Waaren zu liefern oder Arbeiten zu leisten, und ein solches Wahlrecht mit der Natur des Wechsels als eines Geldzahlungs-Versprechens unverträglich sei. Daß indessen diese Bedenken ungegründet waren, vielmehr die Klausel „... Thlr. preußisch Courant oder Werth" auch in den westlichen Landestheilen Preußens, nach einem in der Handelswelt feststehenden Sprachgebrauche, nur dahin verstanden wurde, daß der Schuldner in einer anderen Geldsorte als preußisch Courant nach dem Tageskurse („in anderem kursirenden Gelde als preußischem") zahlen dürfe, ist durch die im (preuß.) Justizministerialblatte, Jahrgang 47 S. 347, 348 enthaltenen Mittheilungen (Aeußerung der Handelskammer zu Hagen, Attest von 8 Handelshäusern zu Iserlohn, Gutachten von 6 Kölnischen Handlungshäusern) hinlänglich dargethan.

Da nun Art. 4 Nr. 2 DWO — welcher die „Angabe der zu zahlenden Geldsumme" als wesentliches Erforderniß des Wechsels verlangt, dagegen nicht, wie zahlreiche ältere Wechselordnungen, auch die Angabe der Geldsorte oder Münzsorte erheischt — in dieser Beziehung für die Giltigkeit des Wechsels kein neues Requisit aufstellt, ja sogar weniger erfordert, als viele ältere Wechsel-Ordnungen: so kann, wenn anders vor der DWO — etwa unter der Herrschaft des ALR II, 8 — der Werthwechsel giltig war, derselbe nicht durch die DWO ungiltig geworden sein. Dem entspricht denn auch — abgesehen davon, daß § 7 des kgl. sächs. Einf.-Ges. zur DWO vom 25. April 49 wenigstens für ausländische Münzsorten, welche in Sachsen keinen Umlauf haben, die Klausel „nach Kurs" der verschriebenen Münzsorte hinzuzufügen gestattet — insbesondere, daß § 42 des der DWO nachgebildeten Konkordats-Entwurfs einer schweizerischen Wechselordnung durch die der verschriebenen fremden Geldsorte oder Währung beigefügte Klausel „oder Werth zum Tageskurs" die, auch nach dem Konkordats-Entwurf erforderliche, Bestimmtheit der Geldsumme nicht beeinträchtigt erachtet.

Die Gründe aber, aus welchen der Appellrichter im Anschluß an zahlreiche Urtheile des preuß. OTr. (Seuffert's Arch. XII Nr. 237, Arch. für WR. XI S. 82; Strieth. Arch. B. 63 S. 321 ff.; Entsch. des OTr. B. 59 S. 297 ff., Strieth. Arch. B. 69 S. 255 ff.) dem, wie schon die mit der Kausel „°/ Werth" versehenen Wechselformulare erweisen, fortdauernden Gebrauche des Werthwechsels in dem oben festgestellten Sinne entgegen tritt, reichen nach Ansicht des OHG nicht aus, weder um dem ganzen Werthwechsel, noch auch nur der Klausel „oder Werth", die nach den allgemeinen Prinzipien des Wechselrechtes, wie des bürgerlichen Rechtes ihnen zukommende Geltung zu entziehen.

Denn was zunächst die Art. 4 Nr. 2 und Art. 37 DWO anlangt, so stellt Art. 4 Nr. 2 als wesentliches Erforderniß des Wechsels die „Angabe der zu zahlenden Geldsumme" hin. Dadurch sind ausgeschlossen: einmal alle Urkunden, welche nicht auf Zahlung von Geld, sondern irgend eines anderen Gegenstandes lauten; sodann alle Urkunden, welche nicht die Summe oder Quantität Geld, welche geleistet werden soll, in einer aus dem Wechsel selbst ersichtlichen und jeden Zweifel ausschließenden Weise ergeben. Zur Feststellung nun der Geldsumme ist erforderlich, genügt aber auch, daß dieselbe in Rechnungs- oder Münz-Einheiten (Hauptmünzen) irgend eines Münzfußes oder deren Theilen (Theilmünzen) ausgedrückt sei; denn es ist damit das einem gewissen Metallgeldwerth entsprechende Quantum aus der umfassenden Gattung „Geld" zur Schuldsumme erklärt. Diese Bestimmtheit der „Geldsumme" wird aber durch den Zusatz „oder Werth" in keiner Weise beeinträchtigt. Allerdings drückt dieser Zusatz, für sich genommen, keine Geldsumme aus, aber er drückt doch — nach derjenigen Bedeutung, welche dem Ausdruck „Werth" nach allgemeinem Sprachgebrauch, wie nach der Sprechweise der DWO selber im Art. 37 „die Wechselsumme nach ihrem Werthe" zukommt — in Verbindung mit einer bestimmten Geldsumme, nicht etwa ein „Surrogat" derselben, sondern eben nur dasselbe aus, was diese wirthschaftlich und rechtlich bedeutet, nemlich einen „gewissen Werth in Geld." Die Klausel „oder Werth", auf die vorausgehende Geldsumme „49 Thlr. preuß. Cour." bezogen, kann also nur bedeuten: „oder was dasselbe sagen will", nemlich daß die Wechselschuld auf den (Metallgeld-) Werth desjenigen Quantums Münzen geht, in welchen die Geldsumme ausgedrückt ist, da, wer eine Geldsumme schuldet, nichts anderes schuldet, als den Geldwerth desjenigen Münzquantums, welches die Summe bildet. Jede andere Bedeutung würde der aus dem Wechsel selbst klar erkennbaren Intention des Ausstellers, eine Geldsumme schulden zu wollen, widerstreiten.

Soll daher die Klausel „oder Werth" nicht völlig bedeutungslos sein, so kann sie sich nicht auf die Geldsumme, welche in einer bestimmten Geldsorte ausgedrückt ist, sondern lediglich auf die zum Ausdruck der Geldsumme gebrauchte Geldsorte beziehen, kann somit nur bedeuten:

„oder soviel Münzen (Geldsorten) anderer Art, als dem Werthe von 49 Thlr. preuß. Courant entspricht."

Hat sie aber, wie in der That anzunehmen ist, diese Bedeutung, so vermag sie eine Unbestimmtheit der Geldsumme nicht zu bewirken. Denn da die Erwähnung des Münzfußes, bez. der Geldsorte in der Geldsumme nur dazu dient, um die Höhe des geschuldeten Metallgeldwerthes festzustellen, so ist ein Zusatz, welcher in komplizirterer Form nur dasselbe sagt, in dieser Beziehung völlig unerheblich.

Ob gesagt wird: „Zahlen Sie 49 Thlr. preuß. Courant (d. h. eben den Geldwerth von —)“, oder ob es heißt: „Zahlen Sie so viele Münzen beliebiger Art, als dem Geldwerth von 49 Thlr. preuß. Courant entsprechen“, macht für die Bestimmtheit der Geldsumme keinen Unterschied; in beiden Fällen steht fest, was gezahlt werden soll — für die Geldsumme giebt es keine Alternative, nur das Zahlungsmittel (Geldsorte) ist im zweiten Falle in's Ungewisse gestellt. Da nun über die Geldsorte, in welcher die Wechselsumme geleistet werden muß oder darf, der Art. 4 Nr. 2 DWO keine — auch nicht einmal eine indirekte — Bestimmung enthält, so kann durch die Klausel „oder Werth“ nicht gegen den Art. 4 Nr. 2 DWO verstoßen sein.

Ebenso wenig gegen Art. 37 DWO. Denn dieser bestimmt hinsichtlich der Zahlungs-Vereinbarungen nur das Eine, daß sofern die Wechselsumme in ausländischer Währung, welche am Zahlungsorte keinen Umlauf hat, oder in einer Rechnungswährung ausgedrückt ist, die Zahlung in der Landesmünze nach dem Werth der Wechselsumme zur Verfallzeit erfolgen darf, sofern nicht der Aussteller durch den Gebrauch des Wortes „effectiv“ oder eines ähnlichen Zusatzes die Zahlung in der im Wechsel benannten Münzsorte ausdrücklich bestimmt hat. Aus dieser Vorschrift muß allerdings — entsprechend dem Grundsatze älterer Wechselordnungen;

Goldschmidt, Handb. des Handelsrechts I, 2 § 105 n. 27, 35, 36 —

gefolgert werden, daß an sich diejenige Münzsorte, in welcher die Wechselsumme ausgedrückt ist, als das bedungene Zahlungsmittel gelte, und daß davon der im Art. 37 behandelte Fall eine Ausnahme bilden soll. Allein zu der Annahme, daß die DWO die nur implizirte im Art. 37 enthaltene Regel absolut habe hinstellen und von derselben einzig und allein die daselbst ausdrücklich aufgestellte Ausnahme habe gelten lassen wollen, giebt weder das vor der DWO in Deutschland bestandene gemeine und partikuläre Recht, noch die Entstehungsgeschichte des Art. 37 irgend welchen Anhalt;

Goldschmidt, a. a. O. § 105 n. 26 ff., insbesondere n. 37, § 106 n. 13.

Somit stellt Art. 37 nur einen Interpretations-Grundsatz für den Fall auf, daß der Wechsel auf eine fremde und am Zahlungsorte nicht umlaufende Münzsorte oder auf eine Rechnungswährung lautet; auf alle anderen Fälle bezieht er sich nicht, und schließt keinerlei Vereinbarung über die Zahlungsmodalitäten der geschuldeten Geldsumme aus. Vielmehr läßt sich umgekehrt aus Art. 37 ein Vierfaches entnehmen:

1. daß die Wechselsumme in jeder beliebigen, auch fremden Währung ausgedrückt sein dürfe — entgegen dem allgemeinen Grundsatz vieler Münzgesetze;
2. daß die Zahlung in Geldsorten jeder beliebigen Währung vereinbart werden dürfe;
3. daß diejenige Geldsorte, in welcher die Wechselsumme ausgedrückt ist, nicht nothwendig diejenige Geldsorte ist, in welcher die Zahlung geleistet werden muß oder darf;
4. daß ein Wahlrecht des Schuldners zwischen derjenigen Währung, in welcher die Wechselsumme ausgedrückt ist, und anderen Geldsorten nicht schlechthin ausgeschlossen ist.

Wollte man indessen selbst annehmen, daß Art. 37 DWO jede andere als die in diesem Gesetze gestattete Alternative ausschlösse, so würde daraus keineswegs die Ungiltigkeit des Klagewechsels folgen. Denn da Gegenstand einer jeden Geldsummenschuld nur deren Geldwerth in Edelmetall* ist,

* Sic: v. Savigny, Obligationenrecht B. I S. 407 ff, 454; Puchta, Pandekten § 38, n. d. — Abweichend: Windscheid, Lehrbuch des Pandekten-R. B. II § 256 Nr. 3.

L. 65 § 1 Dig. de verborum obligationibus (45, 1),

L. 94 § 1 Dig. de solutionibus (46, 3),

L. 1 pr. Dig. de contrahenda emtione (18, 1),

und jede Geldsorte durch eine andere vertreten werden kann,

HGB Art. 301,

jede bestimmte Geldsummenschuld, gleichviel in welcher Sorte sie zu zahlen ist, somit immer auf einen ganz bestimmten gleichen Werth geht: so erscheint die Uebereinkunft über eine bestimmte Geldsorte stets als ein bloßer Nebenvertrag,

vgl. v. Savigny, Obligationenrecht I S. 441;

Goldschmidt, a. a. O. § 61 n. 23 ff., § 105 n. 2, 22;

und da ein solcher Nebenvertrag weder zu den wesentlichen Erfordernissen des Wechsels nach Art. 4 DWO gehört, noch der etwa unbestimmte Inhalt des Nebenvertrages irgendwie das vorhandene wesentliche Erforderniß der bestimmten Geldsumme zweifelhaft oder undeutlich macht, so würde die etwaige Ungiltigkeit des Nebenvertrages der Giltigkeit des Wechsels keinen Eintrag thun, vielmehr würde es alsdann bei der Regel verbleiben, daß der auf preuß. Courant lautende Wechsel auch in preuß. Courant zu zahlen sei.

Hiernach hat der Appellrichter die Art. 4 Nr. 2 und Art. 37 DWO durch unrichtige Anwendung verletzt, und unterlag somit dessen Urtheil der Vernichtung.

In der Sache selbst war, wie geschehen, zu erkennen. Allerdings hat Implorantin sich einer plus petitio schuldig gemacht, indem sie das die Wechselsumme umfassende Petitum einfach auf 100 Thlr. preuß. Courant gestellt hat, ohne Beachtung des dem Wechselschuldner durch die Klausel „oder Werth“ hinsichtlich der zu zahlenden Geldsorten vertragsmäßig eingeräumten Wahlrechts. Indessen konnte diese Zuvielforderung nicht zur Abweisung der Klage, sondern nur zu einer entsprechenden Modifikation der

Verurtheilung nach dem wahren Inhalt des klägerischen Anspruchs führen.

AGO I 23 § 3.

Die Statthaftigkeit dieser Alternative aber — somit die Giltigkeit nicht allein des Wechsels, sondern auch des Nebenvertrages — konnte nach dem gegenwärtigen Stande der hiefür allein maaßgebenden preußischen Gesetzgebung keinem Zweifel unterliegen. Die hier einschlagenden Grundsätze derselben sind folgende:

1. Wechsel dürfen auf jede beliebige Geldsorte, auf fremde wie auf einheimische, gestellt werden.

   DWO Art. 37, HGB Art. 336, vgl. ALR I 11 § 785 ff., I 16 § 79, Cab.-Ordre v. 25. Sept. 26 für Westphalen (Ges.-Samml. S. 115), entsprechend der Cab.-Ordre v. 30. Nov. 29 für die östlichen Provinzen (Ges.-Samml. v. J. 30 S. 3), u. Cab.-Ordre v. 4. Aug. 32 (Ges.-Samml. S. 207).

2. Ist der Wechsel auf eine fremde Münzsorte gestellt, welche am Zahlungsorte Umlauf hat, oder auf eine einheimische Geldsorte, welche nicht der gesetzlichen Landeswährung angehört, so muß in dieser die Zahlung erfolgen; hat jedoch die fremde Münzsorte am Zahlungsorte keinen Umlauf, so hat der Schuldner die Wahl, in der gedachten fremden Münzsorte oder aber nach deren Kurse in einheimischer Währung zu zahlen, sofern nicht ersteres ausdrücklich bedungen ist.

   DWO Art. 37, HGB Art. 336; vgl. Cab.-Ordre v. 4. Aug. 32, Cab.-Ordre v. 25. Sept. 26 u. v. 30. Nov. 29; Ges. über das Münzwesen v. 4. Mai 57 (Ges.-Samml. S. 305 ff.) § 18. (14 daselbst enthält eine besondere Bestimmung über Zahlungsverbindlichkeiten auf preuß. Friedrichsd'or oder Thaler Gold).

3. Der Schuldner darf sich beliebige Wahl zwischen einheimischer und fremder Geldsorte

ausbedingen, auch zwischen verschiedenen einheimischen und verschiedenen fremden, mehreren oder allen Geldsorten, soweit deren Umlauf nicht gesetzlich verboten ist.

ALR I 16 § 84: „Auch gelten alle von den Parteien im Voraus verabredeten Bestimmungen, und zwar zum Besten des Schuldners ohne Unterschied."

Er kann dies indirekt thun, indem er den Wechsel auf eine fremde, am Zahlungsplatze nicht umlaufende Geldsorte oder etwa auf preuß. Friedrichsd'or oder auf Thaler Gold stellt, wodurch ihm das beschränkte gesetzliche Wahlrecht erwächst. Er kann es direkt thun, indem er den Wechsel auf eine bestimmte, sei es fremde oder einheimische Währung stellt, sich aber vorbehält, Zahlung in anderen Geldsorten nach seiner Wahl zu leisten. Ein solcher alternativer Vorbehalt ist durch das preuß. Gesetz nirgends ausgeschlossen; nur dürfen die unter Autorität des Staats bestehenden öffentlichen Anstalten sich nicht einen (alternativen) Vorbehalt in der Wahl des Zahlungsmittels in Silber oder Gold in der Art bedingen, daß dabei für letzteres ein im Voraus bestimmtes Werthverhältniß in Silbergeld ausgedrückt wird.

Ges. über das Münzwesen v. 4. Mai 57 § 18, entsprechend § 21, d des Wiener Münzvertrags v. 24. Jan. 57.

Diese letztere Ausnahme, welche die auch nur indirekte Umgehung der reinen Silberwährung verhindern will, schließt nach Tendenz und Fassung die Statthaftigkeit von alternativen Vorbehalten anderer Art oder für andere Betheiligte selbstverständlich so wenig aus, daß es dieselbe vielmehr argumento e contrario bekräftigt.

4. Ist zweifelhaft, wem das Wahlrecht zusteht, so hat nach dem Gesetz der Schuldner die Wahl,

ALR I 5 § 274, I 16 § 79;

es braucht daher der Wechsel über die gesetzlich feststehende Person des Wahlberechtigten keine Bestimmung zu enthalten.

5. Die fremde Münzsorte, gleichviel ob ausschließlich oder alternativ gewollt, muß schriftlich und ausdrücklich bedungen sein;

ALR. I 5 § 279, I 16 § 78.

Doch bedarf es der schriftlichen — hier überdies vorhandenen — Ausbedingung nur bei Verträgen über 50 Thaler, und auch dann nicht, sofern wie im vorliegenden Falle die Wechselausstellung als Handelsgeschäft erscheint.

ALR I 5 § 131—133; HGB Art. 317, verbunden mit Art. 272 Abs. 1 Nr. 2 u. Abs. 2, Art. 273 Abs. 1, Art. 274, 277.

Eine ausdrückliche Verschreibung aber ist, sofern die Klausel „o. W.“ den oben festgestellten Sinn hat, unzweifelhaft anzunehmen, da die Ausdrücke des Handelsverkehrs nach dem Sprachgebrauche der Kaufleute und nach Handelsbrauch zu verstehen sind.

ALR I 4 § 65 ff., insbesondere § 67, 69;
AGO I 30 § 3; HGB Art. 278, 279.

---

Nr. 42.

## Plenum. – Erkenntniß v. 21. Februar 1871 (B.)

**Eduard Müller Chr. Sohn ./. Hirte & Bartenwerffer**
(Nr. 49 v. 1871).

**Preußen. Wechselsache. Nichtigkeitsbeschwerde.**

I. Instanz: Stadtgericht Berlin,
II. Instanz: Kammergericht daselbst.

**Haftpflicht der Indossanten und des Wechselausstellers bei einer gesetzlich dem Acceptanten ertheilten Fristbewilligung.**
**Bedeutung des französischen Gesetzes v. 13. August 70 für deutsche Wechselverpflichtungen.**

1. Wer einen Wechsel ausstellt oder girirt, über-

nimmt damit die selbständige wechselmäßige Verpflichtung, daß dieser Wechsel zu der in ihm selbst bestimmten Verfallzeit werde gehörig bezahlt werden.

DWO Art. 4 Nr. 4, Art. 8, 14.

2. Eine nur dem Acceptanten gewährte Prolongation der Zahlungszeit erweitert die Dauer der Haftpflicht für die dem Wechselregresse unterworfenen Indossanten ꝛc. nicht.

Dies gilt selbst von Vertagungen des Wechselverfalls, welche für den Acceptanten durch Akte seiner Landesgesetzgebung ertheilt worden, — soweit die Indossanten nicht demselben Rechte unterworfen sind, vielmehr außerhalb eines solchen fremden Gesetzes stehen.

3. Das französische Indultgesetz v. 13. Aug. 70 berührt daher, indem es die Zahlungszeit der in Frankreich zahlbaren Wechsel für dortige Schuldner hinausschiebt, nicht die Regreß-Verpflichtungen, welche unter Deutschen aus hier erfolgter Girirung solcher Wechsel bestehen und in Deutschland geltend gemacht werden.

(Nach den Grundsätzen von der Territorialität der Rechte).

4. Auch die örtliche Unmöglichkeit (selbst eine von fremdländischer Gesetzgebung ausgehende zeitweise Unterdrückung) der Protesterhebung entschuldigt bei einem in Deutschland zu nehmenden Wechselregresse den Mangel eines Protestes nicht.

DWO Art. 41, 85, 86.

Der Klagewechsel ist am 15. Mai 70 in Deutschland ausgestellt, auf ein französisches Haus gezogen und sollte am 20. August 70 in Paris bezahlt werden. Der Wechsel ist nach Behauptung des Klägers an letzterem Tage dem Acceptanten ohne Erfolg vorgelegt, jedoch mit Rücksicht auf das französische Gesetz v. 13. Aug. 70 nicht protestirt worden. Für die theils als Wechselaussteller, theils aus einem auf dem Wechsel befindlichen Giro beklagten deutschen Firmen kam das Fehlen eines Protestes Mangels Zahlung in Betracht.

Der I. Richter wies die Wechselklage als unstatthaft zurück, obwohl beide Beklagte sich hatten kontumaziren lassen; der II. Richter aber erkannte nur auf Abweisung zur Zeit, weil einstweilen der Wechsel nicht fällig erscheine.

Die NktBeschw. des Wechselausstellers hat die Herstellung des I. Erk. zur Folge.

**Gründe:**

Das französische Gesetz v. 13. August 70 lautet (vgl. Journal officiel de l'Empire français vom 14. Août 70, S. 1419, Col. 4 und S. 1421, Col. 5) im Art. 1:

> Les délais dans lequels doivent être faits les protêts et tous actes conservant les recours, pour toute valeur négociable souscrite avant la promulgation de la présente loi, sont prorogés d'un mois.
>
> Le remboursement ne pourra être demandé aux endosseurs et autres obligés pendant le même delai.
>
> Les interêts seront dus depuis l'échéance jusqu'au paiement.

Der Appellrichter sieht in diesem Gesetze eine Verlängerung der Verfallzeit, eine Hinausschiebung des Verfalltages oder, wie er sich ausdrückt, des Zahlungstages um 30 Tage. Und weil diese Prorogation durch das Dekret der provisorischen Regierung vom 12. Sept. 70 um weitere 30 Tage verlängert worden, den Acceptanten

Jullien & Cie. zu Paris also weder zur Zeit der Klageanstellung (18. Sept. 70), noch zur Zeit der Appellationsrechtfertigung (9. Oct. 70) die Pflicht zur Bezahlung des Accepts obgelegen habe, so fehle, sagt der Appellrichter, für die Klägerin vorläufig die „Veranlassung" zum Regresse wegen ausgebliebener Zahlung. Sie müsse deshalb zur Zeit abgewiesen werden, wobei ihr vorbehalten bleibe, nach eingetretener Verfallzeit und dann abermals ausbleibender Zahlung gemäß Art. 41 DWO die mitbeklagte Ausstellerin im Regreßwege in Anspruch zu nehmen.

Die NktBschw. verweist u. a. auf die Selbständigkeit der durch das Giro begründeten, lediglich nach Maaßgabe des Wechsels betagten Regreßpflicht* und auf die Nothwendigkeit, auf diese selbständige Obligation das Recht des Gebiets anzuwenden, welchem es vermöge seiner Natur angehöre. Sie rügt demgemäß:

1. Verletzung der Art. 14, 16, 75, 76, 82 DWO und des Rechtsgrundsatzes:

   Jedes einem giltigen Wechsel eingereihte Indossament stellt ein neues Wechselgeschäft mit selbständigen Wirkungen auf der Grundlage des Wechsels dar;

2. Verletzung des Rechtsgrundsatzes:

   Auf jedes Rechtsverhältniß ist dasjenige örtliche Recht anzuwenden, welchem dasselbe seiner Natur nach angehört, und dies ist bei den durch Wechselerklärungen eingegangenen Obligationen der Erfüllungsort, welcher hinsichtlich des Trassanten mit dem Ausstellungsorte und des Indossanten mit dem Begebungsorte zusammenfällt.

Hält man an der Auffassung fest, daß das französische Gesetz v. 13. Aug. 70 die Verfallzeit oder doch den Zahlungstag der in ihm bezeichneten Wechsel hinausgeschoben habe, so ist die NktBschw. begründet.

Vermöge der Ausstellung und Begebung haftet die Mit-

* Vgl. oben S. 59, 67.

beklagte wechselmäßig dafür, daß die Acceptantin den Wechsel zur Verfallzeit bezahle.

Art. 8 u. 14, Art. 4 Nr. 4, Art. 23 DWO.

Die Verfallzeit ist im Wechsel bestimmt. Die Haftpflicht geht dahin, daß genau zu dieser bestimmten Zeit bezahlt werde. Sie ist eine absolute, nicht abhängig von der Diligenz oder Negligenz des Ausstellers und Indossanten. Diese stehen schlechthin für die Bonität des Wechsels, für den Erfolg ein. Aber andererseits ist diese umfassende Garantie eine festbetagte. Sie verpflichtet nur zum Einstehen für die Bezahlung zu der im Wechsel bestimmten Zeit. Aussteller und Indossant übernehmen keine Gewähr für Zahlung nach dieser Zeit; sie haften nicht für mögliche Veränderungen in der Lage des Acceptanten nach dem Verfall.

Ferner: in der DWO ist die Selbständigkeit der verschiedenen durch Ziehung, Annahme und Begebung desselben Wechsels begründeten Obligationen anerkannt. Diese verschiedenen Obligationen empfangen zwar als Solidarverpflichtungen ihren gemeinsamen Inhalt von dem Text der Tratte; allein sie sind in ihrem hiernach zu bestimmenden Bestande unabhängig von einander*. Jeder Indossant für seine Person weis't gleich dem wirklichen oder vermeintlichen Aussteller den Acceptanten an, den Wechsel an den Giratar zu der darin bestimmten Verfallzeit zu bezahlen, und er garantirt allen Nachmännern diese Bezahlung am bestimmten Tage, unabhängig von der Haftpflicht der Uebrigen.

Art. 75, 76 a. a. O.

Deshalb erweitert die Stundung oder Prolongation,

* Dies ergiebt sich auch aus den verschiedenen Verjährungsfristen der Art. 77 bis 79 DWO sowie daraus, daß die Regreßnahme nach Art. 41 und 44 andere Voraussetzungen hat als die sog. direkte Wechselklage gegen den Acceptanten. — Vgl. außerdem Rechtsfall Nr. 22 S. 107.

welche dem Acceptanten von einem (oder einigen) Indossanten gewährt ist, nicht die Dauer der Regreßpflicht der Uebrigen. Für diese bleibt der Verfalltag der im Wechsel bestimmte; und um den Regreß gegen sie zu erhalten, muß der Wechsel nach Maaßgabe dieses Verfalltages präsentirt und protestirt werden.

Dasselbe Prinzip entscheidet im Falle der unfreiwilligen, der sogenannten nothwendigen, Prolongation. Man versteht unter derselben Akte der Gesetzgebung, welche in Beachtung eines öffentlichen Nothstandes, etwa eines Kriegs, entweder allgemeine Moratorien oder Indulte ertheilen oder namentlich die Verfallzeit von Wechseln oder doch die Protestfrist hinausschieben.

Vgl. Brauer, WR 2. Aufl. S. 81 am Ende;
O. Wächter, WR des Norddeutsch. Bundes, S. 514, S. 522; 481;
Hartmann, DWR S. 370 u. 403:
Swoboda in Siebenhaars Archiv B. 16 S. 35;
Renaud, WR 3. Aufl. S. 219.

Es ist kein Zweifel, daß eine derartige Vertagung der Wechselverfallzeit (hier ist zunächst nur diese zu erörtern) von allen denjenigen Wechselverbundenen anzuerkennen ist, welche dem prorogirenden Gesetz unterthan sind. Aber Wechsel-Garanten, welche außerhalb dieses Gesetzes stehen, berufen sich mit Recht auf die strikte und formale Natur der Wechsel-Obligation, auf die zeitlich feste Begrenzung der von ihnen übernommenen Garantie, auf (die) Selbständigkeit (dieser ihrer Verpflichtung) gegenüber der von den übrigen Wechselverbundenen eingegangenen Obligationen, und auf den Rechtsgrundsatz:

daß auf jegliches Rechtsgeschäft dasjenige örtliche Recht* anzuwenden, welchem es seiner Natur nach angehört. —

* Vgl. v. Savigny, System des heutigen Römischen Rechts, B. VIII S. 108, 246.

Die Parteien sind, wie der Appellrichter feststellt, Inländer, und die mitbeklagte Handlung hat den Klagewechsel im Inlande ausgestellt und begeben. Ihre Pflichten als Ausstellerin und Indossantin gegen die Nehmer des Wechsels sind also nach Deutschem Wechsel-Recht zu beurtheilen, wenn auch die Acceptantin in Paris wohnt.

Vgl. O. Wächter, a. a. O. S. 30, 33 (499);
Renaud, a. a. O. S. 34;
Hartmann, a. a. O. S. 65;
Hoffmann, Erläuterung der DWO S. 603.

Diese Pflichten zu erweitern oder zu erschweren, hat folglich das französische Gesetz keine Macht. „Wenn Sie die Verfallzeit prorogiren," rief der Präsident der Spezial-Kommission (Werlé) dem corps legislatif bei der Berathung des Gesetzes vom 13. Aug. 70 zu, „so versuchen Sie die Verletzung von Kontrakten, die vor diesem Gesetze und außerhalb Ihres Bereichs geschlossen sind, und alle Tribunale der Welt werden Ihnen sagen: Sie haben nicht das Recht, den Kontrakt zu ändern." Ungeachtet jenes französischen Gesetzes also verbleibt es für die jetzt streitenden Parteien bei dem im Wechsel bestimmten Verfalltage.

Die bisher erörterten Rechtssätze hat der Appellrichter verkannt. Er hat den Wechsel, obwohl er an dem darin bestimmten Verfalltage und überhaupt nicht protestirt ist, für nicht präjudizirt erachtet, weil die durch das französische Gesetz v. 13. Aug. 70 erfolgte Prolongation der Verfallzeit auch die mitbeklagte Ausstellerin binde und ihre Regreßpflicht verlängere. Seine Entscheidung beruht also auf rechtsgrundsätzlichen Verstößen und unterliegt — weil durch andere Gründe nicht gestützt — der Vernichtung.

Bei der Beurtheilung der Sache selbst kommt zunächst die Bedeutung des Ges. v. 13. Aug. 70 in Frage. Denn das formelle Protestrecht richtet sich nach dem Zahlungsorte. Ueber die Form — so bestimmt Art. 86 DWO — der mit einem Wechsel an einem ausländischen Platze zur Ausübung oder Erhaltung des Wechselsrechts vorzunehmenden Handlungen entscheidet das dort geltende Recht. — Daß hier der Ausdruck „Form" nicht im strengsten Wortsinne zu verstehen, ist kaum zweifelhaft. In gewissem Betracht ist auch die Zeit und Art der regreßsichernden Handlungen darunter zu begreifen. Das Gesetz des Zahlungsortes entscheidet über die Tagesstunden und die Feier= oder Festtage, an welchen ein Protest nicht erhoben werden darf. Bestehen am Zahlungsorte Respekttage, so müssen die auswärtigen Regreßpflichtigen auch diese anerkennen.

Vgl. Borchardt, DWO S. 209 n. 247, S. 534 Zus. 694;
Thöl, Handelsrecht, 2. Aufl. II S. 71 (§ 157);
Wächter, a. a. O. S. 35, 36 (n. 25), 182;
Brauer, a. a. O. S. 143;
Hartmann, a. a. O. S. 63, 65;
Renaud, a. a. O. S. 35, 36 (n. 36).

Die andere Frage aber, ob dies auch von solchen Respekttagen gilt, die erst während des Umlaufs eines Wechsels örtlich eingeführt, resp. erweitert werden,
vgl. Hoffmann, Erläuterung der DWO S. 608, 609
kann hier auf sich beruhen. Denn das Gesetz v. 13. Aug. 70 gehört nicht unter diesen Gesichtspunkt.

Seine Entstehungsgeschichte lehrt Folgendes:

Der für Frankreich unglückliche Anfang des Krieges gegen Deutschland, die Besetzung einiger Ostdepartements durch die deutschen Armeen veranlaßte einige Deputirte, am 10. Aug. 70 beim Corps legislatif zu beantragen, den möglichen Verlegenheiten des Handelsstandes durch Prorogation der Wechselverfallzeit oder durch Suspension der Proteste entweder für ganz Frankreich oder für die Ostdepartements zu begegnen. (Drouot, Argence, Jules Simon). Am folgenden Tage überreichte die Regierung (der Handelsminister) eine Gesetzvorlage, wonach die Fälligkeit (échéance) aller in der Zeit v. 11. Aug. bis 20. Sept. 70 zahlbaren Handelspapiere um einen Monat prorogirt, und während derselben 30 Tage jeder Protest, Regreß und sogar Verjährung suspendirt sein sollte. — Die zur Vorberathung dieser Vorlagen ernannte Kommission unterbreitete jedoch dem gesetzgebenden Körper am 13. Aug. einen anderen Gesetzvorschlag, denselben nemlich, welcher in dieser Sitzung als Gesetz angenommen wurde. — Die Kommission substituirte also dem Projekt der Regierung, nemlich dem System der „Prorogation der Verfallzeit", das System der „Prorogation der Protestfrist", und sie fügte die Vertagung des Regresses hinzu.

Beide Systeme, darin waren Alle einig, verfolgten denselben Zweck: man wollte der leidenden französischen Industrie, allen in Frankreich Domizilirten, welche damals ihre Zahlungsverpflichtungen zu erfüllen nicht vermöchten, zu Hilfe kommen; man wollte demgemäß ihre Zahlungspflicht hinausschieben, ohne sie durch Protest oder poursuite (Klagen, Falliterklärung) bloß zu stellen. Aber uneins war man nicht nur über die Dauer des Aufschubs (ob auf 30, 60 Tage oder die ganze Kriegszeit), sondern auch über die Art, wie er zu gewähren.

Beide „Systeme" wurden aus verschiedenen Gründen bekämpft und vertheidigt. Unter anderem wurde (z. B. von dem Präsidenten der Kommission) hervorgehoben: die Prorogation der Verfallzeit gefährde den Regreß im Auslande, denn das Ausland werde diese Prorogation nicht anerkennen; die Prorogation der Protestfrist aber erhalte den Regreß im Auslande; denn vermöge des internationalen Rechtes sei alle Welt verpflichtet, betreffs der Protestformalitäten das Recht des Landes zu respektiren, wo der Protest geschehe. Bisher habe das Ausland sich der vierundzwanzigstündigen Protestfrist des Code de commerce fügen müssen, nunmehr werde es die dreißigtägige anzuerkennen haben. Zwei Redner (Dalloz und Matthieu de la Corrèze) verstärkten dieses Argument durch den Hinweis auf die force majeure; das neue Gesetz sei selbst die force majeure und hindere als solche die poursuite der Wechselzahlung. Das Völkerrecht aber kenne die force majeure als ein giltiges Prinzip.

Vgl. über dies alles Journal officiel de l'Empire français vom 11., 12. und 14. Août 70.

Der gesetzgebende Körper verwarf, wie erwähnt, das System der Prorogation der Verfallzeit (échéance), und er adoptirte das System der Prorogation der Protestfrist. — Welche Gründe bestimmend gewesen sind, das entzieht sich der Kognition. Aber das ist klar, daß es sich in Wahrheit nur um einen geräumigen Aufschub für zahlungsunfähige (französische) Wechselschuldner handelte. Ueberall in den Debatten kehren die Ausdrücke délai, sursis, surséance, suspension de poursuite wieder. Diese Begriffe bestimmen den wahren Gedanken des Gesetzes, und seine Bedeutung ist lediglich die eines Moratoriums, einer Hinausschiebung des Zahlungstages.

Diese Bedeutung — die Klägerin selbst qualifizirt das Gesetz als Moratorium — schließt den Charakter einer bloßen Erweiterung der Protestfrist aus, d. h. einer Frist, bestimmt dem Wechselinhaber die Ausgleichung einer Säumniß oder momentaner Behinderung in der Protesterhebung genau am Verfalltage zu ermöglichen. Sie ist gleicher Weise unverträglich mit der Annahme einer Einführung von Respekttagen, d. h. mit der nach manchen Rechten dem Wechselacceptanten zustehenden kurzen Nachfrist zur Verbesserung von Irrthümern, Nachlässigkeiten und momentanen Verlegenheiten. Die Debatten enthalten keine Andeutung dafür, daß man gewillt gewesen wäre, diese allbekannte Institution dem französischen Wechselrecht vorübergehend einzufügen. Auch würde die Thatsache, daß es sich nicht um Wechsel schlechthin, auch nicht um bestimmte Arten, sondern um eine Anzahl von Wechseln, nemlich um die vor dem 13. August 70 unterzeichneten handelte, einer solchen Einführung des Instituts der Respekttage nicht günstig gewesen sein. Und die Thatsache, daß die durch das Gesetz vom 13. August bestimmte Frist, unter Beibehaltung seiner übrigen Dispositionen, von dem Decret vom 12. Sept. 70 und — wie notorisch — von späteren Dekreten um mehrere Monate verlängert ist [auch zur Zeit noch läuft], bestätigt, daß der 13. August 70 bloße Respekttage nicht angeordnet hat.

Ist sonach Sinn und Bedeutung dieses Gesetzes die, unter dem Namen einer Protestfrist-Prorogation und unter Beibehaltung der Verfallzeit, nämlich des Zinsen-Anfangs vom Verfalltage, nur den Zahlungstag der vor dem 13. August 70 unterzeichneten und in Frankreich zahlbaren Wechsel um einen Monat hinausgeschoben zu haben: so existirt in diesem Gesetze kein örtliches Recht, dem die Parteien unterworfen wären. Daraus folgt, daß der 20. Aug. 70, d. h. der im Wechsel selbst bestimmte Verfall- und Zahltag als solcher für die Protestpflicht der Klägerin maaßgebend geblieben. —

Es bleibt der Einwand zu prüfen, daß das Gesetz vom 13. August 70, wenn nicht als Gesetz, doch als force majeure die Präjudizirung des Wechsels ausschließe.

Das französische Recht knüpft, gleich dem deutschen, die Erhaltung des Wechselregresses an den Protest. Der Protest ist in Frankreich nicht abgeschafft. Auch jenes Gesetz hat ihn ausdrücklich nicht untersagt. Die Frage also, wie der Wechselregreß zu erhalten, wenn am Zahlungsorte das Institut des Wechselprotestes gar nicht existirt, steht nicht zur Entscheidung. — Aber bei der Berathung des Gesetzes wurde von einigen Rednern hervorgehoben, das Gesetz, indem es jegliche poursuite inhibiren solle, schließe die Protesterhebung vor Ablauf der Prorogationsfrist aus (was die nicht angenommene Regierungsvorlage im Art. 2 mit den Worten: »tous protêts etc. sont également suspendus et prorogés pendant 30 jours« ausdrücklich bestimmt hatte). Angenommen, das Gesetz hätte diesen Willen gehabt, so kann es nicht als ein feststehender Satz des internationalen Rechts anerkannt werden, daß eine derartige örtliche gesetzliche Unterdrückung des Protestes für einzelne Fälle und Zeiten die ausländischen Regreßpflichtigen als örtliches Recht binde.

Angenommen ferner, das Gesetz hätte jedenfalls den thatsächlichen Erfolg gehabt, daß kein französischer Notar sich zur Protestirung eines der prorogirten Wechsel, also auch des Klagewechsels, vor abgelaufener Prorogation würde haben bereit finden lassen: so wäre diese Unmöglichkeit der formalen Kundmachung der vergeblichen Präsentation, den jetzigen Parteien gegenüber, force majeure.

Mehrere außerdeutsche Wechselrechte behandeln die durch vis major verursachte Verzögerung der Präsentation und Protestirung nicht als regreßhindernde Verspätung. Dieser Standpunkt kann für das deutsche Wechselrecht nicht als der zutreffende angesehen werden. Bei der Berathung der DWO war man im Wesentlichen darüber einig, daß bloße Zufälle, welche „einen Einzelnen oder Wenige betreffen", eine Verspätung der Präsentation, bzw. Protestirung nicht entschuldigen. Aber Einige glaubten, in Uebereinstimmung mit ausländischen Rechten, eine Bestimmung treffen zu sollen, welche die Berufung auf höhere Gewalt gegen Verspätung der Präsentation und Protesterhebung gestatte. Indeß ergab sich (ähnlich wie bei der Berathung des Code de commerce,

vgl. Siebenhaar, Archiv Bd. 1 S. 303),

daß der Begriff der vis major — etwa allgemeine große Unglücksfälle und Begebenheiten, welche die Verbindungsmittel hemmten, einen Stillstand der Rechtspflege bewirkten ꝛc. — von dem des casus [bloßen Zufalls] nicht wohl zu scheiden war. Und wenn nun auch die Aufnahme einer dem § 66 des sächs. Entwurfs entsprechenden Bestimmung:

„Die Berufung auf Verspätung der Präsentation durch höhere Gewalt wird selbst bei Wechseln, die vom Auslande kommen, nicht beachtet“

abgelehnt wurde: so fiel doch auch der Vorschlag der Aufnahme eines Satzes, daß vis major entschuldige.

Vgl. Prot. der Leipziger Konferenz (Leipzig bei Hirschfeld) S. 201, 202, 243—245 (Sitzung 29 und 34);
Mittermaier in Siebenhaar's Archiv I S. 148 bis 152 (vgl. 158 n. 39);
Brauer, daselbst S. 273 (vgl. V S. 31);
Einert, daselbst S. 318—321; auch
Swoboda, daselbst XVI S. 29, 35.

Im Gebiete der DWO also ist diese Frage nach der Natur des zwischen dem Inhaber und dem Aussteller bestehenden Rechtsverhältnisses, insbesondere nach dem Umfange der dem Aussteller, bzw. Indossanten obliegenden Garantiepflicht zu entscheiden. So lange man den Inhaber als einen Cessionar des Ausstellers und Giranten betrachtete, konnte es zulässig scheinen, den Zufall, welcher rechtzeitige Einkassirung des Wechsels hinderte, nicht dem Inhaber, sondern dem gewährpflichtigen Giranten anzurechnen. Unter diesem Gesichtspunkte konnte man von Diligenzpflichten des Inhabers gegen den Aussteller — namentlich zu rechtzeitiger Präsentation — ausgehen, und nach der Regel »impossibilium nulla est obligatio« die durch Zufall unmöglich gewordene Erfüllung jener Pflichten dem Inhaber nicht zur Last legen.

Vgl. Treitschke Encyclopädie ꝛc. II S. 67—70, 622;
Pöhl's Wechselrecht S. 416;
siehe auch Mittermaier a. a. O. S. 147 ff., 163.

Allein jener Gesichtspunkt ist irrig. Der Inhaber ist nicht Cessionar der Vormänner, und er hat keine Diligenzpflichten gegen diese. Der Aussteller und Girant aber garantirt ihm die Bezahlung des Wechsels zur Verfallzeit nur unter der Bedingung, daß er den Wechsel rechtzeitig präsentire und diese Präsentation, sowie die Nichtzahlung durch gehörigen Protest nachweise. In seinem eigenen Interesse also, als Inhaber der Wechselforderung und als Regreßgläubiger, hat der Nehmer die rechtzeitige Präsentation, bzw. Protestirung zu bewirken, und nach allgemeinen Rechtsregeln trifft ihn der Schade, wenn er — mit oder ohne Schuld — Beides zu bewirken nicht vermag. Die Neigung, ihm im Falle der Verhinderung durch höhere Gewalt diesen Schaden aus vermeintlichen Billigkeitsrücksichten abzunehmen, intendirt unbillige Härte gegen den nicht minder unschuldigen Regreßschuldner, verkennt die strikte Bedingung, unter welcher die Garantie übernommen ist, ignorirt die zeitlich-feste Begränzung ihrer Dauer und nimmt dem Wechselverkehr die nothwendige Schnelligkeit und Pünktlichkeit in der Lösung seiner Obligationen.

Der hier vertretene Standpunkt ist denn auch in der neueren Deutschen Rechtsprechung und Rechtslehre fast ausnahmslos festgehalten.

Vgl. außer obigen Allegaten:*

Borchardt, ADWO 5. Aufl. Zus. 400 Nr. 11 (S. 256);

Wochenblatt für merkwürdige Rechtsfälle, Leipzig 1849 S. 65 u. 473;

Thöl, Handelsrecht 2. Aufl. II (§. 316) §. 237;

Heise & Kropp Abhandlungen I, 576;

* Contra: Arch. für WR. VI S. 64 (Kheil), III S. 357, Hamb. Arch. f. d. Handelsrecht II S. 118—151; vgl. auch Locré, esprit de Code de commerce, II S. 245 und die dort allegirte Stelle aus Montesquieu de l'esprit des lois.

Daniels WR., S. 305;

O. Wächter, a. a. O., S. 521, 522, 514, 595 n. 34;

Derselbe, Wechsellehre, § 156 (S. 540); § 165; § 166 (S. 577);

Von ihm aus aber ergiebt sich, daß der am 20. Aug. 70 fällig gewesene Klagewechsel, welcher zwar präsentirt, aber nicht protestirt worden, präjudizirt ist.

Sonach war auf die Appellation der Klägerin das I. Urtheil lediglich zu bestätigen.

---

Nr. 43.

## Plenum. – Bescheid vom 3. Februar 1871.

**v. Bennigsen's Curator ./. Görne** (Nr. 74 v. 1871).

**Preußen.** **Wechselsache.** **Revision.**

I. Instanz: Stadtgericht Berlin,
II. Instanz: Kammergericht daselbst.

**Rechtshilfe. Einwendungen bei der Exekution.**

Wenn bei einer in Preußen aus dem Erkenntnisse eines kgl. sächsischen Gerichtes zu vollstreckenden Exekution Einwendungen bei dem Gerichte des Vollstreckungsortes nur gegen den in Anwendung kommenden Exekutionsmodus erhoben worden sind: so ist zur richterlichen Entscheidung als letzte Instanz nicht das OHG, sondern der oberste Landesgerichtshof kompetent.

BdGes. v. 21. Juni 69 über die Rechtshilfe § 8, 38.
BdGes. v. 12. Juni 69 § 1, 12, 13, 15.

Ein Preuße ist 1858 zu Berlin, in seinem persönlichen Gerichtsstande, rechtskräftig für einen Verschwender erklärt und unter Kuratel gestellt, auch ein demnächst ihm durch Erbschaft zugefallenes Vermögen vom Stadtgericht Berlin in obervormundschaftliche Verwaltung genommen worden. In Dresden lebend, ward derselbe 1869 aus einem (nach Behauptung des Klägers) am 1. April 56 acceptirten und am 1. April 57 fälligen Wechsel bei dortigem königl. sächs. Handelsgericht auf Zahlung der Wechselsumme nebst 6% Verzugszinsen seit 1. April 57 belangt. Beklagter bekannte sich zu dieser Schuld und ward demgemäß verurtheilt, ohne Berücksichtigung der in Preußen schwebenden Kuratel. Der Prozeßrichter ersuchte dann das Stadtgericht Berlin um Beitreibung der dem Kläger zuerkannten Summe aus dem gerichtlich bewahrten Vermögen des Bekl., und des Letzteren Kurator erhob intervenirend Einspruch gegen die Hilfsvollstreckung.

Das Stadtgericht fand diesen Einspruch zur Zeit begründet, weil der Klagewechsel nicht beigebracht war (Art. 39 DWO), und hob deshalb die Exekutionsverfügung durch Erkenntniß wieder auf. Beide Theile appellirten, der Wechsel wurde beschafft. Der II. Richter verwarf abändernd die Einwendungen des Kurators und beließ es bei der Exekutionsmaaßregel.

Denn die — wegen Nichtzuziehung des Kurators des Bekl. angezweifelte — Rechtsgiltigkeit der feststehenden Verurtheilung unterliege hier keiner weiteren Erörterung. Zwar hätte die Berliner Kuratel in Sachsen beachtet werden sollen,

Konvention v. 14. Okt. — 11. Dez. 39, preuß. Ges.-Sammlung S. 353, § 15;

preuß. Justiz-Ministerial-Verfügung v. 18. Okt. 70, Justiz-Min.-Bl. S. 304, 305;

aber daß dies nicht geschehen, könne der im § 1 des BdGes.

vom 21. Juni 69 zugesicherten gegenseitigen Rechtshilfe ebensowenig entgegenstehen, wie einem in Preußen gegen den Kuranden ohne Zuziehung des Kurators etwa ergangenen Urtel die Vollstreckung versagt werden dürfte, so lange das Erkenntniß nicht im Wege der Nullitätsklage (AGO I. 16 § 2 Nr. 4, §§ 3, 10) beseitigt worden. Die eventuell geforderte Beschränkung der Wirkung des in Sachsen ohne Zuziehung des preuß. Kurators gefällten Erk. auf das etwaige freie, nicht unter vormundschaftlicher Verwaltung stehende, Vermögen des Bekl. involvire eine Beurtheilung der Giltigkeit des vorliegenden Richterspruchs, welche dem requirirten Exekutionsrichter nicht zustehe.

Auf Revision des Kurators wurden die Akten dem OHG vorgelegt. Dieses aber hat — in Erwägung, daß die im Zwangsvollstreckungsverfahren erhobenen Einreden lediglich gegen die Vollstreckung der Exekution in das vormundschaftlich verwaltete Vermögen des Kuranden, also nur gegen den vom Gerichte des Vollstreckungsortes zur Anwendung gebrachten Exekutionsmodus gerichtet sind (§ 8 Ges. 21. Juni 69, BdGesBl. S. 305), und daß sonach von ihnen weder die zur Exekution stehende Forderung, noch das zu vollstreckende Erkenntniß betroffen wird, auch nicht in Betracht kommt, daß die Forderung aus einem Wechsel herrührt und das Erk. im Wechselprozeß ergangen ist, demgemäß aber die Kompetenz des Gerichtshofes nach §§ 12, 13 und 15 Ges. v. 12. Juni 69 (S. 261 das.) als begründet nicht angenommen werden kann —

beschlossen,

daß das OHG zur Instruktion und Entscheidung auf das eingelegte Rechtsmittel der Revision für nicht zuständig zu erachten, und

daß daher die Akten — wie hiermit geschieht — an das kgl. preuß. OTr. zu weiterer Veranlassung abzugeben.

Das OTr. hat das Appellurtel bestätigt.

## Nr. 44.

## Plenum. – Erkenntniß v. 7. Januar 1871 (Ref. Z.)

**W. Rellberg ·/· C. F. Staats.**

**Königreich Sachsen. Weitere Berufung.**

I. Instanz: Handelsgericht im Bezirksgericht Leipzig.
II. Instanz: Appellationsgericht Leipzig.

**Rechtsstellung und Ansprüche eines am Geschäftsgewinn betheiligten Handlungscommis.**

1. Das Dienstverhältniß und die rechtliche Stellung eines Handlungscommis erleidet dadurch keine wesentliche Aenderung, daß demselben ein gewisser Theil vom Reingewinn des Geschäfts vertragsmäßig zugesichert worden.

HGB Art. 57.

2. Namentlich hat auch ein solcher Commis nicht das Recht, gegen die allgemeine Leitung des Geschäfts oder einzelne Unternehmungen des Prinzipals Einspruch oder Ausstellungen zu erheben. Doch darf er, zur Wahrung seines Anspruchs auf eine Quote des Jahresgewinns, die vom Prinzipal ihm vorzulegende Geschäftsnachweisung eigener Prüfung unterwerfen und demzufolge die Bilanz, die Handelsbücher und Papiere, die Inventur 2c. für den betreffenden Zeitraum einsehen.

Vgl. HGB Art. **105, 160, 186, 224, 465.**

Wie weit darf er sich Notizen oder Abschriften nehmen? Darf seine Prüfung auf die Nachweise aus früherer Zeit zurückgehen?

Ueber die Stellung eines vertragsmäßig zur Theilnahme am jährlichen Geschäftsgewinn berechtigten Handlungscommis, dem Prinzipal gegenüber, hat das OHG als weitere Berufungs-Instanz — wesentlich abweichend vom Appellrichter und unter Herstellung des I. Urtels — sich in einem am 27. März 71 publizirten Erk. dahin ausgesprochen:

## Entscheidungsgründe.

A. Auf Berufung des Beklagten:

Kläger ist vom Bekl. für dessen kaufmännisches Geschäft gegen Zusicherung von 1/4 des Reingewinns eines Jahres als Commis, zu Reisen und im Comtoir, angenommen. Er ist dadurch unzweifelhaft, wie auch der Appellrichter angenommen hat, zu dem Bekl. als seinem Geschäfts- und Dienstherrn in ein Dienstverhältniß getreten. Die Zusicherung einer Quote des Reingewinns, im Mindestbetrage von 500 Thlrn., ändert in diesem Verhältnisse nichts: Beklagter bleibt der Geschäftsherr, Kläger der ihm unterworfene Commis, welchem ein Einfluß oder eine Stimme bei der Leitung der Geschäfte nicht zusteht, oder auch nur ein Widerspruch gegen die Unternehmungen des Herrn, der den Anordnungen des Herrn Folge leisten muß.

Daß in dieser Hinsicht zwischen den Parteien besondere Abreden getroffen worden, ist nicht behauptet und nicht zu vermuthen; auch wäre es vollkommen gleichgiltig, wenn — wie Kläger behauptet — der Bekl. irgendwie für spätere Zeiten ein Aufgeben des Geschäfts und die Uebertragung desselben auf den Kläger in Aussicht gestellt hätte. Hieraus ergiebt sich nun, daß Kläger zwar am Schlusse des Geschäftsjahres (31. Okt. 69) behufs Ermittelung seines Honorars einen speziellen Nachweis des Reingewinns des vorausgegangenen Geschäftsjahres zu verlangen befugt ist, daß er aber auch dann eben so wenig wie vorher berechtigt ist, weder gegen die allgemeine Leitung des Geschäfts, noch gegen einzelne Unternehmungen Monita zu erheben.

Der Appellrichter gelangt darum auch zu einem unrichtigen Ergebnisse, wenn er dem Dienstvertrage die Wirkung beilegt, daß die Geschäftsführung des Bekl. dem Kläger gegenüber die Eigenschaft einer Verwaltung (im Sinne des § 1393 des kgl. sächs. bürgerl. Gesetzbuchs) habe, und daraus weiter die Verpflichtung des Bekl. folgert, dem Kläger — in der durch § 1394 ebendaselbst vorgeschriebenen Form und mit den daraus folgenden Wirkungen — Verwaltungs-Rechnung zu legen. Beklagter käme dadurch gerade umgekehrt in ein Abhängigkeitsverhältniß dem Kläger gegenüber, er wäre der Verwalter, Kläger der Geschäftsherr, und Letzterer würde dann folgerecht auch berechtigt sein, Ausstellungen gegen die Geschäftsführung des Bekl. zu erheben, was ihm nach obiger Ausführung überall nicht zusteht.

Andererseits wird ihm allerdings die eigene Prüfung des ihm vorzulegenden Geschäftsnachweises — der Bilanz — nicht versagt werden können. Es wäre eine offenbare Beschränkung seines vertragsmäßigen Rechts auf eine Quote des Reingewinns, wenn er sich unbedingt und ohne jede eigene Prüfung bei dem Gewinnnachweise des Bekl. beruhigen müßte. Solche Prüfung ist ihm aber auch weder vom Bekl. noch von dem I. Richter untersagt, es sollen ihm die Bilanz und behufs deren Prüfung die Geschäftsbücher und Papiere und die Inventur aus dem betreffenden Zeitraum vorgelegt werden. Sind ihm nun aber Ausstellungen gegen die Geschäftsführung selbst versagt, so wird sich auch die Prüfung der Richtigkeit der Bilanz wesentlich nur auf deren Uebereinstimmung mit den Büchern, Papieren rc., auf Irrthümer, Unrichtigkeiten beschränken können, die etwa auf Unredlichkeit oder grobem Verschulden beruhen sollten.

Der Appellrichter hat nun aber, hierüber weithinausgehend, ein vollständiges Moniturverfahren wie gegen eine gewöhnliche Verwaltungsrechnung eines Verwalters fremden Eigenthums in Aussicht gestellt und mit Rücksicht darauf — ohne daß zu Ausstellungen gegen die Bilanz in der vorhin angedeuteten Richtung Veranlassung vorhanden oder auch nur behauptet wäre — dem Kläger die Befugniß eingeräumt, nicht bloß eine Abschrift der Bilanz zu verlangen, sondern auch sich **willkührlich** Notizen aus den Geschäftsbüchern rc. zu fertigen. Es leuchtet aber ohne Weiteres ein, daß eine solche, ganz wesentlich in das Belieben des Klägers gestellte Befugniß nicht blos weit über das Bedürfniß hinausgeht, sondern auch wegen des gar nicht zu hindernden Mißbrauchs zu ganz erheblicher Schädigung des Bekl. führen kann. Es mag dahin gestellt bleiben, ob Kläger durch sein Verhalten zu solcher Besorgniß schon begründete Veranlassung gegeben hat; es darf einer dergleichen Gefahr der Bekl. nicht ohne Noth ausgesetzt werden, und es genügt für den vorliegenden Fall, daß Kläger, ohne seinerseits ein solches Bedürfniß aus dem Verhalten des Bekl., dem besonderen Umfange der Geschäftsbilanz oder anderen Umständen irgend zu begründen, ganz allgemein das Recht beansprucht, willkührlich Notizen aus den Geschäftsbüchern rc. zu fertigen. Der Appellrichter glaubt einem Mißbrauch dadurch Schranken gesetzt zu haben, daß er Notizen nur behufs Prüfung der Richtigkeit der Bilanz gestattet; nichts destoweniger bleibt die Befugniß eine willkührliche, in das Belieben des Klägers gestellte, weil nicht bestimmt ist und auch von vornherein sich gar nicht bestimmen läßt, welche Notizen zu jener Prüfung etwa nothwendig sein dürften, und überdies nach der Entscheidung des Appellrichters es offenbar in das subjektive Ermessen des Klägers gestellt ist, was er zur Prüfung für nothwendig hält. Im Wesentlichen stimmt damit auch der Ausspruch der sachverständigen Beisitzer des Handelsgerichts [I. Instanz], daß zur Prüfung der Richtigkeit der Bilanz nur ein Vergleichen und Nachrechnen mit den ordnungsmäßig geführten Handlungsbüchern und der Inventur erforderlich sei. Sie leugnen damit noch keineswegs, daß bei vorgefundenen Unordnungen in den Büchern oder bei besonderem Umfange des Geschäfts Notizen nothwendig werden dürften; ihr Ausspruch gilt nur als Regel für gewöhnliche Fälle, Ausnahmen sind dadurch nicht ausgeschlossen, diese müssen aber nachgewiesen werden, und das wird gerade im vorliegenden Falle vermißt.

Aus denselben Gründen, aus denen behufs Prüfung der Richtigkeit der Bilanz schriftliche Notizen der Regel nach entbehrlich sein werden, erscheint auch die Zufertigung einer Abschrift der Bilanz zur Berechnung des Gewinnantheils nicht nothwendig.

Der über das Zugeständniß des Bekl. und über die Entscheidung des I. Richters hinausgehende Anspruch des Klägers auf Notizen und Abschrift der Bilanz ist daher so, wie er angebracht worden, keineswegs begründet und vom I. Richter mit Recht „in der angebrachten Art" zurückgewiesen. Die Beschwerde des Bekl. über die abändernde Entscheidung des Appellrichters mußte deswegen durchweg für begründet angesehen werden.

B. Auf Berufung des Klägers

erledigt sich durch obige Entscheidung auf die Gravamina des Bekl. zunächst der zweite Beschwerdepunkt, daß nicht auf Fortfall der in I. Instanz dem Bekl. gestatteten Ausflucht erkannt worden, seine Verpflichtung erfüllt zu haben. Vom Gesichtspunkte des Appellrichters aus mag die Beschwerde nicht unberechtigt sein, weil Beklagter zugestanden, dem Kläger Notizen nicht gestattet, ihm auch eine Abschrift der Bilanz nicht zugefertigt zu haben; da aber dem

Kläger dieses Recht abgesprochen und das Urtel I. Instanz insoweit bestätigt wird, muß auch der Beweis der Ausflucht nach der anderen Richtung hin, seine Verbindlichkeit dem Kläger gegenüber erfüllt zu haben, dem Bekl. vorbehalten bleiben.

Kläger hat außerdem in gegenwärtiger Instanz sich noch dadurch beschwert gefühlt, daß ihm nur die Geschäftsbücher und Papiere aus dem Zeitraum vom 1. Nov. 1868/69 vorgelegt werden sollen, während doch eine Prüfung der Bilanz aus jenem Zeitraum auch ein Zurückgehen auf die Bücher und Papiere früherer Zeit erforderlich machen könnte. Abgesehen indeß davon, daß er gegen das I. Urtel in dieser Richtung eine Beschwerde gar nicht erhoben hat, ist ihm auch ein solches Zurückgehen auf die Bücher ꝛc. früherer Zeit, soweit es wirklich nothwendig sein sollte, durch jene Entscheidung in keiner Weise abgesprochen. Kläger hat überdies auch nicht entfernt nachgewiesen, daß ein solches Zurückgehen auf frühere Bücher wirklich nothwendig sein wird; er wagte nicht einmal es bestimmt zu behaupten, beansprucht ein Recht vielmehr nur für den Fall, daß sich ein Bedürfniß dazu herausstellen könnte.

Seinem Anspruch fehlt es somit auch nach dieser Richtung an der nothwendigen Begründung, und waren seine Beschwerden daher durchweg zurückzuweisen.

---

## Nr. 45.

## Plenum. – Erkenntniß v. 31. Januar 1871 (Z.)

**Kalisch & Co. ./. Ryberg & Åberg** (Nr. 61 v. 1871).

**Preußen.** **Revision.**

I. Instanz: Stadtgericht Breslau,
II. Instanz: Appellationsgericht daselbst.

**Firgeschäft. Folgen der Nichterfüllung.**

**1. Auch ein Fixgeschäft (im Sinne des Art. 357 HGB) bleibt — wenngleich dabei an den Fall des Verzuges strenge Rechtswirkungen gesetzlich geknüpft sind — ein nach Treue und Glauben und nach der Geschäftssitte zu beurtheilender Kauf.**

HGB Art. 1, 278, 279, 357.

Vgl. oben S. 133, 134; 141, 143; 152, 157.

**2. Bei Fixgeschäften und eingetretenem Verzuge ist die unverzügliche Anzeige, daß auf Vertragserfüllung bestanden werde, dem nicht säumigen Theile lediglich im Interesse des säumigen Kontrahenten vorgeschrieben, um weitere Spekulationen des Ersteren zum Nachtheil des Säumigen auszuschließen.**

HGB Art. 357.

Im Juli 68 hat die Bekl. nach Malmö 5000 Ctr. prima schlesische runde Rapskuchen, bordfrei Stettin, verkauft, zur Hälfte im August, die zweite Hälfte im September 68 zu liefern. 2500 Ctr. sind im August angeliefert worden, der Rest blieb aus. Kläger haben durch Cession die Rechte des Käufers erworben und fordern als Schadensersatz eine gewisse Preisdifferenz sowie Rückzahlung von 1000 Mark Angeld.

Außerdem hatte die Bekl. den Klägern selbst 2000 Ctr. gleiche Rapskuchen verkauft, wobei „Mitte Oktober" als Stichtag ausgemacht worden. Hier wird wegen unterbliebener Lieferung Schadensersatz beansprucht.

In I. Instanz erstritten Kläger nur das zu erstattende Angeld, weil sie nach Annahme des Richters Erfüllung brieflich gefordert hätten und von dieser nach eingetretenem Stichtage getroffenen Wahl nicht abgehen dürften.

Der II. Richter verurtheilte die Bekl. auch zum Schadensersatz, weil ein ausschließlich auf Vertragserfüllung gerichtetes Verlangen der Kläger nicht ausgesprochen, vielmehr bei Zulassung einer nachträglichen Lieferung ihr Anspruch auf Schadloshaltung genügend vorbehalten worden.

Die Revision der Bekl. ward zwar theilweise gegründet befunden, hatte aber gleichwohl nur die Bestätigung des Appellurtels (aus anderen Motiven) zur Folge.

**Entscheidungsgründe des OHG:**

Ursprünglich sind die [bedungenen] Lieferungszeiten im Sinne genau fixirter [Art. 357 HGB] von den Kontrahenten gemeint gewesen, der Art, daß die Septemberlieferung spätestens am 30. Sept. und die Oktoberlieferung am 15. Okt. [Art. 327 Abs. 2 HGB] zu geschehen hatte ...

Da nun unstreitig sowohl die 2500 im Sept., wie die 2000 Mitte Oktober bordfrei Stettin zu liefernden Centner Rapskuchen erst am 21. Nov. 68 in Stettin angelangt sind, und durch diese bloße Nichtinnehaltung der Lieferungszeit der Verzug der Verkäuferin begründet war,

ALR I. 16 §§ 20, 54, 67, 68, 69, 71;

so erscheint der Anspruch auf Schadensersatz wegen Nichterfüllung in Gemäßheit des Art. 357 HGB an sich fundirt.

Revidentin [Bekl.] hat hiergegen ein Doppeltes geltend gemacht:

1. Es sei bei Abschluß der Kaufgeschäfte zu Malmö in ihrem Auftrage von ihrem Agenten den Käufern mitgetheilt worden, daß die Waare auf der Oder nach Stettin verschifft werden solle, und es sei die Verzögerung der Lieferung nur dadurch entstanden, daß die rechtzeitig beladenen Oderkähne wegen des durch ausnahmsweise Dürre herbeigeführten niedrigen Wasserstandes nicht hätten abfahren können oder genöthigt gewesen wären, unterwegs liegen zu bleiben. — Allein mit Recht haben beide (Vor-) Richter diesen Einwand unbeachtet gelassen. Denn würde auch die behauptete Erklärung des Agenten erwiesen, so wäre hieraus allein

nicht einmal ein Verlangen der Verkäuferin, geschweige denn eine Einwilligung der Käufer darein zu folgern, daß etwaige der Verschiffung, bzw. der rechtzeitigen Ausladung entgegenstehende Hindernisse von selber eine Verlängerung der Lieferungsfrist oder Hinausschiebung des Lieferungstermins nach sich ziehen sollten. War bei Abschluß des Vertrages die Innehaltung der bedungenen Termine oder Fristen nicht von der rechtzeitigen Ankunft der Waare in Stettin abhängig gemacht: so brauchten die Käufer auf jene bloße Mittheilung um so weniger Gewicht zu legen, als ihnen weder die eigenthümlichen Erschwerungen der Oderschifffahrt bekannt gewesen zu sein brauchen, noch die rechtzeitige Ankunft der Waare in Stettin außer dem Bereich der Möglichkeit oder auch nur Wahrscheinlichkeit lag, wie denn auch die August-Ladung von 2500 Ctrn. rechtzeitig in Stettin angelangt ist. Vielmehr durften die Käufer schlechthin Innehaltung der bedungenen Lieferungszeit erwarten, und Sache der Verkäuferin war es, die dienlichen Vorkehrungen zu treffen, andernfalls nur sie von dem Nachtheil der Versäumniß betroffen wird.

2. Die Käufer hätten hinsichtlich beider Posten die ursprünglich bedungene Lieferungszeit auf unbestimmte Zeit prolongirt und dadurch zu erkennen gegeben, daß sie Erfüllung verlangen; mit dieser einmal erfolgten Ausübung ihres Wahlrechts seien sie des jetzt beanspruchten Rechts, Schadensersatz wegen Nichterfüllung zu begehren, verlustig gegangen. Dieser Auffassung hat sich der I. Richter angeschlossen. Hiergegen wollen Kläger, denen im Ergebniß der Appellrichter zustimmt, wenngleich sie eine Prolongation der Lieferungszeit nicht schlechthin in Abrede stellen, solche für den Oktoberposten nur bis zum 31. Oktober und für den Septemberposten nur bedingt und unter Vorbehalt aller Entschädigungsansprüche gewährt haben, während die Prolongationsbedingung nicht eingetreten sei; die Ausübung des ge-

setzlichen Wahlrechts aber, welche etwa hierin gefunden werden könnte, würde als verspätet wirkungslos erscheinen und daher dem Anspruch auf Schadensersatz wegen Nichterfüllung nicht im Wege stehen. —

Anlangend zunächst den Thatbestand, ergiebt sich aus der anerkannten Korrespondenz der Parteien Folgendes:

Wie der Brief der Revidentin vom 29. Sept. 68 ausweist, ist bereits am 28. Sept. ein Telegramm der Kläger folgenden Inhalts bei der Revidentin eingegangen:

„Septemberkuchen müssen prompt binnen 8 Tagen Stettin verladen werden und wenn möglich Connossemente September gezeichnet."

Auf Lieferung der Septemberpost ultimo September wurde also nicht mehr schlechthin bestanden.

In dem folgenden Briefe der Kläger vom 2. Okt. heißt es: „es ist uns um so unangenehmer, daß die Septemberkuchen noch nicht in Stettin angelangt sind, weil wir diese Partie Kuchen weiter verkauft haben, um im September in Stettin verladen zu werden. Es ist nicht unmöglich, daß unsere Käufer sich strenge an diese Bedingung halten, und werden alsdann genöthigt, uns in solchem Falle an Sie zu halten wegen Ersatz für den uns in solchem Falle treffenden Verlust auf dies Geschäft. Wir wollen indeß hoffen, daß die Partie jetzt recht bald verladen wird, und ersuchen Sie wiederholt, beim Anfange der Verladung uns gefälligst davon per Drath zu benachrichtigen."

Dieses Schreiben ist die Antwort auf einen Brief der Revidentin vom 29. Sept., in welchem dieselbe es augenblicklich wegen des niedrigen Wasserstandes der Oder für unmöglich erklärt, die 2500 Ctr. Septemberkuchen, welche unterwegs liegen geblieben seien, nach Stettin zu schaffen, und deswegen um Prolongation „in den Oktober hinein" oder „per Oktober" bittet.

Nun geht zwar aus dem Briefe vom 2. Okt. nicht hervor, daß Käufer eine Prolongation „per Oktober" oder „bis in den Oktober hinein" bewilligt haben, wohl aber ihre Bereitwilligkeit, die Waare auch jetzt noch anzunehmen, wenngleich sie den möglicherweise in Folge der Verzögerung ihnen erwachsenden Verlust von der Revidentin ersetzt haben wollen. An die Stelle der ursprünglichen Frist „per September" und der durch Telegramm vom 28. Sept. substituirten Frist „prompt binnen 8 Tagen" ist jetzt die unbestimmte Frist „recht bald" getreten.

Ein weiteres Telegramm der Kläger vom 20. Okt. enthält, neben dem Verlangen, daß die Rapskuchen von Pferdehaaren frei sein müssen, die Anfrage:

„werden Septemberkuchen binnen 8 Tagen verladen?"

worauf Revidentin erwidert:

„sämmtliche Kuchen vielleicht in 8 Tagen in Stettin."

An dieses Telegramm schließt sich ein Brief der Kläger vom 21. Okt. an, worin es heißt: daß ihre eigenen Abkäufer verlangen, die Waare binnen 8 Tagen in Stettin verladen zu haben.

„Wenn dies uns nicht möglich wird, werden wir uns genöthigt sehen, eine gleiche Quantität von Copenhagen zu verschaffen, was uns aber einen Verlust von etwa M. Bco. 2000 verursachen würde. Und wofür wir dann Entschädigung von Ihnen fordern müssen." —

Auf die Oktoberpost beziehen sich nur folgende Aeußerungen der Käufer:

1. im Briefe vom 21. Okt.:

„von den Oktoberkuchen haben wir 1000 Ctr. an die hiesigen Herren T. & B. verkauft. Sie wollen also das ganze Quantum, 2000 Ctr., nach diesem Platze verschiffen lassen, und wenn möglich in nur Einem Schiffe. Diese

Rate muß unbedingt in diesem Monat von Stettin verschifft werden" — und

2. in dem schon angezogenen Briefe vom 2. Okt. am Schlusse:

„wir bitten Sie, gefälligst dafür Sorge zu tragen, daß die 2000 Ctr. Oktoberkuchen zur rechten Zeit in Stettin verladen werden, weil wir das halbe Quantum, 1000 Ctr., verkauft haben, und werden nächstens Ihnen Näheres betreffend Destination der Schiffe mittheilen."

Das vom 25. Okt. datirte Antwortschreiben der Revidentin auf den Brief vom 21. Okt. erklärt dann:

„sobald die Kuchen in Stettin eintreffen, was, wie wir hoffen, sehr schnell der Fall sein wird, erhalten Sie von uns telegrapische Nachricht." —

Hiernach haben bezüglich des Septemberpostens von 2500 Centnern auf Ersuchen der Verkäuferin die Käufer von der fixen Lieferungsfrist „im September" oder „per September", d. h. bis spätestens zum 30. September, Abstand genommen, und es erhellt nirgend, daß an deren Stelle durch gegenseitige Uebereinkunft eine neue genau bestimmte Frist oder ein neuer präziser Termin getreten sei, — weder in dem Briefe vom 2. Okt., welcher nur „recht baldige Verladung" beansprucht, noch in dem Briefe vom 21. Okt. Denn wenn dieser auch eine Verladung „binnen 8 Tagen" begehrt, so ist doch nicht ersichtlich, daß die Revidentin auf diese neue Frist-Bestimmung eingegangen sei, vielmehr ergiebt deren Brief vom 25. Okt. das Gegentheil. Für den Septemberposten war somit an Stelle der ursprünglich festen Lieferungsfrist eine unbestimmte, wenigstens nicht genau bestimmte, Frist getreten und dadurch dieses Geschäft dem Geltungsbereich des Art. 357 HGB entzogen.

Der Appellrichter hat nun bei seiner gegentheiligen Annahme übersehen, daß schon vor Ablauf der ursprünglichen

Lieferungszeit durch das Telegramm vom 28. Sept. die Lieferungsfrist über ultimo September hinaus erstreckt war, und er irrt darin, daß er die Korrespondenz der Parteien überhaupt unter dem Gesichtspunkt betrachtet, ob Käufer in derselben ihren ausschließlich auf Erfüllung des Vertrages gerichteten Willen zu erkennen gegeben haben oder nicht, die am 2. und 21. Okt. abgegebenen Erklärungen derselben aber jedenfalls als verspätete und darum wirkungslose Aeußerungen eines solchen Willens ansieht. Denn läge wirklich eine im Sinne des Art. 357 HGB verspätete Anzeige dieser Art vor: so würden jedenfalls — nachdem einmal durch vorausgehende oder nachfolgende Zustimmung der Verkäuferin ein Uebereinkommen über nachträgliche Vertragserfüllung erzielt war — die Käufer sich von dieser Uebereinkunft nicht aus dem Grunde haben lossagen können, daß sie es unterlassen haben, ungesäumt nach Ablauf der Lieferungszeit ihren auf Vertragserfüllung gerichteten Willen zu erklären. Auch macht Revidentin mit Recht geltend, daß die ungesäumte Anzeige lediglich im Interesse des säumigen Theils vorgeschrieben ist, um weitere Spekulationen des Nichtsäumigen zum Nachtheil des Säumigen auszuschließen. Keineswegs aber wird, wohin die der Entscheidung des Appellrichters zu Grunde liegende Interpretation des Art. 357 HGB führen müßte, bei Unterlassung der rechtzeitigen Anzeige der ganze Anspruch des nicht säumigen Theils aus dem fixen Lieferungsgeschäft in der Weise auf eine bestimmte Geldsumme rechtlich reduzirt und jedes Zurückgehen auf das Kaufgeschäft nach seinem ursprünglichen Inhalt ausgeschlossen, daß einer dahin gerichteten früheren oder späteren Vereinbarung der Paciscenten rechtliche Wirkung zu versagen wäre. Eine solche Behandlung würde vielmehr der Natur auch des fixen Lieferungsgeschäfts, welches — ungeachtet der strengeren an den Fall des Verzugs gesetzlich geknüpften Rechtswirkungen

— ein nach Treue und Glauben und nach der Geschäftssitte zu beurtheilendes Kaufgeschäft bleibt, entschieden widerstreiten.

Hiervon abgesehen, ist im vorliegenden Falle überall eine Anzeige oder Ausübung des gesetzlichen Wahlrechts im Sinne des Art. 357 HGB nicht zu erkennen, und kommt daher nicht in Betracht, ob diese Erklärung, wenn sie als Anzeige im Sinne des Art. 357 aufzufassen wäre, als verspätet erschiene. Vielmehr haben Käufer noch vor Ablauf der Lieferungsfrist — und wiederholt nach Ablauf derselben, wenngleich vorbehaltlich von Schadensersatzansprüchen — die Lieferungszeit prolongirt und zwar auf eine nicht genau bestimmte Zeit.

Für diesen Fall greifen nun zwar die Art. 355 und 356 HGB Platz, nach welchen der nicht säumige Theil, welcher statt der Erfüllung Schadensersatz wegen Nichterfüllung fordern oder von dem Vertrage abgehen will, dies dem anderen Kontrahenten anzeigen, und ihm dabei, wenn die Natur des Geschäfts dies zuläßt, noch eine den Umständen angemessene Frist zur Nachholung des Versäumten gewähren muß. Allein diesen Erfordernissen haben Kläger durch ihr Schreiben vom 21. Okt. 68, im Anschluß an das Telegramm vom 20. Okt., zur Genüge entsprochen. Denn indem sie hier dem schon wiederholt gemahnten Verkäufer noch eine achttägige Frist setzen, erklären sie zugleich für den Fall der Nichtinnehaltung auch dieser Frist sich durch anderweitigen Einkauf decken, d. h. eben von dem Vertrage abgehen und Entschädigung fordern zu wollen. Einer Wiederholung dieser Erklärung, nach fruchtlosem Ablauf auch dieser achttägigen Frist, hat es nicht bedurft. —

Was hingegen den Oktoberposten von 2000 Ctrn. anlangt, so ergiebt sich aus den vorstehend angezogenen Briefen nur, daß Käufer am 2. Okt. Lieferung „zur rechten Zeit“ und am 21. Okt. „Lieferung unbedingt in diesem

Monat" verlangt haben. Hat nun auch Revidentin in ihren Briefen die Verzögerung hinsichtlich der sämmtlichen (wie es scheint, gleichzeitig in Breslau verschifften) Quantitäten zu entschuldigen gesucht und hinsichtlich aller auf die baldige Ankunft der Oderkähne in Stettin vertröstet: so findet sich doch nirgend eine Andeutung, daß Käufer in Betreff dieses Postens sich zu einer unbestimmten Prolongation verstanden hätten. Wenn im I. Urtel geltend gemacht wird, daß die nach Ablauf des Stichtages (15. Okt. 68) abgegebene Erklärung der Käufer, auf Erfüllung bestehen zu wollen, ihnen die Befugniß entzogen habe, statt Erfüllung Schadensersatz wegen verspäteter Erfüllung zu fordern; so liegt — abgesehen davon, daß es sich hier um Schadensersatz wegen Nichterfüllung handelt — eine solche Erklärung überall nicht vor, vielmehr eine Prolongation bis ultimo Oktober und zwar mit der Hinzufügung des Wortes „unbedingt." Hiernach aber ist unter allen Umständen der Anspruch der Kläger begründet. Denn entweder war, in Ermangelung einer Acceptation des Prolongationsanerbietens bis ultimo Oktober seitens der Revidentin, medio Oktober als Stichtag geblieben, oder aber es war durch Uebereinkunft der 31. Okt. zum neuen Stichtag erhoben. Im ersten Falle würde die einseitige — von der Gegenseite weder ausdrücklich noch stillschweigend acceptirte — Erklärung der Kläger vom 21. Okt., daß sie bereit seien, noch im Oktober Erfüllung anzunehmen, ihnen nicht präjudiziren. Im zweiten Falle würde es an jeder Erklärung dieser Art nach Ablauf des Stichtages fehlen. Demgemäß waren in Betreff dieses Postens Kläger nach Art. 357 HGB befugt, ohne Weiteres Schadensersatz wegen Nichterfüllung zu beanspruchen. — Die Höhe des Schadensersatzes aber würde, da nach dem Ergebniß der Beweisaufnahme die Marktpreise von prima Schlesischen runden Rapskuchen medio und ultimo Oktober zu Stettin identisch gewesen sind, sich für jeden Fall dieser Alternative gleichmäßig normiren, und erscheint es um deswillen auch unerheblich, daß die Schadensersatzklage auf ein ultimo Oktober zu erfüllendes Lieferungsgeschäft gestützt ist.

Da hiernach der Klageanspruch an sich als begründet erscheint, und die Feststellung des Appellrichters über die Höhe des Schadensersatzes in Betreff beider Posten auch nach der vorstehenden Begründung keinem Bedenken unterliegt, weil die in Betreff beider Posten maaßgebenden Oktoberpreise der in Rede stehenden Rapskuchen mit den vom Appellrichter in Betreff des Septemberpostens zu Grunde gelegten Septemberpreisen derselben völlig übereinstimmen: so war das II. Urtel, unter Verfällung der Revidentin in die Kosten dieser Instanz, lediglich zu bestätigen.

---

## Nr. 46.

## Plenum. — Erkenntniß v. 7. Februar 1871 (3.)

**Kober & Mandowski ./. Meyer & Herz** (Nr. 40 v. 1871).

**Preußen. Wechselsache. Nichtigkeitsbeschwerde.**

I. Instanz: Kreisgericht Glogau,
II. Instanz: Appellationsgericht daselbst.

**Rechtskräftige Vorentscheidung gegen den Indossatar. Neue Klage des Indossanten. Stellung des Adcitaten im preuß. Civilprozesse.**

1. Der Wechselklage kann die Einrede bereits entschiedener Sache nicht deshalb entgegengesetzt werden, weil die Wechselforderung gegen denselben Schuldner früher durch einen Dritten auf Grund eines Blancogiros des jetzigen Klägers geltend gemacht worden ist und der damals rechtskräftig abgewiesene Kläger nur Incasso-Mandatar des nun Klagenden gewesen sein soll.

DWO Art. **9**, **10**, **12**, **17**;
ALR I. 13 § 85.

**2. Gilt in solchem Falle, nach der preuß. Allg. Gerichtsordnung, die frühere Entscheidung als auch gegen den jetzigen Kläger ergangen, wenn dieser im Vorprozesse auf Antrag des (damals wie jetzt) Beklagten adcitirt worden?**

AGO Th. I Tit. 17 §§ 2—9, 24—27, 31; Tit. 18 §§ 7, 9; auch Tit. 10 § 279.

Die Bekl. werden als Aussteller, bzw. Acceptant eines Wechsels belangt, welcher gegen sie bereits früher von der Firma Z., H. & Co., als Blanco-Indossatarin der jetzigen Klägerin, eingeklagt worden ist. Im Vorprozesse haben Beklagte die Einrede der Arglist erhoben und darüber der damaligen Klägerin sowie deren auf ihren Antrag adcitirtem Giranten den Eid zugeschoben. Die frühere Klägerin hat diesen Eid zu leisten sich geweigert und ist demzufolge rechtskräftig abgewiesen worden; dieselbe soll — nach Behauptung der Bekl. — nur Incasso-Mandatarin des jetzt selbst klagenden Giranten gewesen sein.

Der Einwand bereits entschiedener Sache wird in I. Instanz für durchgreifend erachtet, der II. Richter aber verurtheilt die Bekl., und die NktBschw. der Letzteren wird zurückgewiesen.

**Entscheidungsgründe des OHG:**

Beklagte haben den Einwand rechtskräftig entschiedener Sache darauf gestützt, daß 1. die jetzige Klägerin als Incasso-Mandantin das im Vorprozesse gegen ihren Incasso-Mandatar ergangene abweisende Erkenntniß gegen sich gelten lassen müsse, und daß 2. das Erkenntniß in jenem Vorprozesse auch thatsächlich gegen sie ergangen sei.

Beide Gründe hat der Appellrichter verworfen.

Die NktBschw. bezieht sich auf beide und würde Erfolg haben, wenn auch nur nach einer jener Richtungen hin die erhobenen Angriffe begründet wären. Sie sind es indeß nicht.

18*

1. In ersterer Beziehung erheben Imploranten gegen das App.-Erk. den Vorwurf der Verletzung folgenden Grundsatzes:

Wenn ein durch Blanco-Indossament legitimirter Wechsel-Inhaber die Wechselklage zwar formell auf seinen eigenen Namen anstellt, jedoch zufolge Einwandes des Bekl. festgestellt wird, daß Kläger nur Incassomandatar des Indossanten ist, wenn Kläger ferner einer bösen Absicht bei dem Erwerbe des eingeklagten Wechsels überführt wird: so ist Kläger nicht als eigentlicher Giratar und Eigenthümer des Wechsels zu betrachten, der Prozeß vielmehr als in Vollmacht des Indossanten und für diesen angestellt anzusehen; es steht daher die in diesem Prozesse ergangene Entscheidung dem Indossanten in gleicher Weise entgegen, wie wenn Indossant den Prozeß in Person geführt hätte.

Es ist aber schon jener an die Spitze des Angriffs gestellte Grundsatz nicht als richtig anzuerkennen.

Mit Recht führt der Appellrichter aus, daß der durch ein uneingeschränktes Indossament legitimirte Wechsel-Inhaber dem Wechselschuldner gegenüber auch dann als eigentlicher Giratar gilt, wenn derselbe mit seinem Giranten nur ein Giro zum Incasso verabredet hätte*. Durch ein uneingeschränktes Indossament — gleichviel ob es ein vollständiges oder nur ein Blanco-Indossament ist — gehen nach Art. 10 DWO alle Rechte aus dem Wechsel auf den Indossatar über; er ist der wahre Eigenthümer des Wechsels, und es steht dem Schuldner der Einwand nicht zu, daß jenem nur zum Incasso der Wechsel übertragen worden. Wenn jedoch dem Indossament die Bemerkung: „zur Einkassirung", „in Procura" oder eine andere die Bevollmächtigung ausdrückende Formel beigefügt worden, dann überträgt das Indossament nicht das Eigenthum. Daraus

* Vgl. Rechtsfall Nr. 20, oben S. 99 ff.

ergiebt sich aber auch mit Nothwendigkeit, daß ein gegen solchen durch unbeschränktes Indossament legitimirten Indossatar ergangenes abweisendes Erkenntniß allein deshalb, weil ein Incasso-Indossament verabredet worden, dem Indossanten nicht entgegen stehen kann, ihn somit auch in Verfolgung seiner Rechte aus dem Wechsel gegen den Wechselschuldner nicht beschränkt. — Wie darin etwas geändert werden könnte, wenn der Indossatar bei Erwerbung des Wechsels sich in dolo befand, ist nicht erklärlich. Der Dolus des Indossatars steht dem Indossanten nicht entgegen; auf den eigenen Dolus desselben ist aber dieser Angriffspunkt nicht gestützt; er könnte — wenn überhaupt — auch immer nur dann hier in Betracht kommen, wenn er im Vorprozesse auch dem Indossanten gegenüber festgestellt wäre. Nur dann könnte von res judicata die Rede sein. Dies ist aber nicht der Fall; Klägerin ist — wie bei dem folgenden Angriffspunkte gezeigt werden wird — im Vorprozesse nicht Partei gewesen, und von dieser Voraussetzung ausgehend, hat denn auch der vorige Richter weiter in jetzigem Prozesse erörtert, in wie weit der Klägerin der ihr schuldgegebene Dolus wirklich zur Last falle.

Ist hiernach aber jener von den Imploranten aufgestellte [Vorder-] Satz unrichtig, dann fällt damit der ganze Angriff. Denn war die Klägerin im Vorprozesse nicht als Bevollmächtigte der jetzigen Klägerin anzusehen, dann steht auch das gegen sie ergangene Erkenntniß noch nicht der jetzigen Klägerin entgegen, und der von diesem Gesichtspunkte aus erhobene Einwand der rechtskräftig entschiedenen Sache ist mit vollem Recht verworfen; die §§ 65, 66 der Einleitung, sowie § 1 Th. I Tit. 16 der AGO finden keine Anwendung, und § 85 Th. I Tit. 13 ALR, nach welchem der Machtgeber durch die Handlungen seines Bevollmächtigten verpflichtet wird, kann nicht verletzt sein, weil die Voraussetzung einer Bevollmächtigung nicht vorliegt.

2. Der Appellrichter soll aber auch hinsichtlich jenes zweiten Gesichtspunktes die Grundsätze von der res judicata verletzt haben, indem er die Klägerin nicht als Prozeßpartei in obigem Vorprozesse angesehen, ihr nur die Rolle eines Zeugen zugewiesen hat, obwohl dieselbe im Vorprozesse auf Antrag der Bekl. zum Zwecke der Eideszuschiebung über die Einrede des Dolus adcitirt worden ist und dort ausdrücklich erklärt hat, sie wollte der damals klagenden Handlung Z., H. & Co. assistiren, sie auch die ihr damals angetragenen Eide angenommen hat, und obwohl endlich der Tenor des Vorerkenntnisses ausdrücklich gegen die Adcitatin mitgerichtet worden.

Imploranten meinen, daß der Appellrichter durch Nichtbeachtung dieser Grundsätze, neben den Grundsätzen von der rechtskräftigen Entscheidung, auch ... die in der AGO [verschiedentlich] niedergelegten Grundsätze von der Adcitation verletzt habe.

Die NktBschw. läßt nicht ganz klar erkennen, ob dieser letztere Theil des Angriffs unter Nr. 2 einen selbständigen Beschwerdepunkt bilden oder nur zur Begründung des Vorwurfs der Verletzung der Grundsätze über die res judicata dienen soll. Die Angriffe sind in jedem Falle unbegründet.

Rücksichtlich des ersten Angriffs tritt zwar freie Beurtheilung ein [vgl. oben S. 179 n., S. 195 n.], es kann dabei aber nur in Betracht kommen, ob das Erkenntniß im Vorprozesse in der That auch gegen die jetzige Klägerin mitergangen ist, nicht aber darauf, ob vielleicht der Richter in jenem Vorprozesse die jetzige Klägerin in Folge ihrer Adcitation als Partei hätte betrachten und seine Entscheidung gegen sie mitrichten sollen. Hätte er — mit Verletzung der gesetzlichen Vorschriften über die Wirkungen einer Adcitation — die jetzige Klägerin damals als Partei nicht angesehen und sein Erkenntniß nicht gegen sie mit gerichtet: so würde ihm daraus vielleicht ein Vorwurf gemacht werden können; der in gegenwärtigem Prozesse der jetzigen Klägerin entgegengesetzte Einwand, daß jenes Erkenntniß auch gegen sie mitergangen, wäre gleichwohl unbegründet, und es könnte dann auch der Appellrichter durch Zurückweisung obigen Einwandes nicht gegen die Grundsätze der res judicata verstoßen haben.

Zunächst ist nun schon die Behauptung der Imploranten geradezu unrichtig, daß der Tenor des Vorerkenntnisses ausdrücklich gegen die jetzige Klägerin mitgerichtet sei. Der Tenor jenes Erk. v. 1. Nov. 70 lautet,

daß die Kläger mit ihrem Antrage auf Verurtheilung der Bekl. abzuweisen;

er erwähnt somit der jetzigen Klägerin ausdrücklich nicht, und es fragt sich nur, wer damals als Kläger vom Richter betrachtet worden. Ganz richtig bemerkt der Appellrichter, daß auch im Rubrum des Erk. nicht angegeben ist, wen der Richter als Kläger betrachtet hat. Als Kläger waren nach der Klage Z., H. & Co. aufgetreten, nur diese hatten aus dem Wechsel als Indossatare den Antrag gestellt, die Bekl. zur Zahlung ... zu verurtheilen. Wenn daher im Tenor „Kläger" mit jenem Antrage abgewiesen werden, so können damit nur jene Kläger gemeint gewesen sein. Die jetzige Klägerin war in jenem Prozesse nur auf Antrag der Bekl. adcitirt und zwar nur zu dem Behuf, um den gegen die damaligen Kläger erhobenen Einwand des dolus darzuthun also nur des Beweises halber und um die Zurückweisung des Anspruchs der damaligen Kläger zu erlangen. Es heißt in dem Adcitationsgesuche:

„es sei in der Klagebeantwortung behauptet, daß Kläger nur Incasso-Mandatare der Handlung Meyer & Herz — der jetzigen Klägerin — seien, hierüber sei Beiden der Eid zugeschoben. Mit Rücksicht auf diese Eideszuschiebung werde die Handlung Meyer & Herz adcitirt."

Nirgend ist angedeutet, daß sie als eigentliche Prozeßpartei zugezogen werden sollte oder als solche sich in den Prozeß einlassen wollte; es ist nur erklärt, daß sie der damals klagenden Handlung assistiren werde. Wenn nun der Richter in jenem Vorprozesse im Rubrum seines Erkenntnisses die sonst gebräuchlichen Bezeichnungen Adcitantin und Adcitatin weggelassen, vielmehr die damals und die jetzt klagenden Handlungen nebeneinander als Gegner der Bekl. aufgeführt hat: so sind doch andererseits die Parteien ebensowenig als Kläger und Beklagte bezeichnet, und ist somit im Tenor und Rubrum ungewiß gelassen, welche Stellung der Richter der jetzigen Klägerin in jenem Urtel hat zuweisen wollen. Deshalb erscheint es zuläßig und sogar nothwendig*, auf die Gründe jenes Urtels einzugehen. In diesen wird in der Sachdarstellung nach Erwähnung der Adcitation der jetzigen Klägerin bemerkt, daß der den damaligen Klägern vorgeworfene dolus ihren Anspruch beseitigen würde und daher die Eide normirt seien. Dann nachdem der Erinnerungen der beiden Inhaber der jetzt klagenden Handlung Meyer & Herz gedacht worden, heißt es weiter:

> endlich hat der Kaufmann Z. für sich und die beiden Mitinhaber der klagenden Handlung erklärt, daß sie den normirten Eid nicht leisten würden,

und gleich darauf:

> haben also Kläger sich geweigert, den Eid verneinend zu leisten, so sind jene Behauptungen als erwiesen anzusehen. Sie enthalten und begründen den Einwand der Unredlichkeit der Kläger bei Erwerb des streitigen Wechsels — —. Deshalb mußte die Zurückweisung der Klage erfolgen.

Die an diesen Stellen und im Tenor sich findende Bezeichnung „die Kläger“ kann sich nur auf Z. und die beiden andern Inhaber der damals klagenden Handlung beziehen; denn nur diese hatten die Ableistung des Eides verweigert,

* Vgl. oben S. 181.

wogegen die Adcitaten — Meyer und Herz — sich zur Ableistung der Eide bereit erklärt und nur einzelne Aenderungen der Eidesnormen verlangt hatten. Wenn der Richter den Satz:

„haben also Kläger sich geweigert ꝛc.“

auch auf die Adcitaten beziehen wollte, so hätte er erörtern und feststellen müssen, daß die Erinnerungen gegen die Eidesnormen unbegründet waren und deshalb die Adcitaten so anzusehen, als wollten sie die Eide nicht leisten. Er hat das nicht gethan, ganz offenbar deshalb, weil es bei der Weigerung der eigentlichen Kläger, den Eid zu leisten, gar nicht weiter auf Ableistung der Eide seitens der Adcitaten ankam, und es daher auch einer anderweiten Feststellung der Eidesnormen nicht bedurfte. Der Anspruch der allein als Klägerin aufgetretenen Handlung Z., H. & Co. war jedenfalls wegen des ihr gegenüber festgestellten Dolus unbegründet.

Stellt sich somit die Behauptung der Bekl., daß die jetzigen Kläger von dem erkennenden Richter des Vorprozesses als Partei betrachtet sind und das Erk. dort auch gegen sie gerichtet ist, als ungerechtfertigt dar, so fällt damit selbstredend auch der darauf gestützte Einwand der rechtskräftig entschiedenen Sache.

Im Uebrigen hat die NktBschw. bei diesem Angriffspunkte gar keine Rechtsgrundsätze aufgestellt, durch deren Verletzung der Appellrichter sich einer Nichtigkeit hätte schuldig machen können; die Sätze, welche Imploranten für Rechtsgrundsätze ausgeben, enthalten nur thatsächliche Momente und dann die Behauptung, daß unter solchen Umständen gefehlt sei, wenn die Kläger nicht als Partei im Vorprozesse betrachtet worden.

Wenn Imploranten aus § 25 Th. I Tit. 17 AGO, nach welchem der Litisdenunciant oder Adcitant mit dem Litisdenunciaten oder Adcitaten, der ihm assistirt, eine Person darstellt, herleiten wollen, daß analog auch in dem jetzt vorliegenden Falle die Adcitaten mit den Gegnern der Adcitanten eine Person darstellen: so übersehen sie, daß nur für das weitere Prozeßverfahren eine solche Personeneinheit vermuthet werden soll, damit aber noch keineswegs eine solche Personeneinheit unter allen Umständen auch hinsichtlich des Urtels vorgeschrieben ist, und am wenigsten dann eintritt, wenn die Adcitation nicht des Regresses wegen, sondern nur zum Behuf des Beweises bewirkt ist.

Der bei diesem Angriffspunkte endlich noch erhobene Vorwurf der Verletzung der im Titel 17 Th. I der AGO niedergelegten Grundsätze über Adcitationen ist in dieser Allgemeinheit völlig unsubstantiirt und schon deshalb gar nicht zu berücksichtigen, ganz abgesehen davon, daß der Einwand der rechtskräftig entschiedenen Sache immer hinfällig ist, sobald die Feststellung nicht beseitigt werden kenn, daß das Vorerkenntniß thatsächlich nicht gegen die jetzige Klägerin ergangen ist.

3. Der Vorwurf der Verletzung des § 35 Th. I Tit. 3 ALR beseitigt sich dadurch, daß die Weigerung der früheren Kläger den Eid zu leisten, zwar ihren eigenen Dolus darthut, aber noch keineswegs den Dolus der jetzigen Klägerin. Es fehlte somit an der thatsächlichen Voraussetzung für die Anwendung jenes § 35, nach welchem aus unerlaubten Handlungen der Handelnde zwar Verbindlichkeiten aber keine Rechte erwirbt.

4. Bei dem Vorwurf der Verletzung des Grundsatzes,

daß nur diejenigen Thatsachen und Einwendungen Gegenstand der richterlichen Kognition seien, welche von den Parteien geltend gemacht worden,

kann dahin gestellt bleiben, daß nach § 5 der Verordnung vom 14. Dez. 33 und Art. 3 der Deklaration vom 6. April 39 nur eine Verletzung der dort als wesentlich bezeichneten Prozeßvorschriften eine Nichtigkeit begründet, Imploranten aber auf jene Bestimmungen sich nicht beziehen.

Es würde jener von ihnen aufgestellte Grundsatz im Wesentlichen als übereinstimmend mit Art. 3 Nr. 1 angesehen werden können, nach welchem es eine Nichtigkeit begründet, wenn der Implorant über eine der Entscheidung zum Grunde gelegte Thatsache oder einen Rechtseinwand nicht gehört worden, worüber er hätte gehört werden sollen; allein der Vorwurf ist in der Sache selbst nicht begründet.

Der Appellrichter hat allerdings, ohne daß von den Parteien irgend darauf hingewiesen wäre, in der Sachdarstellung auch erwähnt, daß das Erk. im Vorprozesse insofern nicht gehörig insinuirt worden, als der Rechtsanwalt K. (als bloßer Termins-Substitut des eigentlichen Sachverwalters der damaligen Kläger) zur Empfangnahme der Urtelsausfertigung nicht legitimirt war; allein die Entscheidung ist auf diesen Umstand gar nicht gegründet: der Einwand rechtskräftig entschiedener Sache ist nicht deshalb verworfen, weil jenes Erk. bezüglich der jetzigen Klägerin wegen mangelhafter Insinuation noch nicht rechtskräftig geworden, sondern deshalb, weil es überhaupt gar nicht gegen die jetzige Klägerin ergangen ist. Der angezogene Art. 3 Nr. 1 findet somit keine Anwendung.

---

## Nr. 47.

## Plenum. – Erkenntniß vom 7. Februar 1871 (V.)

**Baumann ./. Künstler** (Nr. 53 v. 1871).

**Preußen (Nassau). Wechselsache. Nichtigkeitsbeschwerde.**

I. Instanz: Kreisgericht Wiesbaden,
II. Instanz: Appellationsgericht daselbst.

**Adhäsion an die Nichtigkeitsbeschwerde des Gegners.**

**1. Die Adhäsion an ein Rechtsmittel des Prozeßgegners ist in den preuß. Provinzen Hessen-Nassau und Schleswig-Holstein auch bei der Nichtigkeitsbeschwerde zulässig.**

2. Die adhärirende Partei kann in ihrem Interesse alle dispositiven Bestimmungen des in Rede stehenden Urtels angreifen, soweit dessen Rechtskraft durch Einlegung des Hauptrechtsmittels suspendirt worden. Im Nichtigkeitsverfahren ist hierbei die Adhäsion durch einen Zusammenhang der Nichtigkeitsgründe des Adhärenten mit den vom Gegner geltend gemachten Nichtigkeitsgründen nicht bedingt.

Preuß. Verordnung v. 24. Juni 67 § 48 Abs. 2, § 55, 61, 65.

In einer Wiesbadener Wechselsache legte der Bekl. NktBschw. ein. Kläger adhärirte dem Rechtsmittel. Das so mit dem Falle befaßte OHG fand die Beschwerden des Bekl. nicht gehörig substantiirt, die Adhäsion des Gegners landesgesetzlich zulässig und erkannte demzufolge auf Vernichtung des Appellurtels und Zurückweisung der vom Bekl. gegen das I. Erk. eingelegten Berufung.

Gründe:

... Die NktBschw. des Bekl. findet auch dadurch ihre Erledigung, daß auf Adhäsion des Klägers die Vernichtung des Appellurtels erfolgen muß.

Die formelle Zulässigkeit der Adhäsion des Klägers, der vom Bekl. eingelegten NktBschw. gegenüber, ist nicht in Zweifel zu ziehen. Die ursprünglich nur der Appellation gegenüber statuirte Adhäsion (vgl. L. 39 pr. Cod. de appellationibus, 7. 62) ist schon in der gemeinrechtlichen Doktrin und Praxis auf alle ordentlichen, innerhalb der gesetzlichen Fatalien einzuwendenden Rechtsmittel ausgedehnt worden.* Zu diesen ordentlichen Rechtsmitteln gehört auch die Nichtigkeits-Beschwerde der [preuß.] Prozeß-Verordnung v. 24. Juni 67, welche innerhalb derselben Fatalien, wie

* Vgl. Koch, preuß. Civilprozeß § 338. — Der Nordd. PO.-Entw. will eine Anschließung nur bei der Berufung gestatten.

die Appellation und Revision, eingelegt werden muß, und deren wesentlichster Unterschied von jenen beiden Rechtsmitteln in den besonderen Erfordernissen der Begründung (§ 63 a. a. O.) besteht. Der von der Adhäsion handelnde § 48 [Abs. 2] der Prozeß-Verordnung findet sich in demjenigen Abschnitt der Verordnung, welcher die Ueberschrift führt: „gemeinsame Bestimmungen über die Rechtsmittel der Appellation, Revision und Nichtigkeitsbeschwerde", und die Anwendbarkeit der Bestimmungen des § 48 auf die NktBschw. kann demnach keinem Bedenken unterliegen, zumal auch § 65 der Verordnung — soweit nicht bezüglich der NktBschw. besondere, abweichende Bestimmungen getroffen sind — alle für die Revision geltenden Bestimmungen auf die NktBschw. anwendbar erklärt, die Zulässigkeit der Adhäsion in der Revisions-Instanz aber zweiffellos ist.

Auch für das Wechselverfahren ist eine Ausnahme nicht anzuerkennen; eine solche ist namentlich nicht aus der Bestimmung im § 87 Nr. 5 [Schlußsatz], wonach die Beantwortungsschrift an keine Form gebunden ist, herzuleiten; im vorliegenden Falle ist auch die die Adhäsion enthaltende Beantwortungsschrift von einem zur Praxis beim OHG berechtigten Anwalt vollzogen.

Nach § 48 a. a. O. ist nun die Adhäsion nur bezüglich derjenigen Bestimmungen des Erkenntnisses, welche durch das eingeführte Rechtsmittel angefochten worden, zulässig. Im vorliegenden Falle ist die NktBschw. des Bekl. gegen das Appellurtel in dessen ganzem Umfange gerichtet; der Bekl. will mit der NktBschw. die gänzliche Abweisung des Klägers erreichen, während der Appellrichter ihn bedingt (für den Fall der Leistung eines dem Kläger auferlegten Eides) zur wechselmäßigen Zahlung der ganzen Klageforderung verurtheilt hat. Da hiernach die Rechtskraft des Appellurtels bezüglich des ganzen Klageanspruchs suspendirt ist, so ist auch die Adhäsion des Klägers bezüglich des ganzen Klageanspruchs zulässig, dergestalt daß Kläger mittelst der Adhäsion die Wiederherstellung des erstinstanzlichen Urtels, d. h. die einfache Verurtheilung des Bekl. nach dem Klageantrage, verlangen darf.

Durch einen Zusammenhang der Nichtigkeitsgründe des Adhärenten mit den Nichtigkeitsgründen des Nichtigkeitsklägers ist die Zulässigkeit der Adhäsion nicht bedingt, vielmehr nur dadurch, daß die Rechtskraft derjenigen dispositiven Bestimmung des Appellurtels, welche mittelst der Adhäsion angefochten werden soll, durch die Einlegung der NktBschw. suspendirt ist. Der Adhärent verlangt nun die Wiederherstellung des erstinstanzlichen Urtels [und diese mußte erfolgen], weil der Appellrichter die Appellation des Bekl. gegen das Urtel I. Instanz zugelassen hat, obwohl solche erst nach Ablauf des Fatale, also zu spät, interponirt worden, das Urtel I. Instanz also die Rechtskraft beschritten hatte [vgl. S. 278, 279].

---

## Nr. 48.

## Plenum. – Erkenntniß v. 14. Februar 1871 (Z.)

**Baruch ./. Ziegenhagen** (Nr. 59 v. 1871).

**Preußen. Wechselsache. Nichtigkeitsbeschwerde.**

I. Instanz: Kreisgericht Schubin,
II. Instanz: Appellationsgericht Bromberg.

**Einhaltung der Rechtsmittelfrist. Eingang des Schriftsatzes beim Gericht. Beweis.**

1. Nach preußischem Prozeßrechte ist die Einlegung eines Rechtsmittels nur dann rechtzeitig geschehen, wenn der betreffende Schriftsatz innerhalb der gesetzlichen Frist bei dem Prozeßgericht wirklich eingeht. (Dazu erläuternde Beispiele).

**2. Die Beweislast hiefür sowie die Gefahr einer Verspätung auf der Post (oder dem sonstigen Wege zum Gericht) trifft denjenigen, welcher das Rechtsmittel ergreifen will.**

Preuß. Verordnung v. 24. Juli 46 §§ 16, 27, 30.
Preuß. Verordnung v. 24. Juni 67 §§ 44, 68, 87 Nr. 5 u. 6.

Die Frist zur Einlegung von Rechtsmitteln beträgt, nach preußischem Prozeßrechte, in Wechselsachen nur drei Tage, von der Urtelszustellung an gerechnet. Ein Wechselkläger empfing das seine Abweisung bestätigende Erkenntniß II. Instanz am 18. Nov. 70, und sein Sachwalter übersendete sofort, mittelst rekommandirten Postbriefes, dem Gericht I. Instanz eine schriftliche Nichtigkeits-Beschwerde. Diese traf zwar am 20. November (Sonntags) am Gerichtsorte Schubin ein, gelangte aber erst unter dem 22. zu gerichtlicher Präsentation. Das Rechtsmittel wurde deshalb vom Gericht I. Instanz durch Verfügung als verspätet zurückgewiesen und auf Beschwerde des Klägers, nachdem eine nähere Erörterung der obwaltenden Umstände und eine mündlich-öffentliche Verhandlung des Falles stattgefunden, auch vom OHG durch Erkenntniß „für nicht devolvirt erachtet".

**Gründe:**

... In allen Fällen ist die Frist [zur Anmeldung oder sonstigen Einlegung] nur dann als gewahrt anzusehen, wenn vor ihrem Ablauf das Rechtsmittel bei dem Gericht I. Instanz angebracht worden*. Den Beweis für den Zeitpunkt der Einlegung liefert das Datum des von dem, reglementsmäßig zur Präsentation berufenen, Gerichtsbeamten beigefügten Präsentationsvermerks. Es ist jedoch — und zwar mit Recht — von den kgl. preuß. Gerichtshöfen,

* Dies bestimmt schon § 1 der preuß. Verordnung v. 21. Juli 43, Ges.-Sammlung S. 294.

einschließlich des Ober=Tribunals, erkannt, daß der Gegenbeweis zulässig, daß also die Frist auch trotz eines späteren Präsentatums dann als gewahrt zu erachten, wenn anderweit konstirt, daß der Rechtsmittel=Schriftsatz vor ihrem Ende bei Gericht eingegangen ist. Gleichzeitig aber hat sich die Praxis der preuß. Gerichtshöfe dafür ausgesprochen, daß der Eingangszeitpunkt bei dem (kompetenten) Gerichte ausschließlich entscheidet, und daß namentlich die remedirende Partei sich nicht darauf berufen kann, daß sie zu rechter Zeit und in gehöriger Weise die Rechtsmittelschrift zur Post gegeben habe, daher die Schuld der verspäteten Aushändigung an das Gericht lediglich der Postverwaltung, bzw. deren Beamten zur Last falle.

Diese Auffassung muß als richtig anerkannt werden. Sie findet in dem Wortausdrucke der [maaßgebenden] Gesetzesstellen mit Rücksicht darauf ihre Begründung, daß letztere, weil Prozeßformalien betreffend, strikte zu interpretiren und zu analoger Anwendung unfähig sind. Durch Geltendmachung einer entgegengesetzten Auffassung würde das Recht der Gegenpartei auf die Rechtskraft der ihr günstigen Prozeßentscheidung in unstatthafter Weise beeinträchtigt, überhaupt die Rechtssicherheit gefährdet werden.

Hiervon ausgehend, handelt es sich bei einem Widerspruche gegen die Beweiskraft des Präsentations-Vermerks immer nur darum, wie der Ausdruck des Gesetzes [§ 27 der Verordnung v. 21. Juli 46]:

„bei dem Gerichte (I. Instanz) angebracht"

zu verstehen ist. In dieser Beziehung erscheint die Annahme unbedenklich, daß es genügt, wenn die Rechtsmittelschrift dem zur Präsentation berufenen Gerichtsbeamten innerhalb der Frist schon vorgelegen hat, so daß derselbe das Präsentatum vor Ablauf der Frist hätte beifügen können. Das kgl. Ober=Tribunal zu Berlin hat in einem Erk. [des IV. Senats] v. 7. Juli 68

Strieth. Arch. B. 72 S. 43

die Frist auch dann, wenn die verspätete Vorlegung der Rechtsmittelschrift zur Präsentation in unzureichenden Einrichtungen des Gerichts bezüglich des Verkehrs mit der Postbehörde ihren Grund hat, für gewahrt erachtet und insbesondere was rekommandirte Zusendungen betrifft, die — freilich in einem Urtel v. 11. desselben Monats (a. a. O. S. 65) widerrufene — Ansicht ausgesprochen, daß der Postablieferungsschein gewissermaaßen den Brief selbst rücksichtlich des Zeitpunktes von dessen Eingang beim Empfangsberechtigten repräsentire. Auch ist von demselben Gerichtshofe laut Erk. v. 12. Sept. 61

Strieth. Arch. B. 42 S. 312

ausgeführt worden, daß das Fatale gewahrt sei, wenn die Rechtsmittelschrift zu gehöriger Zeit in den Gerichtsbriefkasten gelegt oder im Gerichtslokal dem Botenmeister zur Weiterbeförderung ausgehändigt worden. — Im vorliegenden Falle fragt es sich, ob noch weiter zu gehen und anzunehmen ist, daß es schon genüge, wenn dem mit Abholung der Postsachen betrauten Gerichtsboten bei Ausführung dieses Dienstgeschäfts der als rekommandirter Brief bei der Postanstalt eingegangene Schriftsatz, die Einlegung des Rechtsmittels enthaltend, oder doch der zum Briefe gehörige Postablieferungsschein von dem amtirenden Postbeamten intra fatale behändigt worden ist.

Vgl. Erk. v. 3. März 53, Strieth. Arch. B. 9 S. 33.

Jedenfalls ist dies die für den Imploranten günstigste Auffassung. Wenn man ihr statt giebt, so kommt es auf die Prüfung des Resultats an, welches die ... Recherchen geliefert haben. ... [Non liquet] ...

(Hiernach aber) fehlt es am Beweise dafür, daß der (die NktBschw. enthaltende) Brief oder doch der zugehörige Postablieferungsschein vor dem 22. Nov. 70, also noch innerhalb der Frist zur Einlegung der NktBschw., an das

Gericht in Schubin oder doch in die Hände eines Beamten dieses Gerichts gelangt sei. Da dieser Beweis dem Imploranten oblag, so folgt weiter, daß die Beschwerde über die wegen verspäteter Einlegung des Rechtsmittels erfolgte Zurückweisung desselben bei der weitesten Auslegung des Gesetzes für begründet nicht zu erachten ist, das Rechtsmittel also für nicht devolvirt erklärt werden mußte.

---

## Einlegen von Prozeßschriften in den **Briefkasten** des Gerichtsgebäudes.

In einer Wechselsache aus Wiesbaden (Baumann ./. Künstler, Nr. 53 v. 71) hat das OHG durch Plen.-Erk. vom 7. Febr. 71 die vom Bekl. eingelegte Berufung für verspätet erachtet, weil das I. Urtel am 8. Sept. insinuirt und der amtliche Präsentationsvermerk auf der Berufungsschrift vom 12. Sept. 70 datirt war.

Das OHG erwog hier bei der Annahme, daß die Berufung um einen Tag zu spät angebracht worden:

Bekl. behauptet zwar, daß die Berufungsschrift schon am 11. Sept., einem Sonntage, Vormittags zwischen 11 und 12 Uhr, in den im Geschäftslokal des Kreisgerichts Wiesbaden ausgehängten Briefkasten gelegt worden. Allein eines Theils ist diese Behauptung nur durch einen Zeugen, den Bureaugehilfen des Anwalts des Bekl., welcher wegen seiner Verantwortlichkeit nicht unbetheiligt erscheint, bestätigt worden. Außerdem würde, auch wenn die Behauptung richtig wäre, die Frist dennoch nicht gewahrt sein.

Das Einlegen von Prozeßschriften in den Briefkasten kann nämlich, wenn überhaupt, jedenfalls nur dann der Einreichung bei Gericht gleich gestellt werden, wenn die erlassenen reglementarischen Vorschriften beachtet sind. Nach dem Geschäfts-Reglement vom 16. Aug. 67 § 5 soll der Briefkasten vom Botenmeister zweimal täglich, und zwar das zweite Mal beim Schlusse der Dienststunden, d. h. 6 Uhr Abends, geleert werden. Am Sonntag sind aber nach § 3 Abs. 5 daselbst die Bureaus der Gerichte geschlossen, so daß eine Partei, welche im Laufe des Sonntags eine Schrift in den Briefkasten legt, nicht darauf rechnen kann, daß der Kasten vor dem Montag geleert wird. Damit stimmt auch die Aeußerung des Botenmeisters H. überein, nach welcher der fragliche Briefkasten an Sonntagen nur einmal, um 8 Uhr Morgens, geleert wird, also Schriftstücke, die nach acht Uhr in den Kasten gelegt werden, erst am Montag zur Präsentation gelangen. Die Berufungsschrift des Bekl. ist daher, wenngleich sie am 11. Sept. zwischen eilf und zwölf Uhr Vormittags in den Briefkasten gelegt worden, doch als erst am 12. Sept. bei dem Kreisgericht angebracht anzusehen. Beklagter mußte, um das Fatale zu wahren, dafür Sorge tragen, daß die Schrift am Sonntag, den 11. Sept., dem Gerichtsdirektor persönlich zur Präsentation vorgelegt wurde. Da das Fatale versäumt worden, ist das Urtel des Kreisgerichts Wiesbaden vom 31. Aug. 70 rechtskräftig geworden.

---

Nr. 49.

## Plenum. – Erkenntniß v. 14. Februar 1871 (Z.)

**Pustau ./. Schramm** (Nr. 65 v. 1871).

**Preußen. Wechselsache. Nichtigkeitsbeschwerde.**

I. Instanz: Kreisgericht Altona,
II. Instanz: Appellationsgericht Kiel.

**Anwendung ausländischen Rechtes.**

1. Ausländisches Recht hat der Richter in zutreffenden Fällen anzuwenden, soweit es ihm bekannt

ist oder von Amtswegen, eventuell durch Parteinachweis erkennbar wird.

Puchta, Pandekten § 109.

Vgl. § 439 Nordd. PO.-Entw. und § 53 AGO I. 10.

Leue, Theorie des Beweises B. 1 S. 25.

2. Eine Partei, welche den Nachweis der etwa in Betracht kommenden ausländischen Rechtsnormen unterlassen hat, kann im Nichtigkeitsverfahren es nicht rügen, daß der Richter seiner Entscheidung das einheimische Recht zum Grunde gelegt und etwaige, ihm unbekannte, Abweichungen des auswärtigen Rechtes außer Acht gelassen hat.

Vgl. Nordd. PO.-Entw. § 808, Abs. 3.

3. Der prozessualische Grundsatz, daß der Kläger seinen Klagegrund zu beweisen habe*, ist auf die der Entscheidung zum Grunde zu legenden Rechtsnormen nicht zu beziehen.

Während seiner Anwesenheit in Hongkong (China) beauftragte Kläger, als Eigenthümer eines Seeschiffes, das dortige Handlungshaus W. P. — eine offene Handelsgesellschaft — mit der Abwickelung verschiedener Geschäfte. Hieraus erwuchs dem Kläger ein Guthaben von 131 Pfund Sterling, welches ihm jenes Haus in einer Rimesse auf Altona zustellte. Diese wurde nicht honorirt; Kläger nahm deshalb Wechsel-Regreß gegen den Kaufmann P. zu Altona, als Theilhaber an der trassirenden Firma zu Hongkong.

Der I. Richter erachtete sich, als persönlicher Gerichtsstand des Bekl., für kompetent, auch war Altona Zahlungsort des Klagewechsels. Beklagter wurde verurtheilt, in II. Instanz namentlich aus dem Grunde, weil er an der regreß-

* L. 2 u. 21 Dig. de probationibus (22, 3); Windscheid, Pandektenrecht B. I § 133 Nr. 1.

pflichtigen Handelsgesellschaft betheiligt sei und jeder Gesellschafter für die Schulden der Firma aufzukommen habe.

Seine NktVschw. blieb erfolglos.

**Gründe des OHG.**

I. Der Appellrichter führt aus, daß für die vorliegende Entscheidung das in Hongkong geltende Recht maaßgebend sei, daß aber Beklagter den ausländischen Rechtssatz, auf welchen er seine Ausflucht gründe, zu erweisen gehabt, dieser Verpflichtung aber nicht nachgekommen sei, indem er nicht einmal Beweismittel angegeben habe. Durch diese Ausführung soll der Richter verletzt haben:

a) den Rechtssatz, daß der Prozeßrichter sich von Amtswegen Kunde des zur Anwendung kommenden Rechtes — ausländischen sowohl, wie inländischen — verschaffen müsse, (jura novit curia), daß daher eine Beweispflicht der einen oder anderen Partei auch bezüglich ausländischer Rechtssätze nicht bestehe,

b) den Grundsatz des zu Hongkong geltenden englischen Rechtes, demzufolge der offene Handelsgesellschafter für Schulden der Gesellschaft nur subsidiarisch hafte.

Dieser Vorwurf ist indeß nicht begründet. Wenngleich der Richter auch ausländisches Recht, soweit es ihm bekannt ist, anzuwenden hat, bzw. sich zu diesem Ende von Amtswegen Kenntniß verschaffen darf: so ist doch eine Pflicht des Richters, ausländisches Recht zu kennen oder dasselbe durch von Amtswegen einzuziehende Erkundigung zu erforschen, nicht anzuerkennen, der Satz jura novit curia auf ausländisches Recht nicht zu beziehen, also ein rechtsgrundsätzlicher Verstoß des Richters, wenn er von der Partei den Beweis des betreffenden, ihm nicht bekannten ausländischen Rechtssatzes fordert, nicht anzuerkennen.

Hieraus folgt weiter, daß der Appellrichter eine Nichtigkeit durch Nichtanwendung des nach der Behauptung des Bekl. in Hongkong geltenden Rechtssatzes (zu b.), der dem Richter ohne sein Verschulden unbekannt geblieben, ihm auch nicht von der Partei nachgewiesen ist, nicht begangen haben kann.

II. Der Appellrichter führt aus: „Beklagter hat eingeräumt, daß Mitglieder einer offenen Handelsgesellschaft solidarisch haften; letzteres darf daher auch als Inhalt des in Hongkong geltenden Rechtes der Entscheidung zum Grunde gelegt werden." Hierdurch soll der Appellrichter, wenn er jenes Zugeständniß auf das in Hongkong geltende Recht bezogen habe, eine Aktenwidrigkeit begangen, wenn er das Zugeständniß aber auf das hiesige Recht bezogen und eine Vermuthung der Uebereinstimmung des ausländischen mit dem inländischen Rechte statuirt habe, einen Rechtssatz verletzt haben, indem eine solche Vermuthung nicht bestehe, der Inhalt ausländischer Rechtsnormen vielmehr vom Richter festzustellen, eventuell von der Partei zu beweisen sei.

Beide Vorwürfe sind ungegründet. In der Klagebeantwortung hatte Beklagter die von ihm als prozeßhindernde Einrede des unzuständigen Gerichts bezeichnete Einrede erhoben, daß Kläger seine Forderung zunächst im Domizil seiner Schuldnerin, der Firma zu Hongkong, zur Geltung bringen und die Entscheidung der dortigen Gerichte nach englischen Gesetzen zu gewärtigen habe, indem Beklagter als Associé der Firma persönlich, doch nur subsidiarisch im Falle der Insufficienz der Firma in Anspruch genommen werden könne. In der Replik erklärte Kläger die Einrede für ungegründet, weil die solidarische Haftung der Mitglieder einer Handelsgesellschaft unzweifelhaften Rechtens, und mit diesem Rechtssatze die vom Bekl. excipirte Subsidiarität nicht zu vereinigen sei. Darauf entgegnete Beklagter in der Duplik: die solidarische Verhaftung der Mitglieder einer Handelsgesellschaft werde nicht bestritten, habe aber mit der hier angeregten Kompetenzfrage nichts zu thun, indem die Einrede des Bekl. dahin gehe, daß Kläger zunächst die Firma bei dem Gericht in Hongkong zu belangen habe. Der Appellrichter hat nun das Zugeständniß in der Duplik dahin aufgefaßt, daß Beklagter die solidarische Verhaftung der Mitglieder einer Handelsgesellschaft als einen allgemeinen, auch in Hongkong geltenden Rechtssatz anerkannt habe. Durch diese Interpretation der Erklärung des Bekl. hat der Richter eine Aktenwidrigkeit um so weniger begangen, da Beklagter schon in der Klagebeantwortung auf das englische Recht als das maaßgebende hingedeutet hatte, und Kläger dies in der Replik nicht beanstandet hat. Eine gesetzliche Präsumtion, daß das ausländische Recht mit dem inländischen übereinstimme, hat der Appellrichter nicht aufgestellt.

III. Endlich soll der Appellrichter rechtsgrundsätzlich dadurch gefehlt haben, daß er den Bekl. für verpflichtet erachtet habe, seine bloß subsidiarische Verpflichtung zu beweisen, während der Kläger nach allgemeinen Grundsätzen als Theil seines Klagegrundes zu beweisen habe, daß Beklagter nach dem in Hongkong geltenden Rechte nicht blos subsidiarisch hafte. Auch dieser Vorwurf ist ungegründet. Der Grundsatz, daß der Kläger seinen Klagegrund zu beweisen habe, ist auf die der Entscheidung zum Grunde zu legenden Rechtsnormen überall nicht zu beziehen. In dem regelmäßigen Falle der Anwendung inländischen Rechtes ist dies selbstverständlich. Wenn es sich um, dem Richter nicht bekanntes, ausländisches Recht handelt: ist es Sache der Partei, welche sich darauf beruft, dem Richter den Beweis desselben zu erbringen, widrigenfalls sie sich nicht darüber beklagen darf, daß der Richter einen ihm nicht bekannten ausländischen Rechtssatz nicht anwenden kann, sondern nach dem ihm bekannten einheimischen Rechte entscheiden muß.

## Nr. 50.

## Plenum. – Erkenntniß v. 21. Februar 1871 (V.)

**Frau Krehan ·/· v. Krottnaurer** (Nr. 37 v. 1871).

**Preußen.** **Nichtigkeitsbeschwerde.**

I. Instanz: Kreisgericht Spremberg,
II. Instanz: Appellationsgericht Frankfurt a. O.

**Uebernahme eines Handelsgeschäfts. Haftung für Schulden des früheren Firmeninhabers.**

**Wer das Handelsgeschäft eines Einzelkaufmanns übernimmt und unter der bisherigen Firma fortführt, wird hierdurch den Gläubigern der Firma nicht persönlich verhaftet.**

HGB Art. **22.**
Vgl. Rechtsfall Nr. 26, oben S. 127 ff.
**Contra:** Erk. des OTr. IV. Sen. v. 2. Juli 68, Strieth. Arch. B. 70 S. 353.

Klägerin hat das Handelsgeschäft ihres Ehemannes käuflich erworben und führt dasselbe unter der alten Firma fort. Sie macht jetzt eine ihr ausdrücklich abgetretene Geschäftsforderung geltend, und der Bekl. erhebt im Wege der Wiederklage Gegenansprüche aus Verträgen, die er mit dem Ehemanne der Klägerin, als damaligem Firmeninhaber, geschlossen hat. Der I. Richter erachtete die Klage nicht für gehörig begründet und wies daher die Klägerin angebrachter Maaßen ab; er erklärte auch, ohne auf die Sache selbst einzugehen, die Wiederklage für ungerechtfertigt, weil die in Rede stehenden Verbindlichkeiten nicht zu denen gehören, welche die Wiederbekl., behufs Vergütung des Waarenlagers ihres Ehemanns, vertragsmäßig übernommen hatte.

Als Wiederkläger appellirte der Bekl. und erzielte eine abändernde Entscheidung, welche lediglich darauf sich stützte, daß der II. Richter — in Uebereinstimmung mit einem Erk.

des preuß. Ober-Tribunals v. 2. Juli 68 — **als maaßgebenden** Grundsatz des geltenden Rechtes annahm:

**Wer** ein bestehendes Handelsgeschäft, mit **Ausscheidung** des bisherigen Inhabers, allein und ganz übernimmt und unter der alten Firma fortführt, wird dadurch ohne Weiteres auch für die vorhandenen Geschäftsschulden verhaftet — dergestalt, daß die Gläubiger vom neuen Erwerber Zahlung verlangen dürfen, gleichviel was etwa in dem Ueberlassungsvertrage zwischen dem Veräußerer und dem Erwerber in Betreff jener Schulden abgemacht worden ist.

Demnach wurde Klägerin für die Passiva des von ihr übernommenen Handelsgeschäfts haftbar erachtet und die Sache behufs eingehender Erörterung der fraglichen Ansprüche in die I. Instanz zurückgewiesen.

Auf NktBschw. der Klägerin wurde dieses Appellurtel vernichtet und das I. Erk. hergestellt.

**Gründe:**

Die Rechtsansicht [des Appellrichters] kann als richtig nicht anerkannt, es muß vielmehr in fraglicher Beziehung an dem in der Entscheidung des OHG v. 21. Okt. 70 [oben S. 127 ff.] aufgestellten Rechtsgrundsatze festgehalten werden.

Aus dem ALR ist jene Ansicht nicht zu rechtfertigen. Dasselbe hält an dem Grundsatze fest, daß Verträge zunächst nur unter den Kontrahenten Rechte begründen, so daß, wenn ein Dritter aus einem zu seinem Vortheil, aber ohne seine Zuziehung, geschlossenen Vertrage das Recht auf diesen Vortheil erwerben will, er dem Vertrage erst mit Bewilligung der Hauptparteien beitreten muß, § 75 Tit. 5 Th. I ALR — oder es müßte denn der eine Kontrahent sein diesfälliges vertragsmäßiges Recht dem Dritten cediren. Auch von einer analogen Anwendung der Vorschrift des § 19 im Anhang (zu § 646 Tit. 11 Th. I ALR) —

wonach, wenn ein ganzer Vermögens-Inbegriff durch einen Alimenten- rc. Kontrakt übertragen wird, unter „Vermögen" nur das verstanden werden soll, was nach Abzug der Schulden übrig bleibt, —

kann hier nicht die Rede sein, weil es hierzu an allen thatsächlichen Voraussetzungen, namentlich an der Uebertragung eines ganzen Vermögens-Inbegriffs, einer universitas iuris im Sinne dieses § 19, fehlt.

Auch ist nirgend versucht worden, obige Ansicht aus landrechtlichen Bestimmungen zu rechtfertigen, vielmehr hat man dieselbe lediglich auf den (angeblichen) Geist und Sinn des HGB sowie darauf stützen wollen, daß sie der Ansicht des handeltreibenden Publikums und der handelsrechtlichen Praxis entspreche. Inzwischen erscheint die erstere Fundamentirung schon von vorn herein höchst bedenklich, wenn man den Gang der betr. Berathungen des Entwurfs zum HGB in Betracht zieht.

Nachdem nämlich bei der ersten Lesung des preuß. Entwurfs zum HGB der Art. 27 (jetzt 23 HGB) einhellig angenommen worden (Prot. S. 41), wurde beantragt, folgende Bestimmung aufzunehmen:

Der Uebernehmer (Erwerber) einer Handlung ist zur Erfüllung aller Handlungsverbindlichkeiten der früheren Inhaber der Handlung, unter Ausschluß der Einrede der Vorklage und der Abtretung des Klagerechts, verpflichtet.

Die Debatte hierüber ward indeß vertagt, und erst bei der zweiten Lesung wieder aufgenommen (Prot. S.1431 ff.). Jetzt wurden zwei Anträge gestellt, welche — mit verschiedenen einschränkenden, bzw. erweiternden Modifikationen — im Wesentlichen jenen Satz wieder aufnahmen. Als Resultat der diesfälligen Debatten aber wurde die zur Abstimmung gestellte Vorfrage:

ob solche Bestimmungen in das Gesetz aufzunehmen seien?

mit bedeutender Majorität abgelehnt — nicht etwa, weil

sie überflüssig erschienen, indem die Beantwortung schon anderweit aus dem Gesetzbuch zu entnehmen sei, sondern weil die thatsächlichen Verhältnisse, um deren Beurtheilung es sich handle, so außerordentlich verschieden seien und die Absicht der Kontrahenten so vielgestaltig sei, daß es unmöglich erscheine, die erforderlichen rechtlichen Bestimmungen in wenigen Sätzen zusammen zu fassen, ohne daß dabei dem Leben und dem Rechtsgefühl der Betheiligten Gewalt angethan würde; wobei im Verlauf der Berathung durch Anführung einer Mehrzahl von Fällen zu zeigen versucht ward, daß keiner der vorgeschlagenen Rechtssätze Anspruch auf Anerkennung als allgemeine Regel habe.

Aus diesen Gründen also hat das HGB die Frage absichtlich ganz mit Stillschweigen übergangen.

Gleichwohl hat man jene, hier angefochtene, Ansicht zu stützen versucht:

1. auf Art. 15, 23 HGB,

indem auszuführen versucht wird, daß die Firma ein Sachname und als unzertrennbar vom Geschäft anzusehen, daß dieses Geschäft ein abgeschlossenes Ganze sei, zu welchem als integrirende Theile nicht nur die Waarenvorräthe und Utensilien, sondern auch die ausstehenden Handlungsforderungen und kontrahirten Handelsschulden gehörten. Nur dieses Ganze könne deshalb mit der Firma übertragen werden und werde auch in der Handelswelt dergestalt als ein einheitlicher Komplex aufgefaßt, daß, welche Person auch der Träger einer solchen Firma sein möge, dadurch diese Einheit an sich nicht alterirt wird, vielmehr unverändert und ungetrennt stehen bleibt.

Abgesehen indeß davon, daß diese Ausführung viel zu viel beweisen und zu seltsamen Konsequenzen führen würde, z. B. daß der Inhaber eines Handelsgeschäfts dasselbe nicht mit Ausschluß seiner Activa verkaufen könnte, daß ferner der Erwerber desselben nicht neben dem Veräußerer, sondern statt desselben, als Schuldner der Geschäfts-Passiva eintreten würde: erscheinen die Prämissen in dieser Ausführung auch unrichtig, womit die darauf gebauten Folgerungen von selbst zerfallen.

Die Firma eines Kaufmanns ist überhaupt kein Sachname. Man hat in neueren Gesetzgebungen den Kaufleuten die Führung einer Firma, deren Eintragung in's Handelsregister und die Zeichnung vor dem Handelsgericht zur Pflicht gemacht, um Zweifel über die Identität der Personen, über die Echtheit der Unterschriften und über die Befugniß zur Vertretung ꝛc. zu beseitigen, [vgl. HGB Art. 19, 20, 21, 25; preuß. Einf.-Ges. v. 24. Juni 61 Art. 4—7] und es erscheint in der That willkührlich, wenn man hinter dem Gebrauch einer Firma etwas Weiteres suchen, darin den Ausdruck für die Gesammtheit der auf ein Handelsgeschäft sich beziehenden Rechtsverhältnisse und einen juristischen Unterschied für die Uebertragung des Geschäfts mit und ohne Firma finden will. Dies ergiebt sich klar aus Art. 15 HGB:

> die Firma eines Kaufmanns ist der Name, unter welchem er im Handel seine Geschäfte betreibt und die Unterschrift abgiebt,

sowie aus Art. 113 a. a. O., wonach wer in eine bestehende Handelsgesellschaft eintritt, die Haftung für die vorhandenen Geschäftsschulden überkommt, gleichviel ob die Firma beibehalten oder geändert wird.

Ferner erscheint in obiger Darstellung des Handelsgeschäfts als eines Ganzen, eines Inbegriffs von Rechtsverhältnissen ꝛc. der Begriff des Handelsgeschäfts mit dem des Handelsvermögens verwechselt, was klar hervortritt, wenn man den Fall setzt, daß ein Kaufmann sein Geschäft plötzlich schließt, seine Firma im Handelsregister streichen läßt, dies auch öffentlich bekannt macht, womit dann dieses Handelsgeschäft plötzlich verschwunden ist, während das Vermögen ungeändert bleibt. Auch pflegt der Kaufmann unter dem Handelsgeschäft nur die mit einer bestimmten Räumlichkeit oder einem bestimmten Namen oder mit beiden verknüpfte Gelegenheit zum Betriebe eines Handelsgewerbes zu denken, bei deren Erwerbe es ihm darum zu thun ist, daß wer die Handlung bisher betrieben, zurücktrete und diese Art der Geschäfte aufgebe, und daß er — indem jener ihn bei seinen Handlungsfreunden empfiehlt und das Vertrauen, welches er bis dahin genossen, auf den Nachfolger zu übertragen bittet — die Verbindungen und Kundschaften erhalte, worin jener bisher gestanden; während es auf der Hand liegt, daß die bisherigen Kreditoren des Geschäfts bei dergleichen Aenderungen in der Person des Inhabers ihren Entschluß zu fernerem Kreditgeben weniger vom Namen der Firma, als von ihrer Ansicht über die Vertrauenswürdigkeit der Person des neuen Inhabers abhängig machen werden.

Endlich ist auch die Untrennbarkeit der Firma von dem Handelsgeschäft durchaus nicht vorhanden; denn es bestimmen Art. 22, 23 HGB:

Wer ein bestehendes Handelsgeschäft durch Vertrag oder Erbgang erwirbt, kann dasselbe unter der bisherigen Firma, mit oder ohne einen das Nachfolgeverhältniß andeutenden Zusatz, fortführen, wenn der bisherige Geschäftsinhaber ... in die Fortführung der Firma ausdrücklich willigt.

Die Veräußerung der Firma als solcher, abgesondert von dem Handelsgeschäft, für welches sie bisher geführt wurde, ist unzulässig.

Hiernach kann nur die Firma nicht ohne das Geschäft, wohl aber das Geschäft ohne die Firma veräußert werden; und mit der [behaupteten] absoluten Untrennbarkeit beider fallen also auch die darauf gebauten Folgen weg. — Jene Ansicht wird ferner gestützt

2. auf Art. 113 HGB:

Wer in eine bestehende Handelsgesellschaft eintritt, haftet — gleich den anderen Gesellschaftern — für alle von der Gesellschaft vor seinem Eintritt eingegangenen Verbindlichkeiten, es mag die Firma eine Aenderung erleiden oder nicht.

Man behauptet, dies müsse noch mehr alsdann gelten, wenn Jemand ein bestehendes Handelsgeschäft — mit Ausscheidung des bisherigen Inhabers — allein und ganz übernimmt und unter der alten Firma fortführt; wobei nur angeführt wird, daß ein wesentlicher Unterschied zwischen beiden Fällen — dem Eintritt in eine Handelsgesellschaft und dem alleinigen Erwerbe eines Geschäfts — nicht obwalte. Aber gerade dies letztere ist augenscheinlich unrichtig.

Vorweg mag nur bemerkt werden, daß nach den Kommissions-Verhandlungen sämmtliche Kommissions-Mitglieder den Art. 113 a. a. O. als eine nur für den darin bezeichneten Fall gegebene Vorschrift auffaßten, und daß (wie bereits oben angedeutet) der wiederholte Antrag, für die übrigen Fälle des Eintritts in ein Handelsgeschäft ähnliche Bestimmungen zu geben, abgelehnt wurde, — und nicht etwa deshalb, weil Art. 113 schon die allgemeine Bestimmung enthalte.

Der wesentliche Unterschied zwischen beiden Fällen tritt aber klar vor Augen, wenn man folgende Bestimmungen des HGB in Betracht zieht:

a) die Handelsgesellschaft kann unter ihrer Firma Eigenthum und andere dinglichen Rechte an Grundstücken erwerben, Art. 111;

b) sie kann vor Gericht klagen und belangt werden, und besitzt

c) ihren eignen Gerichtsstand, Art. 111;

d) die Privatgläubiger eines Gesellschafters sind während der Dauer der Gesellschaft nicht befugt, die zum

Gesellschaftsvermögen gehörigen Sachen ꝛc. ganz oder theilweise zu ihrer Befriedigung oder Sicherheit in Anspruch zu nehmen, Art. 119, 120, 126, 132;

e) eine Kompensation zwischen Forderungen der Gesellschaft und Privatforderungen eines Gesellschaftsschuldners gegenüber einem einzelnen Gesellschafter ist für die Dauer der Gesellschaft ausgeschlossen, Art. 121;

f) der einzelne Gesellschafter kann über seinen Antheil an den Gesellschaftsaktiven, Sachen und Forderungen nicht selbständig durch Einklagung oder Uebertragung an Andere verfügen, er muß sich im Falle des Ausscheidens mit einer Abfindung in Geldwerth begnügen, Art. 108, 131, 132;

g) es ist der Konkurs über das Gesellschaftsvermögen, verschieden vom Konkurse über das Privatvermögen der einzelnen Gesellschafter, zulässig; die Gesellschaftsgläubiger haben in der Befriedigung aus dem Gesellschaftsvermögen einen Vorzug vor den Privatgläubigern der einzelnen Gesellschafter, Art. 122, 123, 133;

h) die Gesellschaft kann unbeschadet des Ausscheidens eines Theilhabers fortbestehen, Art. 127, 128, 131. —

Von diesen Bestimmungen leiden selbstredend die unter f. und h. auf Eigengeschäfte keine Anwendung; bei den übrigen besteht ein solches Hinderniß nicht, gleichwohl gelten die unter a. d. e. g. für Einzelgeschäfte entschieden nicht. Die Unterschiede zwischen beiden sind also sehr erheblich, und während gerade die Solidarität, welcher der eintretende Gesellschafter sich unterwirft, durch die Bestimmungen a. d. e. zu seinem Gunsten beschränkt wird, oder ihm dadurch doch zu seiner Sicherung Rechte an die Hand gegeben werden (da er z. B. unter Umständen den Verkauf oder die Verschuldung der auf den Namen der Firma der Gesellschaft eingetragenen Grundstücke hindern kann, Art. 102 HGB): ist davon bei einem Einzelgeschäft für dessen Inhaber nicht die Rede. Jedenfalls sind die Unterschiede so erheblich, daß eben deswegen von analoger Anwendung des Art. 113 HGB auf den alleinigen Erwerber eines Handelsgeschäfts nicht die Rede sein kann.

3. Wenn ferner die Gegenansicht sich auf die Vermuthung stützt, daß der Erwerber eines Handelsgeschäfts sammt Firma auch die gesammten Activa und Passiva übernommen habe: so wird diese Vermuthung lediglich auf die schon erwähnte angebliche Natur des Handelsgeschäfts sammt Firma als eines untrennbaren Ganzen gegründet, was im Obigen bereits seine Widerlegung gefunden hat.

Jedenfalls würde dergleichen Vermuthung durch den Inhalt des Erwerbungsvertrages widerlegbar sein.

4. Als ferneren Grund für jene Ansicht hat man angeführt, daß unzweifelhaft die Rechte der Handlungsgläubiger durch den zwischen dem Veräußerer und dem Erwerber des Handelsgeschäfts geschlossenen Uebergangsvertrag nicht geschmälert werden dürfen, und daß daher diese Gläubiger, obwohl ihnen wieder ihren Willen ein anderer Schuldner statt des ursprünglichen nicht obtrudirt werden könne, doch berechtigt sein müssen, sich ohne Weiteres an den Erwerber wegen ihrer Forderungen zu halten. Dieser letztere Schluß trifft indessen offenbar dann nicht zu, wenn die Rechte der Gläubiger durch den Veräußerungsvertrag nicht geschmälert werden, also wenn dieser Vertrag für den Veräußerer so geartet ist, daß die Zahlungsfähigkeit desselben dadurch nicht verringert wird. Allein selbst wenn letzteres der Fall wäre, wenn der Veräußerer sein Geschäft unentgeltlich abgetreten hätte oder der Vertrag ein Scheingeschäft oder sonst in fraudem creditorum abgeschlossen wäre: so würden die Gläubiger beim Vorhandensein der Bedingungen der actio Pauliana nach Gemeinem Rechte diese Klage, nach preuß. Rechte das Anfechtungsrecht gegen den Vertrag nach dem Ges. v. 9. Mai 55 oder im Falle des Konkurses nach den Bestimmungen der Konkurs-Ordnung v. 8. Mai 55 haben.

5. Endlich steht der Gegenansicht so wenig die Ansicht des handeltreibenden Publikums, wie die handelsrechtliche Praxis zur Seite. Ersteres findet schon im Obigen, auch besonders noch darin seine Widerlegung, daß bei derartigen Geschäftsveräußerungen die Betheiligten Circulare und öffentliche Bekanntmachungen zu erlassen pflegen, wonach der Uebergang des Geschäfts auf den neuen Erwerber — sei es mit den Aktiven und Passiven, oder ohne diese — mitgetheilt wird. In Betreff der handelsrechtlichen Praxis aber stehen jener Ansicht [zahlreiche Rechtssprüche] entgegen,

z. B. des Handels-AppGer. Nürnberg (Seuffert's Archiv B. XXI S. 142, Goldschmidt's Ztschr. für Handelsrecht B. XI S. 548);

des OTr. zu Stuttgart (Seuffert's Arch. B. VI S. 242, VII S. 21);

des Hofgerichts in Darmstadt (Busch's Arch. B. VIII S. 174);

des OAppGer. in Dresden (sächsisches Wochenblatt für merkwürdige Rechtsfälle, Jahrgang 17 Nr. 22);

des OAppGer. Lübeck (Goldschmidt's Ztschr. B. VI S. 588).

Hiernach hat der Appellrichter die Art. 23 u. 113 HGB durch unrichtige Anwendung verletzt, und sein Urtel unterliegt deshalb der Vernichtung. — Bei der nun offenen freien Beurtheilung ergiebt sich nach Obigem, daß Implorantin für die streitige Schuld nicht haftet, da diese unter denjenigen Schulden der erworbenen Handlung, welche von ihr ausdrücklich übernommen worden, nicht aufgeführt ist ... Zwar hat Klägerin selber den anerkannten Betrag der Forderung des Bekl... [bei Aufstellung ihres eingeklagten Guthabens] abgerechnet, auch muß sie, als Cessionarin ihres Ehemannes, sich — nach § 407 Tit. 11 Th. I ALR — alle Einwendungen, also auch die der Kompensation einer

Gegenforderung, gefallen lassen. Nachdem sie aber mit der eingeklagten, ihr cedirten Forderung in angebrachter Art abgewiesen worden, kann von einer Kompensation der Gegenforderung nicht mehr die Rede sein, diese vielmehr nur dann gegen sie geltend gemacht werden, wenn Klägerin selber persönliche Schuldnerin dieser Gegenforderung ist, was — wie gezeigt — eben nicht der Fall ist.

Endlich soll zwar ... Klägerin die Fortsetzung des erworbenen Geschäfts unter der früheren Firma den Geschäftsfreunden bekannt gemacht haben. Wiederkläger hat aber nicht behauptet, daß sie dabei die Uebernahme der Passiva erklärt habe, und es fehlt also immer an der Erklärung eines solchen Willens, deren eventuelle Wirkung demnach auch nicht weiter zu erörtern ist.

---

## Nr. 51.

## Plenum. – Erkenntniß v. 21. Februar 1871 (Z.)

**Malmros & Co. ·/· Paulini** (Nr 81 v. 1871).

**Preußen.** **Nichtigkeitsbeschwerde.**

I. Instanz: Stadtgericht Königsberg i. Pr.,
II. Instanz: Ostpreußisches Tribunal daselbst.

**Konkurs. Zahlungseinstellung. Zeitpunkt. Zahlungsunfähigkeit.**

1. Im preußischen Konkursverfahren ist die Zahlungseinstellung eines Kaufmanns als vorhanden anzunehmen, sobald nach richterlichem Ermessen thatsächlich erhellt, daß der Gemeinschuldner sich im Zustande der Zahlungsunfähigkeit befindet. Dies kann unter Umständen schon aus der Unfähigkeit, eine einzelne Schuld zu bezahlen, sowie

aus einer bedingungsweise gegebenen Erklärung des Gemeinschuldners gefolgert werden.

**2. Die thatsächliche Fortführung des kaufmännischen Geschäfts ist hierbei nicht von entscheidender Bedeutung.**

Preuß. Konkurs-Ordnung v. 8. Mai 55 § 113.

Klägerin beansprucht, daß in dem über das Vermögen des Bekl. P. eröffneten kaufmännischen Konkurse der Tag der Zahlungseinstellung auf den 10. Dezember, statt 30. Juni, 68 festgesetzt werde. Bis zu ersterem Tage hat der Gemeinschuldner sein Geschäft thatsächlich geführt, wesentlich durch Kreditgewährung seiner jetzt klagenden Hauptgläubigerin unterstützt.

Anderer Seits wird geltend gemacht, daß am 30. Juni 68 zwei Wechselforderungen der Klägerin im Betrage von über 115000 Thlrn. unbezahlt geblieben sind, sowie daß schon im Frühjahr der Bekl. der wegen ihres Guthabens mahnenden Klägerin erklärt hat, sie jetzt nicht befriedigen zu können. Auf weitere Frage, was Beklagter thun werde, wenn Klägerin ihre Hand von ihm zurückziehe, erwiderte derselbe damals, dann müsse er seine Zahlungen einstellen.

Die in zwei Instanzen abgewiesene Klägerin legt NktBschw. ein, ohne Erfolg.

**Gründe des OHG.:**

Der § 113 der preuß. Konkurs-Ordnung bestimmt im zweiten Absatz:

> Die Zahlungseinstellung ist vorhanden, wenn der Gemeinschuldner seine Zahlungsunfähigkeit selbst erklärt oder wegen Zahlungsunfähigkeit sein Geschäft schließt, oder wenn andere Umstände vorliegen, daß der Gemeinschuldner im Zustande der Zahlungsunfähigkeit sich befindet.

Der Appellrichter nimmt nun zunächst an, daß der erste jener Fälle vorliege, der Gemeinschuldner P. seine Zahlungsunfähigkeit selbst erklärt habe, und führt aus, daß es nicht darauf ankomme, ob diese Erklärung gerichtlich oder außergerichtlich* abgegeben sei. Nach Mittheilung der [Beweisergebnisse] über die fragliche Aeußerung des Gemeinschuldners sagt dann der Appellrichter:

Dabei kann es nicht in Betracht kommen, daß die Aeußerung des Schuldners in einer konditionellen Redewendung sich bewegte. Die Zahlungseinstellung war eingetreten, sobald die Erklärung des kaufmännischen Schuldners abgegeben war, er sei nicht im Stande seine fälligen Verbindlichkeiten zu erfüllen. Anders lassen sich die Aeußerungen des Gemeinschuldners nicht auffassen.

Hierin ist nicht eine Auslegung des § 113 zu finden, sondern eine Deutung der Erklärung des Gemeinschuldners. Der Richter nimmt nicht an, daß eine Zahlungseinstellung schon dann vorliege, wenn der Schuldner anerkenne, daß er unter gewissen Bedingungen zahlungsunfähig sei, sondern er findet in der Erklärung des Schuldners, wenngleich sie in einer konditionellen Redewendung sich bewege, die bestimmte Erklärung, daß er zahlungsunfähig sei. Es hätte vielleicht behauptet werden können, daß der Richter den Worten des Schuldners eine unrichtige Deutung gegeben habe; der Vorwurf der unrichtigen Auslegung des § 113 in jener Richtung ist jedenfalls unbegründet.

Hat der Gemeinschuldner mit jener Aeußerung seine Zahlungsunfähigkeit geradezu erklärt, dann ist § 113 nicht unrichtig angewendet. Die Feststellung jener Voraussetzung fällt in das Gebiet der thatsächlichen Feststellung,

* Vgl. preuß. Entwurf zur Konkurs-Ordnung v. 1854, Goltdammer's Materialien zur Konkurs-Ordnung S. 289 (erste Aufl.).

welche mit dem Vorwurf der Verletzung des § 113 nicht anfechtbar ist.

Unrichtig ist sodann aber die dem weiteren Angriffe der Implorantin zum Grunde liegende Ausführung, daß der § 113 nicht eine bloße partielle, sondern nur eine absolute Zahlungsunfähigkeit im Auge habe, und ebenso unbegründet, daß der Appellrichter nur eine solche partielle Zahlungsunfähigkeit des Gemeinschuldners angenommen habe.

Der § 113 hat der Beurtheilung des Richters überlassen, ob aus den besonderen, im einzelnen Falle vorliegenden Umständen erhellt, daß der Schuldner sich in dem Zustande der Zahlungsunfähigkeit wirklich befindet.

Eine bestimmte Erklärung des Begriffs der Zahlungsunfähigkeit ist im § 113 nicht aufgestellt, ebensowenig ist dort zwischen blos partieller und allgemeiner Zahlungsunfähigkeit unterschieden, und es ist in der That auch nicht ersichtlich, weshalb unter gewissen Umständen aus der Unfähigkeit eines Kaufmanns, eine bestimmte einzelne Schuld zu bezahlen, nicht schon auf die Zahlungsunfähigkeit überhaupt sollte geschlossen werden können. Dies bestätigen denn auch die Motive zu jenem § 113 vollständig; es heißt in denselben:*

Der Begriff der Zahlungseinstellung beschränkt sich nicht auf die gerichtliche oder außergerichtliche Erklärung des Gemeinschuldners, daß er seine Verbindlichkeiten zu erfüllen außer Stande sei; eine solche Erklärung bildet nur eine Art der äußeren Erscheinung der Zahlungseinstellung. Die letztere bezeichnet vielmehr überhaupt den Zustand der Zahlungsunfähigkeit, welcher den Kredit des Gemeinschuldners vernichtet, es mag die

* Goltdammer a. a. O. S. 290. — Auch in den Art. 437 des Code de Commerce ist aus der ursprünglichen, eine: cessation de tous payements erfordernden Redaktion das Wort „tous" nicht aufgenommen worden. In Belgien gilt dagegen der Grundsatz: la cessation doit porter sur la généralité.

Zahlungsunfähigkeit ausdrücklich erklärt sein oder nicht, in einer wirklichen Vermögensunzulänglichkeit oder nur in einer Unzulänglichkeit der Zahlungsmittel beruhen.

Daß hierher der Fall nicht zu rechnen ist, wenn der Gemeinschuldner die Zahlung einer Schuld bloß deshalb, weil er die Richtigkeit derselben bestreitet, oder aus anderen besonderen Motiven verweigert, versteht sich von selbst. Ob aber im Uebrigen schon eine einmalige Zahlungsverweigerung genügt, oder ob erst das Zusammentreffen mehrerer Fälle die Zahlungseinstellung dokumentirt, läßt sich nur aus den jedesmaligen konkreten Umständen beurtheilen. —

Es kann danach also unter Umständen schon die Unzulänglichkeit der Zahlungsmittel und ebenso die Zahlungsverweigerung in einem einzelnen Falle vollständig ausreichen, eine Zahlungseinstellung als vorhanden anzunehmen. Wenn nun der Appellrichter mit Rücksicht hierauf ausführt:

> erwägt man, daß, wie Klägerin selbst zugiebt, das Geschäft von P. vorzugsweise, wenn auch nicht allein, auf dem Kredit des M. [Inhabers der klagenden Handlung] beruhte, erwägt man ferner die Beträchtlichkeit der Schuld, um die es sich handelt: so muß man nach Lage der Sache annehmen, daß die Zahlungseinstellung durch die Unfähigkeit, diese Schuld zu zahlen, genügend konstatirt sei;

so hat er keineswegs — wie Implorantin vermeint — angenommen, daß eine bloß partielle Unfähigkeit zur Zahlung vorgelegen, sondern er hat — was das Gesetz geradezu zuläßt — aus der Weigerung, die M'sche Forderung zu bezahlen, unter den besonderen Umständen auf die Zahlungsunfähigkeit im Allgemeinen geschlossen. Der ihm vorgeworfenen Verletzung des § 113 a. a. O. hat er sich dadurch also in keiner Weise schuldig gemacht.

Darauf endlich, daß der Gemeinschuldner P. längere

Zeit nach jenem Zeitpunkte sein Geschäft noch fortgesetzt, von der jetzt klagenden Handlung angeblich neuen Kredit erhalten, auch andere Gläubiger vollständig befriedigt hat, ist vom Appellrichter Rücksicht genommen; er hat aber in diesen Umständen eine Widerlegung seiner Ansicht nicht gefunden, daß vorher im Juni 1868 schon ein Zustand völliger Zahlungsfähigkeit vorgelegen hat.

Der Appellrichter hat sich damit, wie das Gesetz (§ 113) ihm geradezu gestattet, einer allseitigen Prüfung der obwaltenden Umstände unterzogen; das Gesetz hat nicht vorgeschrieben, welche Bedeutung dem einen oder anderen beizumessen, und kann dem Appellrichter somit auch nach dieser Richtung hin eine Verletzung des § 113 mit Grund nicht vorgeworfen werden, wenn er dem einen oder anderen Umstande größere oder geringere Bedeutung beimißt. Die NktBschw. hat denn auch von diesem Gesichtspunkte aus in der That keinen Angriff gegen das AppErk. gerichtet, sondern damit nur die Behauptung zu begründen gesucht, daß im Juni 1868 nur eine partielle Zahlungsunfähigkeit des Gemeinschuldners vorgelegen habe. Wie gezeigt, ist das indeß nicht entscheidend.

Uebrigens aber ergiebt sich aus der Bestimmung im § 122 der Konkurs-Ordnung:

> in keinem Falle darf der Tag der Zahlungseinstellung auf einen früheren Zeitpunkt als 6 Monate vor der Konkurseröffnung festgesetzt oder angenommen werden,

daß solcher Fortführung des Geschäfts über den ermittelten Zeitpunkt der Zahlungsunfähigkeit hinaus eine entscheidende Bedeutung nicht beigelegt werden kann.

## Nr. 52.

## Plenum. – Erkenntniß v. 28. Februar 1871 (Ref.)

**Lerche & Co. ./. Schade, Kistemann & Co.** (Nr. 71 v. 1871).

**Preußen. Wechselsache. Revision.**

I. Instanz: Stadtgericht Berlin,
II. Instanz: Kammergericht daselbst.

**Rechte preußischer Gläubiger auf in Preußen befindliche Vermögensstücke eines ausländischen Gemeinschuldners. Wechselprozeß auf Grund ausländischer Wechsel. Ausländischer Konkurs, hiesige Wirkung.**

1. § 293 der preuß. Konkursordnung v. 8. Mai 55, welcher inländischen Gläubigern eines ausländischen Gemeinschuldners die in Preußen befindlichen Vermögensstücke des Letzteren als Exekutionsgegenstände vorbehält, beschränkt sich nicht auf bereits exekutionsreife Ansprüche.

2. Der Wechselprozeß findet in Deutschland nach den landesgesetzlich gegebenen Normen auch aus solchen ausländischen, materiell giltigen, Wechseln statt, deren Einklagung in dem betreffenden Auslande nicht, oder nicht mehr, auf dem Wege eines besonderen Wechselverfahrens erfolgen könnte.

(Anwendung auf englische Wechsel, bei einer nach englischem Rechte verspäteten Wechselklage.)

3. Welche Bedeutung hat der im Auslande über das Vermögen eines Ausländers eröffnete Konkurs für die in Preußen erfolgende Geltendmachung der Ansprüche eines Deutschen an den Gemeinschuldner (abgesehen von dem Falle besonderer Staatsverträge)?

Aus einem am 12. Nov. 68 in London fällig gewesenen und gehörig protestirten Domizil-Wechsel wurde unterm 14. Juni 69 beim Stadtgericht Berlin gegen den (angeblichen) Acceptanten F. W. Schade, einen Engländer, Klage erhoben und dabei der Gerichtsstand durch einen Arrestschlag auf in Berlin befindliches Vermögen des Bekl. begründet (vgl. AGO Th. I. Tit. 2 §. 119, Tit. 29 § 42; § 34 des Anhangs zur AGO). Klägerin ist eine Stettiner, einem Preußen gehörige Handlung.

Der Bekl. war alleiniger Inhaber einer Londoner, jetzt in Konkurs verfallenen Firma, die in Preußen keine Handelsniederlassung hat. Zur Zeit flüchtig, ist er öffentlich geladen, im Einlassungstermin ausgeblieben und deshalb in contumaciam verurtheilt worden.

Die in England bestellten Verwalter der Konkursmasse intervenirten im Prozesse zu Gunsten des Bekl., bestritten als nunmehrige Mitbeklagte die erhobene Wechselforderung und verlangten Ausantwortung des arrestirten Vermögens, die Klägerin eventuell zur Geltendmachung ihres Anspruches in dem englischen Konkursverfahren verweisend.

Der I. Richter fand die Klage begründet, weil durch die Kontumaz des eigentlichen Bekl. die Behauptungen der Klägerin festständen und der auswärtige Konkurs für das hiesige Verfahren ohne rechtliche Bedeutung wäre. Der II. Richter erkannte abändernd auf Zurückweisung der Klage und Aufhebung des angelegten Arrestes, weil die Wechselklage nicht innerhalb der im englischen Rechte vorgeschriebenen Frist erhoben worden sei, Klägerin also nur im ordentlichen Prozeßwege ihre etwaigen Ansprüche (deren sachliche Begründetheit dahin gestellt blieb) verfolgen könne.

Auf Revision der Klägerin hat das OHG, unter Aufhebung des Appellurtels, die Sache in die II. Instanz zurückgewiesen.

**Gründe:**

1. Der Einwand, daß der Klägerin eine Klage über-

haupt nicht zustehe, beruht auf einem Mißverstehen des § 293 der [preuß.] Konkurs-Ordnung, welcher lautet:

> Besitzt ein Ausländer, über dessen Vermögen im Auslande Konkurs eröffnet ist, im Inlande keine Handelsniederlassung, jedoch anderweites Vermögen, so ist die Exekution in das inländische Vermögen zulässig.

Aus dem Worte „Exekution" folgern die Mitbekl., daß das inländische Vermögen nur von solchen Gläubigern angegriffen werden könne, deren Forderungen bereits exekutionsreif seien. Aber der § will nur besagen, daß — abweichend von dem früheren Rechte, § 663 ff. AGO I. 50 — fortan über einzelne inländische, zu einer inländischen Handelsniederlassung nicht gehörige Vermögensstücke eines ausländischen Kridars nicht der Konkurs eröffnet, sondern daß solche Stücke im gewöhnlichen Wege zur Exekution gebracht werden sollen. Keineswegs aber hat durch diese Bestimmung — welche nebst der folgenden Vorschrift des § 294 hauptsächlich verhindern will, daß vor der Befriedigung der inländischen Gläubiger jene Vermögensstücke dem Auslande verabfolgt werden,

> Motive zu den §§ 286—290 des Entwurfs der Konkurs-Ordnung, S. 126 der Kammerausgabe —

den Gläubigern das Recht genommen werden sollen, derartige Vermögensstücke durch Klage und Arrest festzuhalten;

> vgl. Erk. d. preuß. OTr. [IV. Sen.] v. 11. Mai 58, Strieth. Arch. B. 29 S. 294.

2. Weiter verneinen Mitbekl. mit Unrecht die Zulässigkeit der Wechselklage. Sie meinen, daß die Eröffnung des Konkurses über das Vermögen der Firma Schade, Kistemann & Co. und ihres Inhabers [des eigentlichen Bekl.] nur eine Klage auf Anerkennung, bzw. Feststellung der Forderung und auf tributorische Tilgung aus der Konkursmasse zulasse. Aber sie übersehen, daß nach dem

eben erwähnten § 294 von den inländischen Vermögensstücken nur dasjenige, was nach der Befriedigung der im Inlande aufgetretenen Gläubiger übrigbleiben wird, zur ausländischen Konkursmasse abgeführt werden darf, daß also die Klägerin durch den Konkurs nicht gehindert ist, Verurtheilung der Bekl. zur wechselmäßigen Zahlung aus den inländischen Werthen zu fordern. Der Berufung ferner auf die englischen Parlamentsakte 18. und 19. Victoria Cap. 67 (v. 23. Juli 55) hat der Appellrichter mit Unrecht entscheidendes Gewicht beigelegt. Die von den Mitbekl. beigebrachten Zeugnisse zweier Londoner Notare, bzw. Anwalte besagen,

> daß das summarische Verfahren in Wechselsachen lediglich durch jene Akte regulirt, und daß danach dieses summarische Verfahren nur innerhalb sechs Monaten nach der Fälligkeit des Wechsels zulässig, nach dieser Frist aber dem Wechselinhaber nur der ordentliche Prozeß zuständig sei,

und hiermit stimmt das schon im Arrestverfahren produzirte Attest des Londoner Rechtsanwalts E. Zimmermann überein. Allein diese Auskunft betrifft nur eine prozessuale Frage. Sie lehrt, daß der erst im Oktober 55 in England eingeführte ausnahmsweise schleunige Wechselprozeß nur binnen einer halbjährigen Frist nach der Fälligkeit dort gestattet wird, und daß nach dieser Frist der Wechselanspruch in demselben ordentlichen Verfahren verfolgt werden muß, welches vor jener Akte allein offen stand. So wenig nun ein Wechsel vor 1855 der Wechselkraft entbehrte, weil das englische Recht bis dahin jenen besonderen Wechselprozeß nicht kannte*: eben so wenig ist die Wechselkraft blos durch die Einführung eines Wechselprozesses auf die Dauer

* Auch in der preuß. Rheinprovinz findet ein besonderes Verfahren in Wechselsachen nicht statt; gleichwohl werden rheinische Wechsel in Deutschland überall, wo ein besonderer Wechselprozeß eingeführt ist, in diesem eingeklagt.

seiner Zulässigkeit beschränkt und nach dem Ablauf dieser Prozeßfrist erloschen. Wenigstens besagen jene Atteste nichts von einer der Parlamentsakte inserirten Klausel über die Betagung der materiellen Wechselkraft, und bei der Verschiedenheit der Gebiete der prozessualischen Verfolgungsart und der materiellen Geltung eines Wechselanspruchs ist der Schluß von der zeitlichen Begränzung eines privilegirten Wechselprozesses auf die Befristung der unverkümmerten und speziellen Verpflichtung aus einem Accept unberechtigt.

Nun ist es unbestrittenen Rechtens und in der Natur der Sache begründet, daß auch der Fremde in einem anderen Staate in denjenigen Prozeßnormen Recht zu nehmen hat, welche diesem Staate eigenthümlich sind; der Rechtsuchende kann sich nicht darauf berufen, daß ihm in seinem Heimathlande eine bequemere und umständlichere Vertheidigung prozessualisch zustehe, als ihm das Prozeßrecht des anderen Staates gewähre. Entspricht also der jetzt eingeklagte Wechsel — wie der Fall — den deutschrechtlichen Erfordernissen einer Tratte, und gewährt — wie wiederum der Fall — das preußische Recht einem Wechselanspruch auch länger als sechs Monate nach der Fälligkeit den schleunigen und strengen Wechselprozeß: so muß der Wechselbeklagte in diesem Prozesse Recht nehmen, wenn er auch vor den Gerichten seiner Heimath seine Vertheidigung im regelmäßigen Prozesse zu führen berechtigt wäre.

3. Die Mitbekl. haben ferner die Activlegitimation der Klägerin bestritten, behauptend, nach englischem Rechte übertrage das Blancogiro das Eigenthum des Wechsels nicht. Auch diese Behauptung, für welche sie Beweis nicht erboten haben, ist unrichtig. Der eingeklagte Wechsel ist auf Ordre gestellt. Folglich genügt ein Blancogiro nebst der Uebergabe zu seiner Uebertragung.

vgl. Story, engl. Wechselrecht, bearb. von Treitzschke, §§ 156, 172, 204, 206, 207.

Endlich ist von den bekl. Verwaltern in Abrede gestellt, daß außer ihnen selber die Firma Schade, Kistemann & Co., bzw. der Kridar F. W. Schade habe belangt und daß die Kontumaz des letzteren ihnen habe entgegengestellt werden dürfen. Dieser Einwand kann in Ansehung seines ersten Theils auf sich beruhen. Denn der Kridar selber ist als Beklagter in I. Instanz verurtheilt und dieses Erkenntniß ist nicht angefochten. Aber betreffs des zweiten Theils, nämlich in Ansehung der Präjudizirung der bekl. Verwalter durch die Kontumaz des Kridars, ist der Einwand begründet. Ueber das Vermögen genannter Firma, bzw. des Kridars ist in England Konkurs eröffnet und die beiden Verwalter sind die rite bestellten Verwalter der Masse. Nach englischem Rechte gelten die Letzteren als Quasi-Eigenthümer der Masse dergestalt, daß der Kridar rücksichtlich seines gesammten Vermögens, soweit es zur Befriedigung seiner Gläubiger dienen kann, verfügungsunfähig, also zu dessen aktiver und passiver Vertretung rechtlich außer Stande ist. Dies ist nicht nur in den oben erwähnten Certifikaten englischer Rechtsverständigen, sondern auch anderweit glaubhaft bezeugt.

Vgl. Güterbock, der Konkurs nach engl. Recht, in Goldschmidt's Ztschr. B. II S. 25, 26, 28, 31, 40 ff.

Nun ist zwar richtig, daß die in England erfolgte Eröffnung des Konkurses über das Vermögen eines Engländers dessen in Preußen befindliches Vermögen nicht ipso jure der Konkurs-Beschlagnahme unterwirft; und es folgt hieraus, daß dieses Vermögen blos durch jene Konkurseröffnung noch nicht ein Bestandtheil der Konkursmasse wird. Allein diese, aus dem Mangel einer staatlichen Konvention mit England hervorgehende, Lage rechtfertigt nicht die Folgerung, daß für das in Preußen befindliche Vermögen des englischen Kridars dem Konkurse gegenüber preußischen

Gläubigern „überhaupt keine Tragweite" beizumessen sei [wie der II. Richter angenommen hatte].

Schon die AGO verwarf diesen Standpunkt. Sie verpflichtete den preußischen Richter, unter dessen Jurisdiktion Vermögen des auswärtigen Kridars sich befand, auf gehörigen Gläubigerantrag über dieses Vermögen einen Spezialkonkurs zu eröffnen, wies den hierbei bestellten Spezialkurator an die Informationen und Erklärungen (nicht etwa des Kridars, sondern) des auswärtigen Kurators, und verordnete die Ablieferung des Ueberschusses der Spezialkonkursmasse (wiederum nicht an den Kridar, sondern) an den Richter des auswärtigen Konkurses.

§§ 663 ff. AGO I. 50 und Anhangs § 379 zu § 671 daselbst.

Sie erachtete also keineswegs den auswärtigen Konkurs für eine bloße, die Dispositionsbefugniß des Kridars in Preußen nicht berührende, Thatsache, und sie statuirte mit Nichten die alleinige Verfügungsberechtigung des Kridars über dessen in Preußen befindliches Vermögen. — Sie hätte dies umsoweniger gekonnt, als sie im Falle der im Auslande erfolgten Eröffnung eines Spezialkonkurses über dortiges Vermögen eines inländischen Kridars den Kurator des preußischen Hauptkonkurses zur Vertretung desselben bei dem auswärtigen Spezialverfahren anwies — § 670 a. a. O. —, ersichtlich also in dieser Beziehung den Grundsatz vertrat, daß die fortschreitende Rechtsgemeinschaft neuerer Kulturstaaten sie zu (wenn auch beschränkter) gegenseitiger Rechtshilfe verpflichte.

Vgl. v. Savigny, System des heutigen Röm. R. B. VIII S. 288.

Die (preuß.) Konkurs-Ordnung v. 8. Mai 55 hat diesen Standpunkt nicht verlassen. Sie hat zwar im Mangel besonderer Staatsverträge die Selbständigkeit preußischer Jurisdiktion bezüglich des inländischen Vermögens eines auswärtigen Kridars gewahrt, auch die besondere Befriedigung namentlich inländischer Gläubiger aus diesem Vermögen gesichert. Allein sie hat zugleich verordnet, daß der Ueberschuß der Masse des inländigen Spezialverfahrens nicht an den Kridar, sondern zur ausländischen Konkursmasse auszuliefern ist.

§§ 292 ff. Konkurs-Ordnung v. 8. Mai 55.

Damit ist freilich die Frage nicht ohne Weiteres entschieden, inwiefern der ausländische Kridar für seine Person betreffs der inländischen Masse personam standi in judicio hat: aber anerkannt ist damit, daß die ausländische Konkursmasse bei einem auch gegen sie, bzw. ihre Vertreter, erhobenen Anspruche auf dieses inländische Vermögen selbständig interessirt und zu dessen Abwehr selbständig berechtigt ist. Ist nun der auswärtige Kridar nach dortigem Rechte nicht befugt, der dortigen Konkursmasse durch seine Verfügungen, Anerkenntnisse, Säumnisse zu präjudiziren: so folgt, daß die Vertreter seiner Konkursmasse, welche, wie hier, mit ihm wegen eines Anspruchs auf inländisches Vermögen belangt worden, nicht blos [wie der II. Richter erachtete] „accessorische Intervenienten", sondern selbständige [Mit]beklagte und deshalb an seine Zugeständnisse und seine Kontumaz nicht gebunden sind. [Vgl. oben S. 43 am Ende.]

Daraus ergiebt sich, daß die Aechtheit des Accepts des Kridars, welche die bekl. Verwalter bestritten haben, durch die Kontumaz des Kridars gegen sie nicht festgestellt, sondern erst noch zu erweisen ist.

Zur Verhandlung und Entscheidung über diese Streitfrage, eventuell über die sonst von den Mitbekl. erhobenen Einreden rc. war mithin — unter Aufhebung des Appellurtels — die Sache in die II. Instanz zurückzuweisen.

Nr. 53.

## Plenum. – Erkenntniß v. 28. Februar 1871 (V.)

**Zwettels ./. Stache's Konkursverwalter** (Nr. 78 v. 1871).

**Preußen. Wechselsache. Nichtigkeitsbeschwerde.**

I. Instanz: Kreisgericht Breslau,
II. Instanz: Appellationsgericht daselbst.

**Vertrag über Wechselverjährung.**

**Ein Abkommen über den Ausschluß der Wechselverjährung ist, wenn landesgesetzlich statthaft und vor Ablauf der Verjährungsfrist geschlossen, unter den Kontrahenten rechtlich wirksam.**

Art. **80** DWO steht dem nicht entgegen.

Sic: V. Plen. Erk. v. 25. April 71 in Sachen Cohn ./. Stache's Konkursverwalter (Nr. 188 v. 1871) aus Breslau.

Kläger macht in dem über den St.'schen Nachlaß eröffneten gemeinen Konkurse eine seit 3. Febr. 69 fällige Wechselforderung gegen St., als Trassanten, geltend. Am 30. April 69 hat die Wittwe St., für sich und als befreite Vormünderin ihrer miterbenden Kinder, die Wechselunterschrift des Erblassers anerkannt und auf die Verjährung gerichtlich verzichtet (vergl. ALR Th. I Tit. 9 §§ 565, 566; Tit. 5 § 197; Tit. 16 § 450).

Der Konkursverwalter bestreitet die Forderung und hält beim Vorliegen einer Wechselsache den Verzicht auf Eintreten der Verjährung für unstatthaft. Auch bemerkt er, daß am 30. April 69 bereits das erbschaftliche Liquidationsverfahren über den St.'schen Nachlaß beendet und seitens einiger Gläubiger die (am 15. Juni erfolgte) Konkurseröffnung beantragt, dies auch dem Kläger bekannt gewesen.

Der Klageanspruch wird, weil lediglich auf dem Wechsel beruhend und aus den zum Grunde liegenden Geschäften nicht hergeleitet, in zwei Instanzen zurückgewiesen, da die

Wechselklage im Mai 69 verjährt und bis dahin eine Unterbrechung der Verjährung in der nach Art. 80 DWO allein zulässigen Weise nicht eingetreten sei. Außerdem entnahm der Appellrichter aus den Behauptungen des Konkursverwalters, daß die Voraussetzungen des § 100 der Konkursordnung vorliegen würden; denn beim Konkurse über einen Nachlaß müßte hinsichtlich der mit den Erben geschlossenen Rechtsgeschäfte dasselbe gelten, was jener Paragraph hinsichtlich des mit dem Gemeinschuldner Abgemachten bestimmt.

Auf NktBschw. des Klägers hat das OHG, unter Vernichtung des II. und Abänderung des I. Urtels, erkannt, daß die klägerische Wechselforderung zur Befriedigung aus der St.'schen Konkursmasse ohne Vorzugsrecht für festgestellt, zu erachten.

**Gründe:**

Der Appellrichter hat die klägerische Forderung, da deren Verjährungsfrist bereits verstrichen sei, nach Art. 78 DWO für verjährt erachtet und die Ausführung des Klägers, daß die Verjährung durch gerichtlichen Vertrag ausgeschlossen worden, auf Grund des Art. 80 a. a. O. verworfen. Mit Recht wirft Implorant dem Appellrichter vor, hierdurch jene Artikel verletzt zu haben.

Der Art. 80 DWO bestimmt nichts weiter, als daß die laufende Verjährung nur durch Behändigung der Klage (bzw. durch Streitverkündung) unterbrochen werden kann, und beseitigt damit zugleich die Zweifel, ob zu dieser Unterbrechung die bloße Anmeldung der Klage, wirkliche Anstellung derselben 2c. genügt. Ueber den vollständigen Ausschluß der Verjährung und dessen Zulässigkeit durch Vertrag bestimmt die DWO überall nichts, und in dieser Beziehung aus dem Art. 80 weitere Konsequenzen herleiten zu wollen, erscheint um so weniger zulässig, als gerade die Motive zum preußischen Entwurf (S. 74 der Leipziger Prot.) und der Inhalt der diesfälligen Berathungen (Prot. S. 206) ergeben, daß man anfänglich von mancher Seite beantragte, Bestimmungen über den Ausschluß der Verjährung durch Vertrag in die Wechsel-Ordnung aufzunehmen, davon jedoch schließlich Abstand nahm. Aus der streng formalen Natur des Wechsels ist über den Ausschluß der Anwendung der allgemein-civilrechtlichen Vorschriften nichts herzuleiten, da die DWO hierüber nichts vorschreibt, und die hier in Rede stehende Kundgebung des übereinstimmenden Willens der Kontrahenten durch gerichtlichen Vertrag, sowie deren rechtliche Wirksamkeit für die Kontrahenten nirgend untersagt.

Wenn nun auch ferner in einem großen Theile des Ländergebietes, für welches die DWO bestimmt war, der Verzicht auf die Verjährung nach allgemeinen civilrechtlichen Grundsätzen unlässig ist: — vgl. österr. Ges. B. § 1502, Code civil Art. 2220 u. s. w. — so kann man doch nicht annehmen, daß die DWO diese Verschiedenheiten habe beseitigen wollen, da sie dieß überhaupt nicht, namentlich in Hinsicht so vielfacher anderer, in einzelnen Territorien geltender verschiedener Bestimmungen — z. B. über den Ausschluß des Anfangs der Verjährung gegen unbevormundete Minorennen, § 535 Tit. 9 Th. I ALR; über die Restitution gegen kurze Verjährungen, vgl. Erk. des OTr. zu Stuttgart v. 1./8. Okt. 62 (Seuffert, Archiv B. 15 S. 419; Arch. für Wechsel-Recht, B. 12 S. 420) — nicht gethan hat. Erscheinen hiernach die Bestimmungen des ALR über den Ausschluß der Verjährung durch [gerichtlich verlautbarten] Vertrag entscheidend: so bedarf es keiner Ausführung darüber, daß durch den vorliegenden Vertrag, wonach vor Ablauf der Verjährungsfrist die Wittwe St. auf die Verjährung verzichtete, und der Kläger dies acceptirte, die Verjährung nach § 565 Tit. 9 Th. I ALR ausgeschlossen wurde.

Hiernach unterliegt das angefochtene Urtel der Vernichtung. Bei der dadurch eröffneten **freien** Beurtheilung der Sache ist festzuhalten, daß der Bekl. zwar bestritten, daß St. den vorgelegten Wechsel unterschrieben, dabei aber die Vorlegung des Wechsels gewärtigte, so daß er hiernach seine definitive Erklärung sich vorbehielt. Da nun aber der Originalwechsel selbst der Klage beigefügt ist, und die Audienzverhandlung v. 17. Jan. 70 über eine definitive Erklärung nichts ergiebt: so muß man seine Anerkennung des mit der Klage vorgelegten Wechsels — nach § 14 der Verordnung v. 1. Juni 33 — um so mehr annehmen, als der Bekl. selbst sich auf die Vormundschaftsakten über den Inhalt der Verhandlung v. 30. April 69 beruft, also denselben anerkennt, wonach die Wittwe St. den vorliegenden Wechsel rekognoszirt und auf die Verjährung verzichtet hat. Die gerichtliche Form fehlt derselben nicht, da sie vom Vormundschaftsrichter amtlich aufgenommen ist.

Wenn endlich Implorat das Rechtsgeschäft v. 30. April 69 — nach § 100 Konkurs-Ordnung — anfechten will, so übersieht er, daß dem Gegner nach § 107 a. a. O. die Gegenleistung erstattet, derselbe also in die **frühere** Lage, d. h. in die Lage versetzt werden müßte, seine Wechsel-Regreßforderung als eine noch unverjährte geltend machen zu können. Hiernach war, wie geschehen, zu erkennen.

---

Nr. 54.

## Plenum. — Erkenntniß v. 7. März 1871 (3.)

**Gr. v. Lüttichau ·/· Elkan** (jetzt die Erben), (Nr. 80 v. 1871).

**Preußen. Nichtigkeitsbeschwerde.**

I. Instanz: Stadtgericht Berlin,
II. Instanz: Kammergericht daselbst.

**Handelsgeschäfte einer Ehefrau, Form der Einwilligung des Ehemannes.**

**Die Einwilligung des Ehemannes zu Handelsgeschäften der Ehefrau bedarf zur Giltigkeit nicht einer schriftlichen Abfassung oder anderer Förmlichkeiten, nicht einmal ausdrücklicher Erklärung.**

Die sonstigen Regeln des Landescivilrechts bleiben hier außer Anwendung.

HGB Art. 1, 7, 277, 317.

Die in Breslau wohnende Klägerin hat, während wiederholten längeren Aufenthalts zu Berlin, in den Jahren 1862 bis 65 mit dem Banquier E. zum Zwecke von Börsenspekulationen verschiedene Geschäfte geschlossen und zur Sicherung ihrer etwaigen Verpflichtungen dem E. ein Depot in Werthpapieren gegeben.

Im Beistande ihres Ehemannes fordert Klägerin jetzt die verpfändeten Effekten, als zu ihrem eingebrachten Vermögen gehörig, zurück, weil sie nach dem an ihrem Wohnorte geltenden Civilrechte ohne Genehmigung ihres Gatten habe weder über Eingebrachtes verfügen, noch persönliche Verbindlichkeiten eingehen können.

Der I. Richter wies die Klage zurück, weil nach dem in Berlin geltenden Kurmärkischen Provinzialrechte die fraglichen Geschäfte von einer Ehefrau selbständig abgemacht werden konnten, und Banquier E. unter den obwaltenden Umständen annehmen durfte, daß er es mit einer Berlinerin zu thun habe.

Der II. Richter erachtete das in Breslau geltende ALR für maaßgebend, hielt aber den Beklagterseits erhobenen Einwand, daß die Klägerin durchweg unter Mitwissen und Zustimmung ihres Ehemannes gehandelt habe, soweit für erwiesen, daß er den Erben des (im Januar 70 gestorbenen) Bekl. E. einen Glaubenseid über die streitige Genehmigung zusprach und für den Fall der Leistung dieses Eides die Klage zurückwies.

Die NktBschw. der Klägerin wurde verworfen.

## Gründe:

Die von der Klägerin mit dem Banquier E. abgeschlossenen Depotgeschäfte sind nach Art. 272 Nr. 2 und Art. 273 HGB als Handelsgeschäfte zu beurtheilen. Hieraus folgt in Verbindung mit Art. 277, daß auch der Art. 317 ebenda in Ansehung der Willenserklärungen, durch welche die Geschäfte zu Stande gekommen sind, Anwendung findet. Die Verletzung dieser Bestimmungen wird jedoch in der NktBschw. deshalb behauptet, weil der Appellrichter ihre Anwendung auf die — hypothetisch festgestellte — Zustimmung des Grafen L. zu den fraglichen Geschäften ausgedehnt hat. Allein mit Unrecht. Denn der maritalische Konsens gehört entweder — weil er nicht blos nach § 320 Tit. 1 Th. II ALR die Giltigkeit der von der Ehefrau über ihre Illaten getroffenen Verfügungen bedingt, sondern zugleich nach § 329 ebenda den Ehemann selbst in Bezug auf seine Person und sein Vermögen obligirt — zu den integrirenden Bestandtheilen des betreffenden Vertrages. Dann finden die citirten Gesetzesbestimmungen selbstredend auf ihn Anwendung. Oder es ist ihm nur die rechtliche Bedeutung eines einseitigen Willensakts, welcher lediglich dazu dient, den Mangel in der Dispositionsbefugniß der Ehefrau zu beseitigen, beizumessen. Von diesem Gesichtspunkte aus betrachtet ihn das kgl. OTr. zu Berlin in dem Plenar-Beschlusse v. 1. März 47 (Entscheid. B. 14 S. 33), Inhalts dessen er an keine Form nach Maaßgabe des ALR gebunden ist. Auf eine Erörterung der bezüglichen Motive einzugehen, liegt jedoch keine Veranlassung vor, weil auch dann, wenn der vorgedachte Gesichtspunkt als der richtige anzuerkennen, die Entscheidung in dem HGB zu suchen und zu finden ist. Denn, wie bemerkt, handelt es sich hier um Verträge einer Ehefrau, welche den Charakter von Handelsgeschäften an sich tragen. Wenn nun zur Rechtsverbindlichkeit dieser Handelsgeschäfte die Zustimmung des Ehemannes erforderlich war und der Art. 317 bestimmt:

bei Handelsgeschäften ist die Giltigkeit der Verträge durch schriftliche Abfassung oder andere Förmlichkeiten nicht bedingt;

so muß diese Bestimmung auch auf den Konsens des Ehemannes bezogen und ihr gemäß angenommen werden, daß auch der maritalische Konsens schriftlicher Abfassung oder anderer Förmlichkeiten zu seiner Giltigkeit nicht bedarf. Nach seiner Fassung ist das Gesetz auf diejenigen Willenserklärungen, aus denen **unmittelbar** ein Vertrag hervorgegangen, **nicht** zu beschränken; sondern es erstreckt sich auf Willensakte, die eine nothwendige Voraussetzung für die Rechtsverbindlichkeit des Vertrages, als eines Handelsgeschäfts, bilden. Es umfaßt sonach der Art. 317 die handelsgeschäftliche Rechtssphäre des Vertrages, d. h. diejenigen Akte, welche die Entstehung und Wirkung desselben als Handelsgeschäfts bedingen. Mit einer anderen Auslegung läßt sich die Ausdrucksweise „bei Handelsgeschäften" und die Beziehung, in welcher hierzu das Wort „Verträge" steht, nicht vereinbaren. — Daß aber mit dieser Fassung des Gesetzes wirklich beabsichtigt worden ist, dem Gesetze den angegebenen Sinn zu verleihen, geht aus den Materialien klar hervor. Im preuß. Entwurfe (Art. 236) lauteten die Anfangsworte des (jetzigen) Art. 317 „die Giltigkeit der Verträge in Handelsgeschäften" rc., und bei der ersten Lesung wurde von der Nürnberger Konferenz beschlossen, schlechthin zu sagen: „die Giltigkeit der Handelsgeschäfte ist" rc. Dagegen wurde jedoch bei der zweiten Lesung die jetzige Fassung des Artikels beantragt und dieser Antrag namentlich aus dem Grunde unterstützt, „weil die Bestimmung des Artikels auch auf die mit einem Handelsgeschäfte im Zusammenhange stehenden und dazu gehörigen präparatorischen oder nachfolgenden Rechtsgeschäfte (z. B.

Vollmachten zur Abschließung von Handelsgeschäften) Anwendung finden müsse, und diese wohl durch die beantragte Fassung, aber keineswegs durch die Redaktion des Entwurfs erfaßt würden." Diesem Erwägungsgrunde wurde von keiner Seite widersprochen und dem entsprechenden Antrage ist ohne Weiteres stattgegeben worden; Prot. S. 1358. Zieht man hierbei in Betracht, daß im Wortlaute des Art. 317 der Ausdruck des vorgedachten Motivs sich erkennen läßt: so erscheint obige Interpretation des Artikels nach dem Wortausdrucke und Gesetzesgrunde gerechtfertigt und geboten. Ihr gemäß bedurfte der Konsens des Grafen L. zu den Depotgeschäften der Ehefrau desselben zur Giltigkeit nicht nur nicht der schriftlichen Form, sondern auch keiner anderen Förmlichkeit, folglich auch nicht der Ertheilung mittelst ausdrücklicher Erklärung; und mit diesem Ergebnisse steht in vollem Einklange, daß nach Art. 7 Abs. 2 HGB es als Einwilligung des Mannes in den Handelsbetrieb seiner Frau gilt, wenn dieser „mit Wissen und ohne Einspruch" des Mannes geschieht, daß also nach dem Gesetze sogar zum gewerbmäßigen Betriebe von Handelsgeschäften seitens einer Ehefrau, wodurch dieselbe unter Voraussetzung der Einwilligung ihres Ehemannes in diesen Geschäftsbetrieb die Stellung einer Handelsfrau erlangt, eine blos stillschweigende Ertheilung dieser Einwilligung genügt*.

Mit Rücksicht darauf, daß in der NktBschw. besonders hervorgehoben wird, daß der maritalische Konsens zu Handelsgeschäften einer Ehefrau, welche deren eingebrachtes Vermögen zum Gegenstande haben, wenn nicht eine schriftliche, so doch mindestens eine ausdrückliche Erklärung erfordere, sei noch bemerkt, daß der auf diese Behauptung gestützte Angriff nicht nur — wie gezeigt — der Begründung entbehrt, sondern auch insofern gegenstandslos erscheint, als daraus, daß der im Appellurtel den Imploraten auferlegte Eid

* Vgl. auch HGB Art. 56 Abs. 2, Art. 59, 96 Abs. 2.

sich **direkt** auf die Ertheilung der Genehmigung des Grafen L. zu den fraglichen Geschäften von dessen Ehefrau, nicht aber auf Umstände oder Handlungen sich bezieht, aus denen nur auf die Absicht der Genehmigung geschlossen und somit eine **stillschweigende** Genehmigung des Grafen L. gefolgert werden könnte, hervorgeht, daß der Appellrichter durch Auferlegung des Eides hat feststellen wollen, ob die streitige Genehmigung durch **ausdrückliche** Erklärung ertheilt worden ist.

Die gerügte Verletzung des § 320 ALR Th. II Tit. 1 liegt nicht vor, da der Appellrichter bei seiner Argumentation mit Recht davon ausgegangen ist, daß die in Rede stehenden Handelsgeschäfte der Klägerin ungiltig sein würden, wenn deren Ehemann nicht vor, bei oder nach dem Abschlusse seine Zustimmung ertheilt hätte. Mit den Imploranten ist der **Grund** dieses Erfordernisses in dem Nießbrauchs- und Verwaltungsrechte, welches dem Ehemanne an dem eingebrachten Vermögen der Frau zusteht, zu erblicken. Es ist aber nicht einzusehen, inwiefern hierin ein Moment enthalten sein soll, welches zur Begründung des Angriffs in Rede dienen könnte.

Wenn dem Appellrichter außerdem vorgeworfen wird, gegen gewisse, in der NktBschw. speziell bezeichnete, Vorschriften des ALR, denen gemäß die schriftliche oder wenigstens ausdrückliche Ertheilung des maritalischen Konsenses nothwendig sein soll, gefehlt zu haben: so erledigt sich diese Beschuldigung durch Art. 1 HGB, auf welchen schon oben hingedeutet worden. Deshalb bedarf es in dieser Beziehung keiner weiteren Ausführung.

Aus vorstehenden Gründen mußte die NktBschw. zurückgewiesen werden.

## Nr. 55.

## Plenum. — Erkenntniß v. 7. März 1871 (3.)

**Lehmann ·/· Selchow's Erben** (Nr. 83 v. 1871).

**Preußen.** **Nichtigkeitsbeschwerde.**

I. Instanz: Stadtgericht Berlin,
II. Instanz: Kammergericht daselbst.

**Rechtliche Qualifizirung der Parteianführungen.**

1. Die rechtliche Qualifizirung des durch die Parteianführungen vorgelegten Thatbestandes ist Sache freier richterlicher Würdigung, ohne Rücksicht auf die Auffassung der Sache von Seiten der Parteien.

Vgl. Einleitung zur AGO § 21; AGO I 13 §§ 8, 31.

2. Bei Kauf- oder Lieferungs-Geschäften, deren Erfüllung vertragsmäßig in Raten und Zwischenräumen erfolgen soll, berechtigt ein Verzug des Käufers den Verkäufer zum Rücktritt vom Vertrage, wenn und soweit Verkäufer die Waare nicht bereits übergeben hat.

HGB Art. 354, 359.

3. Hierbei macht es keinen Unterschied, ob der Verzug die Bezahlung (oder Abnahme) einer noch ausstehenden Lieferungsrate oder die Bezahlung des bereits Gelieferten betrifft. Wesentlich ist nur, daß Käufer überhaupt im Verzuge, die Erfüllung theilbar und theilweise noch nicht geschehen, auch daß bei Nichtfix-Geschäften (gemäß Art. 356 HGB) eine fruchtlos gebliebene Ankündigung* des beabsichtigten Rücktritts erfolgt ist.

* Einer Wiederholung dieser mahnenden Ankündigung bedarf es niemals, vgl. S. 260.

Der Amtmann S. hatte mit einem Berliner Milchhändler einen — später unwesentlich geänderten — Lieferungsvertrag geschlossen, Inhalts dessen er von seinem Gute täglich eine bedeutende Menge Milch abzugeben und der Empfänger diese allmonatlich zu bezahlen hatte. Verkäufer stellte die Milchlieferung ein, weil eine Preiszahlung zur Ungebühr unterblieben war; er klagte auf diese Zahlung. Beklagter bestritt, in Verzug gerathen zu sein, und forderte seiner Seits Schadensersatz wegen des vorher nicht angesagten Aufhörens der Milchlieferungen.

Der Appellrichter faßte, abweichend von den Parteierörterungen und von der Ansicht I. Instanz, das Vertragsverhältniß aus dem Gesichtspunkte eines Fixgeschäftes (Art. 357 HGB) auf. Dies griff der Bekl. als prozessualisch unstatthaft (Art. 3 Nr. 1 der preuß. Deklaration vom 6. April 39) und auch als rechtsgrundsätzlich verfehlt an. Das OHG erkannte auf Zurückweisung der NktBschw.

## Gründe:

1. Die Parteien stritten darüber,

ob (wie die Berufungsschrift behauptete) die Kläger, um zum Rücktritt vom Vertrage berechtigt zu eiu, „gemäß Art. 356 HGB" den Rücktritt vorher hätten ankündigen müssen,

oder

ob (wie die Kläger entgegneten) sie ohne Ankündigung hätten zurücktreten dürfen.

Der Appellrichter war also verpflichtet, diese — für den Prozeßausgang wesentliche — Streitfrage nach der Natur des Vertrages zu entscheiden, und bei der Qualifizirung dieser Natur war er zwar an den von beiden Theilen vorgeführten Thatbestand, nicht aber an die von einem oder dem anderen Theile gegebene oder unterlassene rechtliche Bezeichnung des Vertrages gebunden.

Fand er nun, daß die stipulirte tägliche Lieferung

und die Natur des Lieferungsobjekts (nämlich frische Milch) die Lieferungstermine für den Vertragsgegenstand zu einer wesentlichen Zeitbestimmung mache, und bezeichnete er deshalb den Lieferungsvertrag als ein Fixgeschäft, obwohl keine der Parteien dieses Prädikat gebraucht hatte: so hielt er sich innerhalb seiner richterlichen Befugniß.

2. Bei der ferneren Beurtheilung der Sache hat der Appellrichter unverkennbar den Vertrag vom 17. Juli 68 nur als eine Fortsetzung des älteren, für die vorliegende Frage nur in unwesentlichen Punkten modifizirten, Kontrakts angesehen, die Kontinuität der Vertragspflichten des Imploranten also durch das neuere Abkommen nicht für unterbrochen erachtet. Denn ohne diese Annahme hätte er den Zahlungsrückstand aus der älteren Vertragszeit (pro Juli) nicht als einen Verzug für die aus dem neuen Abkommen geforderte September-Lieferung behandeln können. Diese seine interpretative Auffassung aber kann, weil thatsächlicher Natur, [in der preuß. Nichtigkeitsinstanz] durch die bloße Behauptung ihrer Irrigkeit so wenig, als durch die Rüge unrichtiger Anwendung des Art. 357 HGB mit Erfolg angefochten werden. Denn wird sie festgehalten, so ist der Thatbestand des Art. 357 in dieser Richtung vorhanden.

3. Jene Auffassung des Appellrichters und seine Anwendung des Art. 357 zeigt ferner, daß er in dem Milchlieferungsvertrage auf Seiten des Imploraten nur **eine** Obligation mit **einer**, wenn schon in fortlaufend-täglichen Lieferungen zu gewährenden, Leistung gefunden hat. Diese Qualifizirung des Vertragsinhalts ist daher, weil vom Imploranten nicht angefochten, auch für die Beurtheilung der NktBschw. maaßgebend.

Bleibt man bei ihr — bei der rechtlichen Kontinuität des alten und des neuen Kontraktes, bei der Natur des Vertrages als eines Fixgeschäfts — stehen: so hat die Rüge einer Verletzung der Art. 354 und 357 HGB keinen Grund.

Implorant hatte die täglich zu empfangende Milch nicht täglich, sondern monatlich zu bezahlen, und es stand ihm sogar der ganze auf die Monatslieferung folgende Monat zur Bezahlung offen. Danach war also die Zahlung für die Julimilch vor dem 31. August nicht fällig... Richtig ist also, daß eine verzögerte Zahlung, für sich genommen, nicht die erst zu übergebende, sondern schon übergebene Waare betraf, und richtig ist auch, daß der Art. 354, auf welchen Art. 357 verweist, von dem Falle handelt, wenn der Käufer mit der Zahlung des Kaufpreises im Verzuge und die Waare noch nicht übergeben ist.

Aber unrichtig ist, daß unter diesen Fall der streitige nicht zu subsumiren wäre. Zunächst ist zwar beim Art. 354 an den häufigsten Fall der Vertragserfüllung durch einmalige Leistung zu denken, doch enthält er — in Verbindung mit Art. 359 — auch für Verträge mit ratenweiser Lieferung das entscheidende Prinzip. Dieses Prinzip lautet, daß bei Verkäufen und Lieferungen (im Unterschiede von anderen Handelsgeschäften)

> der Verzug des Käufers in der Zahlung den Verkäufer zum Rücktritt vom Vertrage berechtigt, soweit der Verkäufer ihn nicht bereits erfüllt hat.*

Erfüllt hat Verkäufer, wenn er die Waare übergeben hat. Bei successiver, lieferungs- oder ratenweiser, Erfüllung ist also der Rücktritt unmöglich, wenn alle Raten bereits geleistet sind. Ist mit der Erfüllung erst der Anfang gemacht, so wird in Gemäßheit des Art. 359 HGB die Theilbarkeit der Leistungen erheblich. Ist diese vorhanden, erfordern also die schon bewirkten Lieferungen nach ihrer Natur nicht nothwendig die Nachlieferung der aus-

* Vgl. v. Hahn, Komm. I S. 293 zu Art. 359 § 4, auch den Rechtsfall Nr. 23, oben S. 110, Ziffer 3 und S. 112, 113.

stehenden: so wird der Verkäufer mindestens betreffs dieser durch den Zahlungsverzug des Käufers zum Rücktritt befugt — ohne Ankündigung bei Fixgeschäften, nach fruchtloser Ankündigung bei den übrigen. Dabei macht es keinen Unterschied, ob der Verzug die Bezahlung der noch ausstehenden oder die der schon geschehenen Lieferungsraten betrifft. Wesentlich ist nur, daß der Käufer mit der Zahlung überhaupt im Verzuge, daß die Erfüllung theilbar und theilweise noch nicht geschehen ist. — Dies alles liegt hier vor, namentlich auch der Verzug des Imploranten, welcher nur bis zum 31. Aug. 68 das Recht hatte, Milchlieferung auf Kredit zu fordern.

Der Appellrichter hat also durch seine Entscheidung den Art. 357 HGB nicht verletzt. —

Nr. 56.

## Plenum. — Erkenntniß v. 17. Februar 1871 (3.)

**Jos. W. Mieses ·/· Leon Bodek.**

**Königreich Sachsen.** **Weitere Berufung.**

I. Instanz: Handelsgericht im Bezirksgericht Leipzig,
II. Instanz: Appellationsgericht daselbst
III. Instanz: Bundes-Oberhandelsgericht.

**Kommission. Schweigen des Kommittenten als nachträgliche Gutheißung der Handlungen des Kommissionärs.**

Ob in schweigendem Verhalten des Auftraggebers, welchem die Ausführung seiner Einkaufskommission gehörig gemeldet worden, eine Gutheißung etwaiger Ueberschreitung der Ankaufsordre

**liegt, ist, soweit Art. 364 HGB nicht zutrifft, nach Lage des Einzelfalles (thatsächlich) zu entscheiden.**

HGB Art. **1**, **279**, **361**.

In dem unter Nr. 27 (oben S. 136 ff.) mitgetheilten Falle stand, nach dem Landesprozeßrechte, dem Kläger Mieses gegen die Entscheidung des OHG, soweit diese von beiden Vorerkenntnissen abwich, das Rechtsmittel abermaliger Berufung zu (vgl. oben S. 16). Kläger appellirte. — Bei dem Obersten Landesgerichtshofe, an dessen Stelle das OHG nun nochmals in der Sache zu erkennen hatte, würde das Urtel (als sententia quarta) von einem anderen Senate, als welcher in III. Instanz Recht gesprochen, zu fällen gewesen sein; dies mußte hier, weil unausführbar, unterbleiben, da das Plenum des höchsten Gerichtshofes bereits mit dem Falle befaßt gewesen war. Der Sachwalter des Appellanten erbat jedoch eine Zuziehung anderer Richter, welche nach dem 1. Juli 1871 und nach dem Eintritt süddeutscher Mitglieder in das nunmehrige Deutsche OHG wol möglich gewesen wäre. Das OHG ist hierüber — schweigend — hinweggegangen und hat am 17. Febr. für Recht erkannt,

daß es bei dem früheren Urtel des OHG zu belassen.

**Entscheidungsgründe:**

I. Die erste [vom appellirenden Kläger jetzt erhobene] Beschwerde richtet sich gegen den Ausspruch, daß — abgesehen von den beiden, vom Bekl. annoch zu erweisenden, Voraussetzungen, daß er die zur Frage stehenden Janiseskoi-Fehschweife

1. zu den angegebenen Preisen für den Kläger gekauft und
2. demnächst an [den Spediteur] Nikitin zum Transporte an W. [nach Moskau] übergeben habe —

die Genehmigung des Klägers zu diesem Ankauf in den Akten bereits erwiesen vorliege.

Die wiederholte Prüfung dieses Punktes hat aber weder in Betreff der Grundsätze über die Bedeutung des bloßen Stillschweigens, noch in Ansehung der Beurtheilung des konkreten Falles in Gemäßheit dieser Grundsätze zu einem von dem vorigen Erk. abweichenden Resultate geführt. —

II. Wenn von denjenigen Fällen, in welchen theils im HGB, theils in dem subsidiarisch in Betracht kommenden (kgl. sächs.) Bürgerl. GB (vgl. z. B. § 1297) das Schweigen als Genehmigung gilt, in concreto keiner vorliegt, und wenn weiter, wie in den Rationen des vorigen Erk. näher ausgeführt ist, diese Fälle der analogen Ausdehnung unfähig sind: so fragt es sich, wie ist, abgesehen von diesen Ausnahmsfällen, der Rechtssatz über die Bedeutung des bloßen Stillschweigens zu formuliren.

Nicht selten ist die Behauptung aufgestellt, daß dem Schweigen — von den positiven Ausnahmsfällen abgesehen — niemals die Bedeutung der Einwilligung gegeben werden dürfe. Allein die Beurtheilung der Konkludenz einer Handlung ist quaestio facti, und es ist kein Grund einzusehen, weshalb nicht ganz dasselbe von dem bloßen Stillschweigen gelten soll; wie denn ein innerer Unterschied zwischen den beiden Fällen — einer sogenannten stillschweigenden Willenserklärung und einer Erklärung durch bloßes Stillschweigen — nicht vorhanden ist. In jedem konkreten Falle sind mit dem Stillschweigen mehr oder weniger besondere Umstände verbunden, und es ist Sache der freien richterlichen Beurtheilung, die Bedeutung des Schweigens in Verbindung mit diesen Umständen zu untersuchen. Dem Falle aber, wo nach der ganzen konkreten Sachlage bei unbefangener Beurtheilung aller Verhältnisse dem Schweigen die Bedeutung einer Einwilligung gegeben werden muß, steht der andere Fall gleich, wo ohne solche

Annahme der schweigende Theil gegen Treue und Glauben gehandelt haben würde.

III. Von diesen Grundsätzen aus, von welchen die Rationen des vorigen Erk. ausgegangen sind und die — der vom Kläger dagegen erhobenen ... Erinnerungen ungeachtet — auch jetzt noch festgehalten werden müssen, erscheint nun das Schweigen des Klägers auf die ihm vom Bekl. unterm 27. Febr. 66 gemachte Einkaufsanzeige für denselben präjudizirlich. Mochte das dem Bekl. mündlich ertheilte Einkaufsmandat auch ein beschränktes sein: in Folge des Schreibens v. 2. Jan. 66, welches u. a. auch von Zobelschweifen spricht — ohne daß die Absicht hervortritt, jenes Mandat auch hierauf ausdrücklich auszudehnen — **konnte** der Bekl. sich wohl für befugt halten, auch Fehschweife für den Kläger einzukaufen; und daß er sich hierzu wirklich berechtigt erachtete, zeigt insbesondere auch der Inhalt des Schreibens v. 27. Febr., in welchem er der Fehschweife in ganz gleicher Weise Erwähnung thut, wie der übrigen Rauchwaaren, deren Einkauf Kläger als einen mandatsgemäßen anerkennt. Unter diesen Umständen mußte Kläger, wenn er nicht anders als einwilligend angesehen werden wollte, den Irrthum des Bekl. über den Umfang des ihm ertheilten Mandats sofort berichtigen, um ihm annoch Gelegenheit zu geben, besondere Maaßnahmen in Bezug auf die bereits an Nikitin zur Expedition gegebenen Fehschweife zu treffen, und zwar selbst dann, wenn der Irrthum ein, wie Kläger in jetziger Instanz mit Nachdruck hervorhebt, vom Bekl. selbstverschuldeter war, was überdies nach Inhalt des Schreibens v. 2. Jan. 66 nicht zugegeben werden kann. Freilich lautet der Schluß des Schreibens v. 27. Febr.:

„und erwarte ich in Leipzig Ihren besonderen Dank";

und es ist danach richtig, was die klägerische Deduktionsschrift hervorhebt, daß Beklagter eine vorgängige briefliche Antwort von seiner Seite selbst nicht erwartete. Aber gerade dieser Umstand ist ein neuer Beleg dafür, daß der Bekl. sich selbst — in Folge des ihm gewordenen Mandats — zum Ankauf der Feh-Schweife für berechtigt hielt, da er anderenfalls schwerlich unterlassen haben würde, auf ungesäumte schriftliche Erklärung zu bestehen.

IV. Abgesehen davon, daß die Genehmigung des Einkaufs der Opskoi-Schweife von Seiten des Klägers mittelst vorbehaltloser Annahme derselben auch die Genehmigung der hier zur Frage stehenden Janiseskoi-Schweife enthält, muß auch endlich daran festgehalten werden, daß jedenfalls eine solche in dem Schreiben des Klägers an W. im Frühling 1867 [vgl. oben S. 144] zu finden ist. In dieser Hinsicht giebt aber die Deduktionsschrift des Klägers — die sich einestheils nur gegen einzelne Sätze der Rationen richtet, auf welche diese selbst keine entscheidende Bedeutung gelegt haben und sich überdies, wie nicht weiter ausgeführt zu werden braucht, vollständig rechtfertigen, anderntheils aber den Erklärungsgrund für das Schreiben, welchen die Refutationsschrift zum Erk. II. Instanz als einen möglichen und „denkbaren" hingestellt hatte, als den der Wirklichkeit entsprechenden darzustellen bemüht, — keine Veranlassung, dem in den Rationen zum vorigen Erk. Bemerkten noch etwas Weiteres anzufügen.

V. Die zweite Beschwerde des Klägers ist lediglich eine eventuelle. Vom Standpunkte des vorigen Erkenntnisses aus — meint Kläger — habe der ihm auferlegte Beweis, daß der mündliche Auftrag auf den Ankauf von Fellen (Haasenfelle ꝛc.) beschränkt gewesen, — der Relateid — in Wegfall kommen müssen. Daß dies nicht geschehen, ist der Inhalt der zweiten Beschwerde. Allein da in diesem Punkte das Erk. des OHG mit den beiden Vorentscheidungen übereinstimmt, so ist ein weiteres Rechtsmittel ausgeschlossen.

Nr. 57.

## Plenum. – Erkenntniß v. 21. Februar 1871 (Ref.)

**Kamlah ./. Kahmann & Co.** (Nr. 87 v. 1871).

**Braunschweig.** **Revision.**

I. Instanz: Kreisgericht Helmstedt,
II. Instanz: Obergericht Wolfenbüttel, dritter Senat.

**Lieferung dreckfreier Kartoffeln. Rügefrist für vertragswidrige Waare. Billigung des Empfangenen.**

1. Wenn vertragsmäßig gesunde und dreckfreie Kartoffeln geliefert und nach Gewicht bezahlt werden sollen: ist dann die Dreckfreiheit als eine bedungene Qualität der Waare anzusehen oder nur für den Nettogehalt der gelieferten Menge bezeichnend?

HGB Art. 278.

2. Käufer muß eine sofort in die Augen fallende Vertragswidrigkeit der ihm zugegangenen Waare unverzüglich dem Verkäufer anzeigen, sonst gilt die Waare als von ihm genehmigt.

HGB Art. 347.

3. Verbraucht Käufer die ihm gelieferten Waaren, ohne Rüge einer vertragswidrigen Beschaffenheit oder eines etwaigen Mancos, und entzieht er dadurch dem Verkäufer die Möglichkeit einer Untersuchung des Sachverhalts und eines Nachweises gehörig erfolgter Lieferung: so ist hinterher seine Behauptung, daß Verkäufer nicht gehörig oder nicht vollständig erfüllt habe, nicht zu berücksichtigen.

HGB Art. 1, 279; Prinzip von Treue und Glauben.
Vgl. Rechtsfall Nr. 30, oben S. 151 ff.

Laut Schlußscheins vom 9. Okt. 69 hatte Kläger den eine Spiritusbrennerei betreibenden Bekl. 230 Wispel gesunde und dreckfreie Kartoffeln, welche nach dem auf Waage der Bekl. sich ergebenden Gewicht per Wispel zu 2400 Zollpfund mit zehn Thalern bezahlt werden sollen, zu liefern. Demgemäß haben die Bekl. im Okt. 35 Wispel 1⁴/₅ Scheffel (84180 Pfund) Kartoffeln empfangen und bezahlt. Für die weiter im November 69 erfolgten 8 Lieferungen, sowie für die am 10. u. 13. Dez. übersendeten Kartoffeln fordert Kläger — unter Berufung auf die bei jeder Abnahme geschehene Verwiegung und bei Bewilligung eines Taraabzuges von 4% für etwa anhaftenden Schmutz der ungewaschen abgegebenen Waare — den bedungnen Preis, soweit dieser noch aussteht. Die Bekl. machen den, zuerst in einem Schreiben v. 19. Dez. 69 erhobenen Einwand, daß die ihnen gelieferten Kartoffeln nicht dreckfrei gewesen seien, vielmehr in den einzelnen Posten je 6, 7, 10, auch 14 und 15 Prozent Schmutz enthalten hätten. Sie wollen nur das Nettogewicht der Kartoffeln bezahlen, dies auch besonders bedungen haben. — In I. Instanz erstreitet Kläger die geforderte Summe unter der Voraussetzung eines noch zu erbringenden Beweises, daß die gelieferten Kartoffeln ohne Dreck das berechnete Gewicht gehabt haben. Auch in II. Instanz wird angenommen, daß Beklagte nur das an reinen Kartoffeln Gelieferte nach Gewicht zu bezahlen haben und dem Kläger zur Begründung seiner Preisrestforderung der Nachweis dieses Nettogewichts obliege. In Folge der vom Kläger hierbei zur Hand genommenen Eideszuschiebung ist aber abändernd den Bekl. der Eid darüber zugesprochen, daß die ihnen gelieferten Kartoffeln ohne Dreck die vom Kläger berechneten Gewichte nicht gehabt haben. Für den Fall dieser Eidesleistung ward die Klage abgewiesen.

Auf Revision des Klägers hat das OHG — nach gehörtem mündlichen Sachvertrage zweier Leipziger Parteian=

walte, vgl. oben S. 21 — abändernd auf sofortige Verurtheilung der Bekl. zur Zahlung des eingeklagten Preisrestes und zur Tragung der Kosten aller Instanzen erkannt,

**Gründe:**

in Erwägung, daß Kläger unbestritten laut Schlußscheines ... gesunde und dreckfreie Kartoffeln, welche auf der Waage der Bekl. verwogen werden sollten, zu liefern versprochen hat, daß die erst in der Duplik vorgebrachte Behauptung der Bekl.,

daß beim Vertragsabschlusse noch ausdrücklich verabredet worden, der etwa vorhandene Dreck solle von der verwogenen Quantität Kartoffeln abgesetzt werden,

als verspätet nicht berücksichtigt und die nachgesuchte Restitution nicht bewilligt werden kann, da die Bekl. bereits die Einlassungsfrist versäumt und dagegen Restitution wegen Versäumniß des Anwalts erwirkt hatten und nach § 124 der Braunschw. Civil-PO. nicht nochmals Restitution wegen Versäumniß des Anwalts behufs Nachbringung einer Einrede in der Duplik zu verlangen berechtigt waren;

in Erwägung, daß nach Inhalt des Schlußscheins die Dreckfreiheit — mag darunter eine absolute oder, wie Kläger in der Revisionsschrift erläuternd bemerkt, nur eine solche verstanden werden, daß keine erdigen Theile in großer und auffallender Menge ankleben, — nicht (wie der Appellrichter annimmt) blos den Nettogehalt des Gewichts, also die Quantität der Waare, sondern — wie die Wortfassung des Schlußscheins: „gesunde und dreckfreie Kartoffeln" außer Zweifel stellt — eine kontraktlich bedungene Qualität der Kartoffeln bezeichnen soll, dergestalt daß, wenn die vom Kläger gelieferten Kartoffeln diese Eigenschaft nicht hatten, Beklagte solche als kontraktwidrig zurückzuweisen berechtigt und nicht sich mit einem bloßen Abzuge vom Preise zu begnügen verpflichtet waren, daß andererseits aber auch die Bekl. nach

Art. 347 HGB diese angebliche kontraktwidrige Beschaffenheit, welche, wenn vorhanden, sofort in die Augen fallen mußte, ohne Verzug nach der Ablieferung dem Kläger anzeigen mußten, und da sie dies versäumt, vielmehr nachdem die Kartoffeln — abgesehen von der ersten Sendung im Oktober 69, worüber ein Streit nicht obwaltet — in dem Zeitraum v. 3. Nov. bis 13. Dez. 69 in zehn verschiedenen Sendungen geliefert waren, erst in einem Briefe v. 19. Dez. 69 ihre Absicht, wegen Schmutzes Abzüge machen zu wollen, zu erkennen gegeben haben, sich gefallen lassen müssen, daß die Waare als von ihnen genehmigt gilt; daß das Verlangen der Bekl., [verschiedene] Prozente „für Dreck" in Abzug zu bringen, um so unberechtigter und der den Handelsverkehr beherrschenden bona fides*)

* Vgl. oben S. 141; 157, 158. — Denselben Grundsatz hat das OHG in einer sächsischen Appellationssache durch 3. Plen.-Erk. III. Instanz v. 15. Dez. 70 auf den umgekehrten Fall einer unbeanstandet gebliebenen Mehrlieferung angewendet. Beklagte hatten von einer Farbewaare 50 Centner bestellt, aber laut Faktur 51,48 Centner übersendet erhalten und das unbestellt empfangene Plus nicht gerügt. Auf den Preis der ganzen Menge belangt, wollten sie nur für 50 Centner bezahlen. Dies ist vom OHG verworfen worden, denn „sie haben die [richtig fakturirte] Waare unbeanstandet angenommen und über die ganze Quantität [durch Weiterbegebung] verfügt. Ihre Verpflichtung zur Zahlung des Kaufpreises für die nicht bedeutende Mehrlieferung kann somit nicht bedenklich sein. Eben so wenig ist es anderer Seits bedenklich, daß Kläger sich den Preis für diejenigen Quantitäten in Abzug bringen lassen muß, welche er nach der Dispositionsstellung im eigenen Interesse aus den gelieferten Fässern entnommen hat." [Nach Siebenhaar's Archiv für Deutsches WR. und HR. Neue Folge Band II S. 158 ff. — Daselbst wird S. 274 ff. mitgetheilt] 3. Plen.-Erk. v. 16. Dez. 70, Inhalts dessen eine nach dem Gewicht zu bezahlende und vertragsmäßig auf „etwa 130 Centner" veranschlagte Maschine, die sich bei der vorbehaltlos acceptirten Ausführung auf über 186 Centner herausstellte, nach letzterem Gewicht und nicht lediglich nach der ursprünglichen Voraussetzung vergütet werden mußte. Das OHG erwog in diesem Falle: „Wurde dem Bekl. hiernach das Vorhandensein eines um ein bedeutendes — circa 45% — schwereren Gewichts, als das vereinbarte und zugleich die Absicht des Klägers kundgemacht, Zahlung für das volle Gewicht zu verlangen: so würde eine nicht zu statuirende Verletzung des kontraktlichen guten Glaubens darin gelegen haben, wenn der Bekl. den Kläger mit der Lie-

widersprechender ist, da sie die gelieferten Kartoffeln verbraucht haben und mit der Rüge der Kontraktwidrigkeit erst zu einer Zeit (im Brief v. 19. Dez. 69) hervorgetreten sind, wo es eben durch den Verbrauch der Kartoffeln dem Kläger unmöglich gemacht war, eine Untersuchung darüber zu veranlassen und Beweis darüber zu führen, ob und in welchem Maaße die Rüge der Bekl. begründet gewesen oder nicht;

in Erwägung, daß zwar im Schlußschein v. 9. Okt. 69 bedungen ist, daß Kläger mit dem Gewicht, welches die Waage der Bekl. ergeben würde, einverstanden sei, daß sich aber daraus nicht folgern läßt, daß — zumal Beklagte nicht einmal angegeben haben, in welcher Weise sie die von ihnen berechneten Dreck-Prozente ermittelt haben wollen — Kläger sich dem auf Abzug dieser Prozente gerichteten Verlangen der Bekl. unterwerfen müsse, über das Gewicht der Kartoffeln, einschließlich des angeblichen Schmutzes, aber kein Streit unter den Parteien obwaltet;

ferung und Aufstellung der schwereren — vermuthlich auch werthvolleren und dauerhafteren — Maschine vorgehen ließ, ohne denselben zeitig davon zu benachrichtigen, daß er beabsichtige, die ihm von jenem manifestirte Voraussetzung der Zahlungserlangung für das wirkliche Gesammtgewicht zu bestreiten. Indem der Bekl. so, wie angegeben, verfuhr, ließ er sich die Lieferung auf einer modifizirten Grundlage gefallen. Der vom Kläger angezogene Art. 347 HGB findet zwar, da er von eigentlichen Waaren redet . . ., hier keine unmittelbare Anwendung, wo es sich weder um eine Waare, noch um die Qualität des gelieferten Gegenstandes, sondern um einen zum Nachtheil des Bekl. veränderten Faktor der Preisberechnung handelt: gleichwohl trifft die Ratio des Artikels auch hier zu, welche darin besteht, daß der Verkäufer vom Käufer darüber nicht in Ungewißheit gelassen werden soll, wenn Letzterer wegen Beanstandung der Kontraktsausführung die vom Verkäufer beanspruchte Gegenleistung ganz oder theilweise zurückzuhalten beabsichtigt. Wie dem Verkäufer einer Waare durch Art. 347 die Möglichkeit verschafft werden soll, im Falle von Ausstellungen gegen seine Leistung die seinem Interesse entsprechenden Maaßregeln baldigst zu treffen: so hatte im vorliegenden Falle auch Kläger das — für den Bekl. unverkennbare — Interesse, sein weiteres Verhalten dann zum Gegenstande besonderer Erwägungen zu machen, wenn der Bekl. die demselben angekündigten Voraussetzungen der Lieferung nicht gelten lassen wollte."

in Erwägung, daß Kläger zwar in der Klage, sich einen Abzug von 4% gefallen lassen zu wollen, mit dem Bemerken erklärt hat, daß die den Bekl. gelieferten Kartoffeln nicht vollständig dreckfrei gewesen, weil es überhaupt unmöglich sei, völlig dreckfreie Kartoffeln zu liefern, wenn die Kartoffeln nicht — was im Handel nicht üblich, auch Seitens des Klägers nicht geschehen sei — vor der Lieferung durch Waschen besonders gereinigt würden,

daß durch diese, in der Revisionsschrift näher zu erläutern versuchte, Erklärung des Klägers aber die Anwendung des Art. 347 HGB nicht ausgeschlossen wird, Kläger auch den Abzug von 4% nur aus Billigkeitsrücksicht, nicht in Anerkennung einer Verpflichtung, bewilligen zu wollen erklärt hat. —

---

## Nr. 58.

## Plenum. – Erkenntniß v. 11. März 1871 (Ref. Z.)

**Schwarzschild ·/· Roseen & Müller** (Nr. 118 v. 1871).

**Preußen (Frankfurt).** **Ober-Appellation.**

I. Instanz: Stadtgericht Frankfurt a. M.,
II. Instanz: Appellationsgericht daselbst.

**Arrest. Wegfall der Voraussetzung, Fortdauer der Wirkungen. Gerichtliche Kompetenz. Kaution an Stelle persönlicher Haft.**

1. Ein bei einem gesetzlich zulässigen Forum anhängig gewordener Rechtsstreit ist daselbst auch zu beendigen; die einmal (sei es auch nur durch Arrestschlag) begründete Kompetenz dauert fort, selbst wenn die ursprünglichen Voraussetzungen derselben nachher fortfallen.

L. 7, 30, 34 Dig. de judiciis (5, 1)
Cap. 19 X. de foro competente (2, 2).

2. Die in **Frankfurt** a. M., nach dortigem Prozeßrechte, gegen „fremde Schuldner" (Ausländer) zulässige Maaßregel des Personalarrestes, bzw. einer Sicherheitsleistung durch Gelddeposition, soll — abgesehen von der Begründung des Gerichtsstandes — dem Gläubiger nicht unbedingt die Erlangung des Streitgegenstandes garantiren, ihm vielmehr nur gegen ein nachtheiliges Verhalten des Schuldners denjenigen Schutz gewähren, welchen die Eigenschaft des Letzteren als „Fremder" bedingt und erfordert.

Frankfurter provisorische PO. v. 30. Dez. 19 Art. **51**, **60**.

3. Diese Maaßregel (Nr. 2) kann daher durch richterliche Verfügung zurückgenommen werden, wenn die sie allein begründenden Umstände weggefallen sind.

Sie ist unstatthaft gegen Angehörige des norddeutschen Bundes und muß deshalb aufgehoben werden, sobald der beklagte Fremde das Bundes-Indigenat irgendwo erworben hat.

Art. **3** der norddeutschen Bundesverfassung v. 26. Juli 67.
BdGes. v. 21. Juni 69 über Gewährung der Rechtshilfe § 39.

Behufs Geltendmachung einer bescheinigten Forderung gegen den als Ausländer zu Frankfurt a. M. sich aufhaltenden Kaufmann Schwarzschild erwirkten dort die Kläger (Frankfurter Bürger) im August 68 einen Personalarrest wider ihren Schuldner. In dem so begründeten Gerichtsstande des Arrestes erhoben sie zugleich die Hauptklage. Beklagter wendete durch Bestellung einer Kaution von 32500 Thlrn. die wirkliche Verhaftung ab und erwarb im November 69 zu Vilbel (Großherzogthum Hessen, Norddeutschland) die Orts- und Staats-Angehörigkeit. Nunmehr trat er, gestützt auf sein

Bundes-Indigenat (Art. 3 der norddeutschen Bundesverfassung), mit einem Incidentantrage auf, welcher verlangte:

1. Aufhebung des wider ihn als Ausländer verhängten Personalarrestes und

2. Rückgabe der von ihm Behufs Beseitigung des Arrestes hinterlegten Kautionssumme, auch

3. Einstellung des beim Stadtgericht Frankfurt, als dem nur durch den Arrestschlag begründeten Forum, anhängigen Verfahrens in der Hauptsache.

Dieser Antrag wurde in zwei Instanzen abgewiesen und, auf ergriffene Oberappellation, vom OHG nur bezüglich der Punkte 1 u. 2 für begründet erkannt.

**Entscheidungsgründe:**

In Bezug auf den Punkt 3 ist die Entscheidung der vorigen Richter unbedenklich. Denn es ist ein anerkannter Rechtsgrundsatz, daß ein bei einem gesetzlich begründeten Forum anhängig gewordener Rechtsstreit daselbst auch beendigt werden muß, und die einmal begründete Kompetenz auch dann fortdauert, wenn die ursprünglichen Voraussetzungen derselben inmittelst fortgefallen sind.

L. 7, 30, 34 Dig. de judiciis (5, 1);

Cap. 19 X. de foro competente (2, 2).

Zweifelhafter dagegen und eine eingehendere Erörterung erheischend, sind die durch den Antrag Nr. 1. und 2. angeregten, sich auf die Fortdauer der übrigen Wirkungen des Arrestes beziehenden Fragen. Wenn in den Gründen des I. Urtels die Auffassung hervortritt, daß es sich hier um ein Verhältniß der Kollision auf einander folgender Gesetzgebungen und um den Schutz eines unter der früheren Gesetzgebung erworbenen Rechtes gegen die Wirkung eines neueren Gesetzes handle: so ist dies nicht korrekt, da zu der Zeit, wo der Arrest verhängt wurde, in Frankfurt a. M. dieselben Prozeßgesetze, wie jetzt, bestanden und auch die norddeutsche Bundesverfassung, aus deren Bestimmungen Rechte hergeleitet werden, in Kraft war.

Der Gegenstand der Beurtheilung besteht vielmehr darin:

I. ob der „fremde Schuldner,“ gegen welchen in Frankfurt a. M. auf Grund des Art. 51 der dort bestehenden provisorischen Prozeßordnung [v. 30. Dez. 19] ein Personalarrest verhängt worden ist, wenn er hinterher die rechtliche Eigenschaft eines Fremden verloren hat, wenn also die causa arresti weggefallen ist, pendente lite die Aufhebung des Arrestes und die Rückgabe der an dessen Stelle getretenen Kautionssumme fordern kann,

und, wenn dies bejaht wird,

II. ob die Vorschrift des Art. 3 der norddeutschen Bundesverfassung in Betreff des allen Angehörigen des norddeutschen Bundes verliehenen gemeinsamen Indigenats die Wirkung hat, daß vermöge desselben ein Angehöriger eines norddeutschen Bundesstaates in dem Gebiete der Frankfurter Prozeßgesetzgebung dem in Art. 51 der prov. PO. gegen „fremde Schuldner“ zugelassenen Personalarreste nicht unterworfen ist.

Anlangend die erste Frage ist Folgendes in Betracht zu ziehen:

Der Personalarrest ist an sich eine vorübergehende Maaßregel, zunächst mit der Bestimmung und Wirkung, den Arrestirten dem Gerichtszwange des Richters des Ortes zu unterwerfen, und des Letzteren Zuständigkeit zu begründen. Die Sicherheitsleistung, mittelst welcher der Schuldner sich von dem Personalarrest befreiet (Art. 60 der prov. PO.), ist ein Ersatz des Personalarrestes, tritt als Surrogat an dessen Stelle und verleiht an sich keine größere Sicherheit, als der Fortbestand des Arrestes selbst. Der Gläubiger erwirbt an dem Surrogat des Personalarrestes weder ein Pfand- noch ein sonstiges Vorzugsrecht im Konkurse (Römer, Entsch. des OAG's zu Lübeck in Frankfurter Rechtssachen, B. II S. 359). Dasselbe gewährt dem Gläubiger keine unbedingte Sicherheit für den Streitgegenstand, sondern soll demselben nur gegen nachtheilige Prozeduren des Schuldners denjenigen Schutz gewähren, den die Eigenschaft des Letzteren als Fremder bedingt und nothwendig macht.

Dies führt zu der Anschauung, daß sich die mit Rücksicht auf jene Eigenschaft verhängte Maaßregel des Personalarrestes, bzw. der denselben ersetzenden Sicherheitsleistung durch Deponirung einer Geldsumme, als eine ein wohlerworbenes Recht des Imploranten auf Befriedigung des Letzteren begründende irrevokable Entscheidung nicht auffassen läßt, und macht es einleuchtend, daß zwischen den beiden Wirkungen des Arrestes, der Begründung des Gerichtsstandes und der Sicherheitsleistung, zu unterscheiden, und, während erstere unbedingt aufrecht zu erhalten ist, letztere als eine durch richterliche Verfügung angeordnete, jus inter partes nicht bildende konservatorische Maaßregel durch eine gleiche Verfügung wieder zurückgenommen werden kann, wenn der Grund, weshalb sie angeordnet wurde und nur angeordnet werden durfte, weggefallen ist und Umstände eingetreten sind, die, wenn sie vom Beginne an vorhanden gewesen wären, die Verhängung des Arrestes unmöglich gemacht haben würden, in specie wenn der Schuldner das Indigenat erworben oder die Eigenschaft als Ausländer und somit das Verhältniß, aus welchem der Anspruch des Gläubigers auf die durch den Arrest zu gewährende Sicherheit hergeleitet wird, aufgehört hat. Es wird in einem solchen Falle der einmal verfügte Arrest nicht ipso jure nichtig, es unterliegt auch die frühere richterliche Verfügung nicht an sich, als ungültig erlassen, einer Anfechtung; es wird vielmehr der Richter nur gebeten, die Wirkungen des Arrestes aufhören zu lassen, für deren Fortdauer, cessante causa arresti, eine Berechtigung nicht mehr vorhanden ist. Unter diesem Gesichtspunkte erledigt sich auch das prozessualische Bedenken, welches daran geknüpft wird, daß nach Art. 62 der prov. PO. gegen einen erkannten oder nach provisorischer Anlegung gerichtlich bestätigten Arrest durch alle Instanzen appellirt, bzw. revidirt werden kann. Denn daß es zulässig ist, gegen den durch die Verhängung oder beziehungsweise Verweigerung eines Arrestes zugefügten momentanen Nachtheil sich durch Rechtsmittel zu schützen, schließt nicht aus, die Unstatthaftigkeit des Arrestes durch andere Vertheidigungsmittel — z. B. Einrede in der Hauptverhandlung (Bender, Handbuch des Civil-Prozesses, S. 226 Note 10) oder, wie vorliegend, im Wege eines Incidentantrages — geltend zu machen.

Diesemnach stellt der Antrag Nr. 1. und 2. sich als gerechtfertigt dar, wenn die zweite der obigen Fragen, wie dies in der That der Fall ist, dahin beantwortet werden muß, daß mit Art. 3 der Verfassung des norddeutschen Bundes das im Art. 51 der Frankfurter prov. PO. gestattete Arrestverfahren gegen einen Angehörigen des norddeutschen Bundes nicht vereinbar ist.

Vorab ist zu bemerken, daß es nicht richtig ist, wenn in der Vernehmlassung der Oberappellatin „Fremder" als Gegensatz von „Frankfurter Bürger" bezeichnet und behauptet wird, daß zur Abwendung des Personal-Arrestes der Nachweis des Frankfurter Bürgerrechts gehören würde. „Fremd" im Sinne des Art. 51 der prov. Pr.-O. ist identisch mit Ausländer.

Bender, Handbuch des Frankfurter Civil-Prozesses S. 170;

Derselbe, Handbuch des Frankfurter Privatrechts § 44, S. 128.

Worauf es also ankommt, ist: festzustellen, nicht, ob der Bekl. Frankfurter Bürger in einem gewissen engeren Sinne, sondern, ob er in dem Staatsgebiete, wozu Frankfurt a. M. gehört, Ausländer oder rechtlich als solcher zu betrachten ist, insbesondere, ob er durch den Eintritt in den Großherzoglich Hessischen Unterthanen-Verband und die Heimathsberechtigung in Vilbel das Recht erworben hat, in Bezug auf das Verhältniß, um welches es sich hier handelt, in Frankfurt nicht als „Ausländer“ behandelt zu werden.

Soviel nun die Tragweite des Art. 3 der Bundesverfassung betrifft, so sollen nach ihm kraft des verfassungsmäßig anerkannten Bundes-Indigenats die Angehörigen des einen Bundesstaates zugleich als Angehörige der anderen Bundesstaaten gelten. Diese Gleichstellung ergreift, wenn nicht alle aus dem Indigenat fließenden Rechte, doch einen sehr weit gezogenen Kreis derselben. Der Sinn dieser Bestimmungen ist zu unzweideutig. Derselbe erhält auch in keiner Weise eine Abschwächung durch die in der Vernehmlassungsschrift der Oberappelatin allegirten Vorgänge aus dem Reichstage bei Berathung des Artikels. Die dort erwähnte Ablehnung des s. g. Kitz'schen Amendements — dahin gehend, die Fassung des Art. 3 mit den korrelaten Bestimmungen der Deutschen Reichsverfassung v. 28. Mai 49 in Einklang zu setzen — steht zu der hier erörterten Frage hinsichtlich des Inhalts des Art. 3 außer aller Beziehung.

Wie erheblich nun auch im Allgemeinen die Schwierigkeiten, zu welchen die Anwendung des Art. 3 in einzelnen Fällen Anlaß gegeben hat, erscheinen, und wie viel Zweifel dabei hervorgetreten sein mögen: so kann darüber, daß die Vorschriften der Territorialprozeßgesetze über die Zulässigkeit des Arrestes gegen Ausländer, Angehörigen anderer Bundesstaaten gegenüber, nach Inhalt des Art. 3 nicht weiter Anwendung finden, ein gegründetes Bedenken nicht wohl obwalten — wie denn auch die Rechtsprechung in den Bundesstaaten, soweit sie sich mit der Frage zu befassen gehabt, sich fast einstimmig in diesem Sinne entschieden hat. Es handelt sich in der That nicht um eine Rechtsverschiedenheit, sondern um eine zum Nachtheile des Ausländers bestehende Rechtsungleichheit so einschneidender Art, daß dieselbe als mit den Zwecken der Bundesgesetzgebung im Einklang befindlich unmöglich betrachtet werden kann. Es ist nicht abzusehen, wie von einer gleichen Behandlung aller Bundesangehörigen in Betreff der Rechtsverfolgung und des Rechtsschutzes die Rede sein könnte, wenn Bundes-Angehörige in einem Gebiete des Bundes als „Fremde" oder „Ausländer" einer Behandlung, wie solche Art. 51 der Frankfurter PO. gestattet, unterworfen werden dürften. Schließlich ist noch zu erwähnen, daß jedes in Betreff der Auslegung des Art. 3 der Bundesverfassung noch vorhandene Bedenken durch §. 39 des Bundesgesetzes, betr. die Gewährung der Rechtshilfe v. 21. Juni 69 (BdGesBl. S. 305) beseitigt ist, welcher in unzweideutiger Weise bestimmt, daß bei Anwendung der Civil- und Strafprozeßgesetze, welche Vorschriften zum Nachtheile der Ausländer enthalten, jeder Norddeutsche als Inländer anzusehen sein soll.

Es hat hiernach dem Antrage des Bekl., auf Grund der von ihm nachgewiesenen Erwerbung des Indigenats in dem zum norddeutschen Bunde gehörigen Theile des Großherzogthums Hessen den wider ihn verhängten Personalarrest aufzuheben und die Rückgabe der von ihm hinterlegten Kaution zu verordnen, stattgegeben werden müssen, während in Betreff der begehrten Sistirung des Verfahrens in der Hauptsache dem Antrage des Bekl. nicht zu willfahren war.

Nr. 59.

## Plenum. — Erkenntniß v. 14. März 1871 (Ref.)

**F. H. Prag ./. A. Lengsfeld's Konkurs-Verwalter** (N. 82 v. 1871).

**Preußen.** **Revision.**

I. Instanz: Kreisgericht Hamm,
II. Instanz: Appellationsgericht daselbst.

**Contocurrent-Verhältniß. Anerkennung des Saldo durch Fortsetzung des Geschäftsverkehrs. Beweiskraft der Handelsbücher unter Kaufleuten.**

1. Bei einem kaufmännischen Contocurrent-Verhältniß kann die Feststellung der für bestimmte Rechnungsperioden einseitig gemachten Abschlüsse und der hieraus sich ergebenden Saldi in verpflichtender Weise auch durch stillschweigende Anerkennung des anderen Theils geschehen.

HGB Art. 1, 279, 291.

2. Die Mittheilung eines ordnungsmäßigen Abschlusses an den durch laufende Rechnung verbundenen Geschäftsfreund enthält die Offerte, die neue Geschäftsperiode auf Grund des Abschlusses und mit dessen Saldo als einer vereinbarten Forderung, bzw. Schuld zu beginnen.

Setzt der Empfänger, ohne Erwiderung oder Rüge, den Contocurrentverkehr fort: so ist anzunehmen, daß er mit jenem Erbieten einverstanden sei und den erhaltenen Abschluß nicht moniren wolle.

(Handelsbrauch.)

3. Unter Kaufleuten verlieren die ordnungsmäßig geführten Handelsbücher des Einen ihre Beweiskraft nicht dadurch, daß die Buchführung des Geg-

**ners unordentlich, unvollständig oder unrichtig ist, oder ganz fehlt. Im Gegentheil kann ihre Glaubwürdigkeit durch die mangelhafte Gegenbuchführung erhöht werden.**

HGB Art. 34, 35.

Kläger war zwölf Jahre lang Banquier des Kaufmanns A. Lengsfeld, discontirte dessen Geschäftswechsel und leistete auch andere Zahlungen für ihn. Beide standen in einem Contocurrent-Verhältniß, bei welchem die abschließende Saldirung halbjährlich erfolgte. Im Juli 65 wurde Lengsfeld zahlungsunfähig und flüchtig. Gegen dessen Konkursmasse hat Kläger sein Guthaben liquidirt. Sein Saldovortrag v. 1. Juli 64 mit 3289 Thlrn. ist unbestritten. Für Neujahr 65 berechnet er sich 4079 Thlr. und will den betreffenden Rechnungsauszug und Abschluß dem Lengsfeld am 30. Januar 65 per Post mitgetheilt, eine Erwiderung darauf aber nicht empfangen haben. Eine weitere Zuschrift v. 23. Juli 65, welche die Bilanz für den 1. Juli mittheilte und ein Guthaben von 5781 Thlrn. beanspruchte, ist mit der Nachricht von dem Entweichen des Geschäftsfreundes zurückgekommen.

Die Lengsfeld'schen Bücher enthalten, soweit sie vorgefunden worden, kein Conto des Klägers, und der Konkurs-Verwalter hat 1869 bezüglich des Briefes v. 30. Januar 65 den Editionseid geleistet. Kläger belegt seine Forderungen durch seine ordnungsmäßig geführten Bücher und erstreitet die Ansprüche aus der Zeit nach dem 1. Juli 65 sämmtlich. Bezüglich der früheren Geschäfte wurde er in I. Instanz zu einem Erfüllungseide verstattet, daß

1. Lengsfeld, nachdem ihm durch Brief des Klägers v. 30. Januar 65 der Saldo von 4079 Thlrn. mitgetheilt worden, bei seinem späteren Zusammentreffen mit dem Kläger die Richtigkeit dieses Saldos niemals angezweifelt, ferner

2. im ersten Halbjahr 65 der Wechselverkehr zwischen jenem und dem Kläger so, wie er aus dem (vorgelegten) Contocurrent sich ergiebt, stattgefunden hat.

Auf Berufung des Konkurs-Verwalters wurde in II. Instanz abändernd der Wegfall dieser Eide und eine Ermäßigung der Klageforderung auf den vom I. Richter unbedingt zuerkannten Betrag ausgesprochen.

Kläger legte Revision ein, und das OHG stellte das I. Urtel her.

**Gründe:**

Daß Kläger mit dem nunmehrigen Kridar Lengsfeld seit Jahren in laufendem Wechselverkehr gestanden, erhellt aus den vom Bekl. selber produzirten Briefen und Contocurrenten. Die Ordnung und Sicherheit des kaufmännischen Contocurrents erfordert die Feststellung der Abschlüsse für bestimmte Rechnungsperioden, also die Feststellung der aus ihnen resultirenden Saldi. Deshalb ist es nicht nur allgemein üblich, sondern [nach dem Beweis-Ergebniß] auch im klägerischen Geschäft Regel gewesen, den Geschäftsfreunden Rechnungsauszug und Saldomeldung halbjährlich (oder mindestens jährlich*) zur Anerkennung zu übersenden. In der Regel wird ausdrückliches Anerkenntniß** ertheilt, namentlich dann, wenn es, wie im

* Vgl. HGB Art. 291 Abs. 2.

** Für ein ausdrückliches Gutheißen ist das Wort „anerkennen" selbstverständlich nicht wesentlich. In der Appellsache Bechmann ./. Fritz (aus Hildburghausen) hat das OHG durch Ref. Plen.-Erk. v. 27. Januar 71 erachtet: „Nach dem allgemeinsten Sprachgebrauch im kaufmännischen Verkehr enthält die Erklärung des Empfängers einer Rechnung (oder Waarensendung), daß er diese geprüft und richtig befunden habe, ein ebenso bestimmtes und verbindliches Anerkenntniß, als wenn die Ausdrucksweise, daß die Richtigkeit „anerkannt" werde, gebraucht ist. Dieselbe Bedeutung [im gegebenen Falle] einer brieflichen Erklärung des Bekl. beizulegen, erscheint um so weniger bedenklich, als Beklagter zusätzlich den Betrag angegeben hat, auf welchen der Saldo des Klägers — nach der (dabei beanspruchten) Berichtigung der Rechnung — zu stehen komme."

klägerischen Geschäft geschah, erbeten wird. Allein das verpflichtende Anerkenntniß kann auch stillschweigend geschehen. Dieser Satz hat, wie im Appellurtel gezeigt worden, nicht nur die Rechtsprechung* für sich, sondern folgt aus der Natur der Sache.

Das Bedürfniß einer festen Grundlage für die neue Rechnungsperiode gebietet die Zusendung des Abschlusses des alten und die Feststellung seines Resultats. Diese Zusendung also und noch mehr die ausdrücklich hinzugefügte Bitte um Vergleichung, Vormerkung oder Anerkennung des Abschlusses enthält also die Offerte, die neue Geschäftsperiode auf Grund des Abschlusses mit dessen Saldo als einer vereinbarten Forderung oder Schuld zu beginnen, und letztere nach Maaßgabe der Regeln des Contocurrentenverkehrs zu tilgen, bzw. zu verzinsen. Es steht bei dem Empfänger, diese Offerte abzulehnen, gegen den Saldo zu protestiren und den Abschluß zu moniren. Setzt er aber den Contocurrentenverkehr ohne Erwiderung oder Rüge fort, so muß angenommen werden, daß er mit dem Erbieten des Zusenders einverstanden sei. Dieses Einverständniß nicht annehmen, hieße ihm zutrauen, daß er wider kaufmännische Uebung und Ordnung dem Zusender die Fortstellung des Contocurrents ohne feste Grundlage oder doch ohne Kenntniß der Ausstellungen zumuthe.

Hieraus folgt, daß der Empfänger des Rechnungsabschlusses, welcher den alten Verkehr fortgesetzt hat, den letzten Saldo aber nicht anerkennen will (abgesehen von dem Falle des Irrthums oder Betrugs**), zu be-

* Erk. des OAppGer. Lübeck v. 27. Juni 65, Busch's Archiv B. VIII S. 305; des Handels-AppGer. Nürnberg v. 18. Sept. 65, daselbst B. VII S. 379; der Rechtsfakultät Jena (Handelsgericht Stuttgart) v. 8. Nov. 66. — Sic auch Endemann, Deutsches Handelsrecht § 144, IVa.

** HGB Art. 294.

weisen hat, daß der Abschluß von ihm monirt worden, in casu also der Fortsetzung des Contocurrentverkehrs die Kraft einer Anerkennung nicht inwohne.

Wesentlich ist also zunächst die Behauptung, daß dem Kridar Lengsfeld im Januar 65 der Rechnungsabschluß für das zweite Semester 64, und zwar zum Debetsaldo v. 4079 Thlrn., übersendet sei. In der That findet sich dieser Saldo im klägerischen Hauptbuch, und gegen die Buchführung des Klägers ist nichts eingewendet. Der klägerische Procurist H. hat bezeugt, daß dem Lengsfeld der so saldirte Rechnungsauszug für die Zeit v. 30. Juni bis 31. Dez. 64 mittelst Briefs v. 30. Jan. 65 übersendet ist.

Das klägerische Copirbuch enthält den Abklatsch des Zusendungsbriefs von diesem Datum. Dies Alles, in Verbindung mit der obenerwähnten Geschäftsregel, ergiebt einen starken Beweis dafür, daß das Contocurrent pro 1. Jan. 65 am 30. desselben Monats dem Lengsfeld in der That zugesendet worden.

Daß der Brief nebst Anlage dem Kridar ausnahmsweise nicht zugegangen wäre, kann nicht vorausgesetzt werden.

Zwar ist die Absendung eines Briefs durch die Post kein voller Beweis für die Aushändigung an den Adressaten. Aber die Aushändigung bildet, namentlich für das Gebiet der damals preußischen Post, immerhin die Regel, und da der Kridar im Falle des ausnahmsweisen Nichtzugangs des für ihn wichtigen Jahresabschlusses kaum unterlassen haben würde, das Ausbleiben zu rügen und die Zustellung zu urgiren, Seitens des Bekl. aber nicht eingewendet ist, daß Lengsfeld das Ausbleiben des Contoauszugs gerügt habe: so spricht eine starke Präsumtion dafür, daß er diesen Auszug empfangen hat. Diese Wahrscheinlichkeit wird dadurch nicht geschwächt, daß vom bekl. Konkursverwalter dieses Contocurrent und der Brief

v. 30. Jan. 65 während des Prozesses nicht aufgefunden ist — wie durch seinen Eid feststeht. Denn nicht nur ist dieser Eid fünf Jahre nach der Absendung geleistet, sondern es ist selbstverständlich, daß der Kridar selber dessenungeachtet beide Schriftstücke Anfangs 1865 besessen haben kann.

Unter diesen Umständen ist dem Bekl. dadurch nicht zu nahe getreten, daß das I. Urtel dem Kläger einen Eid über die wirkliche Mittheilung des Saldos v. 1. Jan. 65 im Betrage von 4079 Thlrn. an Lengsfeld abgefordert und von der Leistung dieses Eides die Feststellung des Liquidats zu diesem Belauf abhängig gemacht hat. Denn der dem Kläger auferlegte Erfüllungseid enthält in seinem ersten, wenn schon inkorrekt gefaßten Theile diese Versicherung, und er obtrudirt dem Kläger sogar deren eidliche Bestärkung de veritate, während der Kläger doch nur gehalten sein konnte, die Zustelluug des Contocurrents an den Kridar de ignorantia zu beschwören. Der Kläger hat indeß das I. Urtel nicht angefochten, weshalb es bei demselben in dieser Beziehung zu belassen war.

Der weitere Inhalt des ersten Theils jenes Erfüllungseides verpflichtet den Kläger zu beschwören, daß der Kridar nach dem Empfange des Contocurrents „bei seinem späteren Zusammentreffen mit dem Kläger die Richtigkeit des Saldos (von 4079 Thlrn.) niemals angezweifelt habe." Was mit diesem Passus gemeint ist — nämlich eine ausdrückliche Erklärung des Kridars —, hat darin nur ungenügenden Ausdruck gefunden. Er bedarf jedoch keiner Korrektur. Nach der Prozeßlage nämlich hätte es dieses Eides nicht bedurft. Denn daß der Kridar gegen den klägerischen Prinzipal oder Procuristen das Contocurrent beanstandet, oder eine Prüfung und Monitur auch nur vorbehalten hätte, ist nicht behauptet, hätte aber nach Obigem eingewendet werden müssen, um die aus der

Fortsetzung des bisherigen Geschäftsverkehrs resultirende Anerkennung auszuschließen. Zwar ist nach des Procuristen H. Zeugniß anzunehmen, daß dem Uebersendungsbriefe v. 30. Jan. 65 ein Anerkennungs-Formular zur Unterschrift beigelegen habe; allein durch diese Bitte um eine unzweifelhafte und ausdrückliche Erklärung war weder die Annahme noch die verpflichtende Kraft eines stillschweigenden Anerkenntnisses abgelehnt. — Indessen Kläger hat sich beim I. Urtel beruhigt; es mußte deshalb das I. Urtel auch in diesem Punkte wieder hergestellt werden. —

Der Saldo v. 1. Jan. 65 soll bis zum 1. Juli 65 nach näherer Darlegung des Contocurrents von 4079 Thlrn. auf 5781 Thlr., also um 1702 Thlr. gestiegen sein. Betreffs dieser Differenz erachtet der Appellrichter den Kläger beweisfällig. Hierin ist ihm nicht beizustimmen.

Kläger hat dem ernannten Richterkommissar sein Hauptbuch vorgelegt. Dasselbe ist Post für Post mit den Contocurrenten vom Jahre 64 und vom 1. Semester 65 verglichen und mit letzteren übereinstimmend gefunden worden. Einwendungen gegen die Buchführung sind nicht erhoben; eine Ausstellung gegen irgend eine einzelne Post ist nicht gemacht, und die Vorlegung der mit dem Hauptbuch korrespondirenden Spezialbücher des Klägers, zu welcher er sich erboten, ist nicht begehrt. Da auch der Kridar Kaufmann war, so ist für die Richtigkeit des Contocurrents pro 1. Juli 65 ein unvollständiger Beweis erbracht.

Art. 34 HGB;

Anschütz und Völderndorf, Kommentar, B. I. S. 251, 258.

Dieser Beweis wird dadurch nicht geschwächt, daß die Buchführung des Kridars falsch ist. Sein Hauptbuch enthält kein Conto des Klägers, obschon es nach den vom Bekl. edirten Briefen ein solches Conto enthalten müßte. Selbst das Wechselbuch, obschon es über die hauptsächlich im Wechselverkehr bestandene Geschäftsbeziehung der Parteien genauen Aufschluß geben müßte, ist wenigstens für die Zeit nach dem 1. Juli 65 unvollständig, indem es nach des Bekl. Angabe von den 16 in der Klage spezifizirten und nunmehr festgestellten Wechselforderungen nur 2 nachweist. Die Uebereinstimmung der beiderseitigen Bücher also steht dem Kläger nicht zur Seite. Allein die ordentlich geführten Handlungsbücher eines Kaufmanns verlieren ihre Beweiskraft gegen einen Geschäftsverbundenen Kaufmann nicht dadurch, daß Letzterer Bücher unordentlich, falsch oder gar nicht geführt hat. Im Gegentheil, die falsche Buchführung des Gegners kann die Glaubwürdigkeit der Bücher des anderen Theils erhöhen;

HGB Art. 34, Abs. 2 am Ende.

v. Hahn, Komm. B. I S. 98 ff.

Hiernach konnte es nicht bedenklich sein, den Kläger zum Ergänzungseid über die Wahrheit der im Contocurrent v. 1. Jan. bis 1. Juli 65 notirten Thatsachen zu verstatten, also auch in diesem Punkte das I. Urtel wieder herzustellen. Zwar auch dieser Eid könnte korrekter gefaßt sein. Aber über das, was beschworen werden soll, läßt er keinen Zweifel. Er fordert nämlich eidliche Bestärkung der Richtigkeit — nicht der Abschrift des Contocurrents aus den Büchern, sondern — der im Contocurrent verzeichneten Posten. Möglicher Weise steht dem klägerischen Prinzipal Mangel persönlicher Kenntniß als Hinderniß gegen die Eidesleistung entgegen; da er sich jedoch bei dem I. Urtel beruhigt hat, so kann die Eidesnorm zu seinen Gunsten nicht geändert werden.

Der Wiederherstellung des I. Urtels stand die Berufung auf den Commis J. L. nicht entgegen. Könnte derselbe wirklich bezeugen, daß kurz vor der Flucht des Kridars bei diesem ein mit des Klägers Namen unterzeichneter Brief eingegangen sei, in welchem der Briefschreiber seinen Saldo auf nur 4 Thlr. und einige Groschen angegeben und um Zahlung ersucht habe, so wäre damit nichts für die bestrittene Aechtheit dieses Briefs erwiesen. Um diese darzuthun, bedürfte es der Vorlegung des Briefs. Es ist aber weder mit Bestimmtheit behauptet, daß der Zeuge den Brief besitze, also vorlegen könne, noch hat der Bekl., wie ihm oblag, einen Editionsantrag gegen den Zeugen eingebracht. (§ 102 ff. AGO I. 10; § 17 der Verordnung v. 1. Juni 33).

---

Nr. 60.

## Plenum. – Erkenntniß v. 14. März 1871 (3.)

**L. Pinkoffs ./. Berlin-Stettiner Eisenbahn-Gesellschaft**
(Nr. 86 v. 1871).

**Preußen.** **Nichtigkeitsbeschwerde.**

I. Instanz: Kreisgericht Stettin,
II. Instanz: Appellationsgericht daselbst.

**Handelsgesellschaft. Individualität der Gesellschafter. Ablieferung von Frachtgut Seitens einer Bahn-Verwaltung. Unrichtige Bezeichnung des Adressaten.**

1. In der Handelsgesellschaft verschwindet die Individualität der einzelnen Gesellschafter nicht in einer Persönlichkeit der Gesellschaft selber.
HGB Art. **85**, **96**, **97**, **102**, **111** ff.

2. Das an eine Firma, welche die Hindeutung auf ein Gesellschaftsverhältniß enthält, adressirte Frachtgut darf von der befördernden Bahnverwaltung am Bestimmungsorte der in der Firma genannten und als Mitinhaber derselben vorausgesetzten Person abgeliefert werden.
HGB Art. **15**, **16**, **17** Abs. 1, **22**, **392** Nr. **4**, **403**, **407**, **414** Nr. 4, **417**.

**3. Der Absender kann in solchem Falle (Nr. 2) die geschehene Aushändigung des Frachtgutes nicht aus dem Grunde anfechten, weil eine Handelsgesellschaft unter der Aufgabe-Adresse gar nicht besteht und von ihm bei der Versendung nur irrthümlich angenommen worden war.**

ALR Th. I Tit. 4 § 75 ff.

Der Kaufmann Carl W. zu Straßburg (Uckermark) ging 1868 damit um, gemeinsam mit einem Anderen und unter der Firma „Carl W. & Comp." ein Handlungsgeschäft zu eröffnen. Mit Rücksicht hierauf bestellte er bei dem jetzigen Kläger Waaren und bestimmte, daß diese für genannte Firma debitirt und an dieselbe per Bahn übersendet werden sollten. Demgemäß hat Kläger in Stargard der Berlin-Stettiner Eisenbahn-Gesellschaft 20 Waarencolli zur Beförderung nach Straßburg an die Adresse: „Carl W. & Co." übergeben.

Inzwischen hatte das Zustandekommen jener Handelsgesellschaft sich zerschlagen, so daß beim Eintreffen der Sendung in Straßburg die als Empfänger bezeichnete Firma gar nicht existirte. Gleichwohl lieferte die Güterexpedition Straßburg das Transportgut an den dortigen Kaufmann Karl W. ab, welcher den Ladeschein mit der Unterschrift „Karl W. & Co." quittirte und das Erhaltene alsbald veräußerte.

Wegen des Preises der Waaren hat Kläger von Karl W. Befriedigung nicht erhalten, auch bei dessen Zahlungsunfähigkeit nicht zu erwarten. Er beansprucht deshalb von genannter Eisenbahn-Gesellschaft Werthsersatz, weil das Frachtgut unter den obwaltenden Umständen in Straßburg nicht habe ausgeliefert, vielmehr dem Kläger zurückgesendet oder doch zur Verfügung gestellt werden sollen.

In zwei Instanzen abgewiesen, legt Kläger NktBschw. ein, ohne Erfolg.

## Gründe.

Der Appellrichter hat die... Klage... um deswillen zurückgewiesen, weil nach der eigenen Sachdarstellung des Klägers das Gut für eine Firma bestimmt war, als deren Mitinhaber Kläger den Kaufmann Karl W. „annahm", für welche mithin dieser Karl W. zur Empfangnahme berechtigt war; „es habe demnach in der Absicht des Klägers beim Abschlusse des Frachtvertrages mit der Bekl. zugleich mit eingeschlossen gelegen, daß Letztere das Gut an den Kaufmann Karl W. als Empfangsberechtigten solle ausliefern dürfen. Somit habe Beklagte, selbst wenn eine Firma Karl W. & Co. zu Straßburg gar nicht existirte, durch Ausantwortung der Waare an Karl W. nur das gethan, wozu sie dem Kläger gegenüber aus dem Frachtvertrage verpflichtet war und was Kläger selber bezweckte, als er die Waare an Karl W. & Co. adressirte."

Implorant behauptet, daß diese Ausführung wider

1. § 28 AGO Th. I Tit. 13 [Thatsachen und Veränderungen werden nicht vermuthet] und
2. § 75—78 ALR Th. I Tit. 4 [Ungiltigkeit von Willenserklärungen wegen wesentlichen Irrthums]

verstoße. — Beide Angriffe sind ungegründet.

Zu 1. In ersterer Beziehung wird dem Appellrichter vorgeworfen, eine nicht vorhandene Absicht des Imploranten unstatthafter Weise präsumirt zu haben; denn daraus, daß Implorant mit der Ausantwortung des Gutes an Karl W. unter der Voraussetzung einverstanden war, daß derselbe Mitinhaber der Firma Karl W. & Co. sei, könne nicht ohne Weiteres sein Wille zur Ausantwortung des Gutes an Karl W. auch für den Fall gefolgert werden, daß derselbe nicht Mitglied gedachter Firma war.

Mit diesem Angriff giebt aber Implorant selber zu, was der Appellrichter nicht präsumirt, vielmehr aus seinen eigenen, im Prozesse abgegebenen Erklärungen entnommen hat, daß sein Wille bei Aufgabe des Frachtgutes dahin gegangen ist, dasselbe solle an den Kaufmann Karl W. ausgeliefert werden, und Implorant behauptet nur, daß dieser Wille unter einer nicht vorhandenen, von ihm aber irriger Weise angenommenen Voraussetzung gefaßt und erklärt worden sei. Indem der Appellrichter von dieser angeblichen Voraussetzung, somit von dem behaupteten Irrthum des Imploranten absah, kann er nicht wider § 28 AGO I. 13 verstoßen haben.

Zu 2. Ebensowenig trifft den Appellrichter der Vorwurf, daß diese Ignorirung der behaupteten irrigen Voraussetzung wider die als verletzt bezeichneten Rechtsgrundsätze vom wesentlichen Irrthum verstoße. Denn von einem Irrthum „im Wesentlichen des Geschäftes oder im Hauptgegenstande der Willenserklärung" (ALR I. 4 § 75), d. h. über die Natur des Rechtsgeschäftes oder über dessen Objekt, kann hier überall keine Rede sein; auch hat der Appellrichter keineswegs geleugnet, daß die Vermeidlichkeit eines wesentlichen Irrthums die Ungiltigkeit des Rechtsgeschäfts nicht ausschließt (ALR I. 4 § 78). Verletzt könnten somit nur § 76, 77 a. a. O. sein, welche [für wesentlich erklären]:

§ 76: einen Irrthum in der Person desjenigen, für welchen aus der Willenserklärung ein Recht entstehen soll, — sobald aus den Umständen erhellt, daß ohne diesen Irrthum die Erklärung solchergestalt nicht erfolgt sein würde;

§ 77: den Irrthum in ausdrücklich vorausgesetzten Eigenschaften der Person oder Sache.

Offenbar setzen diese Vorschriften — in Uebereinstimmung mit der gemeinrechtlichen Theorie,

v. Savigny, System des heutigen Römischen Rechts, B. III § 136;

v. Vangerow, Pandekten III § 604, Anmerkung unter III (7. Ausgabe S. 271);

[Windscheid, Lehrbuch des Pandekten-Rechts, B. I § 75] —

voraus, daß in Vertragsverhältnissen der Irrthum des einen Kontrahenten die Person oder die persönlichen Eigenschaften des anderen Kontrahenten betrifft. Es erscheint nun mindestens höchst bedenklich, die gleichen Grundsätze auf einen Fall wie den vorliegenden anzuwenden, wo nicht sowohl ein Irrthum über die Person oder die Eigenschaften des anderen Kontrahenten — hier der beklagten Eisenbahn-Gesellschaft — als vielmehr eines Dritten, des Karl W., obgewaltet haben soll; denn der Frachtvertrag, um dessen richtige Erfüllung allein es sich handelt, ist nicht zwischen dem Kläger und Karl W., sondern lediglich zwischen dem Kläger und der bekl. Gesellschaft abgeschlossen worden.

Indessen kann von diesem Bedenken schon um deswillen abgesehen werden, weil andere Gründe die völlige Unhaltbarkeit des klägerischen Angriffs ergeben. Nach jenen §§ 76, 77 ist ein Rechtsgeschäft wegen eines Irrthums hinsichtlich der Person des Berechtigten nur in zwei Fällen ungiltig:

a) wenn der Irrthum die Identität der Person betrifft und zugleich aus den Umständen erhellt, daß es bei der Willenserklärung [gerade] auf diese bestimmte Person abgesehen war, oder aber
b) falls irriger Weise gewisse persönliche Eigenschaften des Berechtigten ausdrücklich vorausgesetzt sind.

Keine von beiden Voraussetzungen trifft in vorliegendem Falle zu.

Wäre auch die (in keiner Weise glaubhaft gemachte, ja nicht einmal unter Beweis gestellte) Behauptung des Imploranten begründet, daß er das Gut nur unter der Voraussetzung zum Transport an „Karl W. & Co." aufgegeben hätte, daß eine solche Firma — und zwar als Gesellschafts-Firma, deren Mitglied der Kaufmann Karl W. sei — überall in Straßburg existire: so würde die angebliche Unrichtigkeit dieser Voraussetzung für sich allein die Empfangsberechtigung des Karl W. — somit die Berechtigung der.. Eisenbahn-Gesellschaft, das Gut an diesen auszuliefern — in keiner Weise berührt haben. Denn einmal wird die Identität des Karl W. weder durch den Umstand betroffen, daß er mit dem Ausdruck „Karl W. & Co." bezeichnet wird,

L. 4 pr. Dig. de legatis I (30);

„falsa demonstratio non nocet", weil sie vice nominis fungitur, L. 34 Dig. de cond. (35, 1) u. § 29, 30 Jnst. de legatis (2, 20);

ALR. Th. I Tit. 12 § 518;

noch dadurch, ob er allein oder in Verbindung mit Anderen ein Handelsgewerbe betreibt, weil auch in der Handelsgesellschaft die Individualität der einzelnen Gesellschafter keineswegs in einer Persönlichkeit der Gesellschaft selber verschwindet. — Andererseits geht daraus allein, daß Implorant die Waare unter der Adresse „Karl W. & Co." abgesendet hat, keineswegs hervor, noch ist dies vom Appellrichter festgestellt worden, daß Implorant die Eigenschaft des Karl W., Mitglied einer unter gedachter Firma bestehenden Handelsgesellschaft zu sein, überhaupt — geschweige denn ausdrücklich — vorausgesetzt hat; da vielmehr solche Firma unter Umständen sehr wohl auch von einem Einzelkaufmann geführt werden darf (HGB Art. 22, 24), ohnehin aber die nackte Thatsache, daß Jemand einen Handelsgesellschafter hat, ohne die in vorliegendem Falle gar nicht behauptete Kenntniß von der Person und den Vermögensverhältnissen des angeblich vorausgesetzten Compagnons, für die Kreditwürdigkeit des Ersteren völlig gleichgiltig ist, daher verständiger Weise nicht angenommen werden kann, daß auf diese Eigenschaft bei Abschluß oder Ausführung eines Geschäfts irgend welche Rücksicht genommen worden sei. —

Nr. 61.

## Plenum. – Erkenntniß v. 14. März 1871 (Z.)

Fröhling ./. Limper (Nr. 115 v. 1871).

**Preußen. Wechselsache. Nichtigkeitsbeschwerde.**

I. Instanz: Kreisgericht Olpe,

II. Instanz: Appellationsgericht Arnsberg.

**Wechselsumme. „Münze nach Kurs" als Alternative.**

**Die zu zahlende Geldsumme ist im Wechsel genügend und daher giltig bestimmt, wenn sie auf eine gewisse Zahl von Thalern (bzw. Gulden ꝛc.) „in Courant oder Münze nach Kurs"* lautet.**

DWO Art. 4 Nr. 2, 7, 37.

Sic: Z. Plen.=Erk. des OHG in Sachen Fröhling ./. Bilstein, Nr. 117 v. 1871; auch Z. V. Plen.=Erk. in Sachen Hees ./. Fröhling, Nr. 139 v. 1871, beide vom 14. März 71.

Vgl. Rechtsfall Nr. 41, oben S. 217.

Der Klagewechsel verspricht Zahlung von „50 Thlr. preuß. Cour. oder Münze nach Kurs". Der belangte Aussteller bemängelt die Wechselkraft seiner Unterschrift, weil das zu Zahlende nicht genügend bestimmt sei, und erzielt in I. Instanz die Abweisung des Klägers.

Vom Appellrichter verurtheilt, legt Beklagter ohne Erfolg NktBschw. ein. Das OHG zog in Erwägung:

daß der der Wechselsumme „50 Thlr. preuß. Courant" hinzugefügte Satz „oder Münze nach Kurs" sich weder auf

* Das preuß. OTr., IV. Sen., hat bereits die Bestimmung: x Thaler „in Courant oder in Sorten" für zulässig erachtet, Borchardt, ADWO Zusatz 60, S. 46 (vgl. auch Zusatz 57).

die zu zahlende Geldsumme bezieht, welche durch die Worte „50 Thlr. preuß. Courant" unzweideutig angegeben ist, noch, wenn dies der Fall wäre, geeignet erschiene, die vorangehende Angabe der Geldsumme unbestimmt oder zweideutig zu machen, da er unter dieser Voraussetzung nur besagen würde: „soviel Münze, als nach deren Kurs der Summe von 50 Thalern preuß. Courant entpricht", somit nur eine andere, aber völlig gleichbedeutende Bezeichnung der durch die Worte „50 Thaler preuß. Courant" ausgedrückten Geldsumme enthielte, mithin nicht gegen Art. 4 Nr. 2 DWO verstoßen kann, welcher nur die Angabe der zu zahlenden Geldsumme verlangt und eine mehrfache Bezeichnung derselben nicht ausschließt;

daß vielmehr der gedachte Zusatz lediglich die Geldsorte betrifft, in welcher die Wechselsumme zu zahlen ist, und dem Schuldner die Befugniß gewährt, an Stelle derjenigen Geldsorte, in welcher die Wechselsumme ausgedrückt ist, nach seiner Wahl andere Münzsorten nach deren Kurs zur Zahlungszeit und am Zahlungsorte zu entrichten;

daß auch ein solches Wahlrecht des Schuldners zwischen mehreren oder allen am Zahlungsorte und zur Zahlungszeit umlaufenden, nicht verbotenen und Kurs habenden Münzsorten nicht gegen die Grundsätze der Deutschen Wechselordnung verstößt, welche nicht die Angabe der zu zahlenden Geldsorte erheischt, daher auch nicht bestimmt, daß die Zahlung überall nur in einer gewissen Geldsorte beansprucht, bzw. geleistet werden dürfe, vielmehr, ungeachtet der angeblichen Schwierigkeit der Werthsermittelung, in dem allein gesetzlich normirten Falle, daß der Wechsel auf eine am Zahlungsorte nicht umlaufende Münzsorte oder auf eine Rechnungswährung lautet, dem Schuldner im Zweifel die Wahl zwischen der verschriebenen Münzsorte und deren Werthe zur Verfallzeit in der Landesmünze gestattet (DWO Art. 37) — wie dies auch bereits vom OHG hinsichtlich eines der

Wechselsumme von 49 Thlr. 29 Sgr. 11 Pf. preuß. Courant beigefügten Zusatzes „oder Werth" in Sachen Herzfeld & Co. ·/· Heidelberg unterm 7. Febr. 71 erkannt und in den Entscheidungsgründen näher ausgeführt ist;

daß somit das angefochtene Erkenntniß nicht die Art. 4 Nr. 2 und 7 DWO verletzt hat.

---

Nr. 62.

## Plenum. — Erkenntniß v. 14. März 1871 (B.)

**Hees ·/· Fröhling** (Nr. 139 v. 1871).

**Preußen. Wechselsache. Nichtigkeitsbeschwerde.**

I. Instanz: Kreisgericht Olpe,
II. Instanz: Appellationsgericht Arnsberg.

**Wechselregreß. Einwand der Zahlung, der Verjährung, der unterlassenen Notifikation.**

1. **Der im Regreßwege belangte Wechselschuldner darf dem als Wechseleigenthümer legitimirten Kläger die Einrede erfolgter Zahlung nicht deshalb entgegensetzen, weil Kläger bereits von einem Nachmanne des jetzt Beklagten befriedigt worden.**

DWO Art. **8, 10, 14, 36, 39, 54, 81, 82.**

Sic: Hoffmann, Erläuterung der ADWO § 109 Nr. 2, S. 591.
Vgl. Hartmann, Deutsches Wechselrecht S. 378, Nr. 3; Borchardt, ADWO Zusatz 640, S. 435 ff.

2. **Der Natur der Verjährung, als einer Aufhebung bereits begründeter Rechte, widerstreitet es, die Einhaltung der Verjährungsfristen durch die Regreßnehmer als eine Bedingung des Rückgriffs oder als ein Fundament der Regreßklage anzusehen.**

**Der in Anspruch genommene Wechselschuldner hat etwaige Verjährung als Einrede zu begründen.**

DWO Art. **78, 79, 83.**

Sic: Hartmann, DWR § 145, S. 452;
Erk. des OAppGer. Lübeck v. 30. Sept. 61, Seuffert's Archiv B. 15 S. 240.

**3. Vormann im Sinne des Art. 45 DWO ist jeder Wechselverbundene, gegen welchen die Regreßklage angestellt werden kann, — auch der Trassant.**

DWO Art. **45, 78, 79.**

Sic: Hoffmann, Erläuterung der ADWO § 52 Nr. 1, S. 405; die Spruchpraxis, Borchardt, ADWO Zus. 439, 440, S. 279.

**4. Die Notifikation (Benachrichtigung des unmittelbaren Vormanns) ist nicht Bedingung des Rückgriffs, gehört nicht zum Fundament der Regreßklage; ihre etwaige Unterlassung hat der Beklagte im Wege der Einrede zu rügen.**

DWO Art. **45, 46.**

Borchardt a. a. O. Zusatz 445, S. 281.

Als Aussteller mehrerer gezogener Wechsel in Anspruch genommen, erhebt Beklagter bezüglich zweier Wechselbeträge den Einwand erfolgter Zahlung, weil hier Kläger (der letzte Indossatar) bereits durch seinen unmittelbaren Vormann S. Rosenhelm befriedigt worden. Auch rügt er Nichteinhalten der gesetzlichen Fristen bei der Regreßnahme, sowie daß er selbst eine Notifikation der unterbliebenen Wechselzahlungen gar nicht, oder doch nicht rechtzeitig, empfangen habe.

Demgemäß ward Kläger in II. Instanz theils völlig, theils (aus Art. 45 DWO) mit dem Anspruch auf Zinsen und Kosten abgewiesen.

Seine NktBschw. hat eine Vernichtung des Appellurtels und eine Aenderung des I. Erk. dahin zur Folge, daß

Beklagter zur wechselmäßigen Zahlung der eingeklagten Summe und Kosten verurtheilt wird.

**Gründe:**

I. Anlangend die Aberkennung der angeblich durch Rosenhelm bezahlten beiden Wechselsummen nebst Nebenkosten rügt Kläger . . . [mit Grund] die Verletzung des Art. 82 (verbunden mit Art. 81, 8, 10, 39, 54) DWO. Beklagter hat seinen Zahlungseinwand lediglich auf die Behauptung gestützt, daß Kläger die vier eingeklagten Wechsel von Rosenhelm bezahlt erhalten habe, — ohne diese Behauptung irgend näher zu substantiiren; und nur die Richtigkeit dieser nackten Thatsache hat der Appellrichter hinsichtlich zweier Wechsel auf Grund der Wechselprozeßakten Hees ·/· Rosenhelm festgestellt. Diese Thatsache aber reicht zur Abweisung des Klägers nicht aus. Ob die vom Acceptanten des Wechsels oder die von einem Vormann des beklagten Wechselschuldners dem klagenden Wechselinhaber geleistete Zahlung für den Bekl. gegen Letzteren schlechthin die Einrede der Zahlung begründe, kann dahin gestellt bleiben. Sicher aber kann der Bekl. sich auf die von seinem Nachmann geleistete Zahlung nicht ohne Weiteres berufen. Denn der Wille des zahlenden Indossanten geht im Zweifel nur dahin, daß er selber und seine Nachmänner von dem Regresse mangels Zahlung befreit werden, und daß er selber zur Geltendmachung der Wechselansprüche gegen die durch seine Zahlung nicht befreiten Wechselschuldner in den Stand gesetzt werde, — keineswegs aber dahin, daß die sämmtlichen Wechselschuldner, insbesondere auch seine Vormänner, von der Wechselschuld befreit werden. Wenn hiergegen auf die objektive Wirkung der Zahlung, als nothwendigen Erlöschungsgrundes sämmtlicher Solidarobligationen, hingewiesen wird: so übersieht man, daß diese objektive Wirkung dem Willen der Betheiligten untergeordnet ist, somit keineswegs absolut feststeht, zumal wenn der Wechsel selber nicht ergiebt, daß — und zwar mit dem Willen der Tilgung sämmtlicher Wechselobligationen — gezahlt worden ist. Ebensowenig wird durch die Zahlung eines Indossanten an den Wechselinhaber dessen wechselrechtliche Legitimation gegen einen Vormann des Zahlers in Frage gestellt, denn diese Legitimation bestimmt sich lediglich nach Art. 36 (verbunden mit 39, 49, 54) DWO. Hat der Indossant ohne Aushändigung des quittirten Wechsels gezahlt, so steht ihm zwar die Befugniß zu, die nachträgliche Aushändigung des Wechsels oder aber sein Interesse von dem Zahlungsempfänger zu begehren; aber dieses persönliche Recht des Zahlers gegen den Zahlungsempfänger beeinträchtigt weder das Eigenthum des Letzteren an der Wechselurkunde, noch dessen selbständiges Forderungsrecht aus dem Wechsel gegen die übrigen Wechselverbundenen. Endlich vermag auch der Vormann auf die von seinem Nachmann an den Wechselinhaber geleistete Zahlung nicht ohne Weiteres eine exceptio doli gegen den Letzteren zu begründen, da er selber ja dem Regreßanspruche aus dem Wechsel ausgesetzt bleibt, und soweit er überhaupt ein eigenes Interesse hat, nicht von dem Zahlungsempfänger, sondern von dem Zahlenden belangt zu werden, dieses Interesse ihn nicht ohne Weiteres zur Zurückweisung des legitimirten Wechselgläubigers berechtigt, vielmehr gegenüber dem in der Nichtrückgabe des Wechsels zu Tage tretenden übereinstimmenden und durchaus statthaften Willen des Zahlenden und des Zahlungsempfängers, daß nicht Ersterer, sondern Letzterer zur Verfolgung weiterer Wechselansprüche befugt sein solle, nicht zur Realisirung gelangt. Soll aber die exceptio doli dazu dienen, nicht sowohl das eigene Interesse des Regreßpflichtigen, sondern das Interesse des zahlenden Nachmannes zu schützen: so würde sie schon aus dem Gesichtspunkte einer exceptio de jure tertii beachtungslos erscheinen.

II. Unterliegt somit in diesem Punkte das Urtel des Appellrichters der Vernichtung, so greift auch bei der Entscheidung in der Sache selbst gegen den an sich begründeten Anspruch des Klägers aus den beiden Mitte Juli fällig gewesenen Wechseln die Verjährungseinrede — so, wie aufgestellt — nicht durch. Die Behändigung der Wechselklage für sämmtliche Wechsel ist am 17. Nov. 70 erfolgt. Nach dem für die Regreßansprüche des Indossanten allein maaßgebenden Art. 79 DWO läuft nun die dreimonatige Verjährungsfrist des Regreßanspruchs gegen den Aussteller und die übrigen Vormänner von dem Tage an, an welchem der Indossant ohne Klage gezahlt hat, in allen anderen Fällen vom Tage der ihm geschehenen Behändigung der Klage oder Ladung an. Somit begann die Verjährung der Regreßklage gegen Kläger nicht schon mit dem 16. Juli 70, dem Tage des erhobenen Protests, sondern erst mit demjenigen Tage, an welchem er die beiden Wechsel eingelöst hat, oder aber an welchem ihm die Klage auf Zahlung behändigt worden ist. — Diesen Tag haben weder Kläger noch Beklagter angegeben. Kläger sagt nur: „diese Wechsel sind dann einzeln an den Kläger zurückgekommen, der sie nebst Zinsen und Kosten einlöste"; Beklagter dagegen hat zur Begründung seines Verjährungseinwandes ... — obwohl Kläger in der Replik erwiderte: „er klage als Indossant, nicht als Inhaber, der Beginn der Wechselverjährung richtet sich daher nach Art. 79, und es sei nicht erkennbar, daß die Verjährungszeit abgelaufen," — nirgend die Behauptung aufgestellt, daß vom Zeitpunkte der Einlösung des Wechsels durch Kläger bis zum Tage der Klagebehändigung mehr als 3 Monate verflossen seien. Es steht dieser Annahme nicht einmal eine thatsächliche Vermuthung zur Seite, da auf beiden Klagewechseln Kläger der erste Indossatar ist, auf welchen noch 4, bzw. 5 weitere Indossanten folgen.

Unter diesen Umständen aber war der Verjährungseinwand als durchaus unsubstantiirt zurückzuweisen. Die mehrfach aufgestellte Ansicht, daß die zeitige Einlösung oder die Einhaltung der Verjährungszeit das Fundament der Regreßklage sei oder zu den Regreßbedingungen gehöre*, widerstreitet der Natur der Verjährung, welche bereits begründete Rechte **aufhebt**. —

III. Anlangend die Aberkennung der Nebenposten wegen unterlassener Notifikation, .. greift die auf Verletzung des Art. 45 DWO gegründete Beschwerde durch. Unbegründet ist zwar die Behauptung des Imploranten, daß dem Trassanten überhaupt nicht notifizirt zu werden brauche, weil derselbe nicht „Vormann" im Sinne des Art. 45 DWO sei; vielmehr ist als „Vormann" jeder Wechselverbundene anzusehen, gegen welchen die Regreßklage angestellt werden kann; vgl. auch Art. 78 und 79: „gegen den Aussteller und die übrigen Vormänner".

Begründet dagegen ist nach Art. 45, 46 der DWO vgl. Protokolle der Leipziger Konferenz (Leipziger Ausgabe S. 172, Thöl's Ausgabe S. 184) die Behauptung, daß nicht (wie der Appellrichter annimmt) die geschehene Notifikation zum Klagefundament gehöre, daß vielmehr die Unterlassung rechtzeitiger Notifikation im Wege der Einrede gerügt werden müsse. In der Sache selbst aber erscheint der vom Beklagten erhobene Einwand unbegründet. Denn Beklagter hat überall nur eingewendet, daß die Benachrichtigung an ihn nicht und namentlich nicht rechtzeitig erfolgt sei; daß der unmittelbare

* Vgl. Hoffmann, Erläuterung der ADWO § 101, S. 566; Erk. des preuß. OTr. IV. Sen. v. 21. Mai 59, Strieth. Arch. B. 33 S. 241.

Vormann des Klägers (Rosenhelm) nicht oder doch nicht rechtzeitig benachrichtigt worden sei, hat Beklagter nirgend behauptet, sondern nur das Gegentheil bestritten, in welchem Bestreiten die erforderliche positive Behauptung nicht gefunden werden kann. Das Gesetz aber verpflichtet den Wechselinhaber zur rechtzeitigen und schriftlichen Notifikation an seinen unmittelbaren Vormann, und nur an diesen; hiermit hat er seinen vollen Regreßanspruch gegen sämmtliche Vormänner gewahrt, mag er auch nicht gegen seinen unmittelbaren Vormann regrediren, und mag der Regressat seinerseits benachrichtigt worden sein oder nicht. —

---

Nr. 63.

## Plenum. — Erkenntniß vom 21. März 1871 (V.)

**C. G. Fritzsch ./. G. Derpsch** (Nr. 84 v. 1871).

**Preußen.** **Nichtigkeitsbeschwerde.**

I. Instanz: Kreisgericht Zeitz,
II. Instanz: Appellationsgericht Naumburg.

**Waarenversendung per Bahn. Signirung, Frachtbrief.**

1. Art. 392 HGB will unter Nr. 1 nur bestimmen, daß im Falle einer Signirung des Frachtgutes der Frachtbrief die gewählten Merkzeichen angeben soll. Er ertheilt nicht eine überall und unbedingt zu beobachtende Vorschrift, daß Frachtgut zu signiren sei.

## 2. Gehört bei der Eisenbahn=Versendung von Waaren eine Signirung derselben zu den Obliegenheiten eines ordentlichen Kaufmanns?

HGB Art. **1**, **279**, **344**.

Klägerin fordert den Kaufpreis für 25 Brode Zucker, welche sie an den Bekl. der Abrede gemäß per Bahn in einzelnen, nur in blauem Papier verpackten Hüten abgesendet hat. In Folge einer auf der betreffenden Bahn vorgefallenen Verwechselung sind dem Bekl. nicht diese ohne Merkzeichen aufgegebenen, sondern andere, mit weißem Papier umhüllte Zuckerhüte zugegangen, welche er als probewidrig und im Ganzen nicht vollwichtig anzunehmen verweigert hat.

Der I. Richter verurtheilt den Bekl., weil die Versendung unstreitig auf seine Gefahr geschehen sei und er sich (aus HGB Art. 423, 395) an die Bahnverwaltung zu halten habe.

Abändernd weist der Appellrichter die Klägerin ab, weil sie durch Unterlassung gehöriger Bezeichnung des Frachtgutes unsorgfältig gehandelt, also bezüglich der Zusendung der Waare ihre Verbindlichkeiten nicht erfüllt habe.

Auf NktBschw. der Klägerin ist das II. Urtel vernichtet und die Sache zu näherer Erörterung in die Vorinstanz zurückgewiesen worden.

**Gründe:**

Der Appellrichter führt aus,

daß ein Frachtbrief nach Art. 392 Nr. 1 HGB die Bezeichnung des Gutes nach Beschaffenheit, Menge und Merkzeichen enthalten muß, und daß dieser gesetzlichen Vorschrift gegenüber die Angabe der Klägerin, es sei nicht Brauch, Zucker zu signiren, wenn er lose verladen wird, unerheblich erscheint;

er schließt hieraus, daß Klägerin durch Versendung des Zuckers ohne Signatur die Sorgfalt eines ordentlichen Kaufmanns anzuwenden unterlassen und dadurch veranlaßt hat, daß der Bekl. nicht in den Besitz der für ihn bestimmten Waare gekommen ist. Der Appellrichter gründet hierauf sodann die Abweisung der Klägerin mit ihrem Anspruche auf Bezahlung des Kaufgeldes für jenen Zucker.

Mit Recht wirft Implorantin dem Richter vor, dadurch jenen Art. 392, sowie den Art. 344 HGB verletzt zu haben.

Nach Art. 344 gilt der Verkäufer einer Waare, welche dem Käufer an einen anderen Ort übersendet werden soll, für beauftragt, die **Art** der Uebersendung mit der Sorgfalt eines ordentlichen Kaufmanns zu bestimmen, sofern der Käufer darüber nichts bestimmt hat, und es trägt nach Art. 345 der Käufer die Gefahr von dem Zeitpunkte der Uebergabe der Waare an den Spediteur ab. [Vgl. oben S. 153]

Der Verkäufer tritt in solchem Falle dem Frachtführer (oder Spediteur) gegenüber in das Verhältniß des eigentlichen Absenders mindestens insoweit, als es sich um Abschluß des Frachtvertrages und die Uebergabe des Frachtgutes handelt, und es werden dann allerdings auch die Bestimmungen des Art. 392 über den Inhalt des Frachtbriefes zur Anwendung kommen müssen. Wenn danach aber auch der Frachtbrief die Bezeichnung des Gutes nach Beschaffenheit, Menge und Merkzeichen enthalten soll: so ist damit doch nicht eine für alle Fälle und unter jeglichen Umständen unbedingt zu beobachtende Vorschrift ertheilt, daß das Frachtgut zu signiren sei, sondern zunächst nur bestimmt, daß im Falle der Signirung die „Merkzeichen" im Frachtbriefe zu erwähnen sind; in der ersteren Beziehung ist folglich nur eine allgemeine

Regel unterstellt, welche Modifikationen und Abweichungen nach den obwaltenden Verhältnissen in keiner Weise ausschließt. Es wird deshalb auch dem Absender einer Waare der Vorwurf einer Nachlässigkeit nicht gemacht werden können, wenn nach allgemeinem Gebrauch eine besondere Signatur dem Frachtgute nicht gegeben wird. Der Appellrichter verstößt somit gegen Art. 392, indem er die Angabe der Klägerin,

es sei nicht Usance, Zucker zu signiren, wenn er lose verladen wird,

für unerheblich erklärt; Klägerin würde dann die Sorgfalt eines ordentlichen Kaufmanns nicht verabsäumt und folgeweise dann auch nicht den Schaden zu tragen haben, welcher den versandten Zucker auf der Eisenbahn betroffen hat.

Die darauf gestützte Entscheidung des Appellrichters war daher zu vernichten.

In der damit der freien Beurtheilung anheimfallenden Sache kommt es dann, nach obiger Ausführung [und bei dem unstreitigen Thatbestande], wesentlich nur noch darauf an, ob die behauptete Usance besteht. . . .

Klägerin hat sich zum Beweise hierfür auf den Spediteur H. in Cöthen, Beklagter dagegen auf den Güterexpedienten G. und Kaufmann H. berufen, auch eine Faktur beigebracht, nach welcher Klägerin in einem anderen Falle ähnlich versendeten Zucker mit einer Signatur versehen hat.

Dieser, vom vorigen Richter nicht beachtete, Beweis war aufzunehmen und zu diesem Behuf und sodann zur anderweiten Entscheidung in der Hauptsache sowie über die Kosten der vorigen Instanzen die Sache in die II. Instanz zurückzuweisen.

Nr. 64.

## Plenum. – Erkenntniß vom 21. März 1871 (V.)

**M. u. G. Hamm's Konkurs-Verwalter ./. L. Hamm**
(Nr. 94 v. 1871).

**Preußen.** **Nichtigkeitsbeschwerde.**

I. Instanz: Kreisgerichts-Deputation Tiegenhoff,
II. Instanz: Appellationsgericht Marienwerder.

**Offene Handelsgesellschaft, Vermögensverhältnisse. Einzelkaufmann, Aufnahme eines Anderen in das Geschäft; Haftung der neuen Gesellschaft für alte Geschäftsschulden.**

1. Bei einer offenen Handelsgesellschaft bildet das Gesellschaftsvermögen einen rechtlich für sich bestehenden, nur zu Gesellschaftszwecken bestimmten Fond, welcher der Privat-Disposition der einzelnen Gesellschafter entzogen und von deren eigenem (Privat-) Vermögen streng gesondert ist.

HGB Art. **85**, **91**, **107**, **108**, **111**, **114**, **121**.
Preuß. Konkurs-Ordnung v. 8. Mai 55 §§ 35, 286–288.

2. Privatgläubiger eines Gesellschafters können — behufs ihrer Befriedigung oder Sicherstellung — den Gesellschaftsfond (oder Theile desselben) nicht in Anspruch nehmen.

HGB Art. **119–122**.
Preuß. Konkurs-Ordnung § 287 Abs. 2, §§ 288–291.

3. Wenn Jemand in eine als Einzelgeschäft bestehende Handlung eintritt, so haftet weder er persönlich, noch die nunmehrige, als solche neu eingetragene Handelsgesellschaft für etwaige Schulden der früheren Einzelhandlung oder ihres Inhabers.

HGB Art. **15**, **17** Abs. 1, **24**, **110**, **119**, **122**.
Vgl. unsere Rechtsfälle Nr. 26 und 50.

Marie H. übernahm 1861 das Handlungsgeschäft ihres verstorbenen Ehemannes und ist daher dem miterbenden Kläger noch etwas schuldig. Im Januar 62 gab Kläger derselben ein Handels-Darlehn. Demnächst ist der Kaufmann Gustav H. in das bisher von seiner Mutter allein betriebene Geschäft eingetreten, und es besteht nun (seit April 62) eine von ihnen gebildete, unter der neuen Firma „M. u. G. H." eingetragene, offene Handelsgesellschaft, über deren Vermögen im März 69 der kaufmännische Konkurs gerichtlich eröffnet worden.

Gegen die Masse macht Kläger seine Forderungen geltend, welche der Konkursverwalter nicht anerkennt, viemehr nur als Sonderschulden der Marie H. angesehen wissen will. In I. Instanz wird Kläger als Konkursgläubiger angenommen, der Appellrichter bestätigt dies; auf NktBschw. des Gegners aber spricht das OHG abändernd die Zurückweisung der Klage aus.

**Gründe:**

Die beiden Forderungen, deren Feststellung Kläger gegen die Konkursmasse der Handelsgesellschaft M. u. G. H. begehrt, sind von der Wittwe Marie H. zu der Zeit kontrahirt, als sie noch die Einzelhandlung betrieb.

Es ist behauptet (aber nicht festgestellt), daß die Socien bei Eingehung der Gesellschaft vereinbart hätten, die Activa und Passiva der früheren Einzelhandlung sollten gemeinsam sein. Es ist jedoch nicht behauptet, daß diese Vereinbarung den Gläubigern — insbesondere dem Kläger — auf verpflichtende Weise kundgethan wäre. [Vgl. oben S. 132 ff.]

Wenn dennoch der Appellrichter die Handelsgesellschaft für die früheren Schulden der Marie H. haftbar macht, so fußt er auf zwiefachem rechtsgrundsätzlichen Irrthum. Er folgert aus der „Natur der Verhältnisse", daß derjenige, „auf welchen das Handelsgeschäft eines Einzelnen übergegangen", den bisherigen Gläubigern desselben gerecht werden müsse, — also bei der Mitübernahme desselben durch einen eintretenden Socius: die Gesellschaft. Daß diese Folgerung in Ansehung einer Singularsuccession unberechtigt ist, darüber hat das OHG sich bereits wiederholt ausgesprochen.*

[Vgl. Ref. Plen.-Erk. v. 21. Okt. 70, oben S. 127 ff.; V. Plen.-Erk. v. 21. Febr. 71, S. 284 ff.]

Er verkennt aber vor allem den im HGB statuirten rechtlichen Charakter der offenen Handelsgesellschaft.

Das HGB hat das Gesellschaftsvermögen von dem Privatvermögen der Gesellschafter gesondert. Jenes wird als der Fond behandelt, der nach der Vereinbarung der Gesellschafter zu den Gesellschaftszwecken bestimmt und deshalb der Privatdisposition der einzelnen Socien entzogen ist.

Diese Entziehung ist auch Dritten gegenüber wirksam. Daher dient der Gesellschaftsfond zunächst und vorzugsweise zur Befriedigung der Gesellschaftsgläubiger, nicht der Privatgläubiger der einzelnen Gesellschafter. In dieser Beziehung ist gleichgiltig, ob die Forderungen der Letzteren vor oder nach Begründung der Societät entstanden sind. Auch die Inhaber der vorher entstandenen Forderungen hatten als solche kein Recht an den einzelnen Vermögensstücken ihres Schuldners, insoweit also tritt ihnen eine Disposition des Letzteren, welche durch den Eintritt in eine Handesgesellschaft ihm selber die Disposition über

* Sie bezüglich der Schulden: V. Plen.-Erk. v. 4. April 71 in der Berliner Sache Köhler ./. Brunner & Sohn, Nr. 125 v. 71, und hinsichtlich der Activa: Ref. Plen.-Erk. v. 28. März 71 in der Magdeburger Sache Ziegler & Koch ./. Mack & Ferchland, Nr. 85 v. 71, (nachher Rechtsfall Nr. 67, S. 377).

die einzelnen Vermögensstücke benimmt und ihn auf einen Antheil am Societätsfond verweis't, nicht zu nahe. Die Forderungen selber werden in ihrem Bestande dadurch nicht berührt. Nur die Befriedigungsmittel erleiden eine Aenderung.

Vgl. v. Hahn, Komm. B. I S. 268—276.

Diese Aenderung kann, weil das Gesellschaftsvermögen zunächst den Gesellschaftsgläubigern haftet, eine sehr erhebliche sein. Sie kann die Uneinziehbarkeit — also den praktischen Verlust — der Privatforderungen bewirken. — Schon bei der Prüfung des preußischen Entwurfs wurde auf diese Gefahr verwiesen.

vgl. Goldschmidt, Kritik des preuß. Entw. zu Art. 88 und 89 desselben (Tit. 1 Buch II.)

Die zur Begutachtung des HGB und seiner Einführung in Bremen dort eingesetzte Deputation sprach (in ihrem Bericht S. 8 und 9) aus: „das in den Art. 119—122, 126 ꝛc. durchgeführte System eines besonderen, von dem Vermögen der Gesellschafter abgesonderten, Vermögens der Gesellschaft gewähre allen Gesellschaftsgläubigern ohne Unterschied aus dem Handlungsvermögen vor allen Privatgläubigern der Gesellschafter ihre Befriedigung. Dieses System gestatte dem kaufmännischen Schuldner, die Rechtsverhältnisse seiner Gläubiger mit Leichtigkeit zu ändern. Der Einzelkaufmann braucht nur eine Handels-Gesellschaft einzugehen und sein Vermögen auf diese zu überschreiben (was nach Art. 91 auf leichteste Weise geschehen und von den Gläubigern nicht leicht verhindert werden kann): so gelten seine sämmtlichen bisherigen Gläubiger, sie mögen seiner bisherigen Handlung oder ihm persönlich kreditirt haben, den Gläubigern der Gesellschaft gegenüber nur als Privatgläubiger, stehen also jenen nach und laufen Gefahr, ihre ganze Forderung zu verlieren, obgleich sie einem reichen Manne kreditirt hatten ꝛc."

Ungeachtet dieser und anderer Bedenken rieth die Deputation doch von einer Modifizirung jener Artikel des HGB ab, weil die darin ausgesprochenen Sätze immer mehr an Geltung und Anerkennung gewönnen, zum Theil schon beträchtliche Rechtsgebiete beherrschten und auf die Dauer doch nicht zurückgewiesen werden könnten. Konform dem Vorschlage der Deputation beließ es daher die Bremische Einführungsverordnung v. 6. Juni 64 bei jenen Satzungen, indem sie (im § 16 und 52) den Privatgläubigern rücksichtlich der in die Gesellschaft inferirten Vermögenstheile ihres Schuldners nur bestehende Pfand- und Vorzugsrechte (privilegia exigendi) konservirte.

vgl. BdGes. v. 5. Juni 69 (BdGesBl. S. 379) § 2 und 5.

In der That verträgt die Bestimmung des Art. 122 HGB.:

im Falle des Konkurses der Gesellschaft werden die Gläubiger derselben aus dem Gesellschaftsvermögen abgesondert befriedigt ꝛc.

keine Auslegung, die — gleich der Argumentation des Appellrichters — zu den Gläubigern der Gesellschaft auch diejenigen rechnet, deren Forderungen schon vor der Existenz der Gesellschaft gegen einen der späteren Socien entstanden und nicht durch besonderen Akt in Gesellschaftsschulden verwandelt sind. Eine solche Auslegung verkennt die eigenthümliche Rechtsstellung der im HGB geregelten Handelsgesellschaft, welche nicht nur in jenem Artikel, sondern namentlich auch im § 288 (§ 35) der Preuß. Konkurs-Ordnung v. 8. Mai 55 dahin Ausdruck gefunden hat:

an dem Konkurse über das Gesellschaftsvermögen sind

nur die Gläubiger der Gesellschaft Theil zu nehmen berechtigt.

Sonach war das Appellurtel als rechtsgrundsätzlich fehlgehend zu vernichten, auf die Appellation der Bekl. aber die Klage abzuweisen.

---

Nr. 65.

## Plenum. – Erkenntniß v. 21. März 1871 (3.)

**Nathusius ./. Böhmer** (Nr. 113 v. 1871).

**Preußen.** **Nichtigkeitsbeschwerde.**

I. Instanz: Stadtgericht Berlin,
II. Instanz: Kammergericht daselbst.

**Kauf. Verpflichtungen des Käufers: Untersuchung des Gelieferten, sofortige Rüge etwaiger Mängel.**

1. Der Käufer einer Waare wird durch deren Ueberlieferung — bei Verlust seines Rechts, sofort erkennbare Mängel zu rügen — verpflichtet,

a) unverzüglich eine Untersuchung der Waare vorzunehmen, und

b) falls die Waare als vertragswidrig befunden worden, davon dem Verkäufer sofort Anzeige zu machen.

HGB Art. **347** (Vgl. Rechtsfall Nr. 57 S. 326 ff.).

2. Wie bald jene Untersuchung (Nr. 1, a) vorzunehmen, hat der Richter nach dem ordnungsmäßigen Geschäftsgange und den vorliegenden Umständen zu ermessen, unter Berücksichtigung, daß der Verkäufer nicht willkührlich vom

**Käufer in Ungewißheit gehalten werden darf, ob dem Käufer die Waare genehm ist.**

HGB Art. 347, 279.

Ein Berliner Verkäufer hat Anfangs Dezember 68 300 Centner eiserne Roststäbe und 67 Centner anderes Eisen dem Käufer per Bahn nach Magdeburg übersendet. Der Empfänger stellte ihm nach einigen Tagen die Waare als fehlerhaft und vertragswidrig zur Verfügung. Verkäufer erkennt die gerügten Mängel nicht an und fordert den bedungenen Preis unter der Behauptung, daß Käufer die erhaltenen Eisen nicht sofort untersucht und die angeblichen Fehler verspätet gerügt habe. Dieser Anspruch wird in zwei Instanzen verworfen; bei Zurückweisung der NktBschw. des Verkäufers hat sich das OHG über die Streitfrage dahin ausgesprochen:

**Gründe:**

Dem empfangenden Käufer [welcher Waare von einem anderen Orte übersendet erhält] sind durch Art. 347 HGB — bei Verlust seines Rechts, sofort erkennbare Mängel zu rügen — zwei Verpflichtungen auferlegt:

1. Er soll die Waare nach der Ablieferung, d. h. nach dem Zeitpunkte, in welchem thatsächlich abgeliefert und entgegengenommen wurde, also nach der Ankunft am eigentlichen Bestimmungsorte, ohne Verzug, soweit dies nach dem ordnungsmäßigen Geschäftsgange thunlich ist, untersuchen.

Wie rasch hiernach die Untersuchung möglich ist, muß also der Richter nach den vorliegenden Umständen ermessen, da eine streng und genau abzumessende Frist hier gar nicht gestellt werden kann, und festzuhalten ist, daß der Verkäufer nicht nach Willkühr des Käufers in Ungewißheit erhalten werden darf, ob dem Käufer die Waare genehm ist oder nicht, daß durch längeren Zeitverlauf es dem Verkäufer auch erschwert, ja unmöglich gemacht werden könnte, die vertragsmäßige Beschaffenheit der Waare zu erweisen, während es dem Käufer ermöglicht sein würde, bei längerem Zeitverlauf aus dem Steigen oder Fallen der Waarenpreise Vortheil zu ziehen. Erwägt man hiernach die vorliegenden Umstände, wonach am 3., 4. und 5. Dez. 68 (es konstirt nicht, wie viel an jedem Tage, zu welcher Tageszeit, und wann die Ankunft dem Kläger bekannt wurde) 367 Centner Eisenwaaren auf dem Bahnhofe in Magdeburg ankamen und von dort nach dem Fabriklokal des Klägers in der Neustadt bei Magdeburg geschafft wurden, daß hier aber die Untersuchung am 6. Dez. erfolgte: so wird man zugeben müssen, daß dies so bald geschah, als es unter den vorliegenden Umständen thunlich war, und daß der Appellrichter, welcher dies annahm, nicht Thatsachen unzulässiger Weise vermuthet, sondern aus jenen Umständen geschlossen hat; es liegt im Gegentheil nichts vor, was irgend auf eine schuldbare Verzögerung Seitens des Klägers schließen ließe.

Wenn ferner das erwähnte Gesetz

2. dem Käufer die Verpflichtung zur sofortigen Anzeige von dem Resultate seiner Untersuchung auferlegt, und der Kläger diese Anzeige, nachdem am 6. Dez. die Untersuchung vorgenommen und beendet war, bereits am 7. Dez. machte: so kann nicht bezweifelt werden, daß er auch dieser Verpflichtung vollständig genügte. Es ist nirgend ersichtlich gemacht, daß Kläger die Anzeige früher als am 7. Dez. hätte machen können, nachdem die Untersuchung erst am 6. Dez. beendigt war.

Nr. 66.

## Plenum. — Erkenntniß v. 21. März 1871 (V.)

**Salomons ./. Calm & Ahlfeld** (Nr. 133 v. 1871).

**Preußen. Wechselsache. Nichtigkeitsbeschwerde.**

I. Instanz: Stadtgericht Berlin,
II. Instanz: Kammergericht daselbst.

**Contocurrentverhältniß. Ausklagen einzelner Posten. Wechsel.**

Unter Kaufleuten, zwischen denen ein Contocurrentverhältniß besteht, ist im Laufe der Rechnungsperiode eine selbständige Geltendmachung, namentlich die Ausklagung einzelner Kreditposten, unstatthaft.

Dies gilt auch von Wechselforderungen, auf welche der Contocurrentvertrag sich mitbezieht.

HGB Art. 291.
DWO Art. 82.

Die Parteien stehen in dauerndem Geschäftsverkehr, über welchen gegenseitig ein Contocurrent geführt und periodisch Abrechnung gehalten wird. Klägerin hat dem Beklagten, einem Berliner Viehhändler, namentlich durch Darlehnsbewilligungen und durch Discontiren seiner Geschäftswechsel Kredit gewährt.

Während dieser Geschäftsbeziehungen hat Klägerin mehrere Wechselansprüche an den Bekl. durch Blancogiro erworben. Diese macht sie, im Betrage von etwa 12000 Thlrn., durch besondere Wechsel-Regreßklage geltend. Der Bekl. hält dies mit Rücksicht auf das Contocurrentverhältniß für unstatthaft.

Die Wechselforderungen an sich sind begründet; der I. Richter verurtheilt demnach den Bekl. Der II. Richter erkennt im Wesentlichen bestätigend. Das obwaltende Contocurrentverhältniß wäre nur dann erheblich, wenn Beklagter nachgewiesen hätte, daß, obschon Klägerin die Wechsel im Rücklaufe eingelöst habe und somit die kreditirten Wechselbeträge dem Bekl. ins Debet stellen dürfe, eine Forderung der Klägerin nicht vorhanden sei. Dem in dieser Richtung nicht substantiirten Einwand des Bekl. wurde deshalb keine Folge gegeben.

Auf NktBschw. des Bekl. hat das OHG das Appellurtel vernichtet und in der Sache selbst auf Berufung des Bekl. die erhobene Wechselklage, soweit dies nicht bereits geschehen war, abgewiesen.

**Gründe:**

Nach seinem Begriff und Wesen setzt der Contocurrent-Vertrag voraus, daß — nach der Absicht der Kontrahenten — während der durch die Rechnungsabschlüsse gebildeten Perioden die Leistung des einen Kontrahenten nicht zur Tilgung einer bestimmten einzelnen Zahlungsverpflichtung desselben dienen, eine Kompensation zwischen einzelnen Forderungen und Gegenforderungen nicht eintreten solle, sondern daß die Leistungen und Forderungen auf jeder Seite als ein Ganzes behandelt und die resultirenden Summen zur Ermittelung der Differenz verglichen werden sollen, welche letztere — als Saldo — entweder vom Schuldner zu berichtigen oder in dessen Debet der neuen Rechnungsperiode als erster Schuldposten vorzutragen ist. Demgemäß gehen die einzelnen Rechnungsposten in den Abschlußsummen des Kredit und Debet und mit diesen in dem Saldo auf.*

Hieraus aber folgt, daß — sofern besondere Abreden nicht entgegenstehen — einzelne Forderungen, auf

* Sie: Endemann, DHR § 144 S. 697 ff.
Vgl. Erk. des preuß. OTr. IV. Sen. v. 8. März 66, Striethorst Arch. B. 60 S. 359, und v. 22. Sept. 68, Entsch. B. 62 S. 187.

welche sich der Cotocurrentvertrag bezieht, nicht als selbständige geltend gemacht werden können, gleichviel von welcher Art sie sind und auf welchem Rechtsgrunde sie beruhen. Gerade in dieser konsumirenden Kraft manifestirt sich die rechtliche Bedeutung des Contocurrentverhältnisses, wie solches durch den Handelsgebrauch zur Entstehung und Ausbildung gebracht worden und in den Gesetzgebungen zur Anerkennung gelangt ist. Auch Art. 291 HGB hat, wie sich aus seinem Inhalt von selbst ergiebt und durch seine Entstehungsgeschichte bestätigt wird, den vorgedachten Einfluß des Rechtsverhältnisses aus einem Contocurrentvertrage auf die gegenseitigen Ansprüche der Kontrahenten zur Grundlage. —

Mit dieser Auffassung hat der Appellrichter sich in Widerspruch gesetzt, in dem er auch für den Fall, daß auf Grund eines unter den Parteien bestehenden Contocurrentverhältnisses die Klagewechsel vom Bekl. an die Klägerin übereignet worden, Letztere von der Befugniß separater Geltendmachung ihres bezüglichen Wechselregreß-Anspruchs nur unter der Voraussetzung ausschließt, daß sich beim Rechnungsabschluß kein Guthaben für sie herausstellen sollte.

Demgemäß muß der in der NktBschw. dem Appellrichter gemachte Vorwurf für begründet erachtet werden,

die Natur und den wesentlichen Charakter des Contocurrentvertrages verkannt und

den Art. 291 HGB sowie den Rechtsgrundsatz:

„während der Dauer eines Contocurrentverhältnisses findet eine Ausklagung einzelner Kreditposten, selbst wenn diese aus Wechseln herrühren, im Laufe der Rechnungsperiode nicht statt“,

verletzt, also nach § 4 Nr. 1 der preuß. Verordnung vom 14. Dez. 33 (vgl. auch Nr. 9 der Ministerial-Instruktion vom 7. April 39) gefehlt zu haben....

In der Sache selbst unterliegt zunächst die wechselrechtliche Zulässigkeit des [auf das fragliche Contocurrentverhältniß gestützten, vom Appellrichter zurückgewiesenen] Einwandes nach Art. 82 DWO keinem Bedenken, da der Einwand ein unmittelbar zwischen den Parteien bestehendes Vertragsverhältniß zum Gegenstande hat.

Was sodann die rechtliche Natur dieses Verhältnisses anbelangt, so ist dem Appellrichter darin beizutreten, daß dieselbe [nach den thatsächlichen Vorlagen] in Gemäßheit der für Contocurrentverträge geltende Prinzipien zu beurtheilen ist... Für die Existenz eines Contocurrentverhältnisses spricht [namentlich] der von der Klägerin selbst vorgelegte Auszug des ihre Geschäftsverbindung mit dem Bekl. betreffenden Contos...

Aus jenem Contoauszuge — Inhalts dessen Klägerin dem Bekl., bzw. für denselben Darlehne gegeben, Zahlungen geleistet, Rimessen übereignet und Wechsel eingelöst, vom Bekl. Zahlungen in baar und in Wechseln erhalten 2c. — geht zugleich, in Verbindung mit bezüglichen Anführungen der Klägerin, hervor, daß das Contocurrentverhältniß sich auf die Klagewechsel mit bezogen... [und thatsächlich] Klägerin zufolge ihrer Geschäftsverbindung mit dem Bekl. auch diese Wechsel in Zahlung, bzw. zur Discontirung erhalten und die Beträge in die laufende Rechnung eingetragen, folglich als Contocurrentactiva des Bekl. behandelt hat. Demgemäß war es Sache der Klägerin, als die Wechsel auf sie im Regreßwege zurückkamen, die zur Einlösung verwendeten Summen dem Bekl. in Ausgabe zu stellen, um so in dem Saldo des Rechnungsabschlusses die Erstattung zu erlangen...

Auf die Berufung der Klägerin darauf,

daß der Rechnungsabschluß nach Aufhebung ihrer Geschäftsverbindung mit dem Bekl. für sie ein Guthaben ergebe, welches mit Ausschluß der Klageforderung 521 Thlr. betrage,

ist kein Gewicht zu legen, weil Klägerin nicht behauptet, daß anderweit dieser Abschluß schon festgestellt sei, der Wechselprozeß aber für ein Rechnungslegungs- und Monitur-Verfahren keinen Raum bietet.

Aus vorstehenden Gründen mußte der auf das Contocurrentverhältniß der Parteien gestützte Einwand des Bekl. gegenüber der vorliegenden Wechselklage für zutreffend und durchgreifend erachtet, diese Klage also — unter Abänderung des I. Erk., insoweit letzteres in II. Instanz Bestätigung erlangt hat — zurückgewiesen werden.

---

Nr. 67.

## Plenum. — Erkenntniß v. 28. März 1871 (V.)

**Ziegler & Koch ·/· Mack & Ferchland** (Nr. 85 v. 1871).

**Preußen.** **Revision.**

I. Instanz: Stadt- und Kreisgericht Magdeburg,
II. Instanz: Appellationsgericht daselbst.

**Veräußerung eines kaufmännischen Einzelgeschäfts. Uebergang der Aktiva auf den Erwerber.**

Bei einer Veräußerung des Handelsgeschäfts eines Einzelkaufmanns ist die, gesetzlich offen gelassene, Frage,

ob die Geschäftsforderungen für mitübertragen anzusehen seien,

nach Lage des gegebenen Falles (thatsächlich) zu entscheiden.

HGB Art. 1, **279**.

Die beklagte Banquierfirma hatte 1865 für den Kaufmann Mack gewisse Aktien angekauft und in Verwahrung behalten. 1868 veräußerte Mack sein Geschäft nebst Firma, der Ueberlassungsvertrag und das versendete Cirkular erwähnen der Activa und Passiva gar nicht. Demnächst hat Mack den Erlös jener Aktien bei der Bekl. erhoben, von welcher nun der jetzige Inhaber des früher von Mack geführten Geschäfts dieselbe Summe beansprucht, da er mit der Firma auch das fragliche Activum erworben zu haben behauptet.

Der I. Richter weist den Kläger ab, der II. verurtheilt die Bekl. Auf Revision der Letzteren hat das OHG das App.-Erk. aufgehoben und die Sache zu näherer Aufklärung in die II. Instanz zurückgewiesen.

**Gründe:**

In der Ausführung, daß die Aktien, deren Erlös den Streitgegenstand bildet, von dem ehemaligen Kaufmann Mack im Betriebe seines, späterhin veräußerten, Handlungsgeschäfts angekauft worden, und daß daher die Ansprüche des Mack an die Bekl. aus diesem, von Letzterer vermittelten, Kaufgeschäft als zu den Aktiven des Handelsgeschäfts gehörig zu betrachten seien, muß dem Appellrichter lediglich beigetreten werden. — Dagegen ist der Ansicht desselben:

daß bei jeder Uebertragung eines Handlungsgeschäfts nebst Firma deren Aktiva ohne Weiteres übergehen,

— welche Ansicht eine wesentliche Grundlage der Vorentscheidung bildet — nicht beizupflichten.

In dem Erk. vom 21. Oct. 70 in Sachen Thenius ./. Weinhold [oben S. 127 ff.] ist bereits rücksichtlich der Haftung des Uebernehmers einer Handlung für Geschäftsschulden darauf hingewiesen, daß die Uebernahme von Handlungsgeschäften in den mannichfaltigsten Abwechselungen vorkommt und der von dem Kaufmannsstande allgemein geübte Brauch, die Bedingungen des Geschäftsüberganges in jedem einzelnen Falle zur Kenntniß des kaufmännischen Publikums zu bringen, zusammengehalten mit der Verschiedenheit dieser Bedingungen, zur Genüge darthut, daß die rechtliche Ueberzeugung von dem Eintritt gleichmäßiger, mit jedem Geschäftsübergange nach dem Gesetze innerer Nothwendigkeit sich vollziehender, Rechtsfolgen in der faktischen Uebung des Kaufmannsstandes keinen ausreichenden Ausdruck findet. Mag auch anzuerkennen sein, daß bei Uebertragung eines Handlungsgeschäfts in der Regel sowohl die Passiva als auch die Activa — sämmtlich oder großen Theils — mit übertragen werden: so läßt sich doch aus dieser Regel weder ein Gewohnheitsrecht noch eine rechtliche Präsumtion herleiten, da sie in ihrem Objekt unbestimmt und rein thatsächlicher Natur ist. — Was die Gesetzgebung anlangt, so erscheint die Berufung des Appellrichters auf die Bestimmung des Art. 23 HGB, wonach die Veräußerung einer Firma als solcher, abgesondert vom Handlungsgeschäfte, unzulässig ist, schon deshalb nicht zutreffend, weil die Begriffe „Handlungsgeschäft" und „Veräußerung eines Handelsgeschäfts" nicht dadurch bedingt sind, daß Geschäftsforderungen existiren, bzw. mitveräußert werden. Ebenso wenig vermag der Umstand, daß nach dem HGB das Handelsvermögen als ein Ganzes von gewisser Selbständigkeit aufzufassen ist, und daß die Geschäftsforderungen einen integrirenden Theil des Handelsvermögens bilden, den vom Appellrichter aufgestellten Rechtssatz zu begründen, da das Gesetz nur bei Handelsgesellschaften zwischen Privat- und Handels-Vermögen (dem Vermögen der Gesellschafter, abgesehen von ihren Gesellschafts-Antheilen, und dem Gesellschaftsvermögen) unterscheidet*, ein Handelsvermögen, als einen für sich

* Vgl. oben S. 365 ff.

bestehenden Vermögensinbegriff auf Seiten von Einzelkaufleuten nicht anerkennt und — wie sich aus wiederholten, ausdrücklichen Erklärungen von Mitgliedern der Nürnberger Konferenz bei der Vorberathung des HGB ergiebt — in dieser Beziehung einen wesentlichen Unterschied in den Rechtsverhältnissen der Einzelkaufleute und Handelsgesellschaften hat zur Geltung bringen wollen. — In Rücksicht darauf, daß im gegenwärtigen Falle der Uebergang von Geschäftsforderungen der Einzelkaufleute ausschließlich in Frage steht, kann es auf sich beruhen bleiben: ob und welche Eigenthümlichkeiten bei Uebertragungen von Gesellschaftsgeschäften hervortreten.

Auch von etwaigen Besonderheiten, welche bei Veräußerungen von Detail-Geschäften in Bezug auf Zahlungen Seitens der Kunden des veräußerten Geschäfts sich vielleicht geltend machen können, ist hier abzusehen, da es sich hier nur um den Geschäftsverkehr unter Kaufleuten handelt.

Der Hauptgrund, auf welchen der Appellrichter den fraglichen Rechtssatz stützt, — daß nämlich dem neuen Geschäfts- und Firma-Eigenthümer die Disposition über die Activa des erworbenen Geschäfts unter allen Umständen deshalb gebühre, weil derselbe allein die Firma fortführe, also die alten Geschäftsschuldner unter der Unterschrift der Firma, d. h. ihrer Gläubigerin, entlasten könne — legt der Firma widergesetzlich juristische Persönlichkeit bei und führt zu der völlig unhaltbaren Konsequenz, daß auch eine ausdrückliche Reservirung einzelner Activa beim Verkaufe eines Handelsgeschäfts für unstatthaft oder wirkungslos erachtet werden müßte.

Nach diesen Erwägungen und bei dem Mangel von einschlagenden Vorschriften des allgemeinen bürgerlichen, insbesondere preußischen Rechts unterliegt es keinem begründeten Bedenken, daß bei der Veräußerung des Handelsgeschäfts eines Einzelkaufmanns die Frage: ob die Geschäftsforderungen, obgleich ihrer bei der Veräußerung keine Erwähnung geschehen, für mitübertragen anzusehen sind? lediglich nach der Gestalt des konkreten Falles zu beurtheilen ist.

Daraus aber folgt, daß die Entscheidung des Appellrichters nicht aufrecht erhalten werden konnte.

Andererseits irrt die Bekl., wenn sie auch für den Fall, daß das Geschäft des Mack einschließlich der Activa auf die klagende Handlung übergegangen ist, zu deren Sachlegitimation den Beweis der besonderen Uebertragung des Anspruchs aus dem fraglichen Aktienkaufe als erforderlich ansieht. In der generellen Uebertragung der Aktiven bei der Veräußerung eines Handlungsgeschäfts muß eine für alle einzelnen Activa genügende Abtretung um so mehr erkannt werden, als deren Spezifikation in den Handlungsbüchern enthalten ist.

Anlangend nun die vorliegende Streitfrage: ob Kläger die Activa des Mack miterworben habe? so wird in der Replik, unter Berufung auf das Zeugniß des Buchhalters N. behauptet:

> zwischen Mack und Hartwig [dem Kläger] sei ein Uebereinkommen getroffen worden, Inhalts dessen Ersterer dem Letzteren sein Geschäft nebst Firma abgetreten habe.

Zwar ist nicht ausdrücklich gesagt, daß sich diese Geschäftsabtretung auf die Activa erstreckt habe. Es läßt sich jedoch annehmen, daß dies hat behauptet werden sollen, da die Thatsache an sich, daß das Geschäft und die Firma des Mack auf Hartwig übertragen worden, am Eingange der Replik anderweit unter Beweis gestellt ist.

Der Einwurf der Bekl., daß N. in Lohn und Brot des Klägers stehe, bietet für die Vernehmung desselben kein Hinderniß, § 233 Tit. 10 Th. I der AGO. Ueberdies hat sich Beklagte ihrerseits im Revisionsberichte auf diesen „Buchhalter N. „bei der Klägerin" berufen.

Als Appellatin hat Beklagte angeführt, daß Mack im Febr. 68 ihr mitgetheilt, daß er sein Geschäft aufgeben und sich zur Ruhe setzen wolle, daß Hartwig zwar die Firma fortführen, mit der Regulirung der Passiva aber nichts zu thun haben werde und daß auch die in Rede stehenden Aktien sein (des Mack) Eigenthum verblieben. Bei gegenwärtiger Sachlage muß dahin gestellt bleiben, ob nicht die Bekl. — nachdem sie hiernächst durch die Publikation der Eintragung des mehrerwähnten Geschäftsüberganges im Handelsregister (wie dies nach Art. 25 HGB anzunehmen ist) von dem wirklich erfolgten Geschäftsübergange Kenntniß erlangt hatte — sich durch jene Mittheilung des Mack veranlaßt finden mußte, darüber: ob und welche Vereinbarung zwischen Mack und Hartwig über die Aktien getroffen worden sei, sich zu vergewissern, bevor von ihr bezüglich der Aktien weiter mit Mack verhandelt wurde. Zunächst kommt es darauf an, ob Kläger das Macksche Geschäft mit den Geschäftsforderungen erworben hat. Wird durch die Vernehmung des R. ein durch nothwendigen Eid zu ergänzendes Beweisresultat für die Affirmative erzielt, so wird andererseits die Behauptung der Bekl. erheblich, daß das Rechtsverhältniß aus dem Aktienkaufe von der Uebertragung ausdrücklich ausgeschlossen worden sei. Zum Beweise dessen hat sich Bekl. auf das Zeugniß des Mack und auf das zweier Buchhalter, welche dem Vertragsabschlusse zwischen Mack und Hartwig beigewohnt haben sollen, berufen. Der wider die Vernehmung der beiden letztgenannten Zeugen von der Klägerin erhobene Protest ist nach §§ 230 Nr. 11 und 233 Nr. 5 Tit. 10 Th. I AGO unbegründet. Wenn hiernach diese Vernehmung erfolgen muß, so empfiehlt es sich auch, den Mack selbst über die Modalitäten seines Vertrages mit Hartwig unter Vorlegung und Einsicht seiner Handlungsbücher zu hören. Auf letztere ist von beiden Parteien provozirt und ihre Edition in der vorgeschriebenen Art beantragt. Wegen des Interesses des Mack für die Bestätigung des Beweissatzes muß jedoch die Beschlußfassung darüber, ob Mack als Zeuge zu vereiden sei, vorbehalten bleiben; §§ 228 (Nr. 9), 232 Tit. 10 Th. I AGO.

Bei demnächstiger Prüfung des Beweisergebnisses wird zu erwägen sein, ob und welches Gewicht auf jene, von der Bekl. behauptete, Mittheilung des Mack über seine Absicht in Betreff des Umfangs der Uebertragung der Geschäftsschulden und Forderungen zu legen sei. Eventuell hat sich die Prüfung der Sachlage auch mit der noch unerörterten Frage zu befassen: ob anzunehmen sei, daß die Bekl. zur Zeit ihrer Verfügung über die Streitsumme von der angeblichen Uebertragung des betreffenden Anspruchs auf den Kläger Kenntniß hatte. —

Nr. 68.

## Plenum. — Erkenntniß v. 28. März 1871 (3.)

**Strauß ./. Ollendorf & Halberstädter** (Nr. 103 v. 1871).

**Preußen (Nassau).** **Nichtigkeitsbeschwerde.**

I. Instanz: Kreisgericht Wiesbaden,
II. Instanz: Appellationsgericht daselbst.

**Schiedsvertrag. Giltigkeit und Wirkung.**

**1. Zur Giltigkeit und Wirksamkeit eines Schiedsvertrages (Kompromisses) bedarf es — nach gemeinem wie nach preußischem Rechte — einer erkennbaren Abgrenzung:**

**a) in sachlicher Beziehung durch Unterbreitung eines bestimmten Streitverhältnisses oder doch**

eines gewissen Rechtsverhältnisses, welches die Quelle von Streitigkeiten werden kann, unter die künftige schiedsrichterliche Entscheidung,

b) nach der persönlichen Seite durch genaue, weitere Vereinbarung der Interessenten erübrigende und jede Willkühr oder einseitige Einwirkung einer Partei ausschließende Feststellung des Weges*, auf welchem für etwaige Streitfälle das Schiedsgericht konstituirt werden soll.

2. Ein vertragsmäßiger „Ausschluß aller ordentlichen und außerordentlichen Rechtsmittel" gegen den erfolgenden Schiedsspruch ist giltig, kann aber wirkliche Nichtigkeiten des letzteren nicht decken.

Vgl. AGO I. 2 §§ 172—174.

3. Anwendung dieser Grundsätze auf die an der Berliner Produktenbörse geltenden Schlußscheins-Regeln.

Im Wege des Briefwechsels hat Beklagter von der Klägerin Roggen gekauft nach den in Berlin bestehenden, bekannten Bedingungen, wie solche in den Roggenschlußscheinen der dortigen vereideten Makler enthalten sind (vgl. oben S. 148 ff.). § 18 der Berliner „Bedingungen" bestimmt:

„Alle aus diesem Vertrage sich ergebenden Streitigkeiten zwischen den Parteien, sie mögen zwischen diesen direkt oder auch indirekt entstanden sein, werden durch Schiedsrichter zwischen den direkten Kontrahenten entschieden. Wer diese Entscheidung anruft, hat drei von den durch Majoritätsbeschluß einer Anzahl hiesiger Produktenhändler erwählten Schiedsrichtern, deren Namensverzeichniß im

* Sic: Erk. des preuß. OTr. v. 21. Dez. 44, Entsch. B. 10 S. 241; v. 2. Sept. 51, Strieth. Arch. B. III S. 48; v. 8. Okt. 63, Entsch. B. 51 S. 351.

Archiv der Aeltesten der Kaufmannschaft deponirt ist, die jedoch mit den Parteien weder bis zum vierten Grade verwandt noch verschwägert sein dürfen, zur Auswahl eines Schiedsrichters dem Gegner vorzuschlagen, welcher spätestens am folgenden Tage seine Wahl schriftlich anzeigen und drei andere unter den oben gedachten Personen benennen muß, aus denen der andere Theil binnen gleicher Frist einen Schiedsrichter zu wählen und schriftlich anzuzeigen hat. Versäumniß der Frist überträgt dem Gegner die Wahl beider Schiedsrichter aus den von ihm Vorgeschlagenen. Die Gewählten bestimmen sofort aus der Reihe der übrigen Schiedsrichter einen Obmann durch das Loos. Das so gebildete Schiedsgericht entscheidet nach Stimmenmehrheit; seinem Ausspruch unterwerfen sich die Parteien ohne Widerrede, mit Ausschluß jedes ordentlichen und außerordentlichen Rechtsmittels".

Demgemäß hat Klägerin dem Bekl., welcher die Abnahme des Roggens verweigert, brieflich angezeigt, daß sie ihn wegen einer Differenzforderung aus vorgedachtem Geschäfte vor dem nach § 18 der „Bedingungen" zuständigen Schiedsgericht verklagen wolle. Dabei sind dem Bekl. 3 Personen aus der durch § 18 bezeichneten Richterliste als Schiedsrichter vorgeschlagen, und Klägerin hat, als hierauf keine Antwort einging, den Gegner benachrichtigt, daß sie nunmehr zwei jener Kaufleute zu Schiedsrichtern erwählt habe. Bei diesen Schiedsrichtern ist dann Klage auf Zahlung von 885 Thlrn. nebst Zinsen erhoben. Die beiden Schiedsrichter haben zunächst, unter Zuziehung eines Dritten, ihren Obmann aus der Reihe der übrigen durch § 18 bezeichneten Personen durch das Loos bestimmt. Das so konstituirte Schiedsgericht hat Termin zur Klagebeantwortung auf den 24. Sept., später auf Verlangen des gerichtlich geladenen Bekl. auf den 14. Okt. 68 anberaumt. In diesem Termin bestritt der Anwalt des Bekl. die Kompetenz des

Schiedsgerichts, welches nun verfügte, daß es der Klägerin überlassen bleiben müsse, zunächst im Wege des ordentlichen Prozesses die Befugniß des Schiedsgerichts zur Entscheidung der Sache feststellen zu lassen.

Die nunmehr im persönlichen Gerichtsstande des Bekl. erhobene Klage ist in zwei Instanzen dahin für begründet erachtet, daß Beklagter schuldig erkannt worden, die Kompetenz des gedachten Berliner Schiedsgerichts zur Aburtelung der streitigen Rechtssache anzuerkennen und sich neben der Klägerin der Entscheidung dieses Schiedsgerichts, mit Ausschluß aller ordentlichen und außerordentlichen Rechtsmittel, endgiltig zu unterwerfen.

Die NktBschw. des Bekl. wird zurückgewiesen.

**Gründe:**

Die erhobenen Beschwerden erscheinen ungegründet, mag man bei deren Beurtheilung das in Berlin geltende preußische oder das am Wohnorte des Bekl. (auch Klageorte, Wiesbaden) geltende gemeine Recht zur Anwendung bringen.

Allerdings bedarf es zur Giltigkeit und Wirksamkeit des Schiedsvertrages einer erkennbaren Abgrenzung nach der sachlichen, wie nach der persönlichen Seite hin. Nach der sachlichen muß entweder ein bestimmtes Streitverhältniß, oder doch ein bestimmtes Rechtsverhältniß, welches die Quelle von Streitigkeiten werden kann, der künftigen schiedsrichterlichen Entscheidung unterbreitet sein. Auch letzteres genügt. Denn wenngleich die Gesetze — z. B. L. 13 § 1, L. 19 § 1, L. 21 pr. Dig. de receptis (IV, 8); AGO I, 2 § 167 — den regelmäßigen Fall im Auge haben, daß der Schiedsvertrag behufs Entscheidung eines unter den Kompromittenten bereits obwaltenden Rechtsstreites geschlossen wird: so erscheint doch eine Beschränkung der Wirksamkeit des

Kompromisses auf diesen Fall durchaus unstatthaft. Vielmehr werden neben den controversiae auch die res et rationes als Gegenstand des Kompromisses erwähnt; L. 21 § 6. Dig. de receptis (IV, 8: plenum compromissum appellatur quod de rebus controversiisve compositum est) — im Gegensatze des compromissum de certa re, L. 43 eodem de rebus controversiisque omnibus. In L. 32 § 15 eod. wird hervorgehoben, daß die Entscheidungsbefugniß des Schiedsrichters soweit geht, als die Parteien kompromittirt haben; nur eine Entscheidung über solche Rechtsverhältnisse, welche zur Zeit des Schiedsvertrags noch gar nicht bestanden, wird in L. 46 eod. (De his rebus et rationibus et controversiis judicare arbiter potest, quae ab initio fuissent inter eos qui compromiserunt, non quae postea supervenerunt) ausgeschlossen.

Diese Auffassung entspricht auch — für das gemeine, wie für das preußische Recht — der herrschenden Theorie und Praxis.

Nach der persönlichen Seite setzen die geschriebenen Quellen voraus, daß die Kompromittenten die Person des oder der Schiedsrichter im Voraus individuell bezeichnet haben, und es widerstreitet denselben unzweifelhaft ein Schiedsvertrag, welcher die Schiedsrichter durchaus nur der künftigen Designation der Kompromittenten vorbehält. Ob nach positivem gemeinem Rechte ein Vertrag auch der letzteren Art unter dem Gesichtspunkte einer heute klagbaren, auf Bezeichnung eines Schiedsrichters gerichteten Vereinbarung wirksam sei,* darf dahin gestellt bleiben. Denn ein solcher Vertrag liegt hier nicht vor, vielmehr ist in dem Schiedsvertrage selber der Weg genau festgestellt, auf welchem — ohne daß es einer weiteren Vereinbarung der Kontrahenten bedürfte, zugleich aber unter

* Vgl. Windscheid, Pandektenrecht B. II § 416 am Ende, S. 525.

Ausschluß der einseitigen Einwirkung der einen oder der anderen Partei, und völlig unabhängig von deren Belieben — in jedem Streitfalle das Schiedsgericht konstituirt werden soll. Ein Kompromiß dieser Art widerstreitet sogar den Grundsätzen des römischen Rechts nicht, nach welchem es giltig ist:

quum in plures compromissum est ea conditione, ut quilibet vel unus dixisset sententiam, eo staretur (L. 32 § 13 Dig. de receptis, IV, 8)

ja sogar:

si ita sit compromissum, arbitratu Titii aut Seii — sed is erit cogendus sententiam dicere, in quem litigatores consenserint (L. 17 § 4 eodem).

Durch die Unterwerfung aber unter § 18 der in den Roggenschlußscheinen der Berliner vereideten Makler enthaltenen „Bedingungen" haben die Parteien im Voraus ihre Uebereinstimmung dahin erklärt, daß diejenigen drei Personen, welche aus dem dort bezeichneten Personenkreise auf dem daselbst bezeichneten Wege als Schiedsrichter bezeichnet werden würden, als die von beiden Theilen gewollten, aus dem Vertrauen beider Theile hervorgegangenen Schiedsrichter in gleicher Weise gelten sollten, als ob dieselben im Voraus von den Kompromittenten namentlich bezeichnet worden wären. — Noch weniger läßt sich die Giltigkeit eines solchen Schiedsvertrages nach den Prinzipien des geltenden gemeinen, wie preußischen Rechts bezweifeln, da ersteres im Anschlusse an § 65 u. 66 des Reichsabschieds von 1564 Kompromisse auf Behörden, somit einen wechselnden Personenkreis, unbedenklich gestattet, beide aber seiner jeden nicht durch die Natur des Instituts gebotenen Einschränkung widerstreben, wie denn Praxis und neuere Gesetzgebung sogar der Zulassung von Schiedsverträgen mit völlig unbestimmt gelassenen Schiedsrichtern zuneigen.

Treffen hiernach die bezüglichen Angriffe der RktBschw. den vorliegenden Schiedsvertrag überall nicht, so gilt dies gleicherweise von dem ferneren, auf L. 17 § 5 Dig. de receptis (IV. 8.) gestützten Angriffe:

Si in duos fuerit sic compromissum, ut, si dissentirent, tertium assumant, puto tale compromissum non valere; nam in assumendo possunt dissentire. Sed si ita sit, ut iis tertius assumeretur Sempronius, valet compromissum, quoniam in assumendo dissentire non possunt.

Denn selbst wenn man danach und nach C. 12 X. de arbitris (1, 43) annehmen wollte, daß ein Schiedsvertrag, durch welchen „auf zwei benannte Schiedsrichter so kompromittirt ist, daß dieselben, sofern sie sich nicht einigen können, einen Obmann erwählen sollen", schlechthin und von vornherein völlig unwirksam wäre, indem dadurch die Entscheidung des Streites unzulässiger Weise auf die Einigung der Schiedsrichter gestellt erscheint: so trifft doch, wie schon der Schlußsatz derselben Stelle (vgl. L. 17 § 6 eod.; C. 61 X. de appell. 2, 28; C. 39 X. de off. et pot. jud. deleg. 1, 29) ergiebt, der Entscheidungsgrund weder auf den Fall zu, daß von vornherein ein bestimmter Obmann bezeichnet ist, oder daß der Schiedsvertrag über die Bestellung eines Obmanns völlig schweigt, noch gar auf den hier vorliegenden Fall, daß das Schiedsgericht von vornherein aus drei Personen zu bestehen hat, und die Bezeichnung des dritten Schiedsrichters nicht von einer Einigung der beiden anderen abhängig gemacht ist, sondern auf eine ihrer Willkühr völlig entzogene Weise, nämlich durchs Loos, geschehen soll.

vgl. auch Pfeiffer, Ztschr. für Civil-R. und Prozeß, Neue Folge III. S. 74; AGO I. 2 § 170.

Uebrigens haben [was weiter gerügt worden] die Mitglieder des zur Entscheidung der Streitsache zwischen den

Parteien bestellten Schiedsgerichts weder den Spruch verweigert, noch einen Spruch des ordentlichen Richters über eine Vorfrage verlangt; sondern sie haben nur das Verfahren bis dahin sistirt, daß über die Kompetenz des Schiedsgerichts durch Urtel des ordentlichen Richters entschieden sei. Hierzu aber waren sie, wenn nicht verpflichtet, doch jedenfalls nach den Grundsätzen sowohl des gemeinen wie des preußischen Rechts vollkommen befugt,

Erk. des OAG zu München v. 1848 und des OTr. zu Berlin v. 1866 (Seuffert's Archiv XII Nr. 81), Seuffert's prakt. Pandektenrecht § 376 n. 5, Nordd. PO Entw. § 1167;

und es steht sicherlich dem Imploranten, welcher durch seine Weigerung, sich vor dem bestellten Schiedsgericht einzulassen, den Gegner zur Anstellung der vorliegenden Präjudizialklage veranlaßt hat, die Einrede der Arglist entgegen, sofern er nunmehr der Entscheidung dieses Punktes durch das ordentliche Gericht widerspricht.

L. 30, 31 Dig. de receptis (IV, 8).

Anlangend endlich die behauptete Verletzung des Satzes: „der Richter hat über die Giltigkeit eines bereits gefällten Schiedsspruchs zu entscheiden, jedoch nicht über die eines noch zu fällenden", so ist:

a) der Sinn des angefochtenen Urtels keineswegs der, daß es im Voraus über die Giltigkeit eines noch zu fällenden Schiedsspruchs entscheidet; vielmehr hat der Appellrichter nur die unter den Parteien streitige Frage entschieden, ob Beklagter verbunden sei, die Kompetenz des gedachten Schiedsgerichts zur Aburtelung des erwachsenen Rechtsstreits anzuerkennen und sich dem Urtel dieses Schiedsgerichts zu unterwerfen. Hierdurch aber hat er, seiner Pflicht gemäß — im Interesse der Rechtsordnung, deren Wahrung ihm obliegt — den Weg festgestellt, auf welchem der Streit zur gehörigen Erledigung zu kommen hat. Denn, wie überhaupt nach den Grundsätzen des heutigen gemeinen Rechts die Partei befugt ist, eine richterliche Präjudizialentscheidung auf Anerkennung eines bestrittenen Rechts mindestens in solchen Fällen zu verlangen, wo die Sicherstellung oder Realisirung dieses Rechts eine vorgängige Entscheidung der Art bedingt:

Windscheid, Pandektenrecht B. I § 45 n. 8;

so erwächst unzweifelhaft aus dem Schiedsvertrage nicht allein eine exceptio pacti gegen jede demselben widerstreitende Klage, sondern auch unter den vorgedachten Umständen ein selbständiges Klagerecht auf Anerkennung der daraus entspringenden Befugnisse.

b) Ebenso wenig hat der Appellrichter dadurch gefehlt, daß er in Uebereinstimmung mit § 18 der „Bedingungen" den Bell. für schuldig erklärt hat, sich der Entscheidung des Schiedsgerichts „mit Ausschluß aller ordentlichen und außerordentlichen Rechtsmittel" zu unterwerfen. Denn wenn schon die Anfechtbarkeit eines Schiedsspruchs mit den gegen richterliche Urtheile statthaften Rechtsmitteln der auf endgiltige Erledigung des Streits gerichteten, vergleichsähnlichen Natur des Schiedsvertrages widerstreitet: so unterliegt sicherlich der vertragsmäßige Ausschluß solcher, durch die Praxis und die neuere Gesetzgebung hin und wieder gestatteten, Anfechtung keinerlei Bedenken,

AGO I 2 § 173;

zumal wirkliche Nichtigkeiten des Schiedsspruchs selbstverständlich weder durch solche Vereinbarung, noch durch ein in Gemäßheit derselben ergangenes Urtel gedeckt werden.

# Berichtigungen und Nachträge.

**Zu S. 3, n und S. 4:** vgl. jetzt Verfassungsurkunde des Deutschen Reiches v. 16. April 71 Art. 1, 2, 4, 5 und 75, auch das Reichsges. v. 22. April 71, Nr. 632, betr. Einführung der norddeutschen BdGes. als Reichsgesetze in Bayern. —

**Zu S. 11 ff.**, betr. die Kompetenz des OHG.

a) Für das Reichsland Elsaß-Lothringen soll unser OHG als oberster Gerichtshof in allen Rechtssachen an die Stelle des Pariser Kassationshofes treten.

b) Auch erstreckt sich, v. 1. Juli 71 ab, die Kompetenz des OHG auf alle in I. Instanz bei einem Deutschen Bundeskonsulat verhandelten und entschiedenen Rechtssachen, in denen bis dahin (nach preuß. Ges. v. 29. Juni 65 und BdGes. v. 8. Nov. 67) das OTr. zu Berlin die letzte Instanz bildet; Reichsges. v. 22. April 71, Nr. 632 §§ 3 u. 12.

c) Wird in solchen Sachen (a oder b) eine Mitwirkung der Staatsanwaltschaft erforderlich (vgl. oben S. 22, Nr. 4), so hat der Präsident des OHG zu deren Vertretung ein Mitglied des Gerichtshofes, einen in Leipzig angestellten Staatsanwalt oder einen hier wohnenden Advokaten zu berufen. In allen Bayerischen Handelssachen dagegen soll das OHG ein schriftliches Requisitorium des betr. bayerischen Staatsanwalts mit den Akten erhalten; Reichsges. v. 22. April 71, § 5.

d) **Zu S. 11, Nr. 1:** In Wechselsachen erachtet der IV. Senat des preuß. OTr. es hier nicht für wesentlich, ob die aus einem Wechsel klageweise geltend gemachte Forderung gerade in dem für Wechselsachen landesgesetzlich vorgeschriebenen besonderen Verfahren verfolgt wird (vgl. den Rechtsfall Nr. 53, S. 308).

Auch für das im gewöhnlichen Prozesse sich bewegende Wechselseparatum erkennt das OTr. die Kompetenz des OHG an und hat z. B. in der NtBschw.-Sache Spiegel ./. Schulte-Evert (Nr. 197 v. 1871 beim OHG) unterm 28. Febr. 71 verfügt: »Die Sache ist ein Wechsel-Separatum und als solches zweifellos zur Kompetenz des norddeutschen BOHG zu Leipzig gehörig.«

e) **Zu S. 11, Nr. 2 u. n.** vgl. Endemann in Busch's Archiv des ADHR B. 17 S. 89 ff. Grundsätzlich sollen, nach § 13 Nr. 1 und § 14 des jetzigen Reichsges. v. 12. Juni 69, in letzter Instanz vom OHG alle Klagen, bzw. Widerklagen, entschieden werden, welchen Verpflichtungen eines Kaufmannes aus dessen Handelsgeschäften zum Grunde liegen. Der IV. Senat des preuß. OTr. erkennt deshalb laut Beschluß v. 5. Jan. 71 als prozessuale Handelssachen auch die Klagen an wider:

1. frühere Kaufleute, welche ihr Gewerbe aufgegeben haben,
2. ehemalige Mitglieder einer aufgelösten Handelsgesellschaft,
3. Erben eines verstorbenen Kaufmanns. —

Als Kaufleute gelten übrigens auch:

a) Handelsgesellschaften und eingetragene Genossenschaften,
b) alle Kommanditgesellschaften auf Aktien und alle Aktiengesellschaften seit dem BdGes. v. 11. Juni 70, BdGesBl. S. 375,
c) öffentliche Banken in den Grenzen ihres Handelsbetriebs (HGB Art. 5 Abs. 2),
d) Handelsfrauen (HGB Art. 6—9),
e) Trödler, Wirthe und sonstige Kleinhändler im Sinne des Art. 10 HGB, sowie Fuhrleute, Schiffer ꝛc.
f) Apotheker (Dr. Heimsoeth im Centralorgan, 1862 S. 143). —

f) Nach der Praxis des preuß. OTr. IV. Sen. fallen unter § 13 des Reichsges. v. 12. Juni 69 alle im kaufmännischen Konkurse durch Erkenntniß zu entscheidenden Streitigkeiten der Gläubiger sowohl unter sich, als mit dem Masseverwalter, bzw. Gemeinschuldner, namentlich über Richtigkeit und Vorzugsrecht von Liquidaten, über Wiederaufhebung des Konkurses, den Tag der Zahlungseinstellung, den Accord und dessen Bestätigung. Vgl. unsere Rechtsfälle Nr. 51, S. 294 und Nr. 53, S. 308.

g) **Zu S. 12, Nr. 3:** Zu den »Handelsgerichten« (im Sinne des Schlußsatzes des § 13 Ges. v. 12. Juni 69) rechnet das preuß. OTr. nicht:

1. die Kommerz- und Admiralitäts-Collegien zu Königsberg i. Pr. und zu Danzig,
2. die für Handelssachen bestehenden Gerichtsabtheilungen zu Stettin, Memel und Elbing,
3. die rheinischen Fabrikgerichte, für welche das Handelsgericht die Appellinstanz bildet.

h) **Zu S. 13, Nr. 6** vgl. jetzt Reichsges. v. 22. April 71 Nr. 632 § 8 und 12.

i) **Auf S. 15** ist als 9. Fall einzuschalten, daß das Reichsgesetz v. 7. Juni 1871 über die Haftpflicht der Unternehmer von Eisenbahnen 2c. die betreffenden Rechtsstreitigkeiten in letzter Instanz durch das OHG entscheiden läßt. — Zur Erhaltung der Rechtseinheit in der Praxis der Reichsgesetzgebung erscheint es dringend geboten (vgl. S. 1—3), daß baldmöglichst darauf Bedacht genommen werde, die Handhabung sämmtlicher Reichsgesetze, zunächst etwa aller Strafbestimmungen, der Kontrolle des OHG zu unterwerfen. —

**Zu S. 15 ff.** Verfahren in Handelssachen.

a) **Zu S. 19:** In den nach bayerischem Prozeßrechte zu verhandelnden Sachen sind, an Stelle des letzten Satzes des § 18 BdGes. v. 12. Juni 69, durch § 5 des Reichsges. v. 22. April 71 besondere Bestimmungen getroffen worden.

b) Sobald der oberste Landesgerichtshof in einer Sache die Kompetenz des OHG anerkannt und ausgesprochen hat, steht letztere unumstößlich fest; § 21 des Reichsges. v. 12. Juni 69. Plen.-Erk. des OHG v. 11. März 71 in der Frankfurter Sache Nr. 118 v. 1871 und v. 28. März 71 in der Wiesbadener Sache Nr. 103 v. 1871.

c) **Zu S. 22, Nr. 4** vgl. vorher lit. c (Seite 392).

Das erste Auftreten eines Staatsanwalts vor dem OHG erfolgte in einer rheinhessischen Sache am 10. Juni 71, bei öffentlicher Verhandlung über Admission eines Kassationsrekurses (in Sachen Schwarz Söhne ·/· Hessische Ludwigsbahn). Vom Präsidenten des Gerichtshofes bestellt, fungirte das jüngste Mitglied des OHG, Rath Werner, als Staatsanwalts-Vertreter.

d) **Zu S. 22, Nr. 5.** Die Advokaturpraxis und das Recht, in Leipzig sich niederzulassen, ist reichsgesetzlich auch den in Elsaß-Lothringen fest zugelassenen Advokaten gewährt worden.

e) **Zu S. 24, n.** In der ersten Hälfte des Geschäftsjahres 1871, also in der Zeit v. 1. Dez. 70 bis Ende Mai 71, hat das OHG an 25 Tagen öffentliche Sitzungen gehalten und 116 Terminssachen (einschließlich 2 mit Parteierklärungen verbundener, besonderer Urtelspublikationen sowie 2 geheim, aber mündlich verhandelter Mecklenburger Sachen) abgemacht. Spruchsachen gingen ein 362 und Beschwerdesachen 20.

**Zu S. 26.** Fernere Abkürzungen:

| | |
|---|---|
| ev. . . . . . . . . . | eventuell. |
| i. S. . . . . . . . . | in Sachen. |
| Rch. . . . . . . . . | Reichs. |
| RchG. . . . . . . . | (Deutsches) Reichsgesetz. |

**Zu S. 28.** Wir citiren auch:

F. C. v. Savigny's System des heutigen Römischen Rechts, Berlin 1840/47, kurzweg als »v. Savigny, System«;

Dr. Windscheid's Lehrbuch des Pandektenrechts, Düsseldorf 1870, (Band I u. II nach der 3. Auflage) kurzweg als »Windscheid, Pandekten«;

endlich die dem Handelsrecht 2c. gewidmeten, allgemein bekannten Zeitschriften einfach nach dem Namen des Herausgebers, z. B. Busch Archiv.

---

**Zum Rechtsfall Nr. 1.**

Im letzten Abs. auf S. 36 ist eine Druckzeile sinnentstellend weggeblieben und die 5. Zeile (von unten) dahin zu vervollständigen:

Normirung der Voraussetzungen für den Eintritt der Strafe, sondern nur um die Feststellung der Voraussetzungen für den Eintritt eines Verzuges 2c.

**Zum Rechtsfalle Nr. 9, S. 59.**

Die etwaige Liquidmachung von Einreden des Wechselbekl. gehört dem Verfahren an und ist (zur Zeit) lediglich nach dem betr. Landesprozeßrechte zu beurtheilen. Im Königreich Sachsen werden nur urkundlich dargethane Einwendungen berücksichtigt; Erk. d. OHG v. 8. Okt. 70 i. S. Beckert & Eisenschmidt ./. Gareiß, Nr. 25 v. 1870. Im altpreußischen Prozesse entscheidet § 7 des Einf.-Ges. zur DWO vom 15. Febr. 50; eine unrichtige Auffassung oder Anwendung dieser Vorschrift begründet aber, da sie keine wesentlichen Prozeßnormen (im Sinne der Verordnung v. 14. Dez. 33 § 4 Nr. 2 und der Instruktion v. 7. April 39 Nr. 11) aufstellt, die NktBschw. nicht; Z. Plen.-Erk. d. OHG v. 28. März 71 i. S. Kurth ./. Herbert, Nr. 163 v. 71, vgl. Borchardt, ADWO Zusatz 833 S. 630; sic: Plen.-Erk. v. 7. Febr. 71 in der Nassauer Sache Nr. 59 v. 71.

**Zum Rechtsfall Nr. 10, S. 62 u. 63, n.**

a) Es gilt — nach preuß. wie nach franz. und braunschw. Prozeßrecht — als ein Nichtigkeitsgrund, wenn der Appellrichter die rechtliche Natur, den wesentlichen Charakter oder die Rechtsfolgen eines Geschäfts-Verhältnisses 2c. verkannt oder nicht gehörig gewürdigt hat; vgl. S. 68, 83. Ein solcher Vorwurf kann aber, was von den Beschwerdeführern bisweilen übersehen wird, nur auf Grund und nach Maaßgabe des im Urtel selbst gegebenen Sachverhalts (vgl. S. 195 n., 319) substantiirt und vom OHG beurtheilt werden. Die Beschwerde ist also jedes Mal hinfällig, wenn die richterliche Würdigung des Falles durch thatsächliche Voraussetzungen gehalten wird, welche nicht angegriffen oder prozessualisch unanfechtbar sind. (Sie 3. Plen.-Erk. v. 23. Mai 71 i. S. v. Boscamp ./. Seide, Nr. 300 v. 1871, wo die rechtliche Beurtheilung des Falles auf der Interpretation eines Parteiabkommens beruhte).

b) Die Aktenwidrigkeit umfaßt nach altpreuß. Prozeßrecht verschiedenartige Fälle prozessualischen Verstoßes, nämlich:

1. Wortwidrigkeit einer richterlichen Annahme gegenüber der in Betracht kommenden Parteierklärung, Urkunde oder dem sonstigen Beweismaterial (Verordnung v. 14. Dez. 33 § 5 Nr. 10, b) vgl. S. 63 n.,

2. Omission einer erheblichen Thatsache, Beweisantretung oder Beweisaufnahme (daselbst § 5 Nr. 10, a; Deklaration v. 6. April 39 Art. 3, Nr. 4; Instruktion v. 7. April 39 Nr. 18); vgl. S. 97;

jedoch nicht den Fall, daß etwas ohne alle aktenmäßige Unterlage angenommen worden (vgl. S. 84, 270).

Zur Substantiirung einer NktBschw. ist (nach Art. 8 der vorgedachten Deklaration) bestimmte Angabe der Beschwerdepunkte, deshalb erforderlich, daß genau ersichtlich gemacht werde, welche Art der Aktenwidrigkeit behauptet werde und welche Anführung, Aussage, Verhandlung ꝛc. omittirt, bzw. falsch aufgefaßt sein soll. Das OHG übt hierin, der Praxis des OTr. folgend, strenge Kritik; (anderweitige Beispiele ungenügender Substantiirung einer preuß. NktBschw. ergeben die Urtelsgründe S. 83, 84).

c) Die Auslegung (Interpretirung) einer Erklärung oder Urkunde, sowie die Würdigung von Beweisergebnissen oder thatsächlichen Verhältnissen unterliegen prinzipiell keiner Kritik des Nichtigkeitsrichters; dies ist feste Praxis des OTr. sowie des OHG (vgl. S. 8, 80, 98, 99, 105, 188, 194, 197n, 283, 319).

d) Auch in dem durch Verordnung v. 24. Juni 67 geregelten Nichtigkeitsverfahren der preuß. Provinzen Hessen-Nassau und Schleswig-Holstein wird — nach gesetzlich freiem Ermessen des Nichtigkeitsrichters — die Aktenwidrigkeit als Nichtigkeitsgrund anerkannt; vgl. Rechtsfall Nr. 12 S. 69, auch S. 282 f.

Dabei ist aus dem 3. Plen.-Erk. des OHG v. 7. März 71 i. S. Schmidt ./. Michel, Nr. 90 v. 1871, folgende Erwägung wohl zu beachten: »Die Beschwerde über Aktenwidrigkeit ist unbegründet. Der Appellrichter ist, nach Würdigung der erhobenen Beweise, zu dem Resultate gelangt, daß der Beweis, daß Kläger [die fragliche Zahlung geleistet] vollständig geführt sei. Diese Würdigung entzieht sich der Prüfung des Richters in der Nichtigkeitsinstanz.« —

**Zum Rechtsfall Nr. 23 S. 110 Nr. 4, S. 113.**

Nicht jeder Kaufvertrag, bei welchem für die Lieferung eine in sich bestimmte Zeit oder Frist bedungen worden, ist deshalb ohne Weiteres als Fixgeschäft im Sinne des Art. 357 HGB anzusehen. Dieser Artikel erfordert vielmehr das Abkommen, es solle genau zu einer fest bestimmten Zeit ꝛc. geliefert werden. Z. Plen.-Erk. d. OHG v. 21. März 71 i. S. Stuhr ·/· Brönner, Nr. 127 v. 1871. Vgl. S. 126, 260, 318 ff. und Makower Komm. Art. 357 n. 41 a; v. Hahn Komm. B. II S. 282 § 1; Endemann DHR § 119, I. B. S. 602.

**Zu S. 115 n: Vertragsschluß für einen Anderen.**

Vgl. noch HGB. Art. 114 Abs. 2, Art. 298 und Z. Plen.-Erk. v. 11. März 71 i. S. Linau ·/· Wilder, Nr. 102 v. 1871, in welchem rechtlich gebilligt wird, daß das Appellurtel erwogen hatte, ein ausdrückliches Kontrahiren (des Factors) im Namen des Prinzipals sei nicht erforderlich gewesen, es habe vielmehr Absicht und Bewußtsein der Kontrahenten genügt, daß das Geschäft für den Prinzipal (in dessen Speicher demnächst das gekaufte Getreide geliefert worden) geschlossen werde; — denn »wesentlich ist hier dem Appellrichter die Willensmeinung der Kontrahenten, das Geschäft solle für den Vertretenen geschlossen werden; und diese Willenseinigung ist auch (was Implorant bemängelte) äußerlich geworden, indem die Argumentation des Appellrichters erkennbar dahin geht, die Uebereinstimmung der Absicht und des Bewußtseins der Kontrahenten brauche zwar nicht in Worten ausgesprochen, aber sie müsse durch konkludente Facta manifestirt werden«.

**Zum Rechtsfall Nr. 36, S. 198.**

An sich, ohne ein bestimmtes Abkommen über die Wechseldeckung, ist der Wechselklage gegenüber der Einwand des Acceptanten, daß er keine Valuta erhalten, nicht zu berücksichtigen. Z. Plen.-Erk. v. 7. März 71 i. S. Spiegel ·/· Beisenbruch & Siepmann, Nr. 95 v. 1871.

**Zum Rechtsfall Nr. 40 S. 214.**

Die (jetzt in unbezweifelter Anwendung stehende) Legalisirungsbefugniß sämmtlicher deutschen Anwalte fand anfänglich beim Berliner OAppGer. und OTr. Bedenken (vgl. S. 215); der IV. Senat des Letzteren hat aber seit 5. Januar 71 die freiere Ansicht prinzipiell angenommen und festgehalten. Bei Einlegung von Rechtsmitteln werden die nicht beim OTr. angestellten Anwalte freilich das Vorhandensein einer prozessualen Handelssache sorgfältig in Erwägung nehmen müssen; der Implorat oder Revise dagegen kann, wenn nicht ausnahmsweise noch zulässige Nova des Gegners zu bestreiten sind, ohne Gefahr auch in Zweifelsfällen die Kompetenz des OHG voraussetzen.

**Zum Rechtsfall Nr. 46, S. 270.**

Daß im altpreußischen Nichtigkeitsverfahren nur eine Verletzung der in den betreffenden Verordnungen v. 1833 und 39 ausdrücklich als wesentlich bezeichneten Prozeßvorschriften in Betracht kommt, wird schon in der Ministerial-Instruktion v. 7. April 39 Nr. 11 hervorgehoben und ist feste Praxis des OTr. sowie des OHG. Letzteres hat deshalb z. B. i. S. Spiegel ./. Beisenbruch & Siepmann, Nr. 95 v. 1871, durch Z. Plen.-Erk. v. 7. März 71 die Rüge einer Verletzung der §§ 228, 229, 86 AGO I. 10 verworfen; vgl. auch vorher S. 395 zu Fall 9.

**Zum Rechtsfall Nr. 52, S. 300** (englisches Wechselrecht).

Die Voraussetzungen einer Rückforderung der auf einen gefälschten Wechsel geleisteten Zahlung nach englischem Rechte sind in dem Plen.-Erk. des OHG. v. 17. Jan. 71 (Hamburger Sache Lipman & Co. ./. N. J. Nathan & Co. Nr. 56 v. 70) eingehend erörtert worden, vgl. Siebenhaar's Archiv, Neue Folge B. II S. 306 ff.

**Zum Rechtsfall Nr. 55, S. 317.**

Vor den Sätzen Nr. 2 und 3 fehlt die Ueberschrift: »Rücktrittsrecht des Verkäufers wegen Ausbleibens der Zahlung.« Art. 154 HGB behandelt lediglich den Verzug des Käufers beim Bezahlen der Waare — nicht eine Weigerung oder Säumniß bei der Uebernahme, wovon im Art. 343 die Rede ist. In dem Rechtsatz Nr. 2 ist deshalb hinter »Verzug des Käufers« zu subintelligiren oder einzuschalten: in der Zahlung; in Nr. 3 aber sind die eingeklammerten Worte: »oder Abnahme« zu streichen.

# Sach=Register.

## A.



## B.

## C.



## D.



## E.

# F.



# G.



# H.

## J.



## K.

## P.



## R.



## S.

## Z.



Druck von J. Dräger's Buchdruckerei (C. Feicht) in Berlin.

FSC
www.fsc.org
MIX
Papier | Fördert gute Waldnutzung
FSC® C083411

Kolibri 360 GmbH
Ferdinand-Jühlke-Straße 7
99095 Erfurt, Deutschland
produktsicherheit@kolibri360.de